Erlanger Studien zur Geschichte
Band 7

Karl Hegel im Alter von 20 Jahren

(Abb. I/1)

Karl Hegel – Historiker im 19. Jahrhundert

herausgegeben von
Helmut Neuhaus

unter Mitarbeit von Katja Dotzler,
Christoph Hübner, Thomas Joswiak,
Marion Kreis, Bruno Kuntke,
Jörg Sandreuther und Christian Schöffel

Palm & Enke
Erlangen und Jena 2001

Gedruckt mit Unterstützung der STAEDTLER-Stiftung Nürnberg,
der Friedrich-Alexander-Universität Erlangen-Nürnberg,
der Kost-Pocher'schen Stiftung, Nürnberg, und des Tucher'schen Kulturfonds e.V.,
Nürnberg.

Die Deutsche Bibliothek – CIP – Einheitsaufnahme

Karl Hegel – Historiker im 19. Jahrhundert/hrsg. von Helmut Neuhaus.
Unter Mitarbeit von Katja Dotzler, Christoph Hübner, Thomas Joswiak,
Marion Kreis, Bruno Kuntke, Jörg Sandreuther und Christian Schöffel. – Erlangen;
Jena: Palm und Enke, 2001
     (Erlanger Studien zur Geschichte, Bd. 7)
     ISBN 3-7896-0660-X

 Verlagsdruckerei Schmidt GmbH, 91413 Neustadt/Aisch

INHALT

GRUSSWORT

Als Nachkommen des ältesten Sohnes Karl von Hegels freuen wir uns, daß nun auch einmal seines Lebens und Wirkens gedacht wird, und beglückwünschen die Erlanger Friedrich-Alexander-Universität und den *spiritus rector* für diese Ausstellung, Herrn Professor Dr. Neuhaus, zu dieser Initiative.

Gerne haben wir aus den Familienunterlagen unseres Vaters, Dr. Alfred Hegel, eine Reihe von Exponaten zur Verfügung gestellt, damit so die vielen Facetten des Lebens unseres Vorfahren verdeutlicht werden können.

Schon als Kinder haben wir die Urkunden in den samtbezogenen Schatullen bewundert, die doch sehr deutlich machen, welchen Stellenwert damals wissenschaftliche Tätigkeit hatte und wie eng und kollegial die Verbindungen zwischen den einzelnen Universitäten und ihren Professoren waren. Bei soviel „Professionalität" ist es dann andererseits für uns Nachgeborene ganz tröstlich, in den Ausgabenbüchern zu lesen, daß auch unser Ahn mit seinem Salär stets haushalten mußte. Ganz andere menschliche Seiten hingegen werden in Hegels Briefen an seine Braut Susanne von Tucher und von dieser an Karl deutlich: fest in die Familien eingebundene junge Menschen in der Vorfreude auf eine gemeinsame Zukunft.

Auch die geschichtlichen Ereignisse, die das Leben Karl von Hegels beeinflußten (von den Freiheitskriegen, über die ihn aktiv sehende Revolution von 1848, die Reichsgründung von 1871 bis in die Wilhelminische Ära), sollten nicht übersehen werden.

So möge denn diese Ausstellung die Persönlichkeit des zu Ehrenden deutlich werden lassen und einen möglichst großen Besucherkreis ansprechen!

Susanne Hegel
Friederike Menzel-Hegel

VORWORT

Für den Erlanger Kirchen- und Universitätshistoriker Theodor Kolde war er im Jahre 1910 der „erste wirkliche Historiker modernen Stils" an der Friedrich-Alexander-Universität, aber heute ist er fast vergessen: der am 7. Juni 1813 in Nürnberg geborene und am 5. Dezember 1901 – also vor 100 Jahren – in Erlangen gestorbene Karl Hegel. Im Gegensatz zu seinem Vater, dem Philosophen Georg Wilhelm Friedrich Hegel, hat er 1856 einen Ruf nach Erlangen angenommen und hier sein halbes Leben lang außerordentlich erfolgreich gewirkt. Seine von den italienischen Verhältnissen des Mittelalters ausgehenden stadtgeschichtlichen Forschungen und die Herausgabe von 27 Bänden „Chroniken der deutschen Städte" haben ihn zu dem international hoch angesehenen „Städtehegel" gemacht, der in seiner Zeit zur ersten Garde der deutschen Historiker gehörte.

Vor allem der im Familienbesitz wiederentdeckte Nachlaß Karl Hegels und die in mehr als 30 Archiven und Bibliotheken Deutschlands aufgespürten Briefe und Akten erlauben es, Karl Hegels Leben und Wirken beinahe lückenlos zu dokumentieren. In zehn Abteilungen – beginnend in seiner „lieben Geburtsstadt" Nürnberg, das Verhältnis zum Vater beleuchtend, die Schul- und Studienjahre in Berlin und Heidelberg verfolgend, die geisteswissenschaftliche Gründerzeit des 19. Jahrhunderts in den Blick nehmend, ihn auf seiner Italienischen Reise begleitend, sein Wirken als Professor in Rostock, als Journalist und Politiker sowie als Erlanger Ordinarius dokumentierend, ihn in die Geschichte der historischen Grundlagenforschung einordnend und sich seinem Tod und Nachleben widmend – geht es darum, den Menschen und den Wissenschaftler in seiner Zeit und in seiner Umgebung zu sehen. Ausstellung und Katalog verfolgen die Ziele, den weitgehend unbekannt gebliebenen Karl Hegel, den „Sohn des Philosophen" aus dem Schatten seines berühmten Vaters zu befreien, ihn als herausragenden Vertreter des mit Namen wie Barthold Georg Niebuhr und Leopold von Ranke verbundenen Neuanfangs quellenkritischer Geschichtsforschung in Erinnerung zu rufen und ihn als Repräsentanten des vorherrschenden Gelehrtentyps des 19. Jahrhunderts vorzustellen.

Der Erlanger Universitätsbibliothek ist Karl Hegel bis kurz vor seinem Tode als eifriger Benutzer und Ratgeber eng verbunden gewesen. Die Anschaffung geschichtswissenschaftlicher Literatur, ohne die er sich ein Studium nicht vorstellen konnte und für die er sich im Zuge seiner Bemühungen um die Gründung eines Historischen

Seminars entschieden einsetzte, war ihm seit Beginn seiner Lehrtätigkeit in Franken
ein besonders wichtiges Anliegen. In den Beständen der Universitätsbibliothek finden
sich selbstverständlich – gelegentlich mit persönlicher Widmung – seine Werke, aber
auch ein Teil seines handschriftlichen Nachlasses. Ein Gipsabdruck des von dem Münchener Bildhauer Wilhelm von Rümann im Jahre 1901 geschaffenen Marmorreliefs,
das Karl Hegel in seinem letzten Lebensjahr zeigt, war für ein Dienstzimmer der Universitätsbibliothek bestimmt, ist aber heute nicht mehr vorhanden.

Zur Realisierung von Ausstellung und Katalog haben viele Personen und Institutionen beigetragen, die an dieser Stelle nicht alle namentlich erwähnt werden können.
Mein großer, nachdrücklicher Dank gilt vor allem Frau Susanne Hegel, Herrn Professor Dr. Ulrich Hegel, Frau Jutta Kellner, Frau Friederike Menzel-Hegel, Herrn Bernhard Menzel, Frau Dr. Adelheid Schönborn, Frau Hildegard von Schweinichen und
Frau Ursula von Tucher. Ohne ihre Leihgaben aus dem Nachlaß Karl Hegels und seiner Ehefrau Susanna Maria von Tucher, die hier erstmals öffentlich präsentiert werden, und ohne die Exponate aus dem Hegel-Archiv der Ruhr-Universität, Bochum,
dem Stadtarchiv Erlangen und dem Universitätsarchiv Erlangen-Nürnberg wäre die
Ausstellung nicht möglich gewesen. Aber auch ohne die großzügige finanzielle Unterstützung der STAEDTLER-Stiftung, der Kost-Pocher'schen Stiftung, des Tucher'schen
Kulturfonds e. V., alle Nürnberg, sowie der Friedrich-Alexander-Universität und ohne
den persönlichen Einsatz von Magnifizenz Professor Dr. Gotthard Jasper und Kanzler
Thomas A. H. Schöck hätten sich Ausstellung und Katalog nicht realisieren lassen.
Und schließlich waren in vielfacher Weise gewährte Unterstützung, Hilfe und Rat aus
der Universitätsbibliothek für die Vorbereitung der Ausstellung in ihren Räumen
unentbehrlich. Mein Dank gilt vor allem dem Leitenden Bibliotheksdirektor Dr. Hans-
Otto Keunecke, der Leiterin der Handschriftenabteilung, Frau Dr. Christina Hofmann-
Randall, Frau Sigrid Kohlmann, Frau Helga Dill und Herrn August Findler. In oft
bewährter Weise hat Frau Maria Galas das Typoskript des Kataloges erstellt, wofür ihr
herzlich gedankt sei, ebenso den Herren Professor Dr. Volker Becker, Joachim Putz-
mann, Dr. Wolf Schöffel, alle Erlangen, und Jobst Freiherrn von Tucher, Simmelsdorf,
für wichtige Hinweise. Herrn Dr. Clemens Wachter vom Universitätsarchiv Erlangen-
Nürnberg und Herrn Dr. Andreas Jakob vom Stadtarchiv Erlangen danke ich für ihre
Unterstützung über einen langen Zeitraum hinweg, aber auch Rat und Hilfe der Mitarbeiter zahlreicher anderer Archive und Bibliotheken sind nicht vergessen, ebenso-
wenig die immer förderliche Begleitung des Verlegers Dr. Klaus Matthäus und das
Engagement der Mitarbeiter der Verlagsdruckerei Schmidt, Neustadt an der Aisch.

Ausstellung und Katalog sind aus Lehrveranstaltungen hervorgegangen, in denen
dank der intensiven Mitarbeit der Studenten verschiedener Disziplinen in exemplari-
scher Weise jene Form universitären Lehrens und Studierens verwirklicht werden

konnte, die Karl Hegel für die Geschichtswissenschaft in Erlangen eingeführt hat: das
Seminar. In seinem zeitlich nicht fixierten Rahmen wurde nicht nur ein – über Erlangen hinaus – wichtiges Thema wissenschaftlich erarbeitet und für seine Präsentation
konzeptionell durchdacht, sondern mit Blick auf die Realisierung der Ausstellung und
die Drucklegung des Kataloges wurden auch wichtige praktische Erfahrungen gemacht. Für diese intensive Zusammenarbeit im Seminar bin ich sehr dankbar.

Erlangen, im November 2001   Helmut Neuhaus

I. KARL HEGEL UND NÜRNBERG

Die Reichsstadt Nürnberg stand um die Mitte des 15. Jahrhunderts [...] auf der Höhe ihrer Blüte und Macht. Sie war eine selbständige Republik unter Kaiser und Reich, eine große Stadt nach dem Begriff der Zeit, von ungefähr 22 000 Einwohnern, stark befestigt in dem erweiterten Mauerring, womit sie sich zur Zeit der Hussitenkriege umgeben hatte, wohl bestellt im Innern, hervorragend durch Gewerbefleiß und Wohlstand der Bürger. – So begann der achtundachtzigjährige *Geheimrat Prof. Dr. Karl v. Hegel* einen seiner letzten, im Jahre 1901 publizierten Aufsätze[1]. Noch einmal hat er sich als Historiker seiner Geburtsstadt Nürnberg zugewandt, die in seinem persönlichen und wissenschaftlichen Leben immer wieder eine wichtige Rolle gespielt hat. Obwohl Karl Hegel nur knapp drei Jahre – von seiner Geburt (7. Juni 1813) bis zum Wegzug der Familie nach Heidelberg (1816) – in der Pegnitz-Stadt gewohnt hat, hatte er wohl zu keiner anderen deutschen Stadt eine stärkere Beziehung als zu Nürnberg.

Geboren worden war Karl Hegel im *Gymnasialgebäude zu Nürnberg* (Nr. I/7), wie er zu Beginn seiner Memoiren berichtete[2], denn sein Vater Georg Wilhelm Friedrich Hegel (Nr. I/3) war seit 1808 Gymnasialprofessor und Rektor des Egidien-Gymnasiums (Nr. I/7), verheiratet seit 1811 mit Maria Helena Susanna von Tucher (Nr. I/4)[3]. Überschattet wurde die Freude über seine Geburt vom Tod des Großvaters Jobst Wilhelm Karl von Tucher am 12. Juni 1813 (Nr. I/2), der Karl Hegels Taufpate werden sollte. Diese Aufgabe übernahm bei der Haustaufe am 25. Juni 1813 – nicht *nebenan in der Egidienkirche*[4] – nunmehr der Urgroßvater Friedrich Wilhelm Karl von Tucher (1736-1817), der ehemalige Ratsdirektor Nürnbergs (Nr. I/8). Enger konnte die Verbindung des ältesten ehelichen Sohnes des aus Bamberg zugereisten Vaters zu Geschichte und Tradition der ehemaligen Reichsstadt kaum sein, als sie sich in der familiären Verbindung zu einem der bedeutendsten Patriziergeschlechter Nürnbergs dokumentiert.

Karl Hegel und sein 1814 geborener Bruder Immanuel (Nr. I/5) lebten nur bis Herbst 1816 in Nürnberg und waren somit noch zu jung, um Erinnerungen an die Stadt an der Pegnitz zu haben. Aber während zahlreicher Verwandtenbesuche in späteren Jahren lernte Karl Hegel die Stadt und ihre Umgebung kennen, u.a. auch brieflich vom Vater auf *recht viel Eigentümliches* aufmerksam gemacht, das es da *zu lernen und zu sehen* gab[5]. Er selbst hielt aus Berlin Kontakt, wie nicht nur sein Brief an die Groß-

mutter über den Tod des Vaters belegt (Nr. II/10), und erinnerte sich in seinen Memoiren eines *ländliche[n] Aufenthalt[es]*, der seiner Gesundung dienen sollte: *Meine
Mutter reiste mit mir im Frühjahr 1832 nach Nürnberg und ich brachte die Sommer-
monate bei der Großmutter auf den Tucher'schen Gütern Behringersdorf und Simmelsdorf zu. [...] und ich erholte mich bei guter Landluft und vielem Kirschenessen.
Ich excerpierte Neanders Kirchengeschichte und disputierte mit den Pfarrern Glaser
in Behringersdorf und Heinrich Ranke in Rückersdorf, der, ein Bruder von Leopold
Ranke, mit Selma, Schuberts Tochter, vermählt war, später Oberkonsistorialpräsident
in München*[6]. Für das Sommersemester 1832 hat er in seinem Anmeldungsbogen
eigenhändig vermerkt: *Wegen einer Reise zur Wiederherstellung der Gesundheit habe
ich diese Vorlesungen aussetzen müssen. C. Hegel.* (Nr. III/10). Und auch seine *Italienische Reise* (Nr. V/1) führte ihn über Nürnberg in den Süden. Die verwandtschaftlichen Beziehungen nach Nürnberg, die Karl Hegel ebenso in seiner fünfzehnjährigen
Rostocker Zeit (1841-1856) gepflegt hat[7], wurden noch intensiver, nachdem er Susanne Maria von Tucher (Nr. VIII/22) in Simmelsdorf kennengelernt und am 28. Mai 1850
in der Kirche des Heilig-Geist-Spitals geheiratet hatte (Nr. I/9,10).

Karl Hegels inzwischen erworbenes wissenschaftliches Ansehen führte dazu, daß er
Ende 1855, als er noch Ordinarius an der Rostocker Universität war, in den Gelehr-
tenausschuß des Germanischen Nationalmuseums aufgenommen wurde (Nr. I/13).
Und diese berufliche Anbindung an die 1853 in Nürnberg eröffnete Institution (Nr.
I/14) sollte in den folgenden Jahrzehnten immer intensiver werden (1877 wurde er
Mitglied des Verwaltungsrates des GNM), begünstigt durch seinen Wechsel auf den
neugeschaffenen zweiten Lehrstuhl für Geschichte an der Universität Erlangen (Nr.
VIII/5). Die Entscheidung für Erlangen – und gegen die Universität Greifswald (Nr.
VI/8) – hatte auch etwas mit der Reichsstadt Nürnberg und ihrer Nähe zu seinem
neuen Wirkungsort zu tun: *Bestimmend war für mich nicht bloß die Nähe meiner Nürnberger Verwandtschaft und der Familie meiner Frau, sondern noch mehr mein eigener sympathischer Zug nach Süddeutschland und das Verlangen unter neuen Verhältnissen, einen weiteren Wirkungskreis zu gewinnen*[8].

Hatte sich Hegel bis dahin wissenschaftlich nur wenig mit der alten Reichsstadt
befaßt[9], so wandte er sich ihrer Geschichte nach Aufnahme der Arbeiten an den *Chroniken der deutschen Städte* umso intensiver zu und legte als allerersten Band dieses
bedeutenden Editionsunternehmens 1862 Nürnberger Chroniken vor (Nr. IX/10). Die
Stadt dankte ihm dafür mit einem offiziellen Anerkennungsschreiben (Nr. I/15). Weitere vier Nürnberg-Bände – zum Teil von anderen Gelehrten erarbeitet – folgten in den
Jahren 1864, 1872 und 1874. Der seit der Mitte des 19. Jahrhunderts durch vielfache
Mitgliedschaften in historischen Vereinen geehrte Stadthistoriker wurde 1891 auch

Ehrenmitglied des Vereins für Geschichte der Stadt Nürnberg (Nr. I/16), dessen Vorsitzender ihm 1902 einen ausführlichen Nachruf widmete[10]. Auf der 1898 in Nürnberg tagenden Versammlung Deutscher Historiker wurde Karl Hegel als Altmeister der deutschen Geschichtswissenschaft gefeiert (Nr. I/17).

[1] Karl Hegel, Niklas Muffels Leben und Ende, S. 227.
[2] Karl Hegel, Leben und Erinnerungen, S. 1.
[3] Briefe von und an Hegel, Bde. 1-4, passim.
[4] Karl Hegel, Leben und Erinnerungen, S. 1.
[5] Brief Georg Wilhelm Friedrich Hegels vom 29. Juli 1826 an Frau und Kinder, *in Nürnberg bei der verwitweten Frau Senatorin Freifrau von Tucher Hochwohlgebohrn abzugeben* (Briefe von und an Hegel, Bd. 3, Nr. 516, S. 118-121, hier S. 120, 121); siehe auch ebd., Nr. 518, S. 124 f., Nr. 521, S. 128-131, Nr. 524, S. 134-137, u.ö.
[6] Karl Hegel, Leben und Erinnerungen, S. 21 f. – Johann August Neander (1789-1850), getauft 1806, war Professor für Kirchengeschichte und bemühte sich um Erschließung von Quellen. Carl Alfred Glaser (geb. 1804 in Nürnberg) war von 1828 bis 1845 Pfarrer in Behringersdorf, dann Dekan in Unterfranken (Pfarrarchiv St. Maria Magdalena, Behringersdorf). Dr. Friedrich Heinrich Ranke (1798-1876) war von 1826 bis 1834 Pfarrer in Rückersdorf und 1840/41 Professor für Dogmatik in Erlangen, danach Konsistorialrat bzw. Oberkonsistorialrat in Bayreuth, Ansbach und München. Gotthilf Heinrich Schubert (1780-1860) war Schüler Georg Wilhelm Friedrich Hegels aus Jenaer Zeit, ab 1827 Theologie-Professor in München.
[7] Karl Hegel, Leben und Erinnerungen, S. 152 f.
[8] Ebd., S. 170.
[9] Karl Hegel, Geschichte der Städteverfassung von Italien, Bd. 2, S. 440 f.
[10] Kreß, Karl von Hegel.   J.S.

I/1 Karl Hegel im Alter von 20 Jahren

1833, Berlin
Gemälde Jakob Schlesingers
(1792-1855)
(Privatbesitz)

Der in Grünstadt/Pfalz geborene, in Berlin gestorbene Maler und Lithograph Jakob Schlesinger war von 1810 bis 1820 Restaurator der Gemäldesammlung der Brüder Sulpiz und Melchior Boisserée (Nr. V/3,4) in Heidelberg. Dort lernte er auch den Philosophen Georg Wilhelm Friedrich Hegel kennen, den er Mitte der 1820er Jahre nach beider Wechsel nach Berlin malte. 1833 porträtierte er Karl Hegel, der 1834 zur Fortsetzung seines Studiums an die Heidelberger Universität ging. Das Gemälde befand sich bis zu seinem Tode im Besitz Karl Hegels, der in einer seiner undatierten, vermutlich aus den 1890er Jahren stammenden letztwilligen Verfügungen festhielt: *Mein Porträt im Alter von 20 Jahren, gemalt von dem Maler und Hausfreund Schlesinger in Berlin und meiner Mutter geschenkt, wäre vielleicht dem Germanischen Museum anzubieten.*

Nachlaß Karl Hegel, Privatbesitz; Boisserée-Tagebücher, Bde. 1-4.   H.N.

Abb. I/1

I/2 Die engere Familie Karl Hegels

2001, Erlangen
Stammtafel (Entwurf und Ausführung: Jörg Sandreuther, Christian Schöffel)
(Friedrich-Alexander-Universität: Institut für Geschichte, Erlangen)

Karl Hegels älteste Tochter <u>Anna</u> Maria Caroline heiratete 1875 den Mathematiker Felix Klein (Nr. VIII/26); Tochter Friederike Caroline <u>Luise</u> heiratete 1872 den Physiker Eugen Lommel (Nr. VIII/25); Bertha <u>Maria</u> Henriette und <u>Sophie</u> Luise blieben unverheiratet. Der älteste Sohn <u>Georg</u> Sigmund Emanuel heiratete 1896 in Hof, Wilhelm <u>Sigmund</u> 1895 Ottilie Klinger in der Nürnberger Sebalduskirche. Friedrich <u>August</u> starb am 18. September 1865, neun Monate nach seiner Geburt, <u>Gottlieb</u> Friedrich, *mein liebes, fröhliches und hoffnungsvolles Kind* – so Karl Hegel in der von ihm geführten „Familien-Chronik" (Stammbuch) – *im Alter von 6 Jahren 4 Monaten und 9 Tagen an der Bräune* [vermutlich Diphtherie] *am 31. März 1874 in meinem Hause zu Erlangen (morgens 3¹/₂ Uhr).*

Nachlaß Karl Hegel, Privatbesitz (1 Bd. „Familien-Chronik", 1 Bd. *Gedenkbuch* [Nr. VIII/33]); Karl Hegel, Leben und Erinnerungen (Nr. VIII/36); Klein: NDB 11 (1977), S. 736 f.; Lommel: NDB 15 (1987), S. 144 f.   H.N.

Die engere Familie Karl Hegel

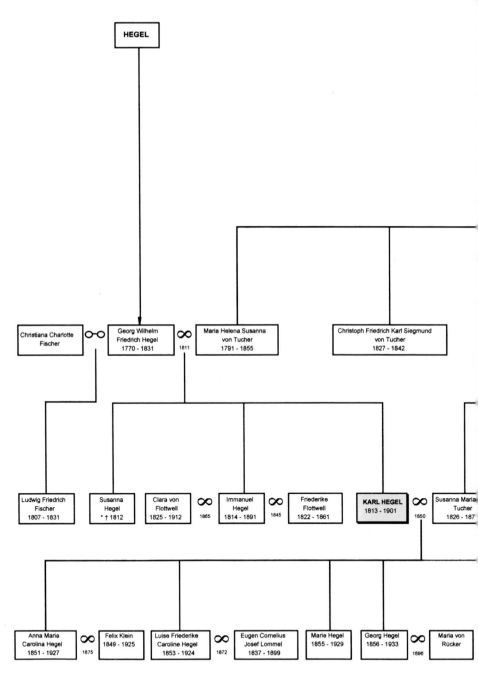

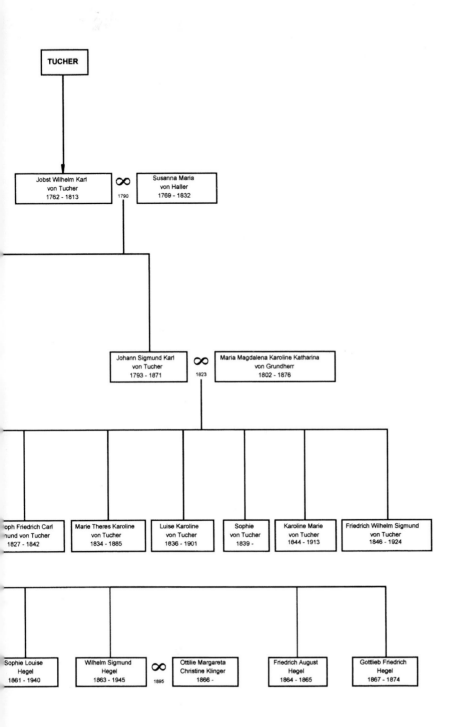

I/3 Der Vater: Georg Wilhelm Friedrich Hegel

1819, Heidelberg
Stich Friedrich Wilhelm
Bollingers (1777-1825) nach
einem Gemälde
Johann Christian Xellers
(Allgemeines Historisches
Porträtwerk, Bd. 5,
München 1897, Nr. 78)

Das Original des Gemäldes Xellers
(1784-1872) ist nicht erhalten. Er war
Restaurator bei den Brüdern Boisserée
(Nr. V/3,4) in Heidelberg, wo er zwischen
1815 und 1818 auch Georg Wilhelm
Friedrich Hegel (1770-1831) porträtierte
und zum Heidelberger Romantiker-Kreis
gehörte; 1825 ging er als Restaurator an
die Königlichen Museen in Berlin. Am
11. Juni 1819 teilte der spätere Heidelberger Professor für Systematische Theologie, Richard Rothe (1799-1867), seinem Vater mit: *In diesen Tagen habe ich
auch endlich das Portrait von Hegel, auf
das ich schon im vorigen Sommer sub-
scribirt hatte, erhalten. Es ist sehr wohl
getroffen.*

Nippold, Rothe, S. 145; Hegel 1770-1970, S. 239. H.N.

I/4 Die Mutter: Maria Helena Susanna Freiin von Tucher

nach 1831
Photographie eines Ölgemäldes
(Privatbesitz)

Am 16. August 1811 heiratete Marie
Helene Susanne von Tucher (1791-1855)
in Nürnberg Georg Wilhelm Friedrich
Hegel, nachdem *die feingebildete zwanzigjährige Patriziertochter [...] eine
schwärmerische Liebe zu dem um 21
Jahre älteren Manne gefaßt* hatte, *der zur
damaligen Zeit das Rektorat am Gymnasium* bekleidete[1]. Trotz des großen Alters-
unterschiedes erwies sich die Beziehung
als harmonische Verbindung, wie die
Geburten der früh verstorbenen Tochter
Susanna sowie der beiden Söhne Karl und
Immanuel in den Jahren 1812, 1813 und
1814 bewies. Dabei sorgte Marie Hegel in
der Folgezeit für ein intaktes Familienleben. So beschrieb sie schon Georg Wilhelm Friedrich Hegels erster Biograph
Karl Rosenkranz 1844 als eine Frau,
*deren Innerstes so weich, so ätherisch, so
voll der rastlosesten Beweglichkeit, so
voller Schwung der Phantasie* war, daß

Abb. I/3

Abb. I/4

die *zwanzigjährige Ehe mit dem glück-
lichsten Erfolge gekrönt* worden sei[2].
Nachdem ihr geliebter Mann 1831 gestorben war, blieb sie in Berlin im Kupfergraben wohnen und lebte *oft leidend* bis zu
ihrem Tod am 6. Juli 1855 *nur in Werken
der Liebe sowohl für die Ihrigen wie für
die Hülfsbedürftigen, Armen und Kranken*[3].

[1] Karl Hegel, Leben und Erinnerungen, S. 1.
[2] Rosenkranz, Georg Wilhelm Friedrich Hegel's
Leben, S. 259 ff.
[3] Karl Hegel, Leben und Erinnerungen, S. 168.

B.K.

eine umfangreiche Korrespondenz belegen. In seinen „Erinnerungen" schrieb
Immanuel Hegel über *den um ein Jahr
älteren Bruder Carl, gegenwärtig Professor der Geschichte an der Universität
Erlangen: in allen Dingen war er stets
musterhaft und bin ich seinem Vorbild in
der Nacheiferung unendlichen Dank
schuldig* (S. 6).

Nachlaß Karl Hegel, Privatbesitz (1 Paket Briefe
1868-1880); Karl Hegel, Leben und Erinnerungen;
Briefe von und an Hegel, Bde. 2-4; Flottwell: NDB
5 (1961), S. 257 f.; Fenske.   H.N.

I/5   Der Bruder:
Immanuel Hegel

1891, Berlin
Memoiren Immanuel Hegels
(1814-1891), Titelblatt
(UB Erlangen-Nürnberg:
Bibliothek des Instituts für
Geschichte, Erlangen)

Aus der Ehe Georg Wilhelm Friedrich
Hegels mit Marie von Tucher ging – in
Nürnberg geboren – als zweiter Sohn
Thomas <u>Immanuel</u> Christian hervor, der
nach dem Abitur am Französischen Gymnasium in Berlin (Nr.III/6) 1832 in Berlin
und Heidelberg studierte, zum Dr. theol.
promoviert wurde und 1836 in den preußischen Staatsdienst eintrat. Als Konsis-
torialpräsident a.D. veröffentlichte er kurz
vor seinem Tode „Erinnerungen" im
Umfang von 56 Druckseiten. Verheiratet
war er zunächst (1845) mit Friederike
Flottwell, der Tochter Eduard Heinrich
Flottwells (1786-1865), des damaligen
preußischen Finanzministers und oftma-
ligen Oberpräsidenten der Provinzen
Sachsen, Westfalen, Preußen und Brandenburg. Nach deren Tod (1861) heiratete
er ihre jüngere Schwester Clara (1865).
Karl Hegel hat zu seinem Bruder zeitlebens ein enges Verhältnis gehabt, wie
nicht nur beider Memoiren, sondern auch

Abb. I/5

I/6   Nürnberg zu Beginn des 19. Jahrhunderts

um 1814, Nürnberg
Lithographie
(GNM, Nürnberg: SP 8963a)

Blick auf Nürnberg von Osten.   J.S.

Abb. I/6

I/7   Egidien-Kirche und Gymnasium zu Nürnberg

Photographie des Stiches von
Johann Adam Delsenbach
(1687-1765)
(StadtB Nürnberg:
Stoer 1257, Tafel 26)

Als der ältere von den beiden Söhnen des Philosophen Georg Wilhelm Friedrich Hegel erblickte ich das Licht der Welt am 7. Juni 1813 im Gymnasialgebäude zu Nürnberg, vor dem jetzt das Standbild Melanchthons steht – mit diesen Worten begann Karl Hegel seine Memoiren[1]. Und der Vater beeilte sich, seinem engen Freund Friedrich Immanuel Niethammer (1766-1848) am 11. Juni 1813 mitzuteilen, daß seine Frau *vorgestern – oder eigentlich schon Montag nachts von einem gesunden Knaben glücklich entbunden worden, auch seitdem geht es mit Mutter und Kind recht gut*[2].

[1] Karl Hegel, Leben und Erinnerungen, S. 1
[2] Briefe von und an Hegel, Bd. 2, Nr. 221, S. 8 f.

J.S.

Die Neuerbaute Egidier-Kirche und das Gymna=
sium auf den Dillinghof, zu Nürnberg.

L'Eglise St. Gilles, nouvellement bâtie; avec
le Collège, à la place dite Dillinghof, à Nuremberg.

Abb. I/7

I/8   Taufe Karl Hegels

25. Juni 1813, Nürnberg
Taufbuch, Geburtsregister
(LkAN: St. Egidien Nürnberg,
J 1813, S. 45, Nr. 65)

Karl Hegel wurde am 25. Juni 1813 in der
Wohnung seiner Eltern auf den Namen
<u>Karl</u> Friedrich Wilhelm evangelisch
getauft. *Taufpate war mein (mütterlicher)
Urgroßvater Friedrich Wilh. Karl von
Tucher, Senator und Rathsdirector der*
vormaligen Reichsstadt Nürnberg, hielt er
in seinem *Gedenkbuch* (Nr. VIII/33) zu
Beginn seines Lebenslaufes fest und
erinnerte sich zugleich, daß sein Groß-
vater Jobst Wilhelm Karl von Tucher am
12. Juni 1813 – fünf Tage nach seiner
Geburt – verstorben sei.

Briefe von und an Hegel, Bd. 4.1, Nr. 90, S. 103,
323 f.; LkAN: Taufbuch St. Egidien Nürnberg,
1813; Nachlaß Karl Hegel, Privatbesitz (1 Bd.
Gedenkbuch, S. 1).   J.S.

Abb. I/8

I/9   Trauung Karl Hegels mit Susanne von Tucher

28. Mai 1850, Nürnberg
Traubuch der Heilig-Geist-Kirche
(LkAN: Heilig-Geist-Kirche
Nürnberg, J 1850, S. 178, Nr. [12])

In der Heilig-Geist-Kirche zu Nürnberg wurden Karl Hegel und Susanne von Tucher am Samstag, 28. Mai 1850, vom Seelsorger der Familie, Pfarrer Vorbrugg, evangelisch getraut. Im Taufbuch derselben Kirche ist die Braut eingetragen, nachdem sie am 27. März 1826 im Hause ihrer Eltern getauft worden war. Hegel hatte seine *Base* – wie er sie in seinen Lebenserinnerungen (Nr. VIII/36) nannte – in der Familie seiner Mutter kennengelernt, die krankheitsbedingt nicht zur Hochzeit von Berlin nach Nürnberg reisen konnte. Verlobt hatte sich das

Brautpaar im Herbst 1849. Erhalten haben sich aus der Zeit vom 20. Oktober 1849 bis 20. Mai 1850 insgesamt 27 Liebesbriefe, die Hegel von Rostock oder Berlin aus an seine *Susette* nach *Nürnberg. Im Tucheri-schen Garten vor dem Wöhrder Thore,* ihrem Elternhaus, schrieb. Die Hochzeits-reise ging über Dresden (Gemäldegalerie), Berlin (Besuch der Mutter) und Schwerin nach Rostock, wo das junge Ehepaar *eine bescheidene Wohnung in der Schnickmann-straße, einer der zum Strande führenden Straßen,* bewohnte.

LkAN: Taufbuch Heilig-Geist-Kirche Nürnberg, 1826, S. 168, Nr. 26; LkAN: Traubuch Heilig-Geist-Kirche Nürnberg, 1850; Nachlaß Karl Hegel, Pri-vatbesitz (1 Päckchen mit 27 Briefen Karl Hegels an seine Braut; 1 Bd. *Gedenkbuch* [Nr. VIII/33], S. 65-69); Karl Hegel, Leben und Erinnerungen, S. 163 f.).   H.N.

Abb. I/9

I/10   Heilig-Geist-Kirche zu Nürnberg

1683
Photographie des Kupferstichs von Johann Ulrich Kraus nach einer Zeichnung von Johann Andreas Graff (1636-1701)
(StadtA Nürnberg)

In der Heilig-Geist-Kirche, in der sich Karl Hegel mit Susanne von Tucher am 28. Mai 1650 trauen ließ, wurden von 1424 bis 1796 die Reichskleinodien aufbewahrt, die Reichsreliquien im Heiltumschrein, der unter dem Gewölbe des Chores hing.   J.S.

Abb. I/10

I/11 62. Geburtstag der Großmutter Tucher (Maria von Grundherr)

1864, Nürnberg
Silberstiftzeichnung von Maria
von Grundherr (?)
(Privatbesitz)

Karl Hegels Schwiegermutter Maria von Grundherr (Nr. I/2) ist wahrscheinlich die Urheberin dieser Zeichnung mit der Bildunterschrift auf in Blumenschmuck eingebundenem Band: *Rosen auf den Weg und Wolle an die Füße sind für dieses Jahr unsre Geburtstagsgrüße.* Gezeigt wird links (sitzend) die 62jährige Großmutter Maria von Grundherr, eingerahmt von ihrem Ehemann Johann Sigmund Karl von Tucher[1] und ihrem jüngsten Sohn Friedrich. Nach rechts aufgestellt haben sich zuerst ihre älteste Tochter Susanne mit ihrem Ehemann Karl Hegel – halb verdeckt durch einen Blumenstrauß und den 1863 geborenen Sohn Sigmund – sowie den Kindern Anna, Luise, Maria, Georg und Sophie. Es folgen *Tante Begerlein (Stütze bei den Großeltern)* und ihre übrigen Kinder: *Aug[ust] v. Grundherr mit Maria und Sohn Carl, Max v. Crailsheim mit Frau Sophia und Tochter Maria (v. Eyb), Luise von Tucher (Freiin v. Löffelholz), Caroline von Tucher (Frau Gräfin v. Brockdorff)* (Nr. I/12).

[1] Berühmte Nürnberger, S. 262 f.;   H.N.

Abb. I/11

I/12 Unser liebes Centralbureau

1871/74, Nürnberg
Silberstiftzeichnung von Maria
von Grundherr (?)
(Privatbesitz)

Wohl ebenfalls von Maria Grundherr

stammt eine offensichtlich nach dem Tode ihres Mannes Johann Sigmund Karl von Tucher entstandene Zeichnung, in der um sie als Zentrum die Familien ihrer Kinder gruppiert sind. Unter *Erlangen* ist die Familie Karl Hegels mit Ehefrau Susanna und sieben Kindern um einen Tisch versammelt. Im Uhrzeigersinn folgen

Abb. I/12.2

unter *Würzburg* der ledige jüngste Sohn
Friedrich Wilhelm Sigmund von Tucher,
unter *Augsburg* die mit dem Grafen
Brockdorff verheiratete jüngste Tochter
Karoline Marie, unter *Nürnberg* Sophie
von Tucher, verheiratet mit Max von
Crailsheim, unter *München* Luise Karoli-
ne, verheiratete Löffelholz und unter
Schweinfurt die mit August von Grund-
herr verheiratete Tochter Marie Theres
Karoline.   H.N.

Abb. I/12.1

I/13 Aufnahme in den Gelehrtenausschuß des Germanischen Nationalmuseums

1. November 1855, Nürnberg
Briefumschlag mit Adresse und
Poststempel
(GNM, Nürnberg: Archiv, GNM-
Akten, K. 10, Nr. 3: Acta des germanischen Museums, Gelehrten=Ausschuss betreffend 1855,
1856, [18]57, 1858, Nr. 118)

Karl Hegel, der zu den eifrigen Entleihern von Büchern aus der Bibliothek des GNM gehörte, wurde *durch Diplom vom 1. November 1855 für das Fach der Geschichte der Städteverfassung in Italien* in den Gelehrtenausschuß aufgenommen. Dafür bedankte er sich mit Schreiben vom 27. Dezember 1855 an Hans Freiherr von und zu Aufseß; 1877 folgte seine Aufnahme in den Verwaltungsrat[1].

Hochgeehrter Herr Baron!

Ew. Hochwohlgeboren
haben die Güte gehabt, mich durch Schreiben vom 6. Nov. davon zu benachrichtigen, daß ich durch die diesjährige Conferenz des Gelehrtenausschusses des germanischen Museums zu dessen Mitglied erwählt worden bin. Indem ich diese ehrenvolle Wahl mit Dank annehme, erkläre ich mich gern bereit, das mir zugedachte specielle Fach, die Geschichte der Städteverfassung, in vorkommenden Fällen zu vertreten, so wie auch sonst, so weit es in meinen Kräften steht, für die Interessen des Germanischen Museums mitzuwirken. Auch für die mitgetheilten Druckschriften, aus denen ich mich über Plan und Einrichtung der ganzen Anstalt so wie der
Sammlungen unterrichtet habe, sage ich meinen besten Dank.
Zugleich habe ich die Ehre, Ew. Hochwohlgeboren anzuzeigen, daß ich von Seiten des preuß. Staatsministers Herrn Oberpräsidenten Flottwell[2] in Potsdam ersucht worden bin, seinen Jahresbeitrag [...] durch die Vermittlung meines Schwiegervaters Freiherrn S. von Tucher[3] zu berichtigen, und wird dieser, meinem Ansuchen entsprechend, die obige Summe an das Germanische Museum auszahlen.

Mit vollkommenster Hochachtung
Ew. Hochwohlgeboren
ganz ergebenster
Professor Dr. Hegel.
Rostock, den 27. Dec. 1855.

[1] GNM, Nürnberg: Archiv, Nachlaß Georg Karl Frommann, K. 2 (mit dem Nachweis zahlreicher Entleih- und Rückgabevorgänge); GNM, Nürnberg: Archiv, GNM-Akten, K. 9, 1 Bd. „Matrikel des Gelehrten Ausschusses", fol. 88ᵛ; Das Germanische Nationalmuseum Nürnberg 1852-1977, S. 1046 f., 1081.

[2] Eduard Heinrich Flottwell (1786-1865) war Schwiegervater Immanuel Hegels (Nr. I/5).

[3] Johann Sigmund Karl von Tucher (1793-1871) (Nr. I/2)   H.N.

Abb. I/13

I/14 Hans Freiherr von und zu Aufseß

um 1855
Stahlstich von Christian Riedt
(GNM, Nürnberg: P 5368)

Nachdem es Dr. Hans Freiherr von und zu Aufseß (1801-1872), der in Erlangen Jurisprudenz studiert hatte, nach dem Scheitern der Revolution von 1848/49 (Nr. VII/4) gelungen war, in der Gesamtversammlung der deutschen Geschichts- und Altertumsvereine am 17. August 1852 in Dresden einen Beschluß zur Gründung eines *germanischen Museums für deutsche Geschichte, Literatur und Kunst* herbeizuführen, erkannte die Deutsche Bundesversammlung am 18. Juli 1853 in Frankfurt am Main das *germanische Museum zu Nürnberg als ein für die vaterländische Geschichte wichtiges nationales Unternehmen* an; am 18. Februar 1853 war die Genehmigung des Königlich Bayerischen Staatsministeriums des Innern für Kirchen- und Schulangelegenheiten erfolgt. Mit der kulturgeschichtlichen Sammlung des Freiherrn von Aufseß am 15. Juni 1853 eröffnet, wurde es im Nürnberger Kartäuserkloster 1857 auf Dauer eingerichtet. Aufseß war bis 1867 erster Leiter des GNM.

Das Germanische Nationalmuseum Nürnberg 1852-1977, S. 133 ff.; Berühmte Nürnberger, S. 266-268.
H.N.

Abb. I/14

I/15 Offizielle Anerkennung der Forschungstätigkeit Karl Hegels durch die Stadt Nürnberg

13. November 1862, Nürnberg
Dankschreiben der Bürgermeister
(Privatbesitz)

Kurz nachdem Karl Hegel den Bürger-
meistern der Stadt Nürnberg den ersten
von ihm bearbeiteten Band der von der
*Historischen Commission bei der Königl.
Academie der Wissenschaften* (Nr. IX/1)
herausgegebenen *Chroniken der deutschen Städte* (Nr. IX/10) – zugleich Band
1 der *Chroniken der fränkischen Städte* –
zugesandt hatte, erhielt er folgendes
Dankschreiben:

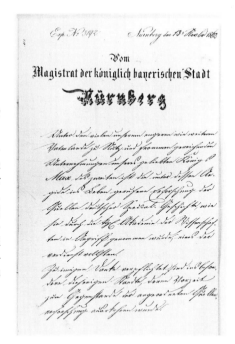

Abb. I/15.1

*Vom Magistrat der königlich bayerischen
Stadt Nürnberg*
*Unter den vielen unserem engeren wie
weiteren Vaterlande zu Nutz und From-
men gereichenden Unternehmungen
unseres geliebten Königs Max des zweiten ist die unter dessen Aegide ins Leben
gerufene Erforschung der Quellen deutscher Special-Geschichte, wie sie durch
die kgl. Akademie der Wissenschaften in
Angriff genommen wurde, eines der ver-
dienstvollsten.*
*Zu innigem Danke verpflichtet sind ins-
besondere diejenigen Staedte, deren Vor-
zeit zum Gegenstande der angeordneten
Quellenerforschungen auserkohren wurden.*

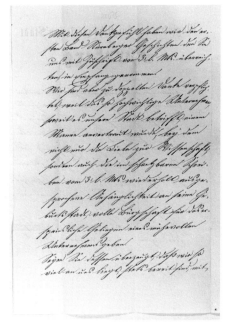

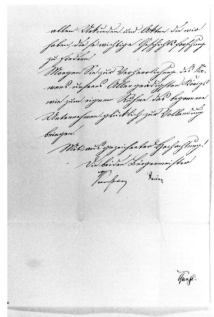

Abb. I/15.2   Abb. I/15.3

Mit diesem Dankgefühl haben wir den ersten Band Nürnberger Geschichten, den Sie uns mit Zuschrift vom 3. l[etzten] M[ona]ts überreichten, in Empfang genommen.
Wir sind aber zu doppeltem Danke verpflichtet, weil das so hochwichtige Unternehmen, soweit es unsere Stadt betrifft, einem Manne anvertraut wurde, bey dem nicht nur die Liebe zur Wissenschaft, sondern auch die im schaetzbaren Schreiben vom 3. l. Mts wiederholt ausgesprochene Anhänglichkeit an seine Geburtsstadt volle Bürgschaft für das erspriesliche Gelingen eines mühevollen Unternehmens geben.
Seyn Sie dessen überzeugt, daß wir so viel an uns liegt, stets bereit sind, mit allen

Urkunden und Akten, die wir haben, die so wichtige Geschichtsforschung zu fördern.
Moegen Sie zur Verherrlichung des Namens unseres Allergnädigsten Königs wie zum eigenen Ruhm das begonnene Unternehmen glücklich zur Vollendung bringen.
Mit ausgezeichneter Hochachtung!
Die beiden Bürgermeister
von Waechter[1]   *Seiler*[2]

[1] Maximilian von Waechter (1811-1884) war von 1854 bis 1867 Erster Bürgermeister; Mummenhoff, Bürgermeister, S. 240; Berühmte Nürnberger, S. 278 f.; Stadtlexikon Nürnberg, S. 1151.
[2] Christoph Wilhelm von Seiler (1822-1904) war von 1861 bis 1893 Zweiter Bürgermeister; Mummenhoff, Bürgermeister, S. 248; Mummenhoff, Seiler; Stadtlexikon Nürnberg, S. 972.   H.N.

I/16 Ehrenmitglied des Vereins für Geschichte der Stadt Nürnberg

8. Januar 1891, Nürnberg
Urkunde
(Privatbesitz)

Die *mustergiltige Bearbeitung der deutschen Städtechroniken* wie die Erforschung der *Geschichte der Stadt Nürnberg insonderheit* haben den 1878 gegründeten Verein für Geschichte der Stadt Nürnberg veranlaßt, den *königliche[n] Universitätsprofessor, Herr[n] Dr. Carl von Hegel zu Erlangen*, zu seinem Ehrenmitglied zu ernennen. Den Ehrenbrief haben unterzeichnet Rechtsanwalt Georg Freiherr von Kreß von Kressenstein (1840-1911) als Erster Vorsitzender und Landgerichtsrat Dr. Adolf Cnopf als Schriftführer.   J.S.

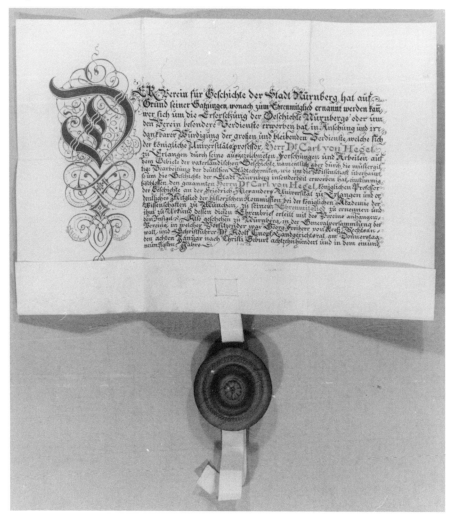

Abb. I/16

I/17 Altmeister der deutschen Geschichtswissenschaft

21. April 1898, Nürnberg/Leipzig
Zeitungsausschnitt, Leipziger
Zeitung, Erste Beilage
(UB Erlangen-Nürnberg)

Vom 12. bis 15. April 1898 fand in Nürnberg die „5. Versammlung Deutscher Historiker" noch unter der Leitung des Vorsitzenden des Verbandes deutscher Historiker, Professor Dr. Felix Stieve (1845-1898), München, statt und wurde in der Presse stark beachtet. Der fünfundachtzigjährige Karl Hegel hat daran im Rahmen eines Mittagessens am 15. April teilgenommen und wurde in der „Leipziger Zeitung" als *Altmeister* der deutschen Geschichtswissenschaft geehrt, der *wie ein Monument aus Rankeschen Tagen in die Generation der geistigen Söhne und Enkel des Begründers moderner Ge-*schichtsforschung (Schumann) hinein-ragte. *Das Streben nach Wahrheit, und allein nach Wahrheit* – heißt es in einer Rezension von Hegels Schrift über „Die Entstehung des Deutschen Städtewesens" – *ist die Überschrift zu dem ganzen wissenschaftlichen Forschen und Leisten des Altmeisters der deutschen Geschichtswissenschaft – ja zu seinem ganzen Leben, darf man sagen: er selbst hat es im Frühjahr 1898 zu Nürnberg in einer ergreifenden Tischrede bekannt.* – Der Verein für Geschichte der Stadt Nürnberg hatte den Teilnehmern der Historikerversammlung ein Sonderheft der Mitteilungen des Vereins für Geschichte der Stadt Nürnberg gewidmet.

StadtA Köln: Best. 1052, Verband Deutscher Historiker (1892-1924), Nr. 1, 21; Bericht über die fünfte Versammlung, S. 51 f.; Schumann, Historikertage, S. 86-121, Zitat S. 121; Goetz, Aus dem Leben, S. 27, 94, 98, 103, 141; Allgemeines Litteraturblatt, 9. Jg., Nr. 4, Wien 15. Februar 1900, Sp. 114. H.N.

Leipziger Zeitung.

Für die Redaction verantwortlich: Dr. Julius Rüffert in Leipzig.

Ausgegeben durch die Königl. Expedition der Leipziger Zeitung in Leipzig, Poststraße Nr. 3. — Fernsprech-Anschluß Nr. 130.

№ 90.   Donnerstag, den 21. April, Abends.   1898.

träge. Der Nachmittag blieb dem von meist sehr heiteren Trinksprüchen gewürzten Festmahle vorbehalten. Gewissermaßen um damit zu beweisen, daß er auch ernste Töne anschlagen könne, toastete Stieve in einer zu Herzen gehenden Weise auf den anwesenden Altmeister v. Hegel. Ich habe selten in meinem Leben so weihevolle Minuten durchlebt, wie während der Viertelstunde, in der der zu seiner Ueberraschung so ehrend Gefeierte, zu Thränen gerührt, seinen Dank aussprach, der in die Mahnung ausklang, der Historiker dürfte niemals etwas Anderes erstreben, als die Wahrheit. — Am frühen Sonnabendmorgen fand sich etwa ein

Abb. I/17

II. DER SOHN UND SEIN VATER

Ein fürchterlicher Schlag hat uns getroffen: so hart er aber für uns Kinder auch
seyn mag, so überwiegt der Schmerz der Mutter doch Alles – sie, die ganz Liebe, ganz
Gefühl ist. Wir haben uns so viel mit ihr zu beschäftigen, daß wir kaum noch Zeit
haben, [über] unseren eigenen Verlust recht nachzudenken u[nd] ihn recht zu begrei-
fen: darüber werde ich mein ganzes Leben zu denken haben – ich, der eben erst
anfing zu verstehen, was ich an ihm hatte. Sein Geist lebt in seinen Werken. – Mit
diesen bewegenden Worten beschrieb der gerade achtzehnjährige Karl Hegel am 15.
November 1831 in einem Brief an seine Großmutter (Nr. II/10) die Trauer innerhalb
seiner Familie, nachdem der Vater Georg Wilhelm Friedrich Hegel tags zuvor nach
kurzer Krankheit an der Cholera gestorben war. Unmißverständlich spricht aus jenen
Sätzen eine große emotionale und rationale Desorientierung, die durch den Tod des
berühmten Philosophen ausgelöst worden war. Denn den jungen Studenten hatten
mit dem Verstorbenen eben nicht ausschließlich engste familiäre Bande, sondern auf
universitärer Ebene auch ein intensives Schüler-Lehrer-Verhältnis verbunden (Nr.
II/7-9). Tatsächlich sollte deshalb neben dem privaten Lebensbereich auch die weitere wissenschaftliche Orientierung Karl Hegels durch das Werk seines Vaters nach-
haltig geprägt werden. Indem er 1840 und 1848 die zweite und dritte Auflage von
dessen *Vorlesungen über die Philosophie der Geschichte* herausgab (Nr. II/11) sowie
1887 die Erstausgabe der *Briefe von und an Hegel* besorgte (Nr. II/12), trug er direkt
zu der von ihm intendierten Tradierung der väterlichen Philosophie bei und erfüllte
außerdem seinen im Brief an die Großmutter Susanna Maria von Tucher geäußerten
Wunsch, sich ganz in dessen Werke vertiefen zu wollen, um sich *diese mir zu dem*
eignen zu machen (Nr. II/10).

In all den unterschiedlichen Bereichen dieser dreifachen Beziehung zwischen
Karl und Georg Wilhelm Friedrich Hegel bildete eine große persönliche Zuneigung
und menschliche Verbundenheit die axiomatische Grundlage des Verhältnisses. So
korrespondieren die liebevoll-stolzen Aussagen des Vaters in zahlreichen Briefen[1]
mit den freundlich-positiven Einschätzungen des Sohnes. Unzweifelhaft war der
berühmte Philosophie-Professor kein weltabgewandter Familientyrann oder gefürch-
teter Zuchtmeister, sondern im Einklang mit seiner sanften Gattin Marie (Nr. I/4) ein
verständiges Familienoberhaupt. Neben den beiden aus dieser Ehe hervorgegange-
nen Kindern Karl und Immanuel (Nr. I/5) kümmerte er sich auch um seinen unehe-

lichen Sohn Ludwig Fischer (1807-1831), der aus der früheren Beziehung zu seiner jenensischen Zimmerwirtin Christina Charlotte Johanna Burckhardt geb. Fischer stammte. Nachdem der Junge 1811 an Sophie Bohn zu Pflege übergeben worden war, hatte ihn die Familie Hegel ab 1817 in ihrem Haus aufgenommen[2]. Erst später kam es wegen des vom Vater nicht gestatteten Medizinstudiums zum Zerwürfnis, so daß Ludwig in der Retrospektive verbittert feststellte *von der Stiefmutter, die selbst 2 Kinder hatte, nachgesetzt* worden zu sein und deshalb *immer in der Furcht, nie aber in der Liebe zu meinen Eltern* gelebt zu haben[3]. Die in Stuttgart angetretene Buchhändlerlehre brach er 1825 ab, nahm den Mädchennamen seiner Mutter an und trat in niederländische Kolonialdienste. Hier wurde er 1826 als Füsilierkorporal ins ostindische Batavia geschickt, erkrankte kurz vor dem Ende seiner Dienstzeit 1831 und starb nur wenige Wochen später.

Im Gegensatz dazu blieb das Verhältnis Georg Wilhelm Friedrich Hegels zu seinen ehelichen Söhnen stets ungetrübt. Als er sich beispielsweise am 29. August 1819 bei Karl *herzlich für die schöne [sic!] gemahlten Blumen* zu seinem Geburtstag bedankte, versicherte er dem Sechsjährigen außerdem, wie sehr es die Eltern freue zu sehen, *daß ihre Kinder sie lieb haben und schon selbst etwas schönes machen können* (Nr. II/2). Ganz in diesem Sinne empfand Karl *die elterliche Erziehung* als *liebevoll und nachsichtig* und schilderte den Vater als *eine gesellige Natur*, der *seine Philosophie gern bei Seite [ließ]*, wo er nur *Erholung von der Anstrengung des Denkens suchte*[4]. Statt dessen widmete er sich dem kulturellen Theater- und Opernleben Berlins, diskutierte im Kollegen- und Freundeskreis über Politik und Privatleben oder fand Entspannung beim Kartenspiel[5]. Durch diesen von Arroganz und Hochmut freien persönlichen Umgang mit Kollegen und Studenten *gewann er ihr Vertrauen, ohne ihre Achtung um einen Deut zu verlieren*[6]. In bezug auf seine Kinder legte er besonderen Wert auf deren gründliche intellektuelle Ausbildung. Immer wieder erkundigte er sich bei Abwesenheit in seinen Briefen über den Stand ihrer schulischen Leistungen, trug ihnen zusätzliche Aufgaben auf oder regte sie zur Weiterbildung an (Nr. II/3). Beispielsweise forderte er die Jungen anläßlich ihrer Nürnberg-Reise im Jahr 1826 auf, besonders auf die dortigen *Kirchen, Gemälde, Glasmalereien u[nd] dergl[eichen]* zu achten, da dort *recht viel Eigentümliches zu lernen und zu sehen* sei, worüber sie ihm später berichten könnten[7]. Außerdem sollte der eigene protestantische Glaube auch für die Heranwachsenden als religiöse Orientierungsvorgabe dienen[8]. So überrascht es nicht, daß sich Georg Wilhelm Friedrich Hegel mit dem brieflichen Wunsch an Karl wandte, daß *das Bewußtseyn des Glücks, ein evangelischer Christ zu seyn, durch diese Blätter in ihm gestärkt werden* möge (Nr. II/5).

Ebenso ausgeprägt wie im privaten Bereich wirkte die väterliche Autorität auch im zweiten Beziehungsfeld der beiden, der Universität. Als der Abiturient zum Wintersemester 1830/31 sein Philosophie-Studium an der Berliner Friedrich-Wilhelms-Universität aufnahm, befand sich der vom erhöhten Katheder aus lehrende Georg Wilhelm Friedrich Hegel im Zenit seiner akademischen und hochschulpolitischen Bedeutung (Nr. II/6). Nach seinem Rektorat im Jahr 1829/30 stand er – wie der Sohn mit unverhohlenem Stolz konstatierte – *auf der Höhe seines Ruhmes, seiner Lehrerfolge und seiner Wirksamkeit in Preußen*[9]. So besuchte Karl während seiner ersten beiden Semester wie selbstverständlich des Vaters Vorlesungen zur *Philosophie der Weltgeschichte* im Wintersemester 1830/31 sowie über *Logik* und *Religionsphilosophie* im Sommersemester 1831. Der vom Philosophen im Anmeldungsbogen des Sohnes handschriftlich bestätigte *fleißige Besuch* der Veranstaltungen versetzte ihn schließlich in die Lage, die *nachgeschriebenen Hefte sorgfältig* auszuarbeiten (Nr. II/8,9), *so daß sie später mit anderen zur Herausgabe in Hegels Werken gebraucht werden konnten.*[10]

Denn der Philosoph blieb auch über seinen Tod hinaus lebenslanger Bezugspunkt für den wissenschaftlich arbeitenden Karl Hegel. Sich ausdrücklich *auch als einen Erben der Hegel'schen Philosophie* verstehend[11], ging der Siebenundzwanzigjährige 1840 daran, die nur drei Jahre zuvor im Auftrag des „Vereins von Freunden des Verewigten" von Eduard Gans (1798-1839) besorgte Erstauflage der *Vorlesungen über die Philosophie der Geschichte* zu revidieren. Während der Jurist nämlich versucht hatte, die Aussagen Hegels unter Zuhilfenahme von dessen originalen Redeskripten und verschiedener Mitschriften seiner studentischen Hörer auf dem Stand der letzten Veranstaltung aus dem Wintersemester 1830/31 zu rekonstruieren, wich Karl Hegel davon methodisch in zweifacher Hinsicht ab (Nr. II/11). Zum einen berücksichtigte er die in früheren Semestern zum selben Thema gehaltenen Vorlesungen und zum anderen konnte er auf die im Familienbesitz befindlichen Manuskripte und Arbeitsnotizen des Vaters zurückgreifen. Obwohl diese Kompilation der verschiedenen väterlichen Vorlagen unter editionstechnischen Gesichtspunkten noch deutliche Mängel aufgrund unzureichender Kennzeichnung der Herausgebereingriffe oder wegen deren Nichtbegründung aufwies, setzte sich Karl Hegels 1848 in dritter Auflage unverändert erschienene Version für beinahe ein Jahrhundert als Textgrundlage durch.

Im Jahre 1887 trat er dann erneut als Herausgeber von Texten seines Vaters in Erscheinung, als er eine zweibändige Ausgabe der *Briefe von und an Hegel* veröffentlichte (Nr. II/12). Ausdrücklich wollte er dadurch seinen Beitrag zur Tradierung der väterlichen Gedankenwelt leisten und konstatierte *mit Genugthuung [...], dass die*

Hegelsche Philosophie, trotz schneller Zeit, nach mehr als 50 Jahren seit dem Ableben ihres Urhebers immer noch über die gebildete Welt verbreitet ist[12]. Obwohl der Erlanger Geschichtsprofessor sich zu diesem Zeitpunkt gerade im Bereich der Edition beträchtliches wissenschaftliches Renommee erworben hatte (Nr. IX/10), wurde diese Ausgabe Gegenstand heftigster Kritik. Erst Friedhelm Nicolin milderte das Urteil über Karl Hegel ab, indem er die *von ihm gewählte chronologische Anordnung* lobte, da sie sich *auch für die künftigen Bände der historisch-kritischen Ausgabe als die geeignetste* erwiesen habe[13].

Zusammenfassend ist festzustellen, daß die tiefe Verbundenheit Karl Hegels mit seinem Vater sowohl in seinem persönlichen als auch in seinem beruflich-wissenschaftlichen Leben stets erhalten blieb. Zwar löste er sich während seiner Heidelberger Studienjahre zwischen 1834 und 1836 von der Philosophie und wandte sich unter dem Einfluß Friedrich Christoph Schlossers (Nr. III/19) der Geschichtswissenschaft zu – dem väterlichen Werk fühlte er sich aber immer verpflichtet. Beinahe symbolisch rahmen deshalb auch die beiden Editionen seine eigenen wissenschaftlichen Arbeiten ein. Bis in die letzten Lebensjahre interessierte er sich für den akademischen Umgang mit der Hegelschen Philosophie. Noch der wohl letzte Brief des 88jährigen an Kuno Fischer trägt jenen liebevollen und stolzen Grundton, der für die Beziehung zum berühmten Vater stets charakteristisch gewesen war. So lobte er den Autor der zweibändigen Monographie über „Hegels Leben, Werke und Lehre" ausdrücklich für dessen Darstellung und schloß mit den sich selbst eindeutig zuordnenden Worten: *Der Sohn des Philosophen dankt Ihnen bewegten Herzens für Ihr herrliches Vermächtnis* (Nr. II/13).

---

[1] Briefe von und an Hegel, Bde. 2-4.
[2] Mit welch hohen Erwartungen Hegel seinen ältesten Sohn bei sich aufgenommen hatte, zeigt der Eintrag, den Johann Wolfgang von Goethe dem zehnjährigen Ludwig am 1. April 1817 in sein Stammbuch schrieb: Briefe von und an Hegel, Bd. 4, 1, S. 234.
[3] Ebd., S. 238.
[4] Karl Hegel, Leben und Erinnerungen, S. 5, 9.
[5] Ebd., S. 11 f., 16.
[6] So verzichtete er – ganz im Unterschied zu den meisten seiner Kollegen – auf jegliche professorale Attitüde, indem er *die Philosophie in der Studierstube und im Auditorium* ließ und sie nicht *auf die Gassen und die Märkte oder [...] in den Salon* transportierte. Auch gegenüber den Studenten verzichtete er auf Standesdünkel, *wenn er sie zwischen seinen Büchern, in seinem grünen Schlafrock, empfing.* Lenz, Geschichte der Königlichen Friedrich-Wilhelms-Universität zu Berlin, Bd. 2,1, S. 399.
[7] Briefe von und an Hegel, Bd. 3, S. 120.

[8] Der gläubige Protestant erzog seine Kinder streng im evangelischen Sinne und verwies die Heranwachsenden in seinen Briefen häufig auf die Bedeutung der religiösen Überzeugung. So betonte er beispielsweise deren Bedeutung während des Dreißigjährigen Krieges am Beispiel Nürnbergs, weil sich die Stadt damals während der Schlacht an der Alten Veste *brav [...] für unsern evangelischen Glauben und damit für uns alle – für die Vernunft, Wahrheit und Freiheit* gehalten habe und deshalb *eine Perle in der Geschichte* repräsentiere (ebd., S. 125).

[9] Karl Hegel, Leben und Erinnerungen, S. 9.

[10] Ebd., S. 16.

[11] Ebd., S. 21.

[12] Briefe von und an Hegel, Bd. 1, S. XII-XV.

[13] Nicolin, Auf Hegels Spuren in Rezeption und Edition, S. 228.   B.K.

II/1 Georg Wilhelm Friedrich Hegel in seinem Arbeitszimmer

1828, Berlin
Lithographie von Julius Ludwig
Sebbers (1804-nach 1837)
(Privatbesitz)

Das nach der Natur auf Stein gezeichnete Bild zeigt Karl Hegels Vater im Schlafrock mit Barett sitzend vor Bücherschränken und neben seinem Schreibtisch in seiner Berliner Wohnung, Kupfergraben 4a.

Hegel 1770-1970, S. 240.   B.K.

II/2 An meinen Sohn Karl Hegel

29. August 1819, Berlin
Brief
(Hegel-Archiv der Ruhr-Universität, Bochum)

Zwei Tage nach seinem 49. Geburtstag schrieb Georg Wilhelm Friedrich Hegel an seinen sechsjährigen Sohn Karl[1], der sich mit seiner Mutter und seinem Bruder Immanuel auf einer Erholungsreise in Neustadt an der Ostsee befand und bereits vor dem 13. August 1819 an seinen Vater geschrieben hatte[2].

Abb. II/2.1

Abb. II/1

Berlin, den 29 Aug. 1819

Mein lieber Karl!

Ich danke dir recht herzlich für die schöne gemahlten Blumen, die du selbst gemacht und mir zum Geburtstag geschickt hast. Es freut die Eltern an ihrem Geburtstag am meißten, wenn sie sehen, daß ihre Kinder sie lieb haben, und schon selbst etwas schönes machen können, so wie sie brav, fleissig und folgsam sind. Bleibe diß immer, so werde ich dich auch immer recht lieb haben. Auch so schöne Blumen und gar noch Kirschen und Trauben und anderes mehr habt ihr mir geschickt; ich wollte nur ihr wärt dabey gewesen und hättet mit essen helfen; mit der Melone sind wir noch nicht fertig worden. Die Mutter wird euch aber auch Chokolade und anderes an meinem Geburtstage gegeben haben.

Du fragst mich in deinem Brieffe, ob ich nicht bald komme. – Ich wäre wohl schon bey euch, aber die Mutter schreibt mir daß sie länger baden muß, als ich geglaubt, und ich will erst kommen, um euch abzuhohlen, und da wollen wir noch eine Reise zusammen machen, und wohl das Meer sehen und auf dem Meer schiffen[3].

Englische Reuter[4] sind w[ohl] auch hier, der Ludwig[5] hat sie gesehen, aber so geschikte Hasen und Hirsche sind nicht dabey, als bey euch. Weil du mir so was schönes gemahlt, schicke ich dir ein paar Bilderbogen, einer davon ist für Manuel[6], und auch Trauben für die Mutter und für euch beyde.

Nun lebe wohl, lieber Karl
Dein Vater Prof. Hegel

Grüsse den Manuel und ich lasse ihm für das Bildchen, das wohl von ihm war, danken[7].

[1] Abgedruckt in: Briefe von und an Hegel, Bd. 4,

Teil 2, Nr. 358b, S. 33 f., 104 f.

[2] Vgl. Vater Hegels Brief an Karl vom 13. August 1819: Briefe von und an Hegel, Bd. 4, Teil 2, Nr. 358a, S. 32 f., 104.

[3] Georg Wilhelm Friedrich Hegel fuhr am 3. September 1819 nach Neustadt und machte von dort mit der Familie eine Reise nach Rügen (Briefe von und an Hegel, Bd. 4, Teil 1, S. 207). An diese Reise erinnerte sich Karl Hegel noch in seinen Memoiren: Leben und Erinnerungen, S. 8; ebenso im „Gedenkbuch", S. 7 f. (Nachlaß Karl Hegel, Privatbesitz).

[4] Englische Kunstreiter.

[5] Gemeint ist (Georg) Ludwig Friedrich Fischer (1807-1831), Georg Wilhelm Friedrich Hegels unehelicher Sohn, der seit 1817 in der Familie seines Vaters lebte.

[6] Immanuel Hegel.

[7] Am Rand, quer geschrieben. H.N.

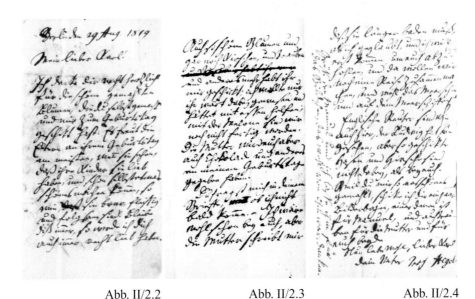

Abb. II/2.2   Abb. II/2.3   Abb. II/2.4

II/3 Gleichfalls an Karl Hegel

12. Oktober 1822, Amsterdam
Brief
(Privatbesitz)

Von einer Reise in die Niederlande
schrieb Georg Friedrich Wilhelm Hegel
im Oktober 1822 an seine Frau aus Brüssel, Antwerpen, Breda, Den Haag und
Amsterdam[1]. Von Amsterdam aus erhielt
auch sein Sohn Karl einen Brief, nach
Neustadt Eberswalde adressiert[2].

Amsterdam
d 12 Oct. 1822[3]

*Es hat mich recht sehr gefreut, mein lieber Carl, hier auch von dir einen Brief
und Nachrichten von dir erhalten zu
haben. Ich ersehe daraus, daß du und
Immanuel sich wohl befindet, und hoffe
auch Ludwig, – ingleichen hoffe ich, daß
Ludwig in den Ferien ebenfalls fleissig*

*gewesen ist. – Es ist recht gut, daß du
Clarke'sche Stücke[4] übersetzt hast, und
ich will sie, wenn ich nach Hause
[komme,] durchsehen, und [sehen,] wie
weit du fortgeschriten bist, und die Fehler
vermieden hast.*

*Du hast mir aber nicht geschrieben, ob du
in eine höhere Classe versetzt worden
bist; dieses wird itzt doch wohl entschieden seyn. Es freut mich, wenn ihr an
Immanuels Geburtstag[5] vergnügt gewesen seyd; es ist freylich Schade, daß das
üble Wetter der Mutter nicht gestattete,
nach Pozdam mit euch zu fahren und das
Feuerwerk daselbst abzubrennen. Schlimmes Wetter habe ich auch, aber nur wenige Tage, sonst leidliches und meist recht
gutes. Ohne Zweiffel werdet ihr mit der
Frau Großmutter seitdem in Pozdam
gewesen seyn; diese hat mir geschrieben,
daß sie mit euch zufrieden gewesen ist,
was mir Freude gemacht hat.*

Abb. II/3.1

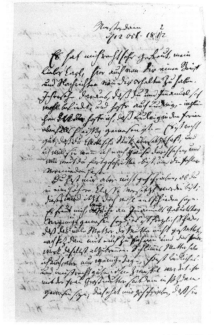

Abb. II/3.2

Ich habe viele schöne Städte, Gegenden und Gemählde und Kirchen gesehen. Hierzu Lande wird nur Hollandsk gesprocken. Wenn du u. Immanuel dat Plattdütsch in Berlin woll sprecken lernet, so mögt ihr mit de Lütte meer spreken kunnen, dann ik kann. Sie verstehen aber meist französisch und zum Theil auch deutsch. Aber mit dem Französischen kommt man am weitesten – denn diß verstehen die Meisten, besser oder schlechter zu sprechen – nemlich die meisten Leute, mit denen man gewöhnlich zu thun hat.

In Scheveningen, beym Haag, habe ich am Strande der Nordsee Muscheln aufgelesen, wie wir an den Ufern der Ostsee gethan – freylich keinen Sak voll, sondern nur wenige – auch habe ich einen Vogel, der Muscheln statt der Federn hat, eingehandelt; den werde ich mitbringen.

Grüße deine beyden Brüdern recht herzlich, alsdenn H[err]n Piper, der dem Immanuel den Geraniumstok gegeben; ferner die Anne; – besonders bin ich begierig, ob der Geraniumstok noch grün ist bis ich komme, u. der Canarienvogel noch lebt. – Gute Nacht, es ist spät, dein treuer Vater Hgl

1 Vgl. Briefe von und an Hegel, Bd. 2, Nr. 437-439, S. 354-363, 507 f.; unvollständige Erstdrucke finden sich in Karl Hegels Briefausgabe (Nr. II/12).
2 Abgedruckt in: Briefe von und an Hegel, Teil 2, Nr. 440, S. 363 f., 508.
3 Die irrtümlich geschriebene Jahreszahl *1812* ist in *1822* korrigiert.
4 Englischer Sprachlehrer John Clarke, Verfasser zahlreicher Übungs- und Schullesebücher.
5 24. September.   H.N.

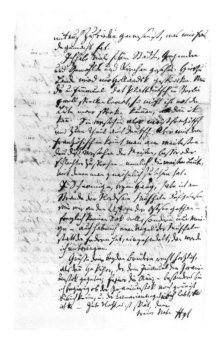

Abb. II/3.3

II/4   Confirmations-Schein

8. April 1829, Berlin
Urkunde
(Privatbesitz)

Karl Hegel wurde im Alter von 15 Jahren von Philipp Konrad Marheineke (1770-1846), seit 1820 Prediger an der Dreifaltigkeitskirche, konfirmiert. Er gehörte zum engsten Freundeskreis der Familie Hegel und war nach einem Studium der Theologie und Philosophie sowie der Promotion zum Dr. phil. im Jahre 1805 außerordentlicher Professor für Philosophie an der Universität Erlangen geworden, 1809 ordentlicher Professor für Theologie an der Universität Heidelberg und seit 1811 an der Friedrich-Wilhelms-Universität zu Berlin, wo er später auch akademischer Lehrer Karl Hegels wurde
                                          B.K.

Confirmations-Schein.

Carl Hegel

ist von mir, nach erhaltenem christlichen Unterricht, am heutigen Tage in der hiesigen evangelischen Dreifaltigkeits-Kirche feierlich eingesegnet worden, welches unter Anwünschung des göttlichen Beistandes zur treuen Beharrlichkeit in Glauben, Hoffnung und Liebe hiedurch bescheiniget wird.

Berlin, den 8 April 1824.

Marheinecke.

Evangelischer Prediger an der Dreifaltigkeits-Kirche und Professor an der Königl. Universität.

Abb. II/4

II/5　Konfirmationswunsch des Vaters für seinen Sohn

undatiert, Berlin
Briefumschlag
(Privatbesitz)

Das protestantische Bekenntnis als Lebensleitfaden war für Georg Wilhelm Friedrich Hegel ein vorrangiges Erziehungsziel bei seinen Söhnen. Anläßlich der Konfirmation Karl Hegels überreichte er ihm in einem Umschlag *Blätter*, die allerdings verloren gegangen sind.

Meinem Sohn
Karl
von seinem Vater!
Möge das Bewußtseyn des Glücks, ein evangelischer Christ zu seyn, durch diese Blätter in ihm gestärkt werden.
B.K.

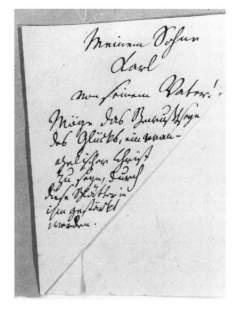

Abb. II/5

II/6 Georg Wilhelm Friedrich Hegel am Katheder

1828, Berlin
Photographie einer Lithographie
Franz Kuglers (1808-1858)
(Goethe-Museum, Düsseldorf)

Die Lithographie Franz Kuglers ist eine der bekanntesten Darstellungen Georg Wilhelm Friedrich Hegels und zeigt den am Katheder der Friedrich-Wilhelms-Universität zu Berlin stehenden Philosophen vor wenigen Studenten. Zu ihnen gehörte zwei Jahre später auch sein Sohn Karl, der *natürlich das größte Verlangen [hatte], mich mit der Philosophie meines Vaters bekannt zu machen* (Karl Hegel, Leben und Erinnerungen, S. 16). B.K.

Abb. II/6

II/7 Karl Hegel als Student seines Vaters

1830/31, Berlin
Akten-Ausschnitt
(UA Humboldt-Universität zu Berlin: AZ März 1834, fol. 60r,v)

Bereits in seinem ersten Semester an der Friedrich-Wilhelms-Universität zu Berlin besuchte Karl Hegel mit großem Interesse die väterlichen Vorlesungen zur *Philosophie der Weltgeschichte*, von der er eine umfangreiche Nachschrift anfertigte (Nr. II/8) und die er nur zehn Jahre später auch als Herausgeber der Zweitausgabe bearbeiten sollte (Nr. II/11). Im Sommersemester 1831 hörte der Sohn die Vorlesungen seines Vaters zur *Religionsphilosophie* und zur *Logik*. Auch zum Logik-Kolleg ist eine Nachschrift Karl Hegels erhalten (Nr. II/9). Zufrieden mit dessen Engagement bestätigte Georg Wilhelm Friedrich Hegel ihm am 31. August 1831 auf dem *Anmeldungsbogen* [...] *den fleißigen Besuch* seiner Vorlesungen. B.K.

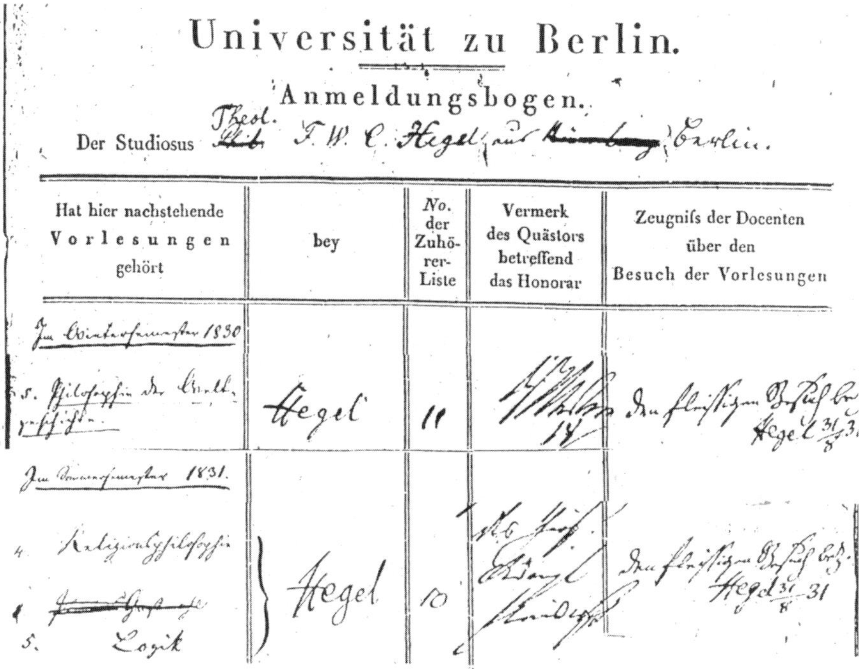

Universität zu Berlin.

Anmeldungsbogen.

Der Studiosus Theol. F. W. C. Hegel aus Berlin.

Hat hier nachstehende Vorlesungen gehört	bey	No. der Zuhörer-Liste	Vermerk des Quästors betreffend das Honorar	Zeugniſs der Docenten über den Besuch der Vorlesungen
Im Wintersemester 1830				
5. Philosophie der Weltgeschichte	Hegel	11	[illegible]	den fleißigen Besuch bez. Hegel 31/3
Im Sommersemester 1831.				
4. Religionsphilosophie 5. Logik	Hegel	10	[illegible]	den fleißigen Besuch bez. Hegel 31/8 31

Abb. II/7

II/8 „Philosophie der Weltgeschichte“ nach den Vorlesungen seines Vaters

1830/31, Berlin
Handschrift
(Hegel-Archiv der Ruhr-Universität, Bochum)

Im Wintersemester 1830/31 hat Karl Hegel des Vaters Vorlesung *Philosophie der Weltgeschichte* gehört und eine 509seitige Nachschrift angefertigt, die – auf grünlichem Papier geschrieben – gebunden erhalten ist (brauner Rücken, rotes Rückenschild mit Aufschrift: *Hegel's Philosophie der Weltgeschichte*). Diese stand Eduard Gans (1798-1839) zur Verfügung, der für den *Verein der Freunde des Verewigten* im Rahmen von „Georg Wilhelm Friedrich Hegel's Werke[n]“ die Herausgabe der „Philosophie der Weltgeschichte“ besorgte[1]. Außer auf die Aufzeichnungen Karl Hegels konnte Gans auch auf die *Nachschriften des Herrn Geh. Ober-Regierungsrath Schulze, des Herrn Hauptmanns von Griesheim, des Herrn Professors Hotho, des Herrn Dr. Werder, des Herrn Dr. Heimann* zurückgreifen[2]. Karl Hegel erinnerte sich in seinen Memoiren, daß er seine *nachgeschriebenen Hefte* zu den von ihm gehörten Vorlesungen seines Vaters *sorgfältig aus[arbeitete], so daß sie später mit andern zur Herausgabe in Hegels Werken gebraucht werden konnten*[3]. Der Student Hegel zeichnete als *F[riedrich] W[ilhelm] K[arl] Hegel*, bei der Niederschrift der Logik-Vorlesungen (Nr. II/9) als *F[riedrich] W[ilhelm] C[arl] Hegel.*

[1] Dieser Verein wurde unmittelbar nach dem Tod des Philosophen gegründet. Zu ihm gehörten – außer Gans – der Theologe Philipp Konrad Marheineke (1780-1846), Johannes Schulze (1786-1869), Geheimrat im Berliner Kultusministerium und zuständig für das höhere Schulwesen und die Universitäten, der Kunsthistoriker Gustav Heinrich Hotho (1802-1873), sein Vetter Karl Ludwig Michelet (1801-1893), Lehrer am Französischen Gymnasium und Philosophie-Professor in Berlin, Friedrich Christoph Förster (1791-1868), Kustos der Berliner Kunstkammer, dann Leiter des Ethnographischen Museums, u.a. Vgl. auch Karl Hegel, Leben und Erinnerungen, S. 19 f.; Beyer, Wie die Hegelsche Freundesvereinsausgabe entstand.

[2] Georg Wilhelm Friedrich Hegel's Vorlesungen über die Philosophie der Geschichte, hrsg. von Eduard Gans (= Georg Wilhelm Friedrich Hegel's Werke. Vollständige Ausgabe durch einen Verein von Freunden des Verewigten, Bd. 11), Berlin 1837, S. XV (Vorwort vom 8. Juni 1837).

[3] Karl Hegel, Leben und Erinnerungen, S. 16.

B.K.

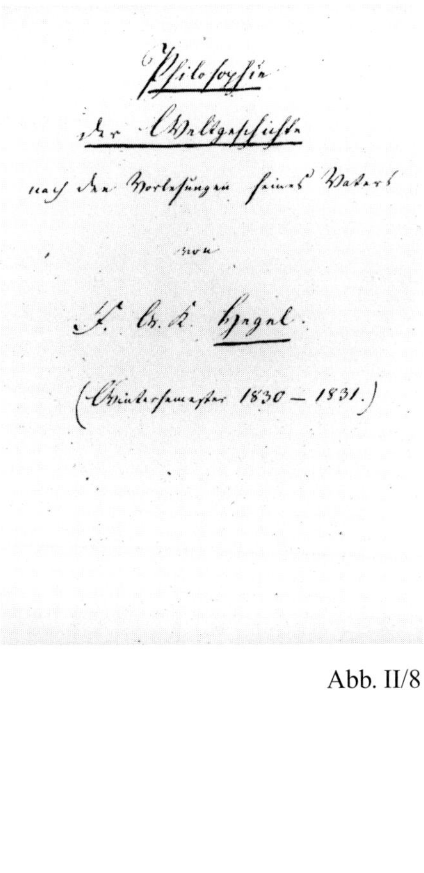
Philosophie der Weltgeschichte nach den Vorlesungen seines Vaters von F. Ch. K. Hegel. (Wintersemester 1830 – 1831.)

Abb. II/8

II/9 Nachgeschrieben: Hegel's Vorlesungen über die Logik

1831, Berlin
Handschrift
(Hegel-Archiv der Ruhr-Universität, Bochum)

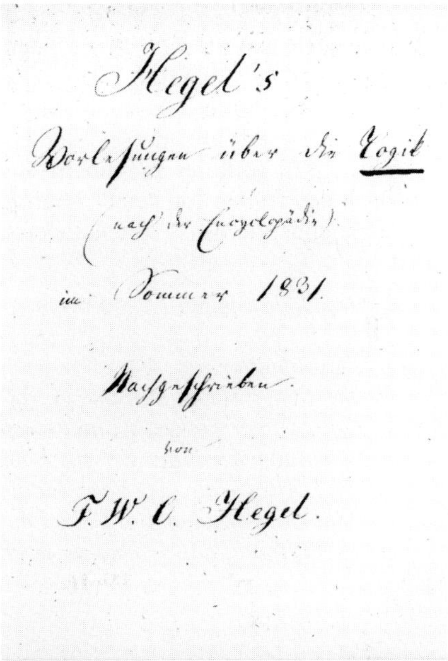
Hegel's Vorlesungen über die Logik (nach der Encyclopädie) im Sommer 1831. Nachgeschrieben von F. W. C. Hegel.

Abb. II/9

II/10 Tod des Philosophen Georg Wilhelm Friedrich Hegel

15. November 1831, Berlin
Brief
(StadtA Nürnberg: E 29/II, Familienarchiv Tucher, Nr. 415/2,
fol. 9-12 [Fotokopie]; Original: Privatbesitz)

Am Tage nach dem Ableben seines Vaters schrieb der achtzehnjährige Karl Hegel an seine Großmutter Susanna Maria von Tucher (Nr. I/2) über dessen Sterben. Im Jahre 1878 sollte er in seinem *Gedenkbuch* den frühen Tod seiner Ehefrau in vergleichbarer Weise thematisieren (VIII/33).

Berlin, Dienstag den 15ten November 1831.

Geliebte Großmutter!
Ein fürchterlicher Schlag hat uns getroffen: so hart er aber für uns Kinder auch seyn mag, so überwiegt der Schmerz der Mutter doch Alles – sie, die ganz Liebe, ganz Gefühl ist. Wir haben uns so viel mit ihr zu beschäftigen, daß wir kaum noch

Zeit haben, [über] unseren eignen Verlust recht nachzudenken u[nd] ihn recht zu begreifen: darüber werde ich mein ganzes Leben zu denken haben – ich, der ich eben erst anfing zu verstehen, was ich an ihm hatte. Sein Geist lebt in seinen Werken; diese mir zu dem eignen zu machen, sey nun mein Bestreben. Schon hatte der Vater angefangen, seine beiden Vorlesungen zu halten[1], mit der größten Erwartung u[nd] Liebe ging ich daran – und nun ist es aus, Alles aus. –
Je größer der Verlust ist, der das Gemüth unsrer lieben Mutter ganz erfüllt, desto mehr hält sie auch dem fest, was ihr noch bleibt. Wie oft habe ich sie in diesem Sommer sagen hören: Ach! mein liebes, liebes Mütterle, könnt' ich sie nur hier bei mir sehen; in ihrem Phantasiren während ihres Fiebers war Dein Bild u[nd] das ihrer Schwestern u[nd] Brüder beständig vor ihrer Seele; vielleicht ist jetzt das Wiedersehen näher gerückt: mit welcher heißen Liebe spricht sie von Dir! gewiß nur in Deinen Armen und ihrer Geschwister kann sie Ruhe finden; wie fließen ihre Thränen, wenn sie an Deinen Schmerz denkt! der beste Trost, den wir ihr bis jetzt

Abb. II/10.1

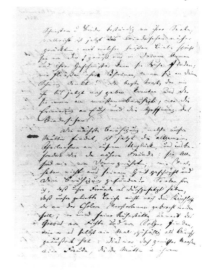

Abb. II/10.2

noch geben konnten und der sie immer am meisten beruhigte, war die Erinnerung an Euch und die Hoffnung des Wiedersehens.

Die nächste Beruhigung, welche unsere Mutter findet, ist jetzt die allgemeine Theilnahme an unserem Unglück und insbesondere die der nähern Freunde: sie alle sind wie vom Donner gerührt; wie Viele haben nicht aus seinem Geist geschöpft und darin Beruhigung gefunden! – So eben höre ich, daß unsre Freunde es durchgesetzt haben, daß unsre geliebte Leiche nicht nach dem Kirchhoff der an der Cholera Verstorbenen gebracht werden soll; er wird seine Ruhestätte unweit des Grabes von Fichte[2] und von Solger[3] finden, wie er es selbst ein Mal zufällig als Wunsch geäußert hat: dies war doch gewisser Maaßen eine Freude, die der Mutter in ihrem Schmerze zu theil wurde.

Sanft und ruhig war das Ende unsres herrlichen Vaters: alle schrecklichen Symptome der Cholera fehlten bei ihm, mit wenigen Schmerzen ging es vorüber. Die letzten zwei Stunden blieben wir ganz an seinem Bette, Manuel[4] an seiner Seite,

ich unterstützte sein liebes Haupt. Der Athem wurde in den zwei letzten Stunden beklommen, und tönte laut; mit einem Male wurde er schwächer; ein sanfter Schlaf, glaubten wir, käme über ihn: – es war aber sein Todesschlaf: lange blieben wir ruhig in derselben Stellung, bis wir plötzlich von der schrecklichen Gewißheit überzeugt wurden.

Er starb am Montag, den 14ten Nov[ember] um 5¼ Uhr Nachmittag; er sollte schon am Dienstag (heute) Abend begraben werden nach Bestimmung der Aerzte: durch Vermittlung aber ist es auch zugestanden worden, daß erst morgen Nachmittag um 3 Uhr das Leichenbegängniß erfolgen wird.

Die Krankheit selbst dauerte nicht länger als 30 Stunden.

In seinen herrlichen Vorlesungen der Religionsphilosophie hörte ich ihn einst sagen: „Von dem Größesten, was je gesagt worden, ist der Ausspruch Christi: Selig sind, die da reinen Herzens sind, denn sie werden Gott schauen. – Mein Vater, dieser edle, große Geist ist nun in der reinen Anschauung dessen, was er schon hier auf Erden als die alleinige u[nd] höchste Wahrheit erkannte. – Dies ist mein Trost und meine Beruhigung. – Lebe wohl!

Im tiefsten Schmerze
Dein
Dich liebender Enkel Karl H[egel].

[1] Im Wintersemester 1831/32 wollte Hegel lesen:

Abb. II/10.3   Abb. II/10.4

Rechtsphilosophie und *Geschichte der Philosophie* (Nr. III/10).

[2] Johann Gottlieb Fichte (1762-1814) war 1805 Philosophie-Professor in Erlangen gewesen und wurde 1810 erster gewählter Rektor der Berliner Friedrich-Wilhelms-Universität.

[3] Karl Wilhelm Ferdinand Solger (1780-1819) war von 1811 bis 1819 Philosophie-Professor an der Berliner Friedrich-Wilhelms-Universität; siehe auch Karl Hegel, Leben und Erinnerungen, S. 18 f.

[4] Immanuel Hegel, jüngster Sohn Georg Wilhelm Friedrich Hegels (Nr. I/5)   H.N.

II/11 Karl Hegels erste Herausgebertätigkeit

1840, Berlin
Buch
(UB Erlangen-Nürnberg)

Nur ein Jahr, nachdem mit Eduard Gans der Erstherausgeber der Hegelschen *Vorlesungen über die Philosophie der Geschichte* gestorben war, veröffentlichte Karl Hegel 1840 deren zweite Auflage. Dabei wählte er in doppelter Hinsicht einen anderen methodischen Ansatz als sein Vorgänger. Zum einen versuchte er, auch die von seinem Vater in früheren Semestern gehaltenen Vorlesungen zu berücksichtigen[1], während sich Gans auf Hegels Darstellung aus dem Wintersemester 1830/31 konzentriert hatte. Zum anderen konnte er durch den Zugang zu allen im Familienbesitz befindlichen Manuskripten und Arbeitsnotizen versuchen, *überall den Autor in seinen eigenen Worten reden* zu lassen, um *Gleichmäßigkeit des Tons für das ganze Werk* zu erreichen[2]. 1848 erschien die von Karl Hegel vorgelegte Edition unverändert in dritter Auflage.

[1] Hegel hatte seine Vorlesungen zur *Philosophie der Weltgeschichte* vor der Veranstaltung im Wintersemester 1830/31 in Berlin unter stetiger Überarbeitung und Weiterentwicklung bereits in den Wintersemestern 1805/06 in Jena, 1816/17 und 1817/18 in Heidelberg sowie 1822/23, 1824/25, 1826/27 und 1828/29 in Berlin gehalten. Karl Hegel begründete die Berücksichtigung der früheren Fassungen damit, daß sein Vater nie eine Vorlesung identisch wiederholt habe, sondern jede *eine neue That des Gedankens* repräsentiere. Deshalb sei im konkreten Fall das *eigenthümlich Philosophische der ersten Vorträge, welches das Fundamentale bei dem Werke ausmachen muß*, mit *der historischen Breite der letzten* zu verknüpfen: Georg Wilhelm Friedrich Hegel's Vorlesungen über die Philosophie der Geschichte, hrsg. von Dr. Eduard Gans. Zweite Auflage besorgt von Dr. Karl Hegel, Berlin 1840, S. XXI f. (Vorwort vom 16. Mai 1840). Das Hegelsche Konzept *Vorrede zur zweiten Auflage*, datiert und unterschrieben *Berlin, den 16ten Mai 1840*, hat sich erhalten: GStA PK, Berlin: VI. HA Rep. 92 Nachlaß Schulze Nr. 15, fol. 26ʳ-29ʳ.

[2] Georg Wilhelm Friedrich Hegel's Vorlesungen über die Philosophie der Geschichte, hrsg. von Dr. Eduard Gans. Zweite Auflage besorgt von Dr. Karl Hegel, Berlin 1840, S. XXIII.   B.K.

Abb. II/11

II/12 „Briefe von und an Hegel"

1887, Leipzig
Bücher
(UB Erlangen-Nürnberg)

Im Jahre 1887 trat Karl Hegel noch einmal als Herausgeber eines Teils der
schriftlichen Hinterlassenschaft seines
Vaters hervor. In zwei Teilen erschienen
die *Briefe von und an Hegel* als neun-
zehnter Band in der von den *Freunden
des Verewigten* veranstalteten Ausgabe
von *Georg Wilhelm Friedrich Hegel's
Werke[n]*. Ursprünglich bereits anläßlich
dessen 100. Geburtstages im Jahre 1870
geplant, verzögerte sich das Projekt um
17 Jahre. Dennoch war es Karl Hegel ein
großes Anliegen, durch seine Edition die
Tradierung des väterlichen Gedankengu-
tes zu unterstützen und dazu beizutragen,
*dass die Hegelsche Philosophie, trotz
schneller Zeit, nach mehr als 50 Jahren
seit dem Ableben ihres Urhebers immer
noch über die gebildete Welt verbreitet ist*
(Karl Hegel im 2. Teil seiner Ausgabe,
S. 389).   B.K.

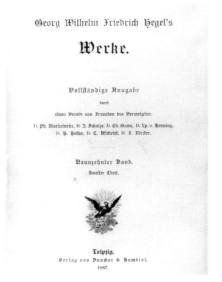

Abb. II/12.1

Abb. II/12.2

II/13 Der Sohn des Philosophen dankt

17. Oktober 1901, Erlangen
Brief
(UB Heidelberg, Handschriften-
abteilung: Heid. Hs. 2614, Nr. 7)

In einem seiner letzten Briefe an den Heidelberger Philosophen Kuno Fischer
(1824-1907) dankte Karl Hegel dem Kollegen für dessen Buch über „Hegels
Leben, Werke und Lehre", den achten
Band seiner „Geschichte der neuern
Philosophie", der in zwei Teilen in erster
Auflage im Jahre 1901 in Heidelberg
erschien.

*Erlangen am 17. Okt.
1901.*

*Excellenz!
Hochverehrter Herr Geheimrat!*

*Mit großer Freude habe ich die achte und
Schlußlieferung Ihres schönen Werkes
erhalten. Sie ist mir sogar zweimal zuge-*

kommen, da die Verlagsbuchhandlung mir bereits ein Exemplar im Namen des Verfassers zugeschickt hatte; ich sende daher das eine doppelt dankbar zurück. Die Vollendung Ihres Werkes noch erlebt zu haben, betrachte ich als ein besonderes Glück. Sie sind meinem Vater in aller Weise gerecht geworden und haben auch seinen persönlichen Charakter gegen falsche Verunglimpfung geschützt. Mit voller Genugthuung habe ich Ihre treffliche Würdigung seiner Philosophie am Schluß gelesen[1]; die Zurechtweisung von Hayms hämischer Kritik[2] ist hier an der rechten Stelle. Oft habe ich mich über sein Buch geärgert, um so mehr, als ich selbst ihm auf seine Bitte einiges Material dazu lieferte. Sein schiefes Urteil und noch mehr Schopenhauers neidgeschwollene Schmähungen haben die Meinung vieler Zeitgenossen in Deutschland bestimmt; man glaubte damit die Hegelsche Philo[so]phie abgethan zu haben. Zur rechten Zeit haben Sie, hochverehrter Herr, sie

wieder auf den hohen Platz gesetzt, auf die Stelle, die ihr gebührt und die sie immerfort in der Geschichte der Philosophie behaupten wird. Der Sohn des Philosophen dankt Ihnen bewegten Herzens für Ihr herrliches Vermächtnis.

Ew. Excellenz
dankbar ergebener
Karl Hegel.

[1] Gemeint ist das 53. Kapitel: *Charakteristik und Kritik der hegelschen Philosophie*, S. 1153-1192.
[2] Rudolf Haym, Hegel und seine Zeit. Vorlesungen über Entstehung und Entwicklung, Wesen und Wert der Hegelschen Philosophie, Berlin 1857.
H.N.

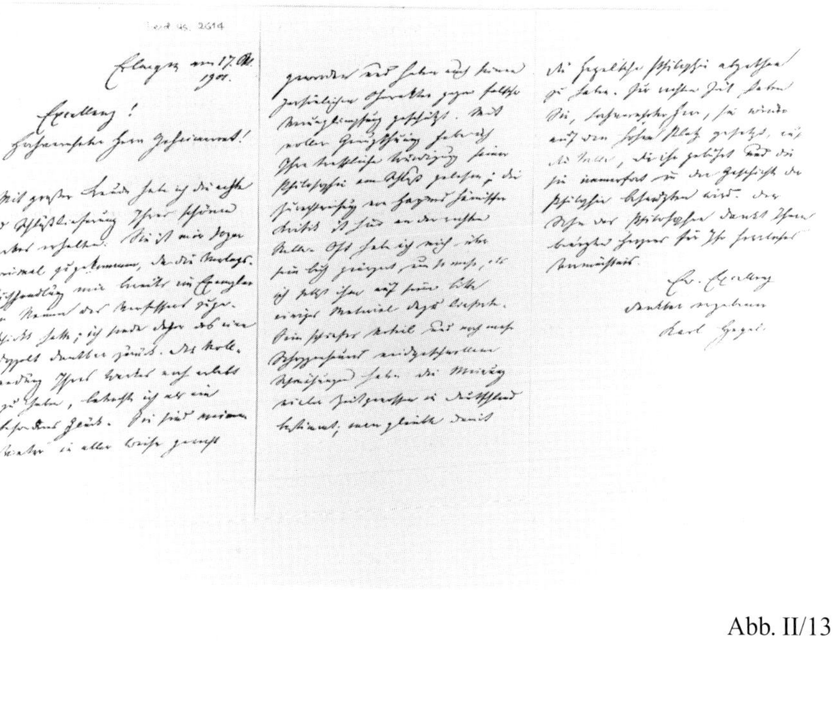

Abb. II/13

III. SCHUL- UND STUDIENJAHRE IN BERLIN UND HEIDELBERG

Als sich der siebenundachtzigjährige Karl Hegel im Jahre 1900 an seine über sechs Jahrzehnte zurückliegende Schul- und Studienzeit erinnerte, da bot ihm die sentimentale Rückschau auch Anlaß zu heftiger bildungspolitischer Zeitkritik. So betonte er im Blick auf die in Berlin verbrachten Grundschul- und Gymnasialjahre (Nr. III/1, 2, 5), welch große Vorteile die noch am eigenen Leib erfahrene Selektion der Schüler gemäß ihrer geistigen Leistungsfähigkeit gehabt habe. Da jenes System allerdings *heutzutage [...] streng verpönt* und durch *das Prinzip der Gleichheit* abgelöst worden sei – *das Alphabet bestimmt die Reihenfolge* –, könne durch die aktuellen Lehrmethoden nur noch *die Mittelmäßigkeit befördert* werden. Mit kaum verhohlener Eitelkeit bilanzierte der ehemalige Musterschüler deshalb auch, daß ihm die *Aufstachelung des Ehrgeizes in der Schule nicht geschadet,* sondern ihn *in der obersten [Klasse zum] primus omnium* gemacht habe[1]. Als Klassenbester hatte er in seinem Abiturjahr zwei öffentliche Reden in lateinischer Sprache halten dürfen. Nach einem Vortrag über das Thema *Comparatio inter Ciceronem et Demosthenem* im April 1830 (Nr. III/3) war er am 26. Juni anläßlich des Jahrestages der Übergabe der Augsburgischen Konfession mit einer Rede über *Qua ratione reformatio Lutheri ad litteras et praecipue ad veteres linguas excolendas plurimum profecerit* aufgetreten (Nr. III/4).

Erst als Student der Friedrich-Wilhelms-Universität zu Berlin fand der hinsichtlich seiner intellektuellen Leistungsfähigkeit nicht gerade bescheiden denkende junge Mann die ihm adäquat erscheinende Umgebung und Förderung. Nachdem der Siebzehnjährige nämlich das Gymnasium *mit einem über Verdienst glänzenden Abgangszeugnisse unbedingter Reife* (Nr. III/6) verlassen hatte, wurde er am 16. Oktober 1830 von seinem Vater wenige Tage vor dem Ende seiner Amtszeit als Universitätsrektor sowie von Friedrich von Raumer als Dekan der Philosophischen Fakultät immatrikuliert (Nr. III/7). Zunächst befriedigte er dabei *natürlich das größte Verlangen, mich mit der Philosophie meines Vaters bekannt zu machen* und suchte außerdem die vorhandenen *Mängel meiner Schulbildung zu ergänzen*[2]. Zusätzlich stillte der *Studiosus Theol. F. W. C. Hegel* (Nr. III/10) seinen Wissensdurst aber auch durch den Besuch zahlreicher anderer Veranstaltungen, wobei er nach dem Tod des geliebten Vaters – der zu Lebzeiten den Berliner Wissenschaftsbetrieb als Zentralfigur dominiert hatte – vor allem bei dem Germanisten und Altphilologen Karl Lachmann (Nr. IV/4), dem klassischen Philologen August Boeckh (Nr. IV/3) sowie den Theologen Philipp Konrad

Marheineke (Nr. II/4), Karl Ludwig Michelet (1801-1893), Ferdinand Benary (1805-1880), Johann August Neander (1789-1850) sowie Friedrich Daniel Ernst Schleiermacher (Nr. IV/1) hörte. Nach dem Tod Georg Wilhelm Friedrich Hegels und einigen innerfamiliären Klärungen hatte die Familie Tucher am 7. Mai 1832 beschlossen, daß *aus der geistlichen Stiftung den beiden Söhnen [Karl und Immanuel] des verstorbenen Professors Hegel zu Berlin* – und *der Frau Professor Hegel gebornen v. Tucher – für die Dauer der Studienjahre ein jährlicher Unterstützungsbeitrag von 100 fl[orin] für einen jeden ausgesetzt werde*[3]. Doch trotz der versammelten Fachkompetenz in Berlin begannen sich die Interessen des jungen Studenten Karl Hegel in Richtung Kunst und deren Geschichte zu verlagern, weil er – angeregt durch unterschiedliche Reisen und Ferienaufenthalte – *eine neue Welt des Kunstgenusses in den Sculpturen und Gemälden der dortigen Sammlungen* erlebt hatte. So entwickelte sich nicht zuletzt aus diesem *Zwiespalt der Studien und Neigungen [...] eine fast krankhafte Neigung aus der großen Stadt [...] und nicht weniger aus ihrem öden Gesellschaftswesen herauszukommen.* Deshalb verließ Karl Hegel Berlin im Frühjahr 1834, um *die schöne Natur und das heitere Leben im deutschen Süden, andere Menschen und Verhältnisse kennen zu lernen*[4].

Der neue Studienort war Heidelberg. Am Neckar, wo bereits der Vater zwischen 1816 und 1818 als Ordinarius für Philosophie gewirkt hatte (Nr. III/15), wurde Karl herzlich im Freundeskreis seiner Eltern aufgenommen. Doch neben dieser positiven Anschlußmöglichkeit an Friedrich Creuzer (Nr. III/16), Anton Friedrich Justus Thibaut (Nr. III/17) und Karl Daub (Nr. III/18) fand sein Studienortwechsel auch in einer politisch brisanten Zeit statt. Nach dem Hambacher Fest im Jahr 1832 (Nr. III/12), an dem auch Studenten der Universität Heidelberg teilgenommen hatten, verbot die Regierung in Berlin zwischen 1833 und 1838 allen Studenten des Königreiches Preußen den Besuch der großherzoglich-badischen Hochschule[5]. Deshalb durfte sich der junge Hegel – nachdem er beim Verlassen der Friedrich-Wilhelms-Universität verpflichtet worden war, sich *aller Theilnahme an verbotenen, geheimen besonders auch burschenschaftlichen Verbindungen gänzlich und geflissentlich zu enthalten* (Nr. III/11) – nicht in Heidelberg immatrikulieren. Weil auch seine Bemühungen um eine Spezialerlaubnis (Nr. III/13) König Friedrich Wilhelms III. (1770-1840) vom preußischen Kultusminister Karl Freiherr vom Stein zum Altenstein (Nr. III/14) mit einem *ungünstigen Bescheid* beantwortet wurden, konnte er die Vorlesungen nur mit der Erlaubnis des Heidelberger Rektors besuchen; in der Heidelberger Matrikel ist er nicht verzeichnet. Doch trotz solcher Schwierigkeiten war der inzwischen Zwanzigjährige entschlossen, sich in seinem *Studiengange, wie bisher, aufs freieste [zu] bewegen und meine Wege zu einem unbewußten Ziele selbständig [zu] suchen*[6].

Und tatsächlich fiel in jene Jahre auch die fachliche Neuorientierung, die den erfolgreichen beruflichen Werdegang des späteren Historikers Karl Hegel zur Folge haben sollte. Ursprünglich noch theologische und juristische Vorlesungen hörend, schloß er im Herbst des Jahres 1834 Freundschaften mit dem Privatdozenten für Geschichte Georg Gottfried Gervinus (Nr. VII/3) und dem sich in den Rechtswissenschaften habilitierenden Georg Beseler (Nr. VII/2), die lebenslangen Bestand haben sollten. Da die beiden überzeugten Nationalliberalen sich mit ihren wissenschaftlichen Arbeiten vor allem auch *historischen Tendenzen* verpflichtet fühlten, wurde ihr neuer Mitbewohner im Haus *in der Friedrichstraße gegenüber der früheren elterlichen Wohnung*[7] für sie eine *werthvolle Eroberung*; er, der – wie Gervinus in seinen Lebenserinnerungen anmerkte – ursprünglich an den Neckar gekommen war, um *Theologie zu studiren, in Wahrheit aber die Philosophie, in die er unter seines Vaters unmittelbarer Anleitung eingeweiht* worden war, begann durch die Diskussionen mit den neuen Freunden *Feuer zu fangen [...], sich seine herkömmlichen Ansichten vom Halse zu schaffen und [sie] mit den unsrigen zu tauschen*[8]. So war es nur Ausdruck dieser konsequenten Neuorientierung, als Hegel zu Beginn des Wintersemesters 1834/35 entschied, sich *vollends [...] von der spekulativen Theologie* abzuwenden, weil sie ihm *unfruchtbar für das Leben erschien,* und stattdessen nun *Geschichte bei Schlosser* zu hören[9]. Vor allem bei Friedrich Christoph Schlosser (Nr. III/19) studierte er drei Semester, bevor er sich im Frühjahr 1836 entschied, nach Berlin zurückzukehren, da auch Beseler und Gervinus inzwischen in Richtung Basel beziehungsweise Göttingen abgewandert waren.

Weil ihn die *Königliche Departements Ersatz Commission* am 5. Dezember 1836 *wegen Körper- und Brustschwäche [...] für immer untauglich zu den königlichen Militair-, Feld- und Garnisondiensten* und als *bleibend Ganzinvalide* erachtete (Nr. III/20), konnte sich Karl Hegel nun ganz auf den Abschluß seiner Studien konzentrieren. Wieder bei der Mutter wohnend, arbeitete er intensiv an seiner Dissertation (Nr. III/27), sodaß er schon im folgenden Jahr am 1. Juli 1837 den Antrag auf Zulassung zur Promotion stellen konnte (Nr. III/21). Nachdem er sich erneut an der Friedrich-Wilhelms-Universität immatrikuliert hatte, erhielt er von der Philosophischen Fakultät ein vorläufiges Abgangs- (Nr. III/22) und ein Sittenzeugnis (Nr. III/23). Das mündliche Doktorexamen bestand Karl Hegel am 5. August 1837 bei den Prüfern August Boeckh (Nr. IV/3), Karl Lachmann (Nr. IV/4), Leopold von Ranke (Nr. IV/7) und dem Nachfolger seines Vaters Georg Andreas Gabler (1786-1853) mit der Gesamtnote *cum laude*. Wohl im Rückblick auf seine an der Spree nicht gern gesehenen Jahre in Heidelberg fand hier allerdings auch die kritische Anmerkung Niederschlag, daß *die Mannigfaltigkeit der Studien des Cand[idaten] ihn wohl etwas zerstreut und von manchem abgehalten* hätte (Nr. III/25). Schließlich verteidigte Hegel seine Thesen am 24. August 1837 in öffentlicher Disputation und schloß das Studium im März 1838 mit der Lehramtsprüfung ab, wobei er das Zeugnis *der unbedingte[n] facultas docendi auf den preußischen Gymnasien* erhielt (Nr. III/28).

Bevor Karl Hegel allerdings den endgültigen Einstieg ins Berufsleben wagte, indem er zwischen Herbst 1839 und Frühjahr 1841 sein Probejahr am Cöllnischen Gymnasium zu Berlin absolvierte und dort danach eine Stelle als Hilfslehrer antrat (Nr. VI/1), begab er sich von Juli 1838 bis September 1839 auf seine *italienische Reise* (Nr. V/1).

---

[1] Karl Hegel, Leben und Erinnerungen, S. 7.
[2] Ebd., S. 16.
[3] StadtA Nürnberg: E 29/II, Nr. 185: 1 Bd. Konferenzprotokolle und Beschlüsse des Freiherrlich von Tucherischen Geschlechts, 1831-1833, 47. Sitzung, S. 673 ff., hier S. 685 (Punkt 27).
[4] Ebd., S. 24 f.
[5] Wolgast, Die Universität Heidelberg 1386-1986, S. 99.
[6] Karl Hegel, Leben und Erinnerungen, S. 27.
[7] Ebd., S. 29.
[8] G. G. Gervinus Leben, S. 295.
[9] Karl Hegel, Leben und Erinnerungen, S. 30.   B.K

III/1 Schul-Zeugniß

Dezember 1821, Berlin
Urkunde
(Privatbesitz)

Karl Hegel erinnerte sich in seinen Memoiren, daß er nach dem Umzug seiner Eltern von Heidelberg nach Berlin als Fünfjähriger zunächst *auf die Schule des Herrn Blenz* ging. Der Wohnungswechsel von der *Leipziger Straße* zum *Kupfergraben Nr. 4a* brachte es mit sich, daß er *in die Schule des Herrn Kupsch in der Dorotheenstraße* kam, *in der ich bis März 1822 verblieb* (Karl Hegel, Leben und Erinnerungen, S. 2 f.). Auf der Rückseite des Zeugnisses ist vermerkt: *Er kam 10 mal zu spät, erhielt 8 gute Beweise.* B.K.

No. 1.
Schul-Zeugniß
vom Monat Nov./Decemb. 1821
Mit dem Schüler Hegel
sind seine Lehrer
vorzüglich zufrieden.
Aufführung
Aufmerksamkeit
Fleiß
Kupsch.

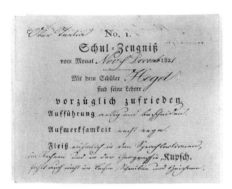

Abb. III/1

III/2 Quartal-Zeugnis des Französischen Gymnasiums

1. April 1827, Berlin
Urkunde
(Privatbesitz)

Es war der Wunsch Georg Wilhelm Friedrich Hegels, daß seine beiden Söhne von der *Knabenschule* auf das Collège Royal François wechselten, *nicht bloß wegen dessen Nähe hinter dem Königlichen Palais* – wie sich Karl Hegel erinnerte. Der Vater – *in den klassischen Sprachen gebildet und ein tüchtiger Lateiner* – hatte *eine starke Antipathie gegen die Art des grammatischen Unterrichts, wie er damals* auf den preußischen Gymnasien *betrieben wurde, der mehr dazu geeignet schien, den Schülern das Erlernen der alten Sprachen zu verleiden als sie dazu anzureizen.* Ihm schien *das Collège français mehr dazu geeignet, uns die französische Sprache zu eigen zu machen, als dazu, uns in das klassische Altertum einzuführen.* Allerdings waren die Schüler Hegel *weit entfernt, diese Vorliebe für die französische Sprache und deren Musterautoren zu teilen*, und – so Karl Hegel – es *regte sich in uns die Opposition des deutschen Sinnes* (Karl Hegel, Leben und Erinnerungen, S. 4 f.).

Palmié war Rektor des Französischen Gymnasiums; von den Lehrern unterrichtete *Karl Ludwig Michelet* (1801-1893), ein Anhänger Vater Hegels, Philosophie, *Reclam* Latein und Griechisch.

Das Zeugnis für das erste Quartal 1827 hat Karl Hegels Vater am 23. April 1827 gegengezeichnet: *Vidi Prof. Hegel 23/4 27.* B.K.

No. 1. Uneingeschränktes Lob.
Quartal-Zeugniſs vom 1sten Januar bis zum 1sten April 1827.
für den Schüler der 3ten Classe Hegel.

Klassen-Besuch.	Betragen.	Aufmerksamkeit.	Haus-Fleiſs.	Fortschritte.
Gefehlt — Stunden Zu spät gekommen 5.				1. Religion 2. Griechisch 3. Latein 4. Französisch 5. Deutsch 6. Mathematik 7. Physik 8. Naturgeschichte 9. Arithmetik 10. Geschichte 11. Geographie 12. Schreiben 13. Zeichnen

Vidi Prof. Hegel 23/4 27
Director, Professores und Lehrer des Französischen Gymnasiums.

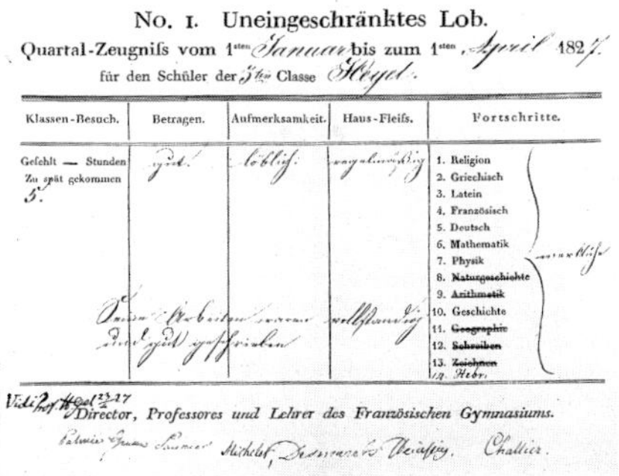

Abb. III/2

III/3 Schulfeier des Französischen Gymnasiums

2. April 1830, Berlin
Broschüre
(LHA Brandenburg, Potsdam:
Rep. 34, Provinzialschulkolle-
gium, Nr. 1379, Bl. 11)

Karl Hegel war stolz, zu den besten Schülern gehört zu haben: *ich saß in den oberen Klassen unter den Ersten und war in der obersten primus omnium*[1]. Aus diesem Grunde durfte er in seinem letzten Schuljahr bei der öffentlichen Schulfeier des Französischen Gymnasiums eine lateinische Rede halten: *Charles Hegel comparera en latin l'eloquence de Démosthène avec celle de Cicéron*[2].

[1] Karl Hegel, Leben und Erinnerungen, S. 7.
[2] Programme d'invitation à l'Examen public du Collège Royal François fixé au 2. Avril, 1830, Berlin [1830], S. 42.   B.K.

III/4 Karl Hegels Rede über den Einfluß der Reformation Luthers auf die Wissenschaften und die Altphilologie

26. Juni 1830, Berlin
Handschrift
(Privatbesitz)

Im Nachlaß Karl Hegels hat sich das Manuskript einer Rede über das Thema *qua ratione reformatio Lutheri ad literas [!] et praecipue ad veteres linguas excolendas plurimum profecerit* („Auf welche Weise die Reformation Luthers die Wissenschaften und insbesondere die Pflege der alten Sprachen befördert hat") erhalten. Sprache, Titel und Themenwahl legen nahe, daß es sich um einen zur Rede ausformulierten Stilaufsatz aus seiner Schulzeit handelt. Den Anlaß für diese zweite lateinische Rede, die Hegel auch in seiner Autobiographie erwähnt, bot die Säkularfeier der Übergabe der „Augsburgischen Konfession" Philipp Melanchthons am 25. Juni 1530 an Kaiser Karl V. Daß es in der Rede weniger um profunde wissenschaftliche oder theologische Auseinandersetzungen als um eine gediegene Darstellung allgemein verbreiteter Vorstellungen ging, versteht sich aufgrund des besonderen Charakters von Reden dieser Art von selbst.   C.S.

PROGRAMME

D'INVITATION

À

L'EXAMEN PUBLIC

DU

COLLÈGE ROYAL

FRANÇOIS

FIXÉ

AU

2. AVRIL, 1830.

BERLIN,
IMPRIMÉ CHEZ J. F. STARCKE.

Abb. III/3

Abb. III/4.1

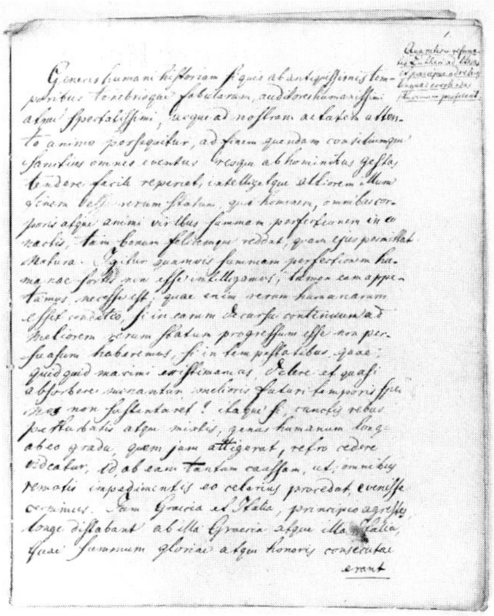
Generis humani historiam si quis ab antiquissimis temporibus tenebrisque fabularum, auditores humanissimi atque spectatissimi, usque ad nostram aetatem attento animo persequitur, ad finem quendam consiliumque spectantes omnes eventus resque ab hominibus gestas tendere facile reperiet, intelligetque altiorem illum semper velle rerum statum, qui hominem, omnibus corporis atque animi viribus summam perfectionem nactis, tam bonum felicemque reddat, quam ejus permittat natura. Igitur quamvis summam perfectionem humanae sortis non esse intelligamus, tamen eam appetamus necesse est. quae enim rerum humanarum esset conditio, si in earum decursu continuum ad meliorem rerum statum progressum esse non persuasum haberemus, si in tempestatibus, quae quidquid maximi aestimamus, delere et quasi absorbere minantur, melioris futuri temporis spes nos non sustentaret! Itaque si, cunctis rebus perturbatis atque mixtis, genus humanum longe ab eo gradu, quem jam attigerat, retro cedere videatur, id ob eam tantum caussam, ut, omnibus remotis impedimentis eo celerius procedat, evenisse censemus. Tum Graecia et Italia, principio aggressu, longe distabant ab illa Graecia atque illa Italia, quae summum gloriae atque honoris consecutae erant

Abb. III/4.2

III/5 Quartal-Zeugniss eines Primus'

1. Juli 1830, Berlin
Urkunde
(Privatbesitz)

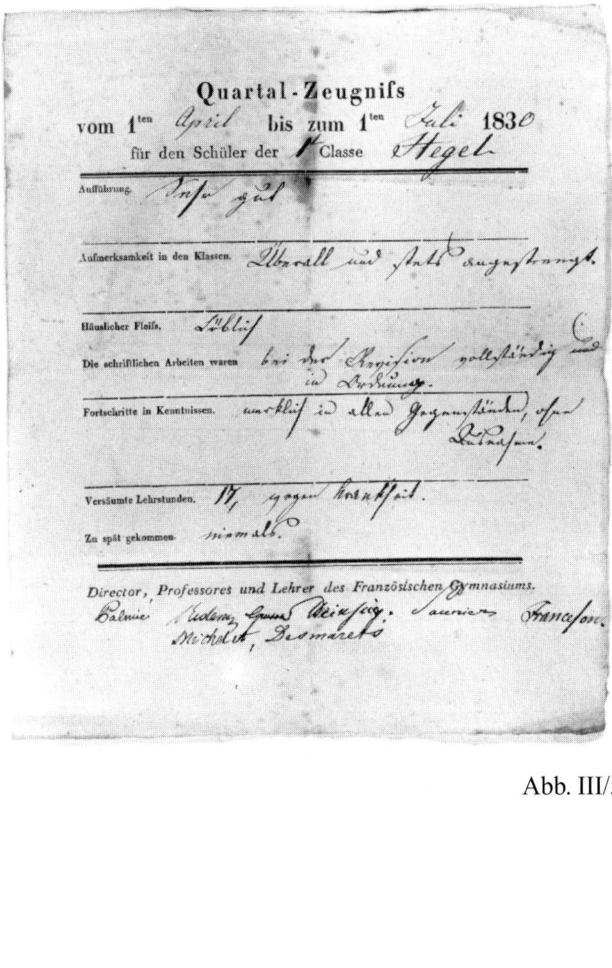
Quartal-Zeugnifs

vom 1ten April bis zum 1ten Juli 1830
für den Schüler der I Classe Hegel

Aufführung. Sehr gut

Aufmerksamkeit in den Klassen. Überall und stets angestrengt.

Häuslicher Fleifs, Löblich

Die schriftlichen Arbeiten waren bei der Revision vollständig und in Ordnung.

Fortschritte in Kenntnissen. merklich in allen Gegenständen, ohne Ausnahme.

Versäumte Lehrstunden. 17, wegen Krankheit.

Zu spät gekommen. niemals.

Director, Professores und Lehrer des Französischen Gymnasiums.
Palmié Ridem Grund Weissig. Saunier Franceson.
Michelet, Desmarets

Abb. III/5

III/6 Zeugniß der unbedingten Tüchtigkeit

18. September 1830, Berlin
Urkunde
(Privatbesitz)

Vom 12. April 1822 bis zum 18. September 1830 hat Karl Hegel das Königliche Französische Gymnasium zu Berlin besucht. In seinem *Entlassungs-Zeugniss* wurden – neben seiner *Aufführung gegen Mitschüler und Vorgesetzte* sowie seinem *Fleiss* – vor allem seine *Kenntnisse* gelobt: *Seine Fortschritte, die in allen Lehrgegenständen sichtbar und bedeutend waren, entsprachen den Erwartungen, zu welchen seine glücklichen Naturgaben berechtigten. Die Philologie studierte er mit Lust und Liebe. Die Griechischen und Römischen Klaßiker las er mit Einsicht und Fertigkeit. Seine griechischen Extemporalien waren meistentheils fehlerfrei. Im Lateinischen hat er noch mehr geleistet. Er schreibt es correct und mit einer Gewandtheit, die auch seinem mündlichen Ausdruck nicht mangelt. Die in seinem schriftlichen Aufsatz vorkommenden Fehler sind unbedeutend und beschränken sich auf einige etwas verwickelte Constructionen. Auf das Studium der hebräischen Sprache hat er ebenfalls einen rühmlichen Fleiß verwendet. Seine deutschen Ausarbeitungen fielen stets sehr gut aus und empfahlen sich durch logische und rhetorische Präcision. Sein französischer Styl ist zwar von groben Fehlern frei, allein mit den Feinheiten der Sprache hat er sich noch nicht hinreichend befreundet. In dem Felde der älteren und neueren Geschichte hat er sich einen nicht gewöhnlichen Umfang von Kentnißen zu erwerben gewußt. In den mathematischen Wißenschaften, für die er sehr glückliche Anlagen verrieth, zeichnete er sich unter seinen Mitschülern auf die rühmlichste Weise aus und hat das Pensum des Abiturienten Reglements nicht allein vollständig vollführt, sondern* auch dasselbe weit überschritten. Bei einem so glücklichen Ausfall seiner schriftlichen Leistungen so wie bei dem der mündlichen Prüfung, in welcher er gut in den Philologien und der Geschichte, sehr gut in den anderen Disciplinen bestand, konnte ihm das Zeugniß der *unbedingten Tüchtigkeit* nicht versagt werden. Er wird auf der hiesigen Universität Theologie[1] studieren. Wenn er mit dem bisherigen Fleiß fortfährt, seine Fähigkeiten auszubilden und seine Kentniße zu vermehren, so wird er in dem von ihm gewählten Berufe sehr nützlich und ein weiterer Arbeiter in dem Weinberge des Herrn werden, wozu seine Lehrer ihm Gottes Beistand füglich wünschen.*

[1] Tatsächlich wurde Karl Hegel auf dem Anmeldungsbogen der Universität zu Berlin als *Studiosus Theol.* geführt, zunächst als *Studiosus Phil.* (Nr. III/10). Die Immatrikulationsurkunde (Nr. III/7) weist ihn der Philosophie zu.   H.N.

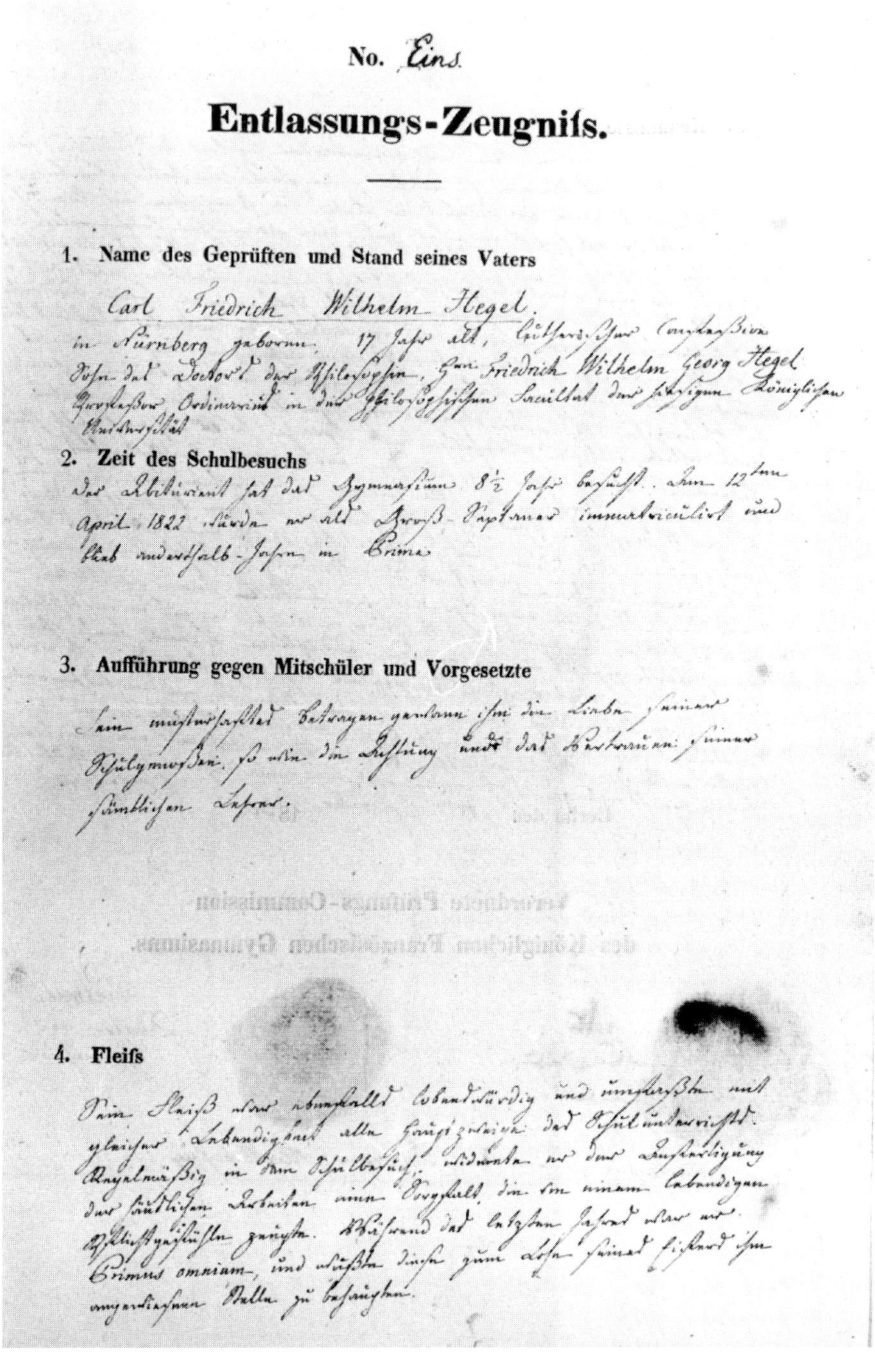

No. Eins.

Entlassungs-Zeugnifs.

1. Name des Geprüften und Stand seines Vaters

Carl Friedrich Wilhelm Hegel.
in Nürnberg geboren, 17 Jahr alt, lutherischer Confession
Sohn des Doctors der Philosophie, Herrn Friedrich Wilhelm Georg Hegel
Professor Ordinarius in der philosophischen Facultät der hiesigen Königlichen
Universität

2. Zeit des Schulbesuchs

der Abiturient hat das Gymnasium 8½ Jahr besucht. Am 12ten
April 1822 wurde er als Groß-Tertianer immatriculirt und
blieb anderthalb Jahre in Prima

3. Aufführung gegen Mitschüler und Vorgesetzte

Sein musterhaftes Betragen gewann ihm die Liebe seiner
Schulgenossen, so wie die Achtung und das Vertrauen seiner
sämtlichen Lehrer.

4. Fleifs

Sein Fleiß war ebenfalls lobenswürdig und umfaßte mit
gleicher Lebendigkeit alle Zweige des Schulunterrichts.
Regelmäßig in dem Schulbesuch, widmete er der Anfertigung
der häuslichen Arbeiten eine Sorgfalt, die von einem lebendigen
Pflichtgefühle zeugte. Während des letzten Jahres war er
Primus omnium, und wußte diese zum Lohn seines Fleißes ihm
angewiesenen Stelle zu behaupten.

Abb. III/6.1

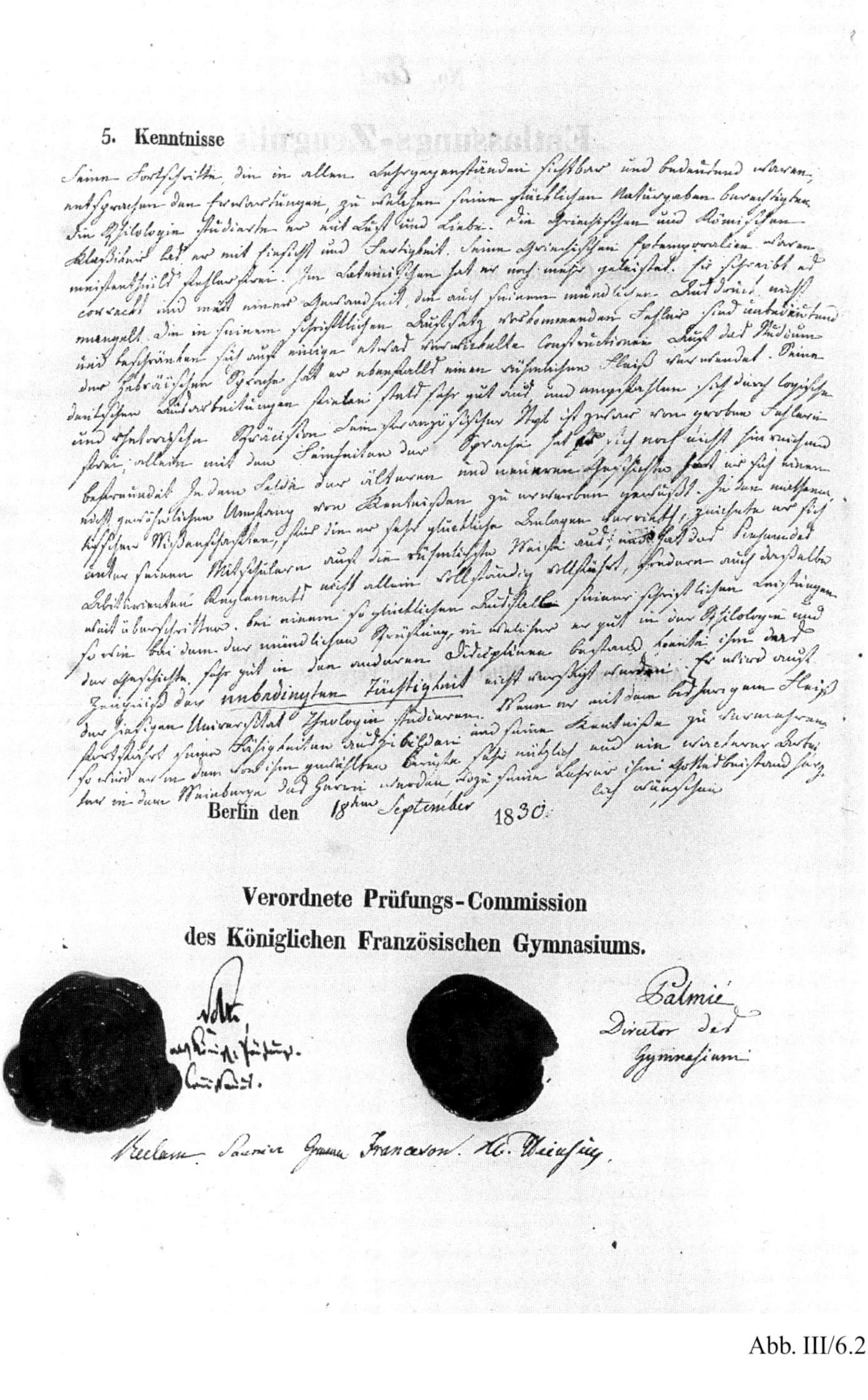
5. Kenntnisse

[illegible]

Berlin den 18ten September 1830.

Verordnete Prüfungs-Commission
des Königlichen Französischen Gymnasiums.

Abb. III/6.2

III/7 Immatrikulation Karl Hegels an der Berliner Universität

16. Oktober 1830, Berlin
Urkunde
Privatbesitz

Die gedruckte lateinische Immatrikulationsurkunde für Karl Hegel bringt zum Ausdruck, daß der Student der Philosophie noch unter dem Rektorat seines Vaters die Friedrich-Wilhelms-Universität bezogen hat. Georg Wilhelm Friedrich Hegel beurkundete die Immatrikulation und trug eigenhändig den Namen seines Sohnes in das vorgedruckte Formular ein. Der Student gelobte Treue, Gehorsam und Ehrfurcht gegenüber den akademischen Gesetzen sowie den Amtsträgern der Universität und bestätigte, mit den Bestimmungen gegen Geheimbünde bekannt gemacht worden zu sein, deren Nichtbeachtung nicht nur die Relegation zur Folge hatte, sondern auch auf Dauer jeglichen Zugang zu öffentlichen Ämtern verwehrte. In seinen Memoiren erinnerte sich Karl Hegel, *von dem Rektor Marheineke [...] unter Ablegung des Handgelübdes immatrikuliert und von Friedrich von Raumer, als Dekan, bei der philosophischen Fakultät eingeschrieben worden zu sein* (Karl Hegel, Leben und Erinnerungen, S. 9). H.N.

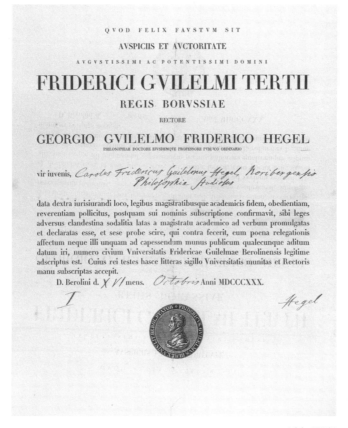

Abb. III/7

III/8 Matrikeleintrag

1830, Berlin
Handschrift
(UA Humboldt-Universität zu
Berlin: Rektor und Senat, Matri-
kel 1830, 20. Rektorat, fol. 24ᵛ,
Nr. 952)

Im *Album Civium Universitatis Littera-*
riae Berolinensis (1826-1834) ist Karl
Hegel unter *XX. Rectore Georgio Guilel-*
mo Friderico Hegel Philosophiae Docto-
re eiusdem Professore publ. ordin. unter
der laufenden Nummer *952* als Studie-
render der Philosophie eingetragen. Verlassen hat er die Friedrich-Wilhelms-Universität zunächst am 20. März 1834.

Amtliches Verzeichniß 1831, S. 14.   B.K.

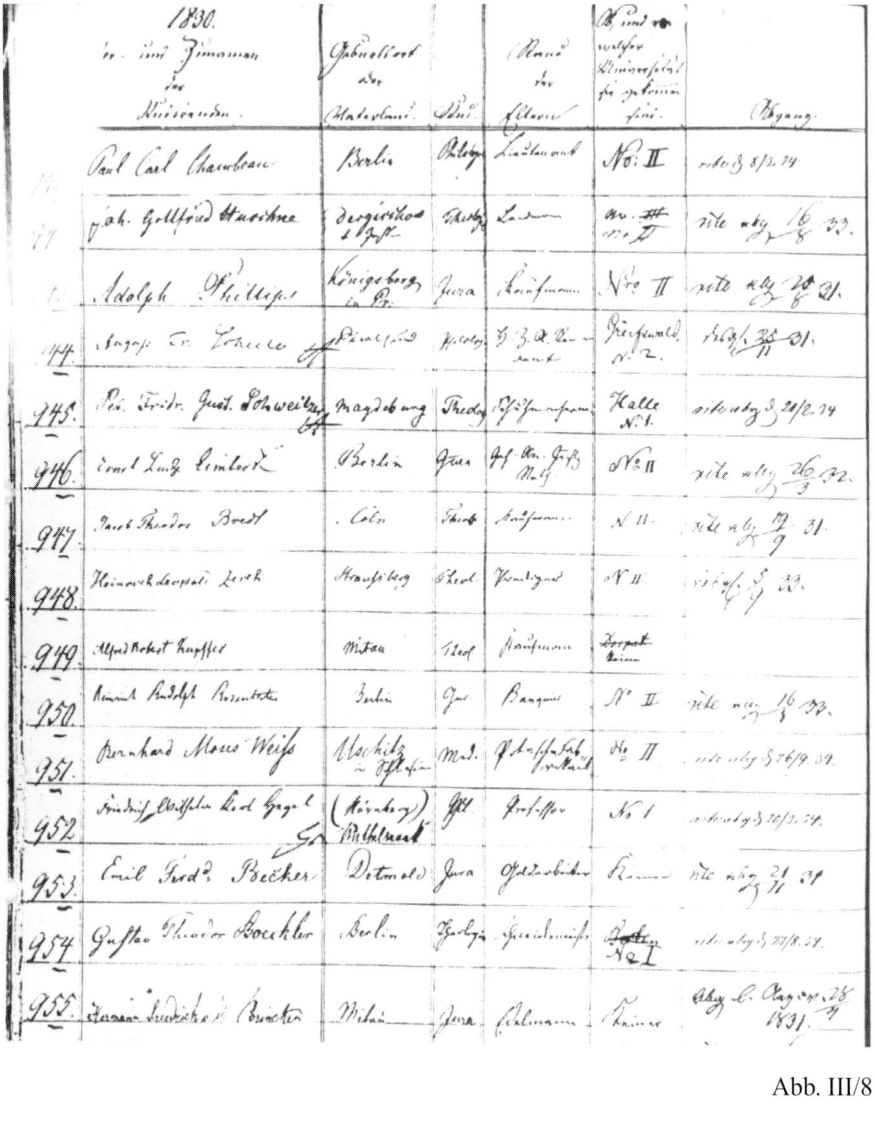

Abb. III/8

III/9 Abgangszeugnis der Berliner Universität

20. März 1834, Berlin
Urkunde
(Privatbesitz)

Während einer *im Herbst 1833 mit meinem Bruder unternommene[n] Ferienreise nach Dresden und Prag* hatte sich Karl Hegel *eine neue Welt des Kunstgenusses in den Sculpturen und Gemälden der dortigen Sammlungen eröffnet*, die seine bisher strikt auf *die philosophischen und theologischen Studien* konzentrierten Interessen deutlich erweiterte. Vor allem aus *solchem Zwiespalt der Studien und Neigungen empfand ich* – erinnerte er sich in seinen Memoiren – *eine fast krankhafte Sehnsucht, aus der großen Stadt, ihren viel durchwanderten Straßen und nicht weniger aus ihrem öden Gesellschaftswesen herauszukommen und die schöne Natur und das heitere Leben im deutschen Süden, andere Menschen und Verhältnisse kennen zu lernen*[1]. Sein Ziel war Heidelberg, wo er bereits als Kind zwei Jahre gelebt hatte.

Zur Vorbereitung seines Wechsels beantragte er bei der Berliner Universität mit einem *Anmeldungsschein* vom 7. März 1834[2] ein Abgangszeugnis[3]. Darin wurde ihm bescheinigt, daß er *sich bis Ende des Wintersemesters 1833/34 der philosophischen Wissenschaften beflissen hat.* Für seine sieben Berliner Semester wurde ihm – unter Nennung der Professoren und mit deren Beurteilung – bestätigt, welche *Vorlesungen* er gehört hat. Ausdrücklich wurde festgestellt: *Einer Theilnahme an verbotener Verbindung unter Studirenden ist derselbe hier nicht verdächtig geworden*; auch *in disciplinarischer und ökonomischer Rücksicht [ist] nichts Nachteiliges vorgekommen.*

[1] Karl Hegel, Leben und Erinnerungen, S. 24 f.
[2] UA Humboldt-Universität zu Berlin: AZ März 1834, fol. 59ʳ.
[3] Konzept ebd., fol. 58ʳ·ᵛ, 62ʳ·ᵛ.   B.K.

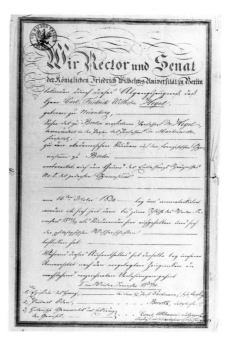

Abb. III/9.1

Abb. III/9.2

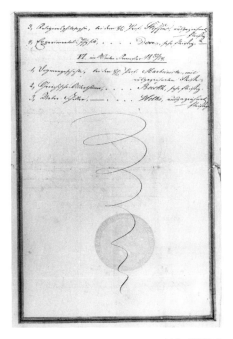

Abb. III/9.3   Abb. III/9.4

III/10 Anmeldungsbogen Karl Hegels

März 1834, Berlin
Akte
(UA Humboldt-Universität zu Berlin: AZ März 1834, fol. 60ʳ-61ᵛ)

Grundlage für das Abgangszeugnis (Nr. III/9) war der Anmeldungsbogen der Universität zu Berlin, der für den *Studiosus Theol. F. W. C. Hegel aus Berlin* die von ihm vom Wintersemester 1830/31 bis einschließlich Wintersemester 1833/34 gehörten Vorlesungen festhielt. Ihr Besuch wurde von den Professoren – darunter sein Vater – zu unterschiedlichen Zeiten testiert. Zum Sommersemester 1832 hat er selbst vermerkt: *Wegen einer Reise zur Wiederherstellung der Gesundheit habe ich diese Vorlesungen aussetzen müssen. C. Hegel.*

Karl Hegel hat in Berlin außer bei seinem Vater bei den Philosophen Karl Ludwig Michelet (1801-1893) – den er vom Französischen Gymnasium her kannte (Nr. III/2) – Gustav Heinrich Hotho (1802-1873), Henrik Steffens (1773-1845) und Leopold Dorotheus von Henning (1791-1866) gehört; ferner bei den Philologen Karl Lachmann (Nr. IV/4), August Böckh (Nr. IV/3), August Friedrich Pott (1802-1887), Karl Gottlob Zumpt (1792-1849), Ernst Heinrich Tölken (1785-1869) und dem Bibliothekar, Orientalisten und Geschichtsforscher Friedrich Wilken (1777-1840) sowie ferner bei den Theologen Friedrich Gottlob Uhlemann (1792-1864), Wilhelm Vatke (1806-1882), Friedrich Daniel Ernst Schleiermacher (Nr. IV/1), Franz Simon Ferdinand Benary (1805-1880), Johann August Neander (1789-1850), Philipp Konrad Marheineke

(1780-1846) und dem Physiker Heinrich Wilhelm Dove (1803-1879). Ein Historiker gehörte nicht zu seinen akademischen Lehrern, eine historische Vorlesung nicht zu seinen Lehrveranstaltungen an der Friedrich-Wilhelms-Universität. B.K.

Abb. III/10.1

Abb. III/10.2

Abb. III/10.3

Abb. III/10.4

III/11 Verpflichtungserklärung Karl Hegels

24. März 1834, Berlin
Akte
(UA Humboldt-Universität zu
Berlin: AZ März 1834, fol. 59aʳ)

Wie bei der Immatrikulation (Nr. III/7) mußte sich Hegel auch bei seiner Berliner Exmatrikulation verpflichten, *mich aller Theilnahme an verbotenen, geheimen besonders auch burschenschaftlichen Verbindungen gänzlich und geflissentlich zu enthalten.* Dies wurde insbesondere mit Blick auf die Universität Heidelberg verlangt, die sich aus preußischer Sicht politisch zu indifferent verhielt; denn am Hambacher Fest von 1832 hatten auch 300 Studenten der großherzoglich-badischen Landesuniversität teilgenommen[1].

[1] Vgl. Wolgast, Universität, S. 98 f.   H.N.

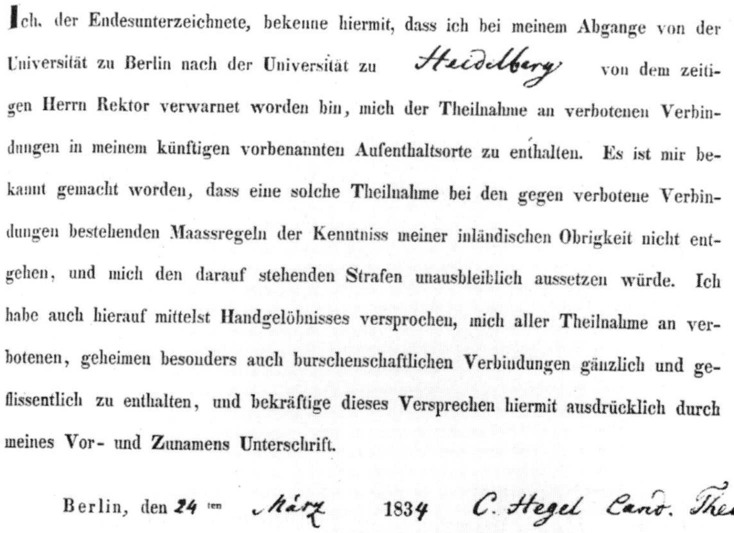

Ich, der Endesunterzeichnete, bekenne hiermit, dass ich bei meinem Abgange von der Universität zu Berlin nach der Universität zu *Heidelberg* von dem zeitigen Herrn Rektor verwarnet worden bin, mich der Theilnahme an verbotenen Verbindungen in meinem künftigen vorbenannten Aufenthaltsorte zu enthalten. Es ist mir bekannt gemacht worden, dass eine solche Theilnahme bei den gegen verbotene Verbindungen bestehenden Maassregeln der Kenntniss meiner inländischen Obrigkeit nicht entgehen, und mich den darauf stehenden Strafen unausbleiblich aussetzen würde. Ich habe auch hierauf mittelst Handgelöbnisses versprochen, mich aller Theilnahme an verbotenen, geheimen besonders auch burschenschaftlichen Verbindungen gänzlich und geflissentlich zu enthalten, und bekräftige dieses Versprechen hiermit ausdrücklich durch meines Vor- und Zunamens Unterschrift.

Berlin, den 24 ᵗᵉⁿ *März* 1834 *C. Hegel Cand. Theol.*

Abb. III/11

III/12 Zug auf das Hambacher Schloß

27. Mai 1832, Hambach
Photographie nach kolorierter
Federlithographie
(Historisches Museum der Pfalz,
Speyer. Inv.-Nr. BS 690 b)

Mit dem Hissen der schwarz-rot-goldenen Fahne auf dem höchsten Turm der Ruine des Hambacher Schlosses in der Pfalz erreichte die Massenkundgebung des süddeutschen radikalen Liberalismus ihren Höhepunkt. Der Redakteur Johann Georg August Wirth (1798-1848) forderte die *vereinigten Freistaaten Deutschlands* und das *konföderierte republikanische Europa.*

Hambacher Fest 1832-1982, Nr. 141, S. 140. H.N.

Abb. III/12

III/13 Keine Erlaubnis zum Studium in Heidelberg

20./21. Mai 1834, Berlin
Brief mit Marginalresolution
(Privatbesitz)

Nach dem Hambacher Fest von 1832 verbot die Berliner Regierung im folgenden Jahr – bis 1838 – Studenten aus dem Königreich Preußen den Besuch der Heidelberger Universität. Ohne immatrikuliert zu sein – folglich ohne Eintragung in die Matrikel der Universität Heidelberg – besuchte Karl Hegel vom Sommersemester 1834 an gleichwohl mit Genehmigung des Rektors Maximilian Joseph Chelius (1794-1876) Vorlesungen in den Häusern der Professoren. Er wollte sich

von niemand einreden lassen – formulierte er im Rückblick auf diese Zeit –, *mich in meinem Studiengange, wie bisher, aufs freieste [zu] bewegen und meine Wege zu einem unbewußten Ziele selbständig [zu] suchen* (Karl Hegel, Leben und Erinnerungen, S. 27). Seine über den Geheimen Oberregierungsrat Dr. Johannes Schulze (1786-1869), Freund und Vertrauter seines Vaters, dem preußischen Kultusminister Karl Freiherr vom Stein zum Altenstein (Nr. III/14) vorgetragenen Bemühungen um eine *Spezialerlaubnis* König Friedrich Wilhelms III. (1770-1840) zum Studium in Heidelberg blieben erfolglos (ebd. S. 26).

Schulze leitete das nicht erhaltene Schreiben Hegels am 20. Mai 1834 mit einem

Anschreiben an Altenstein weiter, der am folgenden Tag zu Beginn seiner Marginalresolution feststellte: *Ich habe das Vorhaben des jungen Hegel nie gebilligt. Nach meiner Meinung verliehrt er auch Zeit ohne Nutzen.*   H.N.

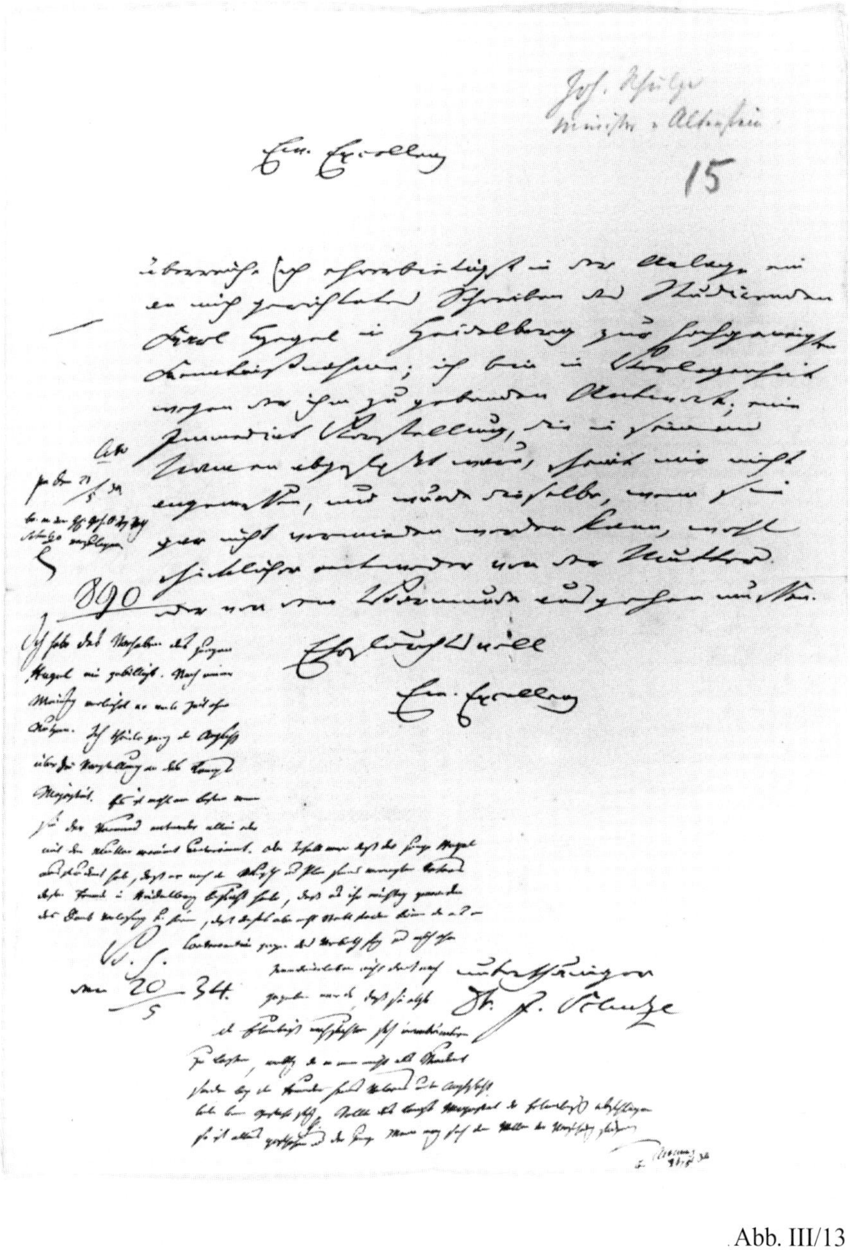

Abb. III/13

III/14 Karl Freiherr vom Stein zum Altenstein (1770-1840)

1827
Photographie einer Lithographie Franz Krügers (1797-1857)
(GStA PK, Berlin: IX. HA Bilder, I 990)

Geboren in Schalkhausen (bei Ansbach), Studium der Jurisprudenz, Philosophie, Kameralwissenschaften, Mathematik und Physik in Erlangen, Göttingen und Jena, 1793 Referendar bei der Kriegs- und Domänenkammer in Ansbach, 1795 Assessor, 1797 Beförderung zum preußischen Kriegs- und Domänenrat, 1801 Kriegs- und Vortragender Rat beim Generaldirektorium in Berlin, 1803 Geheimer Oberfinanzrat, enger Mitarbeiter des Ministers Karl August von Hardenberg, 1807 Mitglied der Immediatkommission, Autor der „Rigaer Denkschrift", 1808-1810 Leiter der preußischen Finanzverwaltung, 1813 Zivilgouverneur in Schlesien, 1817 Mitglied des preußischen Staatsrates und Ernennung zum Minister des Innern für Kultus, Unterricht und Medizinalwesen, berief 1818 Georg Wilhelm Friedrich Hegel an die Berliner Universität, legte umfangreiches Reformprogramm für das Bildungswesen vor (allgemeine Schulpflicht, Organisation des Elementarschulwesens und der Lehrerausbildung, Pflege des Gymnasiums u.a.) und wurde einer der bedeutendsten preußischen Kultusminister, gestorben in Berlin.   B.K.

Freyherr von Altenstein.

Abb. III/14

III/15 Stadt und Schloß Heidelberg von Osten

um 1818, Heidelberg
Photographie des Gemäldes
Christian Philipp Koesters
(1784-1851)
(Kurpfälzisches Museum Heidelberg: Inv.-Nr.: L 48)

Von dem *Maler Köster, verwachsen von Gestalt und humoristisch von Art*, einem *Freund meines elterlichen Hauses*, besaß Karl Hegel bis zu seinem Lebensende in Erlangen *ein schönes Gemälde von Heidelberg*[1]. Bis 1831 befand es sich im Besitz seines Vaters, der es wohl bei seinem Abschied von Heidelberg von seinen Kollegen geschenkt bekam[2]. Auf der Rückseite befand sich ein beschädigter Klebezettel mit teilweise zerstörter Aufschrift: *Gemalt von dem Mal[er] Köster, Freund im Hause des [Philo]sophen Hegel währen[d] dessen Tätigkeit in Heidelberg 1816-1818*[3]. In seinen Tagebüchern hat Sulpiz Boisserée (Nr. V/3) unter dem 9. März 1818 notiert: *Köster hüb-sche Landschaft vom Schloß*[4]. In einer seiner undatierten letztwilligen Verfügungen legte Karl Hegel unter *Kunstgegenstände* fest: *das Gemälde von Heidelberg von Christian Köster aus Heidelberg (dem Hausfreund meiner Eltern in Berlin) für Anna*[5]. Anna war Karl Hegels älteste Tochter, verheiratet mit dem Mathematiker Felix Klein (Nr. I/2; VIII/26). Durch Erbgang in die Familie ihrer jüngsten Tochter Sophie gekommen, hat das Kurpfälzische Museum Heidelberg das Gemälde 1967 als Dauerleihgabe des Landes Baden-Württemberg – erworben aus dem Mannheimer Kunsthandel – erhalten.

[1] Karl Hegel, Leben und Erinnerungen, S. 26.
[2] Hegel 1770-1970, S. 172 f., Abb. ebd., vor S. 177.
[3] Rudi, Christian Philipp Koester, S. 168; zum Gemälde insgesamt ebd., Nr. G 9, S. 168-171, und Abb. 17-19, S. 351 f.; zum kunst- und geistesgeschichtlichen Gesamtzusammenhang: Romantik, insbes. S. 80-82.
[4] Boisserée-Tagebücher, Bd. 1, S. 483.
[5] Nachlaß Karl Hegel, Privatbesitz.   H.N.

Abb. III/15

III/16 Georg Friedrich Creuzer (1771-1858)

1838
 Photographie einer Lithographie von Hermann Kauffmann (1808-89)
(Kurpfälzisches Museum Heidelberg: S 7633)

Geboren in Marburg an der Lahn, Studium der Theologie und Philosophie, später der Philologie und Literaturgeschichte in Marburg und Jena, 1799 Habilitation für alte Geschichte sowie griechische und römische Sprache, 1800 Extraordinarius in Marburg, dort 1802 Professor für griechische Sprache und Eloquenz, 1804 Ordinarius für Philologie und alte Geschichte in Heidelberg, enger persönlicher Freund Georg Wilhelm Friedrich Hegels, 1805-1811 gemeinsam mit dem Theologen Karl Daub (Nr. III/18) Herausgeber der romantischen Streitschrift „Studien", auch „Romantiker unter den Philologen" genannt, gestorben in Heidelberg. – Karl Hegel *besuchte den gealterten Creuzer, den man wegen seiner roten Perücke den roten Creuzer nannte,* gleich zu Beginn seiner Heidelberger Studienzeit (Karl Hegel, Leben und Erinnerungen, S. 28).   B.K.

Abb. III/16

III/17 Anton Friedrich Justus Thibaut (1772-1840)

1821
Photographie einer Lithographie von Nepomuk Strixner (1782-1855) nach einem Gemälde von Jacob Wilhelm Christian Roux (1771-1830) (Kurpfälzisches Museum Heidelberg: S 2911)

Geboren in Hameln, Studium der Jurisprudenz in Göttingen, Königsberg und Kiel, 1796 Promotion und Habilitation, mehrere rechtswissenschaftliche Ordinariate in Kiel (1801), Jena (1802) und Heidelberg (1806). Freund Georg Wilhelm Friedrich Hegels, war im sogenannten „Kodifikationsstreit" Gegenspieler seines Berliner Kollegen Friedrich Carl von Savigny (Nr. IV/2), nachdrückliche Beschäftigung mit musikwissenschaftlichen Forschungen, Initiator eines „Singvereins" in Heidelberg mit Carl Maria von Weber (1786-1826) und Robert Schumann (1810-1856), Besitzer einer bedeutenden Sammlung älterer geistlicher Musik, gestorben in Heidelberg. – Karl Hegel erinnerte sich seiner als *eine[r] der größten Berühmtheiten unter den Juristen* und *ein[es] Meister[s] des beredten Vortrags, seine Pandektenvorlesungen zogen Massen von Studierenden heran* (Karl Hegel, Leben und Erinnerungen, S. 27 f.).

B.K.

Abb. III/17

III/18 Carl Daub (1765-1836)

Photographie eines Kupferstichs von Johann Jakob Lips (1758-1817)
(Kurpfälzisches Museum Heidelberg: S 2014)

Geboren in Kassel, Studium der evangelischen Theologie, Philosophie, Geschichte und Philologie in Marburg an der Lahn, 1790 Privatdozent an der dortigen Universität, 1795 Ruf auf den theologischen Lehrstuhl der Universität Heidelberg, enger freundschaftlicher und beruflicher Kontakt zu Georg Wilhelm Friedrich Hegel während dessen dortiger Zeit als Philosophie-Professor, zusammen mit seinem Freund und Berliner Kollegen Marheineke (1780-1846) Hauptvertreter der sog. spekulativen Theologie, gestorben in Heidelberg. – Karl Hegel erinnerte sich Daubs Vorlesungen, *die er in seinem Hause hielt*, in kritischer Distanz: *Doch war seinem frei gehaltenen Vortrage schwer zu folgen*, denn bei dessen komplizierter Konzeption mit *Einschaltungen aus Geschichte und eigener Erfahrung verlor man den Gedankengang oft aus dem Sinne* (Karl Hegel, Leben und Erinnerungen, S. 27).   B.K.

C. DAUB.

Abb. III/18

III/19 Friedrich Christoph Schlosser (1776-1861)

Photographie einer Lithographie von Hermann Eichens (1813-1886)
(Kurpfälzisches Museum Heidelberg: S 179)

Geboren in Jever, Theologiestudium in Göttingen, Tätigkeit als Pfarrverweser, Lehrer und Hauslehrer in Jever und Frankfurt am Main, 1810 Promotion an der Universität Gießen, 1812-1815 Anstellung als Lehrer für Geschichte und Philosophie am Lyzeum in Frankfurt, 1815 Ernennung zum Frankfurter Stadtbibliothekar, 1817 Ruf auf den Lehrstuhl für Geschichte an der Universität Heidel-

berg, dort 1817-1825 auch Leiter der Universitätsbibliothek, gilt als Begründer der sog. „Heidelberger Schule", gestorben in Heidelberg. – Mit Begeisterung blickte Karl Hegel auf sein Studium bei Schlosser zurück: *Jetzt vollends wandte ich mich von der spekulativen Theologie ab, die mir unfruchtbar für das Leben erschien, und hörte Geschichte bei Schlosser.* Dieser, von dem Hegel die Lithographie Eichens mit den Worten Dantes besaß, war ihm als *eine vereinsamte Größe erschienen, dessen Vorlesungen [...] schon an Anziehungskraft verloren [hatten]*, und hatte ihn mit Dante (Nr. V/11; VI/5) vertraut gemacht (Karl Hegel, Leben und Erinnerungen, S. 30, 34 f.).

B.K.

Abb. III/19

III/20 Entbindung vom preußischen Militärdienst

1836, Berlin
Urkunde
(Privatbesitz)

Nach seinen Heidelberger Studienjahren wurde in Berlin Karl Hegels Untauglichkeit für den Militärdienst festgestellt. Das regimentsärztliche Zeugnis vom 14. Juli 1836 lautete:

Der Kandidat der Philosophie Karl Friedrich Wilhelm Hegel ist heute von mir körperlich untersucht worden und fand sich, daß derselbe wegen Körper- und Brustschwäche nach vollendetem Wachsthum und indem er laut beigebrachtem ärztlichem Attest seit Jahren an Brustbeschwerden ärztlich behandelt wird, welche jede stärkere Körperanstrengung ernstlich verbieten,

von mir als für immer untauglich zu den Königlichen Militair-, Feld- und Garnisondiensten mithin als bleibend Ganzinvalide ärztlich zu erachten.

Die „Königliche Departements Commission zur Prüfung der Freiwilligen zum einjährigen Militair Dienst" stellte am 22. Oktober 1836 fest, daß Hegel aufgrund *des vorstehenden ärztlichen Zeugnisses [...] seiner Militair Verpflichtung gänzlich zu entbünden sein [wird].* Die „Königliche Departements Ersatz Commission" zu Berlin bestätigte dies am 5. Dezember 1836.

Auf der Rückseite des Dokumentes ist als Adresse genannt: *Kupfergraben No. 6a – 3 Treppen hoch;* dorthin war Hegels Mutter nach dem plötzlichen Tod Georg Wilhelm Friedrich Hegels in eine kleinere Wohnung umgezogen (Karl Hegel, Leben und Erinnerungen, S. 36).   B.K.

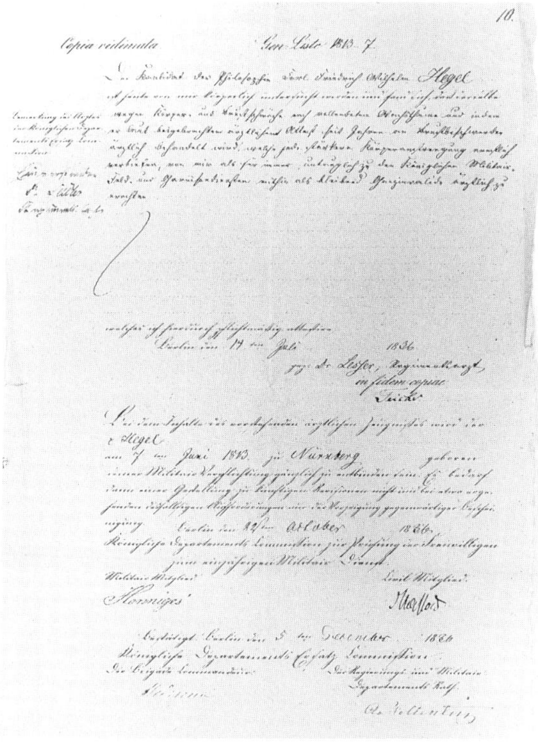

Abb. III/20

III/21 Antrag auf Zulassung zur Promotion

1. Juli 1837, Berlin
Akte
(UA Humboldt-Universität zu
Berlin: Philosophische Fakultät
216, fol. 369ʳ)

Wieder in Berlin am Kupfergraben wohnend, bereitete sich Karl Hegel *in fortgesetztem Privatstudium zur Doktorpromo-
tion vor und schrieb eine Dissertation:
De Alexandro Magno et Aristotele* (Karl
Hegel, Leben und Erinnerungen, S. 36).
Diese reichte er am 1. Juli 1837 in der
Hoffnung bei der Philosophischen Fakultät der Friedrich-Wilhelms-Universität zu
Berlin ein, daß sie als Zulassungsvoraus-
setzung zur Doktorprüfung akzeptiert
werde, und beantragte die Zulassung zur
Prüfung.   B.K.

III/22 Vorläufiges Abgangs-Zeugniß für Karl Hegel

4. Juli 1837, Berlin
Urkunde
(Privatbesitz)

Nach seiner Rückkehr nach Berlin hatte
sich Hegel an der Berliner Friedrich-Wilhelms-Universität nicht erneut immatrikulieren lassen, mußte dies aber mit Blick
auf die angestrebte Promotion tun. Karl
Lachmann (Nr. IV/4) stellte als Dekan der
Philosophischen Fakultät das *Vorläufige
Abgangs-Zeugniß für den Stud. phil.
Herrn Hegel aus.*   B.K.

Abb. III/21

Abb. III/22

III/23 Sitten-Zeugniß für Karl Hegel

4. Juli 1837, Berlin
Urkunde
(Privatbesitz)

Auf der Grundlage des Abgangs-Zeugnisses (Nr. III/22) wurde Karl Hegel vom Rektor und vom Richter der Friedrich-Wilhelms-Universität zu Berlin *bezeuget, daß über ihn etwas Nachtheiliges nicht bekannt geworden, insbesondere auch daß er soviel bisher zur Kenntniß der Universität gekommen, hier der Theilnahme an einer verbotenen Verbindung nicht bezüchtigt ist.* B.K.

Abb. III/23

III/24 Einleitung des Promotionsverfahrens für Karl Hegel und Begutachtung seiner Dissertation

4.-23. Juli 1837, Berlin
Akte
(UA Humboldt-Universität zu Berlin: Philosophische Fakultät 216, fol. 369ᵛ)

Circular des Dekans der Philosophischen Fakultät der Friedrich-Wilhelms-Universität, Professor Dr. Karl Lachmann (Nr. IV/4), mit der Bitte um Gutachten und Voten, 4. Juli 1837.

Nachstehend bewirbt sich der Cand[idat] Friedrich Wilhelm Carl Hegel um die Promotion. Das Curric[ulum] vitae ist der Dissertation, de Aristotele & Alexandro magno, angehängt, Schulzeugniß und Abgangs-Zeugniß liegen bei.

Lachmann 4. Juli 1837

Circular an die verehrten Mitglieder der ph[ilosophischen] Facultät, zunächst an die Herren Gabler und Böckh, demnächst an die übrigen, zum Votieren.

Wenn die Dissertation des H[er]rn Hegel, der sich in derselben das gegenseitige Verhältniß des Aristoteles und Alexanders d. Gr. zum Gegenstande genommen hat, als Monographie über dieses Verhältniß betrachtet, auch nicht alles enthält und zusammenfaßt, was als zur Sache gehörig angesehen werden kann, und insofern nicht als eine ihren Gegenstand vollständig erschöpfende Abhandlung bezeichnet werden kann: so möchte sie doch das Verdienst haben, tiefer in dieses Verhältniß eingedrungen zu seyn und es von mancher Seite richtiger dargestellt zu haben, als es bisher, in den vorhandenen Schriften wenigstens, welche davon sprechen, geschehen ist. Die Dissertation wird daher wenigstens als ein schätzenswerther Beitrag zur Sache angesehen werden dürfen, und kann, da die Grundlage gut ist, zum Ziel einer vollständigen und erschöpfenden Darstellung des Gegenstandes noch geführt werden. Von mehreren ethischen Schilderungen des Aristoteles, welche auf dieses Verhältniß vom Verf[asser] bezogen werden, sucht derselbe darzuthun, daß Ar[istoteles] dabei insbesonder seinen großen Zögling vor Augen gehabt habe; auch Platos Verhältniß zum Dionysius wird verglichen und gezeigt, wie das des Ar[istoteles] zu Alex[ander] ein ganz anders war. Der Verf[asser] zeigt sich wohl bekannt mit den Aristotelischen Schriften und in der älteren und neueren Literatur seines besondern Gegenstandes bewandert. Die Abhandlung ist gedankenreich, der Gegenstand auf eine würdige Weise gehalten und behandelt, die Darstellung fließend und gefällig, der Styl gut, die Latinität desgleichen und bedarf nur hier und da einiger Berichtigung.

Hiernach möchte die Zulassung des Candidaten zum Examen wohl keinem Anstande unterliegen.
B[erlin] 17. Juli 1837.   Gabler[1]

Auch mir scheint die Abhandlung sich weder durch Gelehrsamkeit noch durch Tiefe auszuzeichnen: aber die Darstellung ist, trotz manchen Verstößen, angenehm und geschickt, so daß ich wohl für die Zulassung stimmen möchte, und erwarte, daß das Examen den Umfang der Kenntnisse des Candidaten als genügend zeigen werde.
                      Lachmann 22/7.37.
Ich stimme mit diesen Urteilen vollkommen überein.
     23/7 37.   Böckh[2]

Desgleichen für die Zulassung. Weis[3]. Ebenso Lichtenstein[4]. Gleichfalls für die Zulaßung Mitscherlich[5]. Desgl[eichen] v. d. Hagen[6] Bopp[7] [...][8].

[1] Georg Andreas Gabler (1786-1853) war 1835 Nachfolger Georg Wilhelm Friedrich Hegels auf dessen Berliner Lehrstuhl geworden.
[2] Zu Böckh siehe Nr. IV/3.
[3] Christoph Samuel Weiss (1780-1856) war Mineraloge und Kristallograph.
[4] Martin Heinrich Karl Lichtenstein (1780-1857) war Zoologe und Ethnologe.
[5] Eilhard Mitscherlich (1794-1863) war Chemiker und Mineraloge.
[6] Friedrich Heinrich von der Hagen (1780-1856) war Germanist.
[7] Franz Bopp (1791-1867) war allgemeiner und vergleichender Sprachwissenschaftler.
[8] Die übrigen Unterzeichner: der Mathematiker Enno Heeren Dirksen (1792-1850), der Botaniker Karl Sigismund Kunth (1788-1850), der Mineraloge Gustav Rose (1798-1873), der Philosoph und Naturforscher Henrik Steffens (1773-1845), der Philologe Karl Gottlob Zumpt (1792-1849), der Archäologe und Philologe Ernst Heinrich Tölken (1785-1869), der Bibliothekar, Orientalist und Geschichtsforscher Friedrich Wilken (1777-1840), der Staatswissenschaftler und Statistiker Karl Friedrich Wilhelm Dieterici (1790-1859).   H.N.

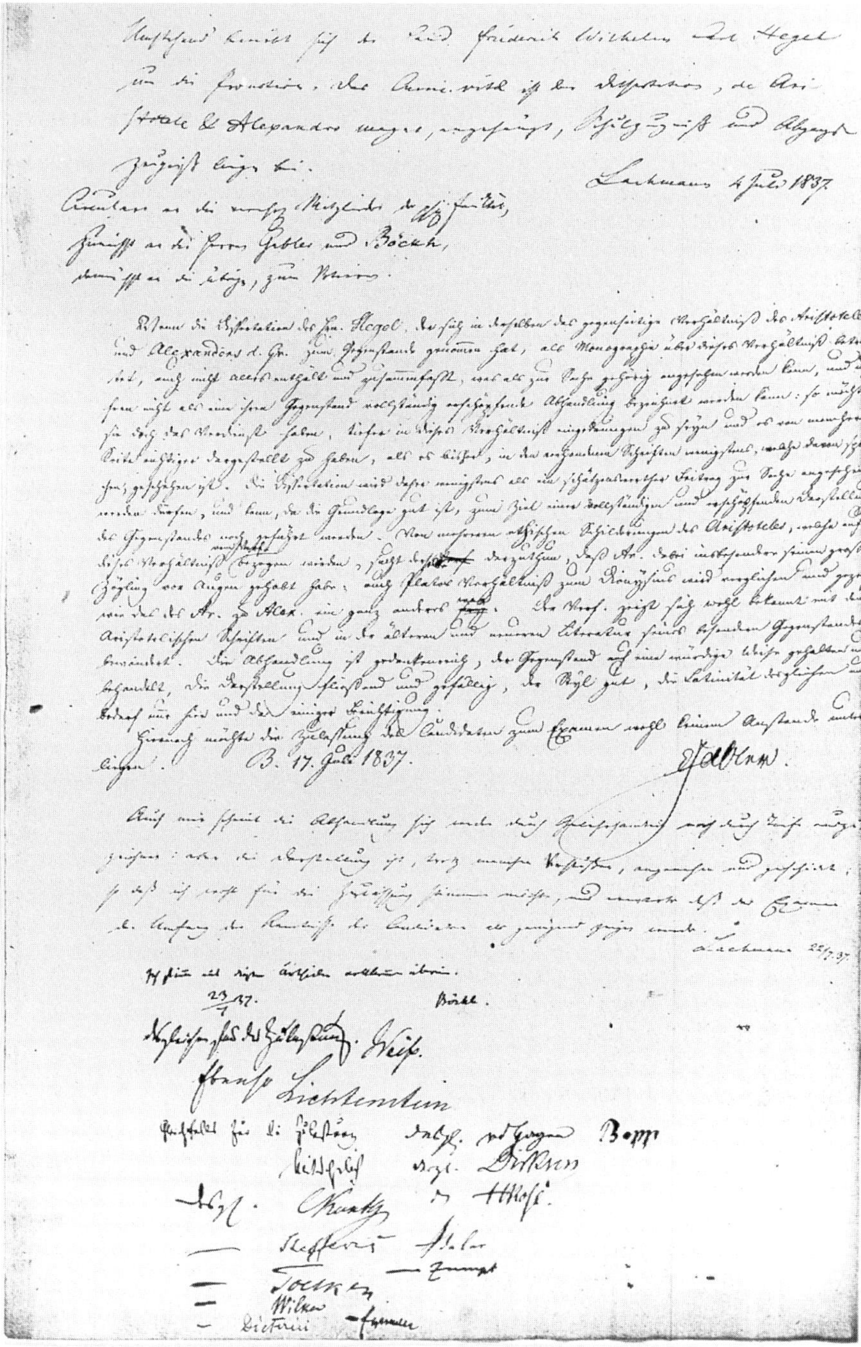

Abb. III/24

III/25   Doktorprüfung Karl Hegels

5. August 1837, Berlin
Akte
(UA Humboldt-Universität zu Berlin: Philosophische Fakultät 216, fol. 371ʳ)

Nachdem die Philosophische Fakultät der Berliner Universität das *Doctorexamen des Candidaten Friedrich Wilhelm Carl Hegel [...] einstimmig genehmigt* hatte, lud der Dekan die Mitglieder der Fakultät dazu am 2. August 1837 per Circular *auf Sonnabend den 5ten August um Sechs Uhr* ein[1]. Hegel selbst berichtet in seiner Autobiographie mit durchaus gemischten Gefühlen über seine Doktorprüfung: *Ich bestand die mündliche Prüfung bei der philosophischen Fakultät Unter dem Dekanat von Lachmann. Dieser chikanierte mich bei Platon mit grammatischen Fragen, ohne auf den Inhalt der mir wohlbekannten Dialoge einzugehen; Ranke examinierte in der Neueren Geschichte, Gabler in der Philosophie*[2]. Es folgt das Protokoll der mündlichen Doktorprüfung Karl Hegels unter dem Vorsitz des Dekans der Philosophischen Fakultät der Friedrich-Wilhelms-Universität, Professor Dr. Karl Lachmann; Prüfer waren die Professoren Dres. August Böckh, Karl Lachmann, Georg Andreas Gabler und Leopold Ranke[3].

Anwesende   *Verhandelt Berlin d. 5. Aug. 1837.*

Hr. Böckh   *Heute hatte sich die Facultät zum Doctorexamen des Candidaten Carl*
- *Tölken*   *Hegel versammelt.*
- *Dirksen*   *Hr. Prof. Böckh eröffnete die Prüfung in Lateinischer Sprache mit einer*
- *Dieterici*   *Reihe von Fragen aus der Geschichte und Litteratur der Griechischen*
- *Kunth*   *Philosophie, namentlich über die Ionischen Philosophen und den Pla-*
- *Bopp*   *ton. Der Cand. sprach ziemlich geläufig Latein, und die Antworten*
- *Ranke*   *waren meist völlig genügend.*
- *v. d. Hagen*   *Prof. Lachmann legte ihm den Anfang des platonischen Ions zur Erklä-*
- *Gabler*   *rung vor. Der Cand. verstand die freilich sehr leichten Worte richtig;*
- *Zumpt*   *seine grammatischen Kenntnisse zeigten sich als mehr [als] ganz genü-*
- *Weiss*   *gend.*
- *Steffens*   *Prof. Gabler examinirte hierauf den Candidaten aus der Geschichte*
- *Mitscherlich*   *der Philosophie, der alten sowohl als der neuern, und zwar so, daß*
                        dabei insbesondere auf das Innere und Speculative der Philosopheme
                        und die fortschreitende Entwicklung des Gedankens Rücksicht genom-
                        men wurde. Der Candidat zeigte sich mit dem speculativen Denken
                        wohl vertraut, die Antworten waren im Allgemeinen sehr befriedigend.
                        Prof. Ranke legte dem Candidaten einige Fragen über die mittlere und
                        neuere Geschichte vor und fand ihn bewandert, und genügend unter-
                        richtet.

                        Da das Examen in mehreren Gegenständen befriedigend ausgefallen
                        war, und die Mannigfaltigkeit der Studien des Cand. ihn wohl etwas
                        zerstreut und von manchem abgehalten hat, was er nachholen kann,
                        beschloß die fac[ultät] die Promotion. Das Examen sollte als cum
                        laude bestanden, die dissert[ation] als erudita bezeichnet werden.
                        Lachmann

---

[1] UA Humboldt-Universität zu Berlin: Philosophische Fakultät 216, fol. 369ᵛ.
[2] Karl Hegel, Leben und Erinnerungen, S. 36.
[3] Das Protokoll wurde vom Dekan und den vier Prüfern jeweils eigenhändig
geführt.   H.N.

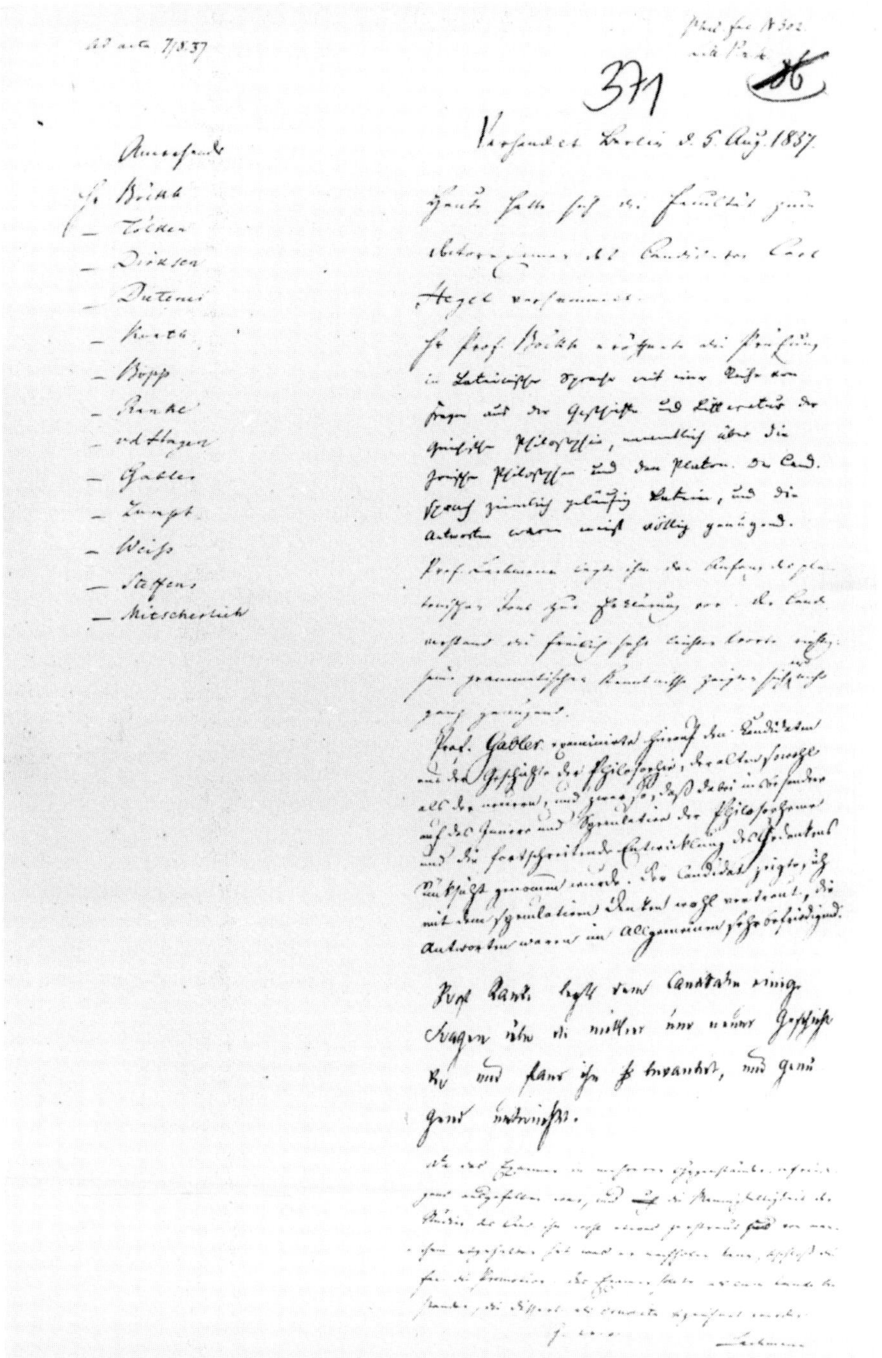

Abb. III/25

III/26 Promotionsurkunde Karl Hegels

24. August 1837, Berlin
Urkunde
(Privatbesitz)

Die unter dem Rektorat des Juristen August Wilhelm Heffter (1796-1880) und dem Dekanat Karl Lachmanns (Nr. IV/4) ausgestellte Promotionsurkunde datiert von dem Tag, an dem die öffentliche Disputation zum Abschluß des Promotionsverfahrens stattfand. Auch daran erinnerte sich Karl Hegel später: *Die öffentliche Disputation fand am 24. August 1837, nachdem die Ferien bereits begonnen hatten, unter erschwerenden Umständen statt. Denn in Berlin herrschte zum andernmal die Cholera; zwei Todesfälle kamen im Hinterhause unserer Wohnung vor, und ich hatte in der Nacht vorher einen Cholerineanfall, so daß selbst Lachmann mir von der Disputation abriet. Doch ich zog mich noch gut genug aus der Sache: Opponenten waren meine Studiengenossen Chambeau und die beiden Brüder Tischer* (Karl Hegel, Leben und Erinnerungen, S. 36).   C.S.

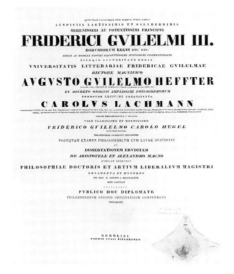

Abb. III/26

III/27 Inaugural-Dissertation Karl Hegels

1837, Berlin
Buch
(UB Erlangen-Nürnberg)

Hegel hatte sich in Berlin in fortgesetztem Privatstudium auf die Promotion vorbereitet und dazu eine Arbeit über das Erziehungsverhältnis zwischen Alexander dem Großen und dem bedeutenden Philosophen Aristoteles von Stageira verfaßt. Sie behandelt mit der Konstellation zweier singulärer politisch-militärischer bzw. philosophischer Größen einen Gegenstand, der von jeher die Phantasie beflügelt und bereits in der antiken Literatur zahlreiche Stilblüten getrieben hat: Er war schon in griechischen wie lateinischen Rhetorenschulen ein beliebtes Erörterungsthema und dürfte von daher auch der deutschen Schultradition nicht fremd gewesen sein. Die Arbeit Hegels – nach heutigen Maßstäben eher eine umfangreichere Schularbeit –, die zum größten Teil auf eben diese Quellen rekurriert, krankt daran, daß zum Zeitpunkt ihrer Erstellung die nötigen quellenkritischen Vorarbeiten noch nicht vorlagen und daß zum anderen einige Vorstellungen, dem Zeitgeist entsprechend, ideologisch überformt sind (Alexander der Große als Philosophenkönig, geprägt vom überragenden Philosophen Aristoteles). Die heutige Altertumswissenschaft veranschlagt nach einer systematischeren Scheidung zwischen der legendenhaften und der tatsächlichen Verdienste des Aristoteles dessen Einfluß eher gering, und es ist nicht wirklich erstaunlich, daß Hegels Vorarbeiten in den einschlägigen Untersuchungen kaum oder gar nicht rezipiert wurden[1].

Am 14. August 1837 hatte Karl Hegel die handschriftliche Versicherung abgegeben, seine Dissertation *zum Behuf der Doctor=Promotion allein und ohne alle Beihülfe verfaßt zu haben*[2].

[1] Einschlägig: Max Brocker, Aristoteles als Alexanders Lehrer in der Legende, Diss. phil. Bonn 1966.
[2] UA Humboldt-Universität zu Berlin: Philosophische Fakultät 216, fol. 372^r.

C.S.

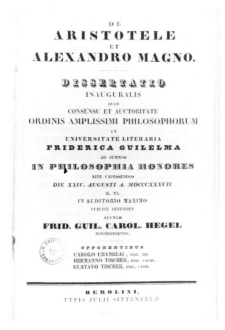

Abb. III/27

III/28 Prüfungs-Zeugniß für den Schulamts-Candidaten Karl Hegel

31. März 1838, Berlin
Urkunde
(Privatbesitz)

Im März 1838 bestand Karl Hegel die Lehramtsprüfung mit Auszeichnung und bekam für die preußischen Gymnasien *die unbedingte facultas docendi erteilt: Der Schulamts-Candidat Herr Dr. Carl Friedrich Wilhelm Hegel, geboren zu Nürnberg 1813, Sohn des verstorbenen Professors Hegel an der hiesigen Univer-* *sität, evangelischer Confession, auf dem hiesigen französischen Gymnasium und demnächst auf den Universitäten Berlin und Heidelberg vorbereitet, im vorigen Jahre von der hiesigen philosophischen Facultät zum Doctor der Philosophie examiniert, ist mit Genehmigung der Königlichen Ministerial-Commission laut Verfügung vom 11ten Maerz 1838 pro facultate docendi geprüft worden.*

In der philologischen Prüfung bewahrte der Candidat eine erfreuliche Sicherheit im grammatischen und metrischen Verständniß des Sophocles, Homer und Horaz. In minderem Grade genügte seine Probelection über Taciti Annal. I, 60 seq: der es theils an philologischer Gründlichkeit und Schärfe, theils an der erforderlichen Freiheit und Frische des Vortrages mangelte. Die Latinität des Candidaten ist correct, einfach und natürlich; was ihr noch abgeht, periodische Abrundung und Fülle des Ausdrucks, wird fortgesetzte Uebung und methodisches Studium des lateinischen Styls ergänzen. Hiernach kann ihm der Unterricht /2/ in den alten Sprachen in allen Classen eines Gymnasiums bis Secunda einschließlich übertragen werden.

Im Hebräischen zeigte derselbe die Spuren einer früheren fleißigen Beschäftigung mit dieser Sprache, er hat das Alte Testament ganz gelesen, und übersetzt noch jetzt ohne wesentliche Nachhülfe einen leichten historischen Text; da aber seine grammatischen Kenntniße unsicher geworden sind, so wird es erst einer ernsten Wiederaufnahme dieser Sprache bedürfen, bevor er die Elemente derselben wird lehren können.

Der Candidat ist ferner mit den Quellen der alten Geschichte und der neuern Forschungen über dieselbe bekannt und auf dem ganzen Gebiete der alten und neuen Geschichte wohl bewandert. Auch hat er sich von den innern Verhältnissen der Staaten des Alterthums eine gründliche und klare Vorstellung erworben. Hiernach und nach seiner historischen Probelection wird der Candidat den geschichtlichen und geographischen Unterricht durch alle Classen eines Gymnasiums ertheilen können.

In der Mathematik kann derselbe nur auf den untern Classen eines Gymnasiums unterrichten.

/3/ In der Religion besitzt der Candidat eine gute theologische Grundlage, mit den Hauptdisciplinen derselben ist er so bekannt, daß er, bei der Tüchtigkeit seiner sonstigen Bildung, so wie seines wissenschaftlichen Strebens überhaupt, nur einer ernsten Vorbereitung bedürfen wird, um den religiösen Unterricht mit Nutzen selbst in den oberen Classen eines Gymnasiums übernehmen zu können.

Im Philosophischen sind seine umfassenderen Studien und zwar namentlich in Aristoteles, Kant und Hegel besonders anzuerkennen. Er beherrscht die wesentlichen Momente mit Klarheit und Urtheil. Hiernach und zufolge seiner im Ganzen

wohlgelungenen Probelection aus dem Gebiete der allgemeinen Grammatik wird er unter der Voraussetzung weiterer vorbereitender Studien den Unterricht im Deutschen durch alle Classen eines Gymnasiums, so wie auch die philosophische Propaedeutik zu übernehmen im Stande sein.

Mit der wissenschaftlichen Pädagogik und deren Geschichte hat er sich nicht ohne Erfolg beschäftigt.

In seinen Probelectionen herrschte im Ganzen eine klare und angemessene Weise des Unterrichts; es /4/ fehlte jedoch zum Theil dem Vortrage noch an Lebendigkeit und eindringlicher Frische.

Da nach dem Vorstehenden die Bildung des Candidaten vielseitig und gründlich ist, so wird ihm hierdurch die <u>unbedingte</u> facultas docendi ertheilt.

Berlin den 31sten Maerz 1838.
Königliche Wissenschaftliche Prüfungs-Commission.

Lange   Meineke   Benary
Trendelenburg   Strehler

B.K.

Abb. III/28

IV.   GEISTESWISSENSCHAFTLICHE GRÜNDERZEIT

Neben den Naturwissenschaften hat sich eine Gruppe von Erkenntnissen entwickelt, naturwüchsig, aus den Aufgaben des Lebens selbst, welche durch die Gemeinsamkeit des Gegenstandes miteinander verbunden sind. Solche Wissenschaften sind Geschichte, Nationalökonomie, Rechts- und Staatswissenschaften, Religionswissenschaft, das Studium von Literatur und Dichtung, von Raumkunst und Musik, von philosophischen Weltanschauungen und Systemen, endlich die Psychologie[1]. Mit dieser klaren Abgrenzung der hier genannten Disziplinen von den Naturwissenschaften, deren Verfahrensweise gänzlich auf das *Erkennen des physische[n] Gegenstand[es]*[2] ausgerichtet sei, sorgte der Philosoph Wilhelm Dilthey (1833-1911) – neben Heinrich Rickert (1863-1936) – im Jahre 1910 für eine neue theoretische Fundierung des Begriffs „Geistes-" bzw. „Kulturwissenschaften" innerhalb des deutschen Wissenschaftsbetriebes. Basierend auf Johann Gustav Droysens (1808-1884) Unterscheidung von „erkennenden", „erklärenden" und „verstehenden" Methoden[3], sprach er vom *Aufbau der geschichtlichen Welt [...] auf der Grundlage des Erlebens und Verstehens*, die sich immer *auf die selbe große Tatsache: das Menschengeschlecht* beziehe[4].

Ihre historischen Wurzeln hatte jene wissenschaftstheoretische Neuorientierung hin zu den psycho-sozialen sowie kulturellen Lebensumständen der Menschen, in der gesamtgesellschaftlichen und politischen Umbruchphase des beginnenden 19. Jahrhunderts[5]. Dabei wurden mit der auf das Mittelalter rekurrierenden „deutschen Romantik" – und speziell deren auf ganzheitlich-sinnliche Lebenswahrnehmung ausgerichteten Ansprüchen – sowie mit dem die Wahrheit in der fortschreitenden zeitlichen Entwicklung definierenden „deutschen Idealismus" die beiden dominierenden geistigen Strömungen der Zeit durch ein gemeinsames Axiom verbunden: die Hinwendung zur Geschichte. Zusammengefaßt unter dem bis heute höchst umstrittenen Terminus „Historismus" entwickelte sich in diesen Jahren eine grundlegend neue Art des Umgangs mit der Vergangenheit. Der Historie wurde dabei die komplementäre Funktion zugewiesen, sowohl Normen setzend als auch Identifikation stiftend zu wirken, sodaß *der Zustand der Menschen und ihrer Institutionen [...] durch deren Geschichte, deren Herkunft definiert* wird und der *Rückgriff auf die Geschichte* gleichzeitig *über die Möglichkeiten der Zukunft orientier[en]* sollte[6]. Als einer der entscheidenden Impulsgeber jener Entwicklung galt der Philosoph Georg Wilhelm Friedrich Hegel – *eines der größten historischen Genies aller Zeiten*[7]. Weil er die Erkenntnis

der Historie als gegenwärtige Vergangenheit betrachtete, rückte er sie ins Zentrum seiner philosophischen Überlegungen und verstand die *Weltgeschichte als [...] Weg zum
absoluten Endzweck des Universums*[8].

Im Sog dieser Grundüberlegung bezogen sich auch andere akademische Disziplinen
methodisch auf die tatsächlich nachweisbaren geschichtlichen Realitäten. So entwickelten sich während der ersten Hälfte des 19. Jahrhunderts beinahe zeitgleich Orga-
nisationssysteme, in welchen *Philologie, Kritik, Geschichtsschreibung, Durchführung
der vergleichenden Methode [...] und Anwendung des Entwicklungsgedankens auf alle
Gebiete der geistigen Welt*[9] zu entscheidenden Forschungsmaßstäben aufstiegen. Ins
Zentrum dieser „geisteswissenschaftlichen Gründerzeit" rückte die 1810 gegründete
Königliche Friedrich-Wilhelms-Universität in Berlin. Gerade hier konzentrierten sich
Protagonisten verschiedener Fakultäten auf die Neuorganisation ihrer Wissenschaften. Interessanterweise aber gehörten sie beinahe alle zu universitätspolitischen Gegen-
spielern des ideengeschichtlich als Triebfeder wirkenden Hegel[10]. Sie verstanden
Geschichte – im Gegensatz zu dessen unitaristischer sowie prozessualer Vorstellung
– als Zusammenspiel verschiedener „*Individualitäten", von denen jede ihre eigene
und einzigartige innere Struktur, Bedeutung und Zweckgebundenheit* habe.[11]

So trat in der theologischen Fakultät vor allen anderen Friedrich Daniel Ernst
Schleiermacher (Nr. IV/1) in Erscheinung. Trotz seiner generellen Ablehnung der
Hegelschen Philosophie[12] wandte er einen historisierenden Methodenansatz an und
wurde deshalb – gemeinsam mit dem ebenfalls seit 1810 in Berlin lehrenden Altertumswissenschaftler Friedrich August Wolf (1759-1824) – zu den Gründungsvätern
der geisteswissenschaftlichen Aufbruchsphase gerechnet. Wegen seiner bis dahin *uner-
reichten spannungsvollen Verbindung von philosophischer Grundlegung, systemati-
scher Strukturierung und materialer Durchdringung des gesamten Feldes* des philologischen Verstehens[13] kann er nämlich aus heutiger Sicht als *Vater der modernen Hermeneutik und hermeneutischen Bewegung* bezeichnet werden[14]. Dabei wirkte Schleiermacher einerseits durch seine „Kurze Darstellung des theologischen Studiums" sowie
seine Akademie-Reden „Ueber den Begriff der Hermeneutik, mit Bezug auf F. A.
Wolfs Andeutungen und Asts Lehrbuch" als theoretischer Vordenker und wandte seine
Vorstellungen andererseits mit seiner Übersetzung von „Platons Werken" oder den
Darstellungen zu Heraklit auch praktisch an.

Bei den Rechtswissenschaften avancierte mit dem Berliner Ordinarius Friedrich
Carl von Savigny (Nr. IV/2) der einflußreichste deutsche Jurist des 19. Jahrhunderts
zum Initiator und Anführer der sogenannten „historischen Schule"[15]. Neben der seit
1815 von ihm herausgegebenen „Zeitschrift für geschichtliche Rechtswissenschaft"
wurde jener Neuansatz in erster Linie durch seinen im Jahr 1814 mit dem Heidelber-

ger Rechtsprofessor Anton Friedrich Justus Thibaut (Nr. III/17) ausgetragenen „Kodifikationsstreit" forciert. Hier widersprach Savigny dem engen persönlichen Freund Georg Wilhelm Friedrich Hegels in seiner berühmt gewordenen Schrift „Vom Beruf unserer Zeit für Gesetzgebung und Wissenschaft", indem er sich strikt gegen *ein nationales Zivilgesetzbuch für alle deutschen Staaten* wandte[16]. Statt dessen definierte er das *Recht* im historistischen Sinne als *unverfügbar, verwurzelt in der Kontinuität von Gewohnheit, Sitte, Praxis, die sich organisch weiterentwickeln* müsse und deshalb *nicht Satzung, sondern Tradition* sei[17].

Für die Philologie wirkten vor allem drei Gelehrte wegweisend. Mit dem an der Berliner Universität dominierenden August Boeckh (Nr. IV/3) begann 1817 die Zeit der „historischen Altertumswissenschaften", da er in seinem zweibändigen Hauptwerk über „Die Staatshaushaltung der Athener" (1817) zum ersten Mal ein wissenschaftlich fundiertes, über reine Textphilologie hinausgehendes Bild der antiken Welt zeichnete und dadurch dem *überkommenen Klischee eines durch und durch vorbildlichen – klassischen – Griechentums* ein Ende bereitete[18]. Zusätzlich wurde er mit dem „Corpus inscriptionum Graecarum" zum Begründer der wissenschaftlichen griechischen Epigraphik. Karl Lachmann (Nr. IV/4) zeichnete mit seinen wegweisenden Ausgaben antiker sowie alt- und mittelhochdeutscher Texte für die Entstehung der philologischen Textkritik verantwortlich[19]. Durch deren konsequente Anwendung begründete er die deutsche mediävistische Literaturwissenschaft und wurde als *der König der Textkritik und Editionskunst* apostrophiert[20]. Die umfangreichen Arbeiten Jacob Grimms (Nr. IV/5) – zeitlebens engstens mit seinem jüngeren Bruder Wilhelm (Nr. IV/6) verbunden – legten den Grundstein für das Fach Germanistik[21]. Dabei waren seine durchgängig historisch fundierten Forschungen *vor dem Hintergrund des machtpolitischen Niederganges* deutscher Staaten *zu Anfang des 19. Jahrhunderts* durchaus *als politischer Akt* zu verstehen[22]. Sie formierten sich so zu einer Wissenschaft mit dem Anspruch, *alle Seiten des Lebens eines „Volkes", einer Völkergruppe, Sprache und Poesie, Mythologie, Recht und Sitten in ihrem Zusammenhang zu erfassen*[23].

Im Bereich der Historiographie avancierten Barthold Georg Niebuhr (1776-1831) und Leopold von Ranke (Nr. IV/7) zu den Gründungsvätern der modernen Geschichtswissenschaft. Ranke entwickelte durch die strikte Fundierung historiographischer Aussagen auf Quellenmaterial, das von ihm formulierte Objektivitätsideal sowie mit der Einführung der bis heute üblichen Seminarmethode solch große Ausstrahlungskräfte, daß seine Geschichtsauffassung und Methodenlehre *Vorbild für die deutsche Historiographie bis ins 20. Jahrhundert hinein* wurden[24]. Zusätzlich bedeutete gerade seine *Auseinandersetzung mit und Absetzung von der Geschichtsphilosophie Hegels* einen entscheidenden Schritt *im theoretisch-methodischen Verselbständigungsprozeß des*

Historismus[25]. Beide werden im ideengeschichtlichen Kontext der „geisteswissen-schaftlichen Gründerzeit" gemeinsam *als markierende Gestalten, als Höhepunkte des Geschichtsdenkens der klassischen deutschen Philosophie einerseits und des „deutschen Historismus" andererseits* wahrgenommen[26].

Außer in den genannten Forschungsbereichen wurden auch auf anderen Gebieten Schritte zu einer geisteswissenschaftlichen Neukonstituierung getan, indem sie sich am *historischen Sinn, dem Erfassen und Verstehen von Quellen und ihrer Einordnung in einen historischen Zusammenhang* orientierten[27]. So kam es beispielsweise unter dem Einfluß Karl Schnaases (1798-1875) zur Entwicklung der Kunstgeschichte in einem weiten geistes- und kulturgeschichtlichen Kontext. Die Entstehung der älteren historischen Schule der deutschen Nationalökomomie ist mit den Namen Wilhelm Roscher (1817-1894), Bruno Hildebrand (1812-1878) und Karl Knies (1821-1898) verbunden. Lorenz von Stein (1815-1890) wurde zum Begründer der modernen Sozialwissenschaft, der Geograph Carl Ritter (1779-1859) wirkte in gleichem Sinne für die Kulturgeographie.

In dieser Hochphase wissenschaftstheoretischer Neuorientierungen erfuhr der junge Karl Hegel als Student in Berlin und Heidelberg seine akademische Prägung. Im direkten Umgang mit einflußreichsten Vertretern dieser „geisteswissenschaftlichen Gründerzeit" schlug er dabei einen anderen Weg ein als sein berühmter Vater. Denn mit Georg Wilhelm Friedrich Hegel war einer der wichtigsten Wegbereiter der inhaltlich-methodischen Innovationen eben *nicht Historiker* geworden*, sondern [...] Geschichtsphilosoph* geblieben[28]. Dagegen entschied sich Karl – obgleich dem Vater persönlich eng verbunden und sich selbst *als einen Erben der Hegel'schen Philosophie*[29] verstehend – sehr bewußt für die Geschichtswissenschaften. Als Schüler Leopold von Rankes berief er sich strikt auf das jeweils vorhandene Quellenmaterial und verfocht erfolgreich die sich im deutschen Universitätsleben unaufhaltsam durchsetzende historisch-kritische Methode. Auf diesem Weg errang er innerhalb des Forschungsbetriebs die Bedeutung, deretwegen ihm *die historische Wissenschaft* bis in unsere Zeit *zu so großem Danke verpflichtet ist*[30].

---

[1] Dilthey, Der Aufbau, S. 89.
[2] Ebd., S. 97.
[3] Droysen, Historik, S. 330.
[4] Dilthey, Der Aufbau, S. 101, 89.
[5] Vgl. Nipperdey, Deutsche Geschichte 1800-1866, S. 484-533.
[6] Ebd., S. 499.
[7] Dilthey, Der Aufbau, S. 116.
[8] Rothacker, Einleitung in die Geisteswissenschaften, S. 8.

[9] Dilthey, Der Aufbau, S. 108.

[10] Vgl. dazu Lenz, Geschichte der Königlichen Friedrich-Wilhelms-Universität, S. 500; siehe auch ebd. S. 305, 477 ff.

[11] Iggers, Neue Geschichtswissenschaft, S. 30.

[12] Elert, Der Kampf um das Christentum.

[13] Birus, Zwischen den Zeiten, S. 41.

[14] Mußner, Geschichte der Hermeneutik, S. 4.

[15] Rückert, Idealismus, Jurisprudenz und Politik bei Friedrich Carl von Savigny.

[16] Thibaut und Savigny, S. 9; Wrobel, Die Kontroverse Thibaut-Savigny im Jahre 1814.

[17] Nipperdey, Deutsche Geschichte 1800-1866, S. 511.

[18] Horstmann, Wozu Geisteswissenschaften?, S. 29.

[19] Timpanaro, Die Entstehung der Lachmannschen Methode.

[20] Weigel, „Nur was du nie gesehn wird ewig dauern", S. 18.

[21] Wyss, Die wilde Philologie.

[22] Jendreik, Hegel und Jacob Grimm, S. 17.

[23] Nipperdey, Deutsche Geschichte 1800-1866, S. 509.

[24] Iggers, Neue Geschichtswissenschaft, S. 34.

[25] Jaeger, Geschichtsphilosophie, S. 47.

[26] Berthold, Die Konzeption der Weltgeschichte bei Hegel und Ranke, S. 76.

[27] Nipperdey, Deutsche Geschichte 1800-1866, S. 519.

[28] Ebd., S. 507.

[29] Karl Hegel, Leben und Erinnerungen, S. 21.

[30] Lenz, Geschichte der Königlichen Friedrich-Wilhelms-Universität, S. 400.   B.K

IV/1 Friedrich Schleiermacher (1768-1834)

Photographie
(Friedrich Schleiermacher
1768-1834, hrsg. von Dietz
Lange, Göttingen: Vandenhoeck
& Ruprecht 1985, Frontispiz)

Bereits in seinem stark religiös geprägten Breslauer Elternhaus kam Schleiermacher in intensiven Kontakt mit den Grundideen des Pietismus der Herrnhuter Brüdergemeinde. So war die berufliche Entscheidung für das Pfarramt nach dem Studium der Theologie, Philosophie und alten Sprachen in Halle (1787-1789) bereits früh vorprogrammiert. Bevor allerdings im Jahr 1796 die Berufung zum Prediger an die Berliner Charité

erfolgte, mußte sich Schleiermacher sechs Jahre als Hauslehrer (1790-1793) sowie Hilfsprediger verschiedener Gemeinden (1793-1796) verdingen. Erst die Anstellung in Berlin schuf finanzielle Sicherheit und damit die Freisetzung seiner schöpferischen Energien. In enger Verbindung mit der frühromantischen Bewegung um die Brüder August Wilhelm (1767-1845) und Friedrich Schlegel (1772-1829) entstanden erste religionsphilosophische Schriften. Gerade durch diese Arbeiten wurde Schleiermachers Name bekannt, sodaß er 1802 als Hofprediger nach Stolp und 1804 als Extraordinarius und Universitätspfarrer an die Universität Halle wechseln konnte. Nach der Schließung der dortigen Hochschule kehrte er nach Berlin zurück, um sich

Abb. IV/1

zusammen mit Wilhelm von Humboldt (1767-1835) um die Gründung der Friedrich-Wilhelms-Universität zu bemühen. Außerdem trat er 1809 die Pfarrstelle an der Dreifaltigkeitskirche an. Ab 1810 hatte Schleiermacher an der neuen Universität das Ordinariat für protestantische Theologie inne und wurde 1811 in die Preußische Akademie der Wissenschaften berufen. Neben seinen religionsphilosophischen Arbeiten machte er auch als Übersetzer Platons und als Autor pädagogischer Schriften auf sich aufmerksam. Als amtierender Universitätsrektor versuchte der erklärte Gegner der Philosophie Georg Wilhelm Friedrich Hegels 1816 erfolglos, dessen Berufung an die Spree zu vereiteln.

Schleiermacher galt als wichtigster Vertreter eines transzendental orientierten Idealismus. Weil aber Hegel auf den Kollegen nur mit unverhohlener Arroganz reagierte[1], blieben sowohl ihre persönlichen als auch wissenschaftlichen *Beziehungen [...] endgültig verdorben*[2] und waren auch in den Folgejahren durch wiederholte Auseinandersetzungen geprägt. So verhinderte Schleiermacher erfolgreich die Aufnahme des Konkurrenten in die Preußische Akademie der Wissenschaften. Karl Hegel hörte in Berlin im Wintersemester 1831/32 *sehr fleißig* Schleiermachers Vorlesung *Einleitung in's Neue Testament* (Nr. III/10).

[1] Siehe z.B. Brief Hegels an Daub in: Briefe von und an Hegel, Bd. 2, S. 262.

[2] Gulyga, Georg Wilhelm Friedrich Hegel, S. 184; Lenz, Geschichte der Königlichen Friedrich-Wilhelms-Universität zu Berlin, Bd. 2.1, S. 97 f.

B.K.

IV/2 Friedrich Carl von Savigny (1779-1861)

1815, Frankfurt am Main
Photographie einer Lithographie von Ludwig Emil Grimm (1790-1863)
(Thibaut und Savigny, München: Verlag Franz Vahlen 1973, zwischen S. 20/21)

Der in Frankfurt am Main geborene Savigny entstammte einer wohlhabenden Adelsfamilie, verlor allerdings früh seine Eltern. Das Studium der Rechte absolvierte er zwischen 1795 und 1799 in Göttingen und Marburg an der Lahn, wo er unter anderem mit dem Romantiker-Kreis um Clemens Brentano (1778-1842) in Kontakt kam. Nachdem er 1800 promoviert worden war, verschaffte ihm bereits seine erste Publikation über *Das Recht des Besitzes* (1803) großen wissenschaftlichen Ruhm und ebnete den Weg für seine universitäre Karriere. Nach einer kurzen Lehrtätigkeit an der Universität Marburg – wo er unter anderem die Brüder Wilhelm und Jacob Grimm (Nr. IV/5,6) unterrichtete – und Forschungsaufenthalten im europäischen Ausland folgte er 1808 einem Ruf an die Universität Landshut, bevor er von 1810 an bis zu seinem Lebensende in Berlin lehrte. Als Mitglied der Kommission zur Gründung der Berliner Universität, erstberufener Ordinarius für Rechtswissenschaften und zeitweiliger Rektor stand Savigny in einer Reihe mit Gelehrten wie Johann Gottlieb Fichte (1762-1814), August Boeckh (Nr. IV/3) und Friedrich Daniel Ernst Schleiermacher (Nr. IV/1). In Berlin festigte er seinen akademischen Ruhm, der Wilhelm von Humboldt (1767-1835) veranlaßte, ihn einen der „vorzüglichsten lebenden deutschen Juristen" zu nennen. Zusammen mit Schleiermacher sowie seinen Freunden Leopold von Ranke (Nr. IV/7), Karl Lachmann (Nr. IV/4) und dem Philosophen Heinrich Ritter (1791-1869) gehörte er zu den einflußreichsten universitätspolitischen Gegnern Georg Wilhelm Friedrich Hegels, dessen *Versuche bei den Juristen einzudringen zunächst ganz* scheiterten, weil *unter diesen [...] Savigny die Diktatur* innehatte[1]. Erst 1828 führte die Auseinandersetzung über die Berufung des Juristen und Hegel-Schülers Eduard Gans (1798-1839) zu seinem Rückzug aus dem Fakultätsleben. Allerdings konnte er wachsenden Einfluß als Privatlehrer des Kronprinzen Friedrich Wilhelm IV. (1795-1861) und als langjähriger Kronjurist des preußischen Königshauses gewinnen. Politisch aktiv war er bis 1848 durch seine Mitgliedschaft im Preußischen Staatsrat, dem er zuletzt auch als Präsident vorstand, sowie durch das Amt des Ministers für Grenzrevision (1842-1848).

Besondere wissenschaftliche Bedeutung erwarb sich Savigny auf den Gebieten der Rechtsgeschichte, der Rechtstheorie und der Methodenlehre. Vor allem die 1814 entbrannte „Kodifikationsdebatte" mit Anton Friedrich Justus Thibaut (Nr. III/17), dem Heidelberger Rechtsprofessor und Freund Hegels, hatte weitgehende rechtstheoretische Prägekraft. Savigny argumentierte dabei entschieden gegen die Einführung eines einheitlichen deutschen Gesetzbuches und plädierte auch in der von ihm mit Karl Friedrich Eichhorn (1781-1854) sowie Friedrich Ludwig Göschen (1778-1837) gegründeten *Zeitschrift für die geschichtliche Rechtswissenschaft* für die Entstehung des Rechtes aus dem Gewohnheitsrecht. Seine Streitschrift *Vom Beruf unserer Zeit für Gesetzgebung und Wissenschaft* gilt als Programm der historischen Rechtsschule.

[1]   Lenz, Geschichte der Königlichen Friedrich-Wilhelms-Universität zu Berlin, Bd. 2.1, S. 209.   B.K.

Abb. IV/2

IV/3　August Boeckh (1785-1867)

Photographie des Gemäldes von Oskar Begas (1828-1883) (Stiftung Preußische Schlösser und Gärten Berlin-Brandenburg / Fotograf)

Als Student der alten Sprachen und der Theologie in Halle wurde der in Karlsruhe geborene Boeckh in erster Linie von Friedrich August Wolf (1759-1824) und Friedrich David Ernst Schleiermacher (Nr. IV/1) geprägt. Nach seinem Studienwechsel nach Heidelberg wurde er dort 1807 promoviert, zum außerordentlichen Professor und 1809 zum Ordinarius für alte Sprachen ernannt. Wichtig wurden seine engen Beziehungen zu den in Heidelberg ansässigen Romantikern Joseph Görres (1776-1848), Achim von Arnim (1781-1831), Clemens Brentano (1778-1842) und Ludwig Tieck (1773-1853). Bereits 1811 erhielt er auf Betreiben Wilhelm von Humboldts (1767-1835) einen Ruf an die neu gegründete Friedrich-Wilhelms-Universität zu Berlin und wurde in die Preußische Akademie der Wissenschaften aufgenommen. In deren Auftrag initiierte er 1828 das „Corpus inscriptionum Graecarum". Seine Stellung an der Berliner Universität wurde bald so stark, daß er mehrfach zum Dekan gewählt wurde und *zum Führer in allen den Fällen* avancierte, *in denen es sich um die Wahrung der Tradition und um das Gesamtinteresse der Universität* handelte[1]. Weil er sich in universitätspolitischen Fragen stets um eine neutrale Position bemühte, gehörte er nicht zu dem Kreis expliziter Gegner Georg Wilhelm Friedrich Hegels, dem unter anderem die Professoren Schleiermacher (Nr. IV/1), Ranke (Nr. IV/7), Savigny (Nr. IV/2) und

Abb. IV/3

Lachmann (Nr. IV/4) zuzurechnen waren. So unterstützte er den Philosophen sogar in einigen Streitfragen[2], obwohl er mit ihm *niemals sonderlich befreundet gewesen*, weil auch ihm *die Parteimacherei des Kollegen [...] zuwider* war[3]. Eindeutig trug der profilierte Gräzist auf dem altphilologischen Lehrstuhl zu der immer stärker werdenden wissenschaftlichen Anziehungskraft und Prägung der Friedrich-Wilhelms-Universität bei. Besonderen Wert legte Boeckh auf die historisch-antiquarische Verankerung der Altertumswissenschaften, für die er einen umfassenden kulturgeschichtlichen Forschungsanspruch erhob. So grenzte er sich entschieden von einer auf sprachliche und textkritische Fragestellungen fixierten Altphilologie ab und plädierte dafür, das durch die Weimarer Klassik stark überhöhte Griechen-Bild einer realistischeren Darstellung anzunähern.

Karl Hegel hörte bei Boeckh die Vorlesungen *Pindars Oden* (Wintersemester 1830/31), *Plato* (Sommersemester 1831) und *Griechische Alterthümer* (Wintersemester 1833/34) (Nr. III/10) und wurde von ihm im Doktorexamen geprüft (Nr. III/25).

[1] Lenz, Geschichte der Königlichen Friedrich-Wilhelms-Universität zu Berlin, Bd. 2.1, S. 500.

[2] Ebd., S. 286, 294, 393. – Nach dem Tod Hegels gehörte Boeckh zu den Gegnern einer Berufung von dessen altem Widersacher Heinrich Ritter (1791-1869); ebd., S. 481.

[3] Ebd., S. 500.   B.K.

IV/4 Karl Lachmann (1793-1851)

Photographie des Stiches von Albert Teichel (1822-1873) (Städtisches Museum Braunschweig: Museumsfoto)

Der in Braunschweig geborene Lachmann ging nach Absolvierung der Grammatikschule in seiner Vaterstadt 1809 sowie nach kurzem Studium der Theologie in Leipzig nach Göttingen, um dort vor allem Philologie zu studieren. Unter dem Einfluß des Philologen und Bibliothekars Georg Friedrich Benecke (1762-1844) widmete er sich der englischen und altdeutschen Literatur. Nach einer Tätigkeit als Lehrer am Friedrich-Werderschen Gymnasium in Berlin wurde er 1818 an die Universität Königsberg berufen und hielt Vorlesungen zur klassischen und deutschen Philologie. Nach sechs Jahren machte er eine längere Handschriftenreise, die ihn nach Kassel, Heidelberg, München und St. Gallen führte und auf der er viele Abschriften anfertigte, die ihm als Basis für seine spätere Editionstätigkeit dienten. 1825 wurde er als Extraordinarius an die Berliner Friedrich-Wilhelms-Universität berufen und wurde dort zwei Jahre später Ordinarius für klassische Philologie. Als enger Freund Leopold von Rankes (Nr. IV/7) und des Philosophen Heinrich Ritter (1791-1869), der sich später nicht als Nachfolger Georg Wilhelm Friedrich Hegels durchsetzen konnte, sympathisierte er mit den einflußreichen universitären Gründungsmitgliedern Friedrich David Ernst Schleiermacher (Nr. IV/1) und Friedrich Carl von Savigny (Nr. IV/2) und gehörte zu den erklärten Gegnern Georg Wilhelm Friedrich Hegels. Bereits 1830 in die Akademie der Wissenschaften berufen, stand er in der Universität ganz im Schatten August Boeckhs (Nr. IV/3), der *in seinem Fach [...] der unbestrittene Herrscher* war, gegen den *auch Lachmann neben ihm [nicht] aufkommen* konnte[1]. Lachmanns Methode zur Edition und Textkritik übte nachhaltigen Einfluß auf die Entwicklung der klassischen Philologie und der Germanistik aus, sodaß er *als Philologe die deutsche Literaturwissenschaft, zunächst des Mittelalters, begründet* hat[2]. Zu seinen bedeutendsten Editionen zählen die der Gedichte Walthers von der Vogelweide, des Nibelungenliedes oder die der Werke Wolframs von Eschenbach.

Karl Hegel hörte bei Lachmann lediglich die Vorlesung über *Die Episteln des Horaz* in seinem ersten Semester (Nr. III/10) und wurde von diesem im Doktorexamen geprüft (Nr. III/25), das er als Dekan der Philosophischen Fakultät zu leiten hatte; außerdem begutachtete Lachmann Karl Hegels Dissertation (Nr. III/24).

[1] Lenz, Geschichte der Königlichen Friedrich-Wilhelms-Universität zu Berlin, Bd. 2.1, S. 501.
[2] Nipperdey, Deutsche Geschichte 1800-1866, S. 509.   B.K.

Abb. IV/4

IV/5 Jacob Grimm
(1785-1863)

1815, Kassel
Photographie einer Lithographie
Ludwig Emil Grimms (1790-
1863)
(Niedersächsische Staats- und
UB Göttingen, Abt. für Hand-
schriften und seltene Drucke)

Mit seinem um ein Jahr jüngeren Bruder
Wilhelm Grimm (Nr. IV/6) studierte
Jacob – beide in Hanau geboren – ab
1803 in Marburg an der Lahn bei Friedrich Carl von Savigny (Nr. IV/2), bevor
sie sich ab 1805 zusammen in Kassel
niederließen. Trotz der engen persönlichen Verbindung zu seinem universitären Lehrer entschied sich Jacob 1807 zum
philologischen Studium der Literaturgeschichte zu wechseln, und schlug eine
Verwaltungskarriere im ehemaligen Kur-

fürstentum Hessen-Kassel ein. Er war
unter anderem Legationssekretär des hessischen Gesandten beim Wiener Kongreß
(1814/15) und später 2. Bibliothekar der
Kasseler Landesbibliothek (1816-1829).
In engster Zusammenarbeit mit seinem
Bruder – der ebenfalls an der Landesbibliothek eine Anstellung gefunden hatte –
wurden in jenen Jahren die berühmten
Kinder- und Hausmärchen in zwei Bänden (1812, 1815) veröffentlicht. Zum Jah-
resbeginn 1830 erfolgte dann die Berufung der beiden Grimm-Brüder an die
Universität Göttingen, wobei Jacob als
Ordinarius für Literaturwissenschaften
sowie als Bibliothekar und der herzkran-
ke Wilhelm zunächst als Unterbibliothe-
kar, später als Professor angestellt wurden. 1837 protestierten sie zusammen mit
fünf anderen Professoren gegen die Aufhebung des hannoverschen Staatsgrund-
gesetzes durch König Ernst August und

J. L. C. GRIMM.

Abb. IV/5

wurden entlassen. Diese Professoren-gruppe, zu der unter anderem auch der Historiker Georg Gottfried Gervinus (Nr. VII/3) sowie der Staatswissenschaftler und Historiker Friedrich Christoph Dahl-mann (Nr. IX/2) gehörten, wurde unter dem Namen „Göttinger Sieben" im ge-samten Deutschen Bund bekannt. Die inzwischen profilierten Sprachwissen-schaftler erhielten 1838 den Auftrag, ein neues Wörterbuch der deutschen Sprache zu erarbeiten, und 1840 erfolgte ihre Berufung in die Preußische Akademie der Wissenschaften. Allerdings scheiterte im selben Jahr die von Savigny angestrebte Berufung Jacob Grimms als Ordinarius an die Berliner Friedrich-Wilhelms-Uni-versität[1]. Politisch engagierte sich dieser zusätzlich als Abgeordneter der Frankfur-ter Paulskirche. Wissenschaftlich kann man seine Bedeutung kaum überschät-zen. Wegen seiner mediävistischen und sprachhistorischen Forschungen sowie den lexikographischen und grammati-schen Neuentwürfen gilt Jacob Grimm als Begründer der Germanistik.

Karl Hegel ist den Gebrüdern Grimm wiederholt begegnet, unter anderem 1846 auf der Frankfurter und 1847 auf der Lübecker Germanistenversammlung[2]. Die Bekanntschaft reichte in die frühen 1840er Jahre zurück, als Hegel nach Rostock ging[3]. Mit Jacob Grimm gehörte er zu den Gründungsmitgliedern der Commission für deutsche Geschichts- und Quellenforschung des bayerischen Königs Maximilian II. (Nr. VIII/3, IX/1)[4].

[1] Lenz, Geschichte der Königlichen Friedrich-Wilhelms-Universität zu Berlin, Bd. 2.2, S. 13 f.
[2] Karl Hegel, Leben und Erinnerungen, S. 37, 130, 135.
[3] Briefwechsel zwischen Jacob und Wilhelm Grimm, S. 48 (Nr. 19), 51 (Nr. 20).
[4] Karl Hegel, Leben und Erinnerungen, S. 177; Die Historische Kommission, S. 207 u. ö.   B.K.

IV/6 Wilhelm Grimm (1786-1859)

1837, Kassel
Photographie einer Lithographie Ludwig Emil Grimms (1790-1863)
(Niedersächsische Staats- und UB Göttingen, Abt. für Hand-schriften und seltene Drucke)

Abb. IV/6

IV/7   Leopold von Ranke (1795-1886)

1868
Photographie des Gemäldes von
Julius Schrader (1815-1900)
(Geist und Gestalt, Abb. 94)

Von der familiären Berufstradition der Theologie wandte sich der in Wiehe an der Unstrut geborene Ranke während seines Studiums an den Universitäten Leipzig und Halle (1814-1818) ab und entschied sich für Philologie und Philosophie. Nach seiner Promotion im Jahre 1817 wurde er Gymnasial-Lehrer am Gymnasium in Frankfurt an der Oder und wandte sich dann endgültig geschichtswissenschaftlichen Forschungen zu. Er wurde zum Sommersemester 1825 als außerordentlicher Professor für Geschichte an die neue Friedrich-Wilhelms-Universität zu Berlin berufen, unternahm mehrjährige Forschungsreisen vor allem in Italien (1827-1831) und wurde 1834 Nachfolger Barthold Georg Niebuhrs (1776-1831) auf dessen Lehrstuhl an der Berliner-Universität. In den folgenden Jahren entwickelte er sich zum wichtigsten deutschen Historiker. Als bester Freund des jungen Philosophen Heinrich Ritter (1791-1869) gehörte er – neben seinen Berliner Kollegen Schleiermacher (Nr. IV/1), Savigny (Nr. IV/2) und Lachmann (Nr. IV/4) – zu den erbittertsten Gegnern Georg Wilhelm Friedrich Hegels, dessen geschichtsphilosophische Theorien er ablehnte, durch dessen historisierenden Ansatz er gleichwohl beeinflußt wurde. Die von Ranke eingeführte strikte Bezugnahme der Geschichtsschreibung auf Originalquellen, einhergehend mit strengster Quellenkritik, machten ihn gemeinsam mit Niebuhr zum methodischen Begründer der wissenschaftlichen deutschen Geschichtsschreibung. Neben seiner glänzenden Karriere, die ihm 1841 die Ernennung

zum „Historiographen des Preußischen Staates" durch König Friedrich Wilhelm IV. (1795-1861) einbrachte, entwickelte er auch als akademischer Lehrer enorme Breitenwirkung. Sein Schüler und Bewunderer König Maximilian II. von Bayern (Nr. VIII/3) orientierte sich eng an Rankes Methoden und berücksichtigte dessen Ratschläge, als er 1854 an der Münchener Universität einen neuen Geschichtslehrstuhl einrichtete und 1858 die *Commission für deutsche Geschichts- und Quellenforschung bei Meiner Akademie der Wissenschaften* gründete (Nr. IX/1). Nachdem Ranke einen Ruf nach München abgelehnt hatte, entschädigte er den enttäuschten König gleichsam mit jenen 19 Vorträgen, die er zwischen dem 20. September und Mitte Oktober 1854 vor Maximilian II. in dessen Berchtesgadener Villa bzw. im Jagdhaus der Pröpste zu Wimbach gehalten hat und die – zusammen mit Dokumentationen der von ihnen geführten Gespräche – unter dem Titel *Über die Epochen der neueren Geschichte* publiziert wurden[1]. Bis zu seinem Tod arbeitete Leopold von Ranke, der 1865 in den erblichen Adelsstand erhoben worden war, mit geradezu unglaublicher Schaffenskraft an verschiedenen historischen Projekten und hinterließ ein vielbändiges Werk. Die von ihm entwickelte historisch-kritische Methode setzte sich in der Geschichtswissenschaft eindeutig durch. Er selbst und viele seiner zahlreichen Schüler prägten die Disziplin bis weit ins 20. Jahrhundert hinein.

Karl Hegel, der nach Ausweis seiner Memoiren *aus der Schule von Schlosser und Gervinus hervorgegangen* war und *Ranke bisher nicht gehört* hatte, *begann erst im Sommer 1841 – bevor ich im Herbst nach Rostock ging – mit vielem Interesse seine Vorlesung über das Mittelalter zu besuchen*[2], war von ihm aber bereits im Doktorexamen geprüft worden (Nr. III/25). 1853 gehörte der *junge Hegel* für Ranke zu den deutschen Historikern, die für einen Lehrstuhl an einer bayerischen Universität vorrangig in Frage kamen (Nr. VIII/2), nachdem Ranke 1852 Wilhelm Dönniges (1814-1872) in der hohen Einschätzung des *Wert[es] des ruhig forschenden und alles Vertrauen würdigen Karl Hegel* beigepflichtet hatte[3]. Und auf eine Anfrage des bayerischen Kultusministers Theodor von Zwehl (1800-1875) antwortete Ranke am 28. Januar 1854, *Prof. Hegel in Rostock ha[be] einen besonnenen und zu sicheren Resultaten führenden Forschungsgeist*[4].

Als Präsident der Historischen Kommission lernte Ranke Hegel dann immer mehr schätzen, wenn er im Oktober 1863 schrieb: *Aus Erlangen war Hegel, der Sohn des Philosophen erschienen, der mir einen immer besseren Eindruck macht, je öfter ich ihn sehe, durch und durch gelehrt, ein guter Professor und für unsere Arbeiten unschätzbar*[5].

[1] Ranke, Über die Epochen.
[2] Karl Hegel, Leben und Erinnerungen, S. 110 f.
[3] Ranke, Neue Briefe, S. 351 f., hier S. 352.
[4] Ranke, Das Briefwerk, S. 379 f.
[5] Ebd., S. 444 f., hier S. 445. B.K.

Abb. IV/7

V. KARL HEGELS ITALIENISCHE REISE

Karl Hegels *Italienische Reise* der Jahre 1838 und 1839 nimmt mit 66 Druckseiten einen beachtlichen Platz in seiner 1900 erschienenen Autobiographie ein[1]. Schon dieser Umfang signalisiert die zentrale Bedeutung, die Hegel seinem Italien-Aufenthalt im Nachhinein für seine persönliche und berufliche Entwicklung beimaß. Eine derart detaillierte Wiedergabe kann unmöglich aus dem Gedächtnis erfolgt sein, vielmehr setzt sie umfangreiche Tagebuchnotizen voraus, zu denen neben offiziellen Dokumenten (Nr. V/2) Reiseberichte etwa in Form ausführlicher Briefe insbesondere an Hegels Mutter und Freunde der Familie hinzugetreten sein dürften, die sich im Einzelfall erhalten haben (Nr. V/5). In jedem Fall bewirkt die Fülle authentischer Informationen, daß der Italien-Aufenthalt zu den am besten rekonstruierbaren Abschnitten in Hegels Leben gehört (Nr. V/1).

Daß Hegel gerade Italien als Reiseziel ausgewählt hatte, ist zunächst nicht erstaunlich; immerhin stand eine solche Fahrt in der bereits im 17. Jahrhundert faßbaren, in der Folgezeit immer stärker entwickelten Tradition der „Kavaliersreise", einer Kultur- und Bildungsfahrt mit zunehmend fixierter Route, bei der sich junge Adelige und betuchte Bürgersöhne in Frankreich und vor allem in Italien im Umgang mit Gesellschaft und Kunst den letzten Schliff holten[2]. Auch Hegels konkrete Routenplanung, wenngleich nicht der Zeitplan, entsprach in wesentlichen Punkten den traditionellen Vorgaben; zugleich zeigte der Auftakt der Reise durch die dramatische Kulisse der Schweizer Alpen, daß sich Hegel von der von deutschen wie englischen Romantikern propagierten Bewunderung der sublimen Hochgebirgsszenerie hatte beeinflussen lassen[3].

Freilich kamen in Hegels besonderem Fall noch weitere Anreize zu einer Italienfahrt hinzu. Hier ist zunächst sein lebhaftes Interesse an der Antike zu erwähnen, das noch aus der Schulzeit herrührte[4] und das – durch den Umgang mit Philologen und Altertumswissenschaftlern im Haus des Vaters verstärkt – ihn schließlich auch veranlaßte, sich in seiner Dissertation einem antiken Thema zuzuwenden (Nr. III/27). Ein weiterer Stimulus war sein Interesse am bedeutendsten Dichter des italienischen Trecento, dem in Florenz gebürtigen Dante. Der Grundstock für diese lebenslange Zuneigung, die auch in einigen wissenschaftlichen Studien ihren Niederschlag fand (Nr. V/10,11), wurde durch den Historiker Friedrich Christoph Schlosser (Nr. III/19) gelegt, mit dem Hegel in seinen Heidelberger Studienjahren Umgang pflegte und der in Dante *den Leitstern seines Denkens und Schaffens* gefunden hatte[5]. Tiefen Eindruck scheint besonders eine morgendliche „Audienz" im Schlosserschen Haus (Grabengasse Nr. 9) in unmittelbarer Nähe zur Universität hinterlassen zu haben, bei der Schlosser dem jungen Hegel in ausdrucksvollem Ton die ersten Gesänge der „Divina Commedia" vortrug und erläuterte. Die so geweckte Begeisterung dürfte mitverantwortlich dafür gewesen sein, daß Hegel außer in Rom gegen Ende seiner Reise vor allem in Florenz für längere Zeit Quartier bezog und damit der „Kavaliersreise" eine wichtige individuelle Note gab.

Auslöser für die *Italienische Reise* war allerdings weniger sein allgemeines Interesse als vielmehr eine konkrete Aufforderung: Nachdem sich Hegel von den *kleinlichen Verhältnissen* und dem *Klatschwesen der Heidelberger Familien* zunehmend abgestoßen fühlte[6], kam er gerne der Einladung seines Freundes Georg Gottfried Gervinus (Nr. VII/3) nach, der sich – einer der „Göttinger Sieben" – infolge eines Landesverweises mit seiner Frau nach Italien begeben hatte[7]; am 10. September 1838 sollte Hegel mit ihnen in Neapel wieder zusammentreffen, und während der folgenden Stationen erwiesen sie sich als treue und unterhaltsame Begleiter.

Daneben traf Hegel auf seiner Reise mit einer Fülle von teils schon aus Berlin und Heidelberg vertrauten Gelehrten und Persönlichkeiten des öffentlichen Lebens zusammen, die ihre gemeinsame Liebe zu Italien verband und die im Gefühl landsmannschaftlicher und kultureller Verbundenheit eine intensive Kontaktpflege betrieben[8]. Zahlreiche Empfehlungsschreiben etwa des preußischen Geschäftsträgers in Florenz, Graf Schaffgotsch[9], öffneten Hegel den Weg nicht nur in private Kunstsammlungen, sondern auch in kirchliche und städtische Archive und brachten ihn in Verbindung mit Historikern und Heimatforschern[10]. Hegel erkannte die sich bietende Gelegenheit, zahlreiche bislang größtenteils unedierte oder gar unbekannt gebliebene Kommunalakten zu einer Rekonstruktion der Geschichte des oberitalienischen Städtewesens zu nutzen. Wohl unter dem Eindruck des ebenfalls in Florenz tätigen Kunsthistorikers Johann Wilhelm Gaye (1804-1840), der ihn auch in die Florentinische Gesellschaft einführte[11], beschloß Hegel, Material insbesondere für eine florentinische Verfassungsgeschichte zusammenzutragen[12].

Natürlich setzte eine umfängliche Archivtätigkeit – zumal Hegel sich bisher weder intensiv mit der italienischen Geschichte noch der speziellen Quellenlage oder dem Forschungsstand befaßt hatte – einen längeren Aufenthalt voraus: Hegel verbrachte schließlich drei Monate des Frühjahrs 1839 in Florenz. Damit bestand die Gefahr, seine offenbar nur für eine „normale" Kavaliersreise bemessenen Mittel über Gebühr zu strapazieren. So richtete er am 29. April 1839 einen Brief an den damaligen preußischen Kultusminister Karl Freiherr vom Stein zum Altenstein (Nr. III/14), der bereits 1818 die Berufung von Hegels Vater an die Berliner Universität veranlaßt, seither in einem gewissen Kontakt zur Familie gestanden und die Entwicklung des Sohnes mit ;t hatte (Nr. III/13). Neben einem Resümee seiner bisherigen

Forschungen skizzierte Hegel darin auch seine ambitionierten historischen Projekte und verband mit diesem Bericht die Bitte um finanzielle Unterstützung (Nr. V/5). Mit Bescheid vom 2. Juli 1839 bewilligte Altenstein persönlich einen außerordentlichen Zuschuß von 200 Talern (Nr. V/6), den Hegel selbst als erste Anerkennung seiner wissenschaftlichen Befähigung ansah; bedenkt man, daß Hegel selbst die Gesamtkosten seiner Reise auf etwa 1200 Taler veranschlagte, so wird die Großzügigkeit dieser Geste deutlich.

Umgekehrt hat auch Hegel das in ihn gesetzte Vertrauen durch eine überaus positive Bilanz seiner *Italienischen Reise* gerechtfertigt, die nicht nur den Grundstock seiner historischen Forschungen legte, sondern auch wegweisend für seine späteren Interessenschwerpunkte war: Das während der Jahre 1838 und 1839 gesammelte Material diente Hegel zunächst als Basis für seine 1842 anläßlich seiner Berufung nach Rostock gehaltene und publizierte Antrittsrede zum Thema *Dante über Staat und Kirche* (Nr. VI/5), die neben seinen allgemeinen historischen Ambitionen auch sein besonderes Interesse an der oberitalienischen Stadt- und Kulturgeschichte unter Beweis stellte und den Auftakt zu einer Reihe überwiegend quellenkritischer Betrachtungen zu Dante bildete (Nr. V/10, 11). Daß Hegel auch später von seinen Florentiner Forschungen zehrte, belegt die Tatsache, daß er noch 1867 in Erlangen ein Universitätsprogramm über *Die Ordnungen der Gerechtigkeit in der florentinischen Republik* (Nr. V/8) verfaßte. Als besonders bedeutsam für seine wissenschaftliche Laufbahn erwies sich aber vor allem die zu einer *Geschichte der Städteverfassung von Italien* ausgebaute „florentinische Verfassungsgeschichte", die 1847 in zwei Bänden erschien (Nr. V/7) und wesentlich dazu beitrug, Hegels Ruf als „Stadthistoriker" zu begründen.

[1] Karl Hegel, Leben und Erinnerungen, S. 40-106 (*Die italienische Reise. 1838-39*).

[2] Vgl. etwa Grand Tour (mit ausführlicher bibliographischer Übersicht, S. 308-315).

[3] Karl Hegel, Leben und Erinnerungen, S. 40-43.

[4] So berichtet Hegel in seinen Memoiren von zwei lateinischen Schulreden über einen Vergleich zwischen Cicero und Demosthenes sowie – anläßlich des Jahrestages der Überreichung der Augsburgischen Konfession – über den (positiven) Einfluß der Reformation auf die Altphilologie (Nr. III/4).

[5] Karl Hegel, Leben und Erinnerungen, S. 35.

[6] Ebd.

[7] Ebd., S. 38.

[8] So etwa die Berliner Professoren Eduard Gans (1798-1839) und Ferdinand Benary (1805-1880), der Historiker Felix Papencordt (1811-1841), das Ehepaar Sulpiz Boisserée (Nr. V/3) oder das Ehepaar Wilhelm Kaulbach (1805-1874) (Karl Hegel, Leben und Erinnerungen, S. 46, 50, 54 f., 62); siehe auch Boisserée-Tagebücher, Bd. 3, S. 413-499.

[9] Karl Hegel, Leben und Erinnerungen, S. 83.

[10] Ebd., S. 92, 97, 101.

[11] Ebd., S. 78 f.

[12] Ebd., S. 83, 114.   C.S.

V/1   Karl Hegels Italienreise 1838/39

2001, Erlangen
Karte (Entwurf und Ausführung:
Christian Schöffel)
(Friedrich-Alexander-Universität:
Institut für Geschichte, Erlangen)

Karl Hegel befand sich vom 20. Juli 1838 bis zum 26. September 1839 auf seiner Reise nach und durch Italien. Grundlage der Rekonstruktion des Reiseverlaufs sind seine eigenen umfangreichen Ausführungen in seiner Autobiographie „Leben und Erinnerungen" von 1900 (Nr. VIII/36), die jedoch gegen Ende zunehmend lückenhaft werden. Die Tagebücher des Sulpiz Boisserée (Nr. V/3) bestätigen viele Daten (Boisserée-Tagebücher, Bd. 3, S. 413-499). Eine äußerst wichtige Ergänzung besonders zu den Daten bietet Hegels Reisepaß (Nr. V/2), in dem in chronologischer Folge die wichtigsten Stationen mit Stempelmarken und handschriftlichen Eintragungen sorgfältig protokolliert sind. Da Hegel selbst Abreise von Berlin, weiter über Thüringen und Franken in die Schweizer Alpen (Simplon) und Rückreise über den slowenischen Karst, Graz und Wien nach Berlin eher kursorisch behandelt, schien eine Beschränkung auf den Reiseweg in Italien sinnvoll. Dies steht auch im Einklang mit der fundamentalen Bedeutung, die sein Aufenthalt insbesondere in Oberitalien für seine weitere persönliche wie wissenschaftliche Entwicklung hatte.

C.S.

V/2   Reisepaß Karl Hegels

1838, Berlin
Urkunde
(Privatbesitz)

Gegen eine Gebühr von einem halben Taler erhielt Karl Hegel einen vom königlich-preußischen *Minister des Innern und der Polizei* ausgestellten Reisepaß, der – abgesehen von einem knappen *Signalement des Paß-Inhaber[s]* – wertvolle Informationen insbesondere für die Rekonstruktion der absoluten Daten der Hegel-Reise liefert. Bemerkenswert ist neben der begrenzten Gültigkeit – der Paß ist auf ein Jahr ausgestellt, mithin war Hegel schon bei der Zeitplanung seines Italien-Aufenthaltes nicht völlig flexibel – auch die genaue Vorgabe der Reiseroute (*von hier [Berlin] über Nürnberg und Zürich nach Mailand, Genua, Neapel, Rom, Florenz, Venedig und Wien*), die wenig individuellen Spielraum ließ, zumal jeder Aufenthalt, der vierundzwanzig Stunden überstieg, sorgfältig protokolliert werden mußte.

C.S.

V/3   Sulpiz Boisserée (1783-1854)

1845
Photographie der Lithographie
von Dominik Haiz (1810-1847)
(Goethe-Museum Düsseldorf)

Geboren in Köln, gemeinsam mit seinem jüngeren Bruder Melchior (Nr. V/4) Erbe des großen Familienvermögens, 1798 Kaufmannsausbildung in Hamburg, 1799 Rückkehr nach Köln und Aufnahme privater kunsthistorischer Studien, 1803 gemeinsam mit Melchior Reisen in die Niederlande, nach Paris und durch das spätere Belgien, 1804 Beginn des Aufbaus einer Gemäldesammlung mit über

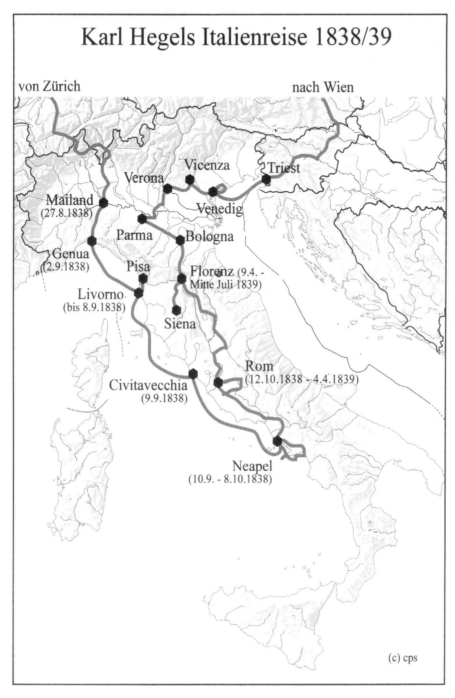

Karl Hegels Italienreise 1838/39

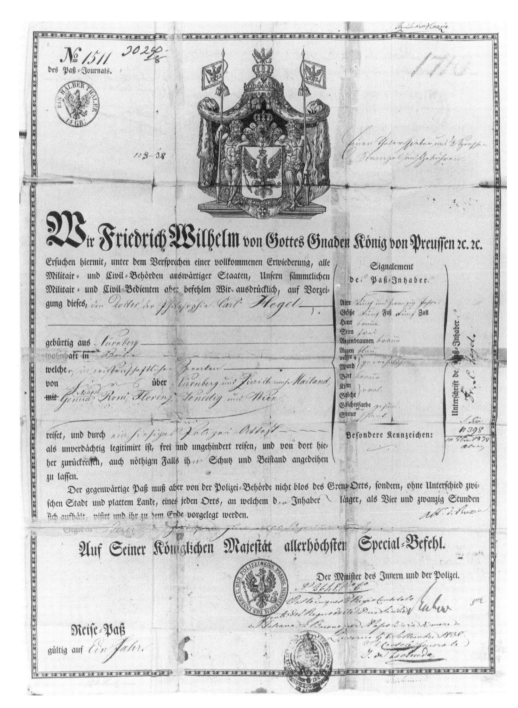

200 Werken altdeutscher und niederländischer Meister und Unterstützung kunsthistorischer Projekte zusammen mit dem Bruder und dem Jugendfreund Johann Baptist Bertram, 1810 Übersiedlung nach Heidelberg, 1819 Umzug nach Stuttgart mit erster öffentlicher Ausstellung der Gemälde, 1827 Erwerb der Sammlung durch König Ludwig I. von Bayern und Umzug nach München, 1835 Ernennung zum bayerischen Oberbaurat und Generalkonservator, 1836-1845 zahlreiche Reisen, dann preußischer Geheimer Hofrat in Bonn, gestorben in Bonn. – Karl Hegel hatte Sulpiz Boisserée und seinen Bruder Melchior (Nr. V/4) zuerst im Sommer 1834 in München kennengelernt und begegnete Sulpiz mit seiner Gattin dann mehrmals auf seiner Italienreise, u.a. in Neapel und Rom (Karl Hegel, Leben und Erinnerungen, S. 29, 54 f., 62; Boisserée-Tagebücher, Bd. 3, S. 413-499).   B.K.

Abb. V/3

V/4   Melchior Boisserée (1786-1851)

Photographie der Lithographie Leo Schöningers (1811-1879) (Kurpfälzisches Museum Heidelberg: S 8028)

Geboren in Köln, gemeinsam mit seinem älteren Bruder Sulpiz (Nr. V/3) Erbe des großen Familienvermögens, private Studien auf dem Feld der Naturwissenschaften, ab 1804 Aufbau der „Boisseréeschen Gemäldesammlung", 1821-1840 Herausgeber des lithographischen Werkes über die Bildersammlung mit 114 Blättern, weitgehend gemeinsame Lebensgestaltung mit seinem Bruder, gestorben in Bonn.   B.K.

Abb. V/4

V/5   Bitte um finanzielle Unterstützung zum Abschluß der Italienreise

29. April 1839, Florenz
Brief
(GStA PK, Berlin: VI. HA
Rep 92 Nachlaß Schulze, Nr. 15,
fol. 23r-24v)

In der ersten Hälfte des Aprils 1839 erreichte Hegel – von Rom kommend – Florenz und wohnte an der Piazza Granducale[1]. In seinem Schreiben vom 29. April 1839 an den Geheimen Oberregierungsrat Dr. Johannes Schulze (1786-1869) in Berlin, den Freund seines Vaters, Nachbarn seiner Mutter im Berliner Kupfergraben und väterlichen Gönner, berichtete er über seine am 20. Juli 1838 begonnene Italienreise. Den Anlaß dazu bot ihm *ein Bericht von meinen Studien für den Herrn Minister*[2], den er mit einem *Gesuch um Gewährung einer Geldhülfe* verband, *um zum Zwecke meiner florentinischen Studien die Verlängerung meines Aufenthalts in Florenz um einige Monate möglich zu machen*[3]. Dieses Gesuch legte er seinem Brief an Schulze bei und bekam am 2. Juli 1839 eine Bewilligung (Nr. V/6).
Für historische Arbeiten – schrieb Hegel an Schulze – *ist hier allein in Italien der Ort, wie hier allein es noch Italiänische Gelehrte und Gelehrten-Vereine gibt, in denen etwas Ordentliches geleistet wird, wo man Kenntniß u[nd] Einsicht findet*[4]:
[...]
Meine liebe Mutter schreibt mir, daß durch Ihre gütige Bevorwortung und des Herrn Ministers Wohlwollen meine Bitte um Unterstützung gewährt werden würde. Der Aufwand meiner Reise, der größer geworden, als ich dachte (besonders war der Aufenthalt in Rom wegen des enormen Zudrangs von Fremden sehr theuer), läßt auch sie freilich sehr wünschen, da mir im Ganzen

die Reise auf nicht weniger als 11-1200 Thaler kommen wird, ohne daß ich mir irgend eine unnütze Ausgabe vorzuwerfen hätte. – Ich habe den Brief an den Herrn Minister hier eingeschlossen mit der Bitte an Sie, denselben an ihn auf die Weise, die Sie für schicklich erachten, kommen zu lassen. Meine liebe Mutter wird das, was mir gewährt werden wird, an sich nehmen und es bewahren, bis ich es nöthig haben werde, da in diesem Augenblick mein großer Creditbrief noch zureicht.
Ich bitte Sie noch, mich gelegentlich bei Herrn Dir[ektor] Meineke zu empfehlen und ihn an sein Versprechen zu erinnern, mich in diesem Herbst bei seinem Gymnasium aufnehmen zu wollen[5]. *Geschichtliche Lectionen, wenn sie zu haben sind, wären mir die liebsten.*
Ferner bitte ich, mich Ihrer Frau Gemahlin bestens zu empfehlen und Ludwig u[nd] Max von mir zu grüßen.
Ich kann nicht schließen, verehrtester Herr Geheimer Rath, ohne Ihnen meinen tiefgefühlten Dank für Alles, was Sie bereits für mich gethan und noch thun werden, zu wiederholen und Sie meiner innigsten Verehrung und kindlichen Liebe zu versichern.

In Hochachtung und Liebe
Ihnen
durchaus ergeben
Carl Hegel.

---

[1]   Vgl. Karl Hegel, Leben und Erinnerungen, S. 78; zum Florenz-Aufenthalt bis Mitte Juli 1839 ebd., S. 78-90.
[2]   Brief (wie oben), fol. 23r; der Minister war Karl Siegmund Franz Freiherr vom Stein zum Altenstein (Nr. III/14).
[3]   Hegel, Leben und Erinnerungen, S. 105.
[4]   Brief (wie oben), fol. 23v.
[5]   Vgl. dazu Nr. VI/1.   H.N.

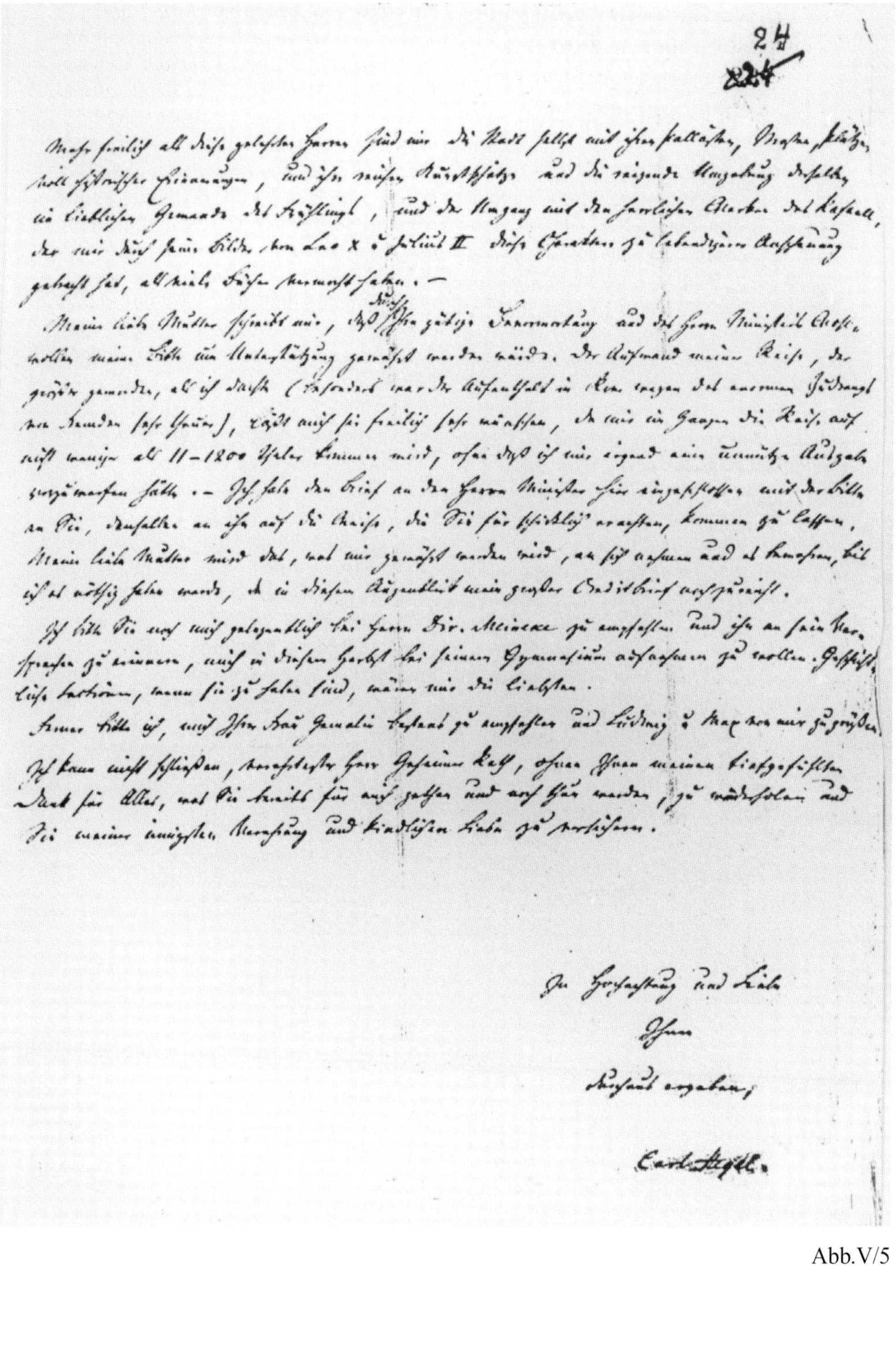

24

Mehr freilich als diese gelehrten Herren sind mir die Stadt selbst mit ihren Pallästen, Straßen, Plätzen voll historischer Erinnerungen, und ihre reichen Kunstschätze und die reizende Umgebung derselben im lieblichen Gewande des Frühlings, und der Umgang mit den herrlichen Werken des Raphael, der mir durch seine Bilder von Leo X u. Julius II diese Charaktere zu lebendigern Anschauung gebracht hat, als viele Bücher vermocht haben. —

Meine liebe Mutter schreibt mir, daß durch Ihre gütige Verwendung und des Herrn Ministers Excellenz wollen meine Bitte um Unterstützung gewährt werden würde. Der Aufwand meiner Reise, der größer geworden, als ich dachte (besonders war der Aufenthalt in Rom wegen des enormen Zudrangs von Fremden sehr theuer), läßt sich freilich sehr mäßigen, da mir im Ganzen die Reise auch nicht weniger als 11–1200 Thaler kommen wird, ohne daß ich mir irgend eine unnütze Ausgabe vorzuwerfen hätte. — Ich habe den Brief an den Herrn Minister hier eingeschlossen mit der Bitte an Sie, denselben an ihn auf die Weise, die Sie für schicklich erachten, kommen zu lassen. Meine liebe Mutter wird das, was mir gewährt werden wird, an sich nehmen und es bewahren, bis ich es nöthig haben werde, da in diesem Augenblick mein großer Creditbrief ausreicht.

Ich bitte Sie noch mich gelegentlich bei Herrn Dir. Meineke zu empfehlen und ihn an sein Versprechen zu erinnern, mich in diesem Herbst bei seinem Gymnasium aufnehmen zu wollen. Geschichtliche Lectionen, wenn sie zu haben sind, wären mir die liebsten.

Ferner bitte ich, mich Ihrer Frau Gemalin bestens zu empfehlen und Ludwig u. Max von mir zu grüßen.

Ich kann nicht schließen, verehrtester Herr Geheimer Rath, ohne Ihnen meinen tiefgefühlten Dank für Alles, was Sie bereits für mich gethan und noch thun werden, zu wiederholen und Sie meiner innigsten Verehrung und kindlichen Liebe zu versichern.

In Hochachtung und Liebe
Ihr
dankbar ergebener
Carl Hegel.

Abb.V/5

V/6   Stipendium für historische Forschungen in Florenz

2. Juli 1839, Berlin
Brief
(Privatbesitz)

Auf sein Gesuch vom 29. April 1839 (Nr. V/5) hin gewährte der preußische Kultusminister Altenstein (Nr. III/14) Karl Hegel als Zuschuß für den zunächst nicht eingeplanten längeren Aufenthalt in Florenz *eine außerordentliche Unterstützung von 200 Thlr.* (Talern), *welche Ihnen von der General=Kasse meines Ministeriums gegen Ihre vorher einzusendende Quittung gezahlt werden wird.* Diese Summe entsprach etwa einem Sechstel der tatsächlichen Reisekosten, *um Ihnen meine Theilnahme, so weit die beschränkten und von allen Seiten in Anspruch genommenen Fonds des meiner Leitung anvertrauten Ministeriums es gestatten, noch besonders zu bethätigen und Sie in den Stand zu setzen, daß Sie behufs des von Ihnen herauszugebenden Werkes über die Verfassung der Florentinischen Republik* die *erforderlichen Materialien sammeln und zu dem Ende Ihren Aufenthalt in Italien in etwas verlängern können.* Der Ton des Antwortschreibens war dabei, zumal Altenstein der akademischen Entwicklung des jungen Hegel zunächst eher skeptisch gegenübergestanden hatte (Nr. III/13), so unerwartet verbindlich und freundlich, daß Hegel selbst mit einem gewissen Behagen eine nahezu vollständige und wörtliche Transkription wirkungsvoll an das Ende des der *italienischen Reise* gewidmeten Kapitels seiner Autobiographie stellte (Karl Hegel, Leben und Erinnerungen, S. 105 f.). Wenngleich er den ungewöhnlichen Einschluß dieser „Quelle" dadurch rechtfertigt, daß sie beweise, *in welchem hohen Sinne Minister von Altenstein die Wissenschaft zu fördern geneigt war*, ist doch nicht zu überhören, daß das gewährte „Staatsstipendium" als unabhängiges Zeugnis von Hegels historischer Kompetenz verstanden werden soll und damit einer „apologia pro opere suo" gleichkommt.

C.S.

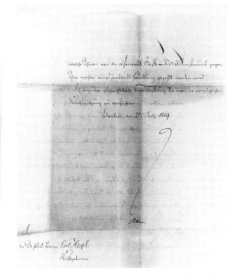

Abb. V/6.1   Abb. V/6.2

V/7 Geschichte der Städteverfassung von Italien

1847, Leipzig
Bücher
(UB Erlangen-Nürnberg)

In zwei umfangreichen Bänden von jeweils knapp 500 Seiten legte Karl Hegel gegen Ende des Jahres 1847 das Resultat seiner oberitalienischen Studien vor[1], wobei der ursprüngliche Plan einer florentinischen Verfassungsgeschichte im Zuge der Arbeiten einer deutlich ambitionierteren Zielsetzung gewichen war[2]. Schon der vollständige Titel *Geschichte der Städteverfassung von Italien seit der Zeit der römischen Herrschaft bis zum Ausgang des zwölften Jahrhunderts*, der für den zweiten Band den Zusatz *Mit einem Anhang über die französische und deutsche Stadtverfassung* erhielt, macht offenbar, daß Hegel nicht nur um eine epochenüberschreitende diachrone Betrachtungsweise bemüht war (so verfolgt er die Entwicklung der Städteverfassung vom frühen römischen Kaiserreich durch die Spätantike bis hinein ins frühe Mittelalter über zwölf Jahrhunderte und damit durch verschiedene Disziplinen der modernen Geschichtswissenschaft). Sein Bestreben galt vielmehr zudem einer nationenüberschreitenden, vergleichenden Betrachtungsweise, wobei durch die starke juristische und verfassungsrechtliche Ausrichtung auch der eigentliche historische Rahmen seiner Untersuchung in ehrgeiziger Weise ausgeweitet wurde. Daß diese Art der Geschichtsdeutung freilich, dem Zeitgeist entsprechend, zugleich vor dem Hintergrund einer gewissen ideologischen Sichtweise erfolgte, zeigt Hegels Erklärung, er wolle *nachweisen, was die bildende Kraft des germanischen Geistes von dem überlieferten Stoff der römischen Culturformen sich wirklich angeeignet, was sie davon ausgestoßen habe*[3].

Seine materialreiche und profunde Aufarbeitung eines komplexen Themas, die er als historisches *Erstlingswerk* bezeichnete[4], fand allgemeine Anerkennung, und das positive Echo (unter anderem von Heinrich Leo [1799-1878] und Moritz August von Bethmann-Hollweg [1795-1877]) trug entscheidend dazu bei, Hegels Ruf als Historiker zu begründen. Daß dieses Erfolgserlebnis auch für seine persönliche Entwicklung eine besondere Bedeutung hatte, kann man noch seiner mehr als 50 Jahre später verfaßten Autobiographie entnehmen: *Ich empfand eine lebhafte Genugthuung darüber, daß man mich nicht bloß als den Sohn meines Vaters wolle gelten lassen*[5]. Vor dem Hintergrund dieser Selbstaussage läßt sich Hegels historisches „Meisterstück", das später immer wieder als Begründung für Berufungen auf Lehrstühle (Nr. VI/6, 8; VIII/6) und Aufnahmen in Akademien (Nr. VIII/29) herangezogen wurde, zugleich auch als erfolgreicher Emanzipationsversuch vom übermächtigen Vorbild seines berühmten Vaters verstehen.

[1] Karl Hegel, Leben und Erinnerungen, S. 133: *Ich war in der ersten Hälfte des Jahres [1847] noch mit der Vollendung des zweiten Bandes meiner Geschichte der italienischen Städteverfassung beschäftigt und hatte bis zum Herbst mit den Korrekturen des Druckes zu thun.*

[2] Ebd., S. 114: *Den früher gehegten Plan, eine florentinische Verfassungsgeschichte zu schreiben, erweiterte ich zu höherem Ziele.*

[3] So Hegel in der Vorrede zum ersten Band seiner *Geschichte der Städteverfassung von Italien*, datiert *Rostock, am 27. August 1846*, S. V.

[4] Karl Hegel, Leben und Erinnerungen, S. 115.

[5] Ebd.   C.S.

Abb. V/7.1   Abb. V/7.2

V/8   Die Ordnungen der Gerechtigkeit in der florentinischen Republik

1867, Erlangen
Druckschrift
(UB Erlangen-Nürnberg)

In Hegels 1867 bei Eduard Besold in Erlangen als *Universitätsprogramm* verlegter Schrift läßt sich unschwer ein Parergon seiner ausführlichen Beschäftigung mit der *Städteverfassung von Italien* (Nr. V/7) erkennen. Man wird annehmen dürfen, daß die 23 Seiten umfassende Schrift, deren hauptsächlicher Gegenstand das florentinische „Staatsgrundgesetz" der Renaissance auf der Basis der Fassung von 1265 ist, ein Rest der ursprünglich – etwa im Schreiben des jungen Hegel an den preußischen Kultusminister von Altenstein (Nr. V/5) – avisierten „florentinischen Verfassungsgeschichte" ist und als historischer und quellenkritischer Beitrag Aspekte behandelt, die in seiner 1847 vorgelegten *Geschichte der Städteverfassung von Italien* nicht oder nur unzureichend behandelt werden konnten, zumal sie die dort gesetzte Grenze des Ausgangs des 12. Jahrhunderts überschritten. In der Analyse des Gesetzeswerks verwendet Hegel dieselbe philologisch-textkritische Methode, die er wenig später auch in seinen Untersuchungen zum Chronik-Werk des Dino Compagni (Nr. V/10) und der älteren Dante-Kommentare (Nr. V/11) verwenden sollte: So ist er bemüht, auf der Basis einer sorgfältigen Detail-Interpretation mögliche Schichten der Entstehung freizupräparieren und damit verschiedene Phasen redaktioneller Überarbeitungen nachzuweisen.   C.S.

Abb. V/8

Vorlesung *Die politischen Systeme des Alterthums und der Neuzeit* wirkt mit ihrem vergleichenden und eher theoretischen Thema zunächst merkwürdig distanziert, doch ist nicht zu übersehen, daß der Gegenstand der Staatsverfassung gerade in der Zeit der Gründung des Deutschen Reiches nicht ohne Brisanz war. Dennoch läßt sich aus den Aufzeichnungen eher die umfassende Belesenheit Hegels in der politischen Theorie des Altertums bis in seine Zeit – er geht ein auf die Darstellungen eines Plato und eines Aristoteles, aber auch eines Machiavelli, Montesquieu und Rousseau – als seine eigene politische Überzeugung erweisen, der er freilich bei einigen Gelegenheiten auch Ausdruck verlieh.   C.S.

V/9 Die politischen Systeme des Alterthums und der Neuzeit

26. April 1871, Erlangen
Manuskript
(UB Erlangen-Nürnberg, Handschriftenabteilung: Ms 2069, 4, fasc. 3)

Von einer Reihe von Hegels Vorlesungen haben sich teilweise vollständige handschriftliche Manuskripte erhalten: Sie sind ausnahmslos auf einfach gefaltete Bögen jeweils in zwei Spalten geschrieben, so daß in einer Spalte der Haupttext, in der zweiten Spalte Anmerkungen, Ergänzungen und Berichtigungen (wohl auch aus späteren Jahren bei einer Wiederbenutzung der Vorlesungen) Platz fanden. Die im Frühjahr/Sommer 1871 noch in Hegels Amtszeit als Prorektor der Erlanger Universität (Nr. VIII/17) und in einer historisch bewegten Zeit gehaltene

V/10 Die Chronik des Dino Compagni

1875, Leipzig
Buch
(UB Erlangen-Nürnberg)

Wohl im Zusammenhang mit seiner Dante-Begeisterung – er selbst spricht von einer *Jugendfreundschaft*[1] – war Hegel schon früh in Kontakt mit Dino Compagni gekommen: Dieser engagierte florentinische Politiker des ausgehenden 13. und beginnenden 14. Jahrhunderts hatte in einem die Zeit etwa von 1280 bis in die ersten Dekaden des 14. Jahrhunderts umfassenden Chronik-Werk (*Cronica delle cose occorrenti ne' tempi suoi*) seine im übrigen durchaus mit dem Zeitgenossen Dante kongruierende, parteipolitisch gefärbte Sicht der Auseinandersetzungen zwischen Ghibellinen und Welfen dargelegt. Da dieses Werk bis zu seiner Erstveröffentlichung im Jahre 1726 nahe-

1.

zu unbekannt geblieben war, zeitigte seine Wiederentdeckung ein ambivalentes Echo. Nachdem es zunächst zu einem der bedeutendsten wissenschaftlichen Werke der Renaissance, sein Verfasser zu einem „zweiten Sallust", gar zum „Vater der italienischen Geschichtsschreibung" hochstilisiert worden war, mußte es im Zuge der historischen Quellenkritik zu einer Gegenbewegung kommen: Interne Widersprüche, falsche Angaben und angebliche Plagiate wurden gesammelt und vor diesem Hintergrund schließlich das gesamte Werk als Fälschung ohne historischen Quellenwert deklariert. In den sich daraus entwickelnden „Dino-Streit" griff auch Hegel aus einem gewissen Gefühl emotionaler Verbundenheit heraus mit seinem *Versuch einer Rettung* ein: *Für diesen jetzt viel Geschmähten ein Wort der Vertheidigung einzulegen dünkt mich Pflicht, zugleich im Andenken an hochachtbare Historiker, die ihn bewunderten*[2]. Seine eher vermittelnde, durch eine detaillierte Untersuchung der strittigen Passagen unterfütterte These, die Chronik sei in Plan, Inhalt, Idee und Ausführung original, doch unvollendet und von späterer Hand redaktionell überarbeitet, fand bei den Vertretern der Fälschungsthese (vor allem Paul Scheffer-Boichorst [1843-1902]) keine ungeteilte Zustimmung und bildete den Auftakt zu einer teils recht persönlich gehaltenen polemischen Debatte, in die auch Hegels zweite einschlägige Schrift zu diesem Themenkreis (Nr. V/11) einzuordnen ist[3]. Erst die Publikationen von Isidoro del Lungo, besonders seine kommentierte Ausgabe (1913), konnten die Echtheit der Chronik etablieren und ihre historische Zuverlässigkeit für die dargestellte Epoche zur Evidenz erheben: Seither gehört der „Fall Dino" (und damit letztlich auch Hegels Beitrag)[4] der Vergangenheit an[5]. Wie sehr Hegel das Thema weiter beschäftigte, zeigen seine handschrift-lichen Bemerkungen in seinem heute in der UB Erlangen-Nürnberg befindlichen Handexemplar.

[1] Karl Hegel, Die Chronik des Dino Compagni. Versuch einer Rettung. Leipzig 1875, S. VII.

[2] Ebd.

[3] Paul Scheffer-Boichorst, Die Chronik des Dino Compagni eine Fälschung. Florentiner Studien, Leipzig 1874. Ders., Die Chronik des Dino Compagni. Kritik der Hegel'schen Schrift: Versuch einer Rettung, Leipzig 1875.

[4] Auch Hegels These einer „schichtweisen" Entstehung mit echtem Kern und redaktionellen Zusätzen scheint in der Dino-Forschung, die in dem Werk ein homogen gestaltetes Werk mit nicht zuletzt künstlerischen Ambitionen sieht, nicht länger diskutiert zu werden.

[5] Vgl. Elisabeth von Roon-Bassermann, Die Weißen und die Schwarzen von Florenz. Dante und die Chronik des Dino Compagni, Freiburg 1954, besonders S. 11 f., und 183, Anm. 1. Allgemein zum Dino-Streit: Girolamo Arnaldi, Dizionario Biografico degli Italiani 27 (1982), S. 629-647, s.v. Compagni, Dino, besonders S. 642-647. C.S.

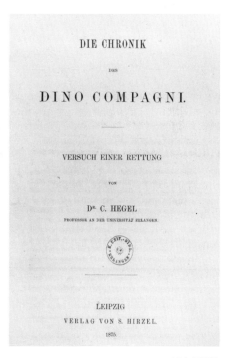

Abb. V/10

V/11 Über den historischen Werth der älteren Dante-Commentare

1878, Leipzig
Buch
(UB Erlangen-Nürnberg)

Hegels zweiter, seinem Freund Franz Xaver Wegele (Nr. IX/6) in Würzburg als Gegengabe gewidmeter Beitrag zur „Dino-Frage" ist eingebettet in eine quellenkritische Untersuchung der mittelalterlichen Dante-Kommentare[1]. Bemerkenswert ist dabei, daß Hegel die Reaktion der Fachwelt auf seine beiden Publikationen im Vorsteckblatt auf der Umschlag-Innenseite seines Handexemplars sorgfältig in Form bibliographischer Verweise und knapper Summarien protokolliert hat. Die letzte Notiz verweist auf das Jahr 1900 und somit in das Jahr vor Hegels Tod.

In den älteren Dante-Kommentaren sah Hegel wichtige Instrumente für eine historisch angemessene Erklärung der *Divina Commedia*, da sie, teils zeitgleich mit Dante oder doch wenig später entstanden[2], für ihre Ausführungen seines Erachtens bisweilen aus denselben Traditionen schöpfen und somit den Charakter historischer Quellen beanspruchen konnten[3]. Für eine Nutzung dieser „Tradition" war freilich unabdingbar, zunächst die Verhältnisse der verschiedenen Kommentare zueinander zu untersuchen und in einer Art philologischer Textkritik ein Stemma möglicher Abhängigkeiten und Querverbindungen zu erstellen – ein Vorgehen, das Hegel in seiner Arbeit zunächst theoretisch begründet und dann an einer Auswahl der frühesten Dante-Kommentare exemplifiziert. Eine solche Herangehensweise macht zugleich offenbar, daß die Beschäftigung mit Dante für Hegel weniger aus literarisch-ästhetischem Interesse als vielmehr aus einer historischen und quellenkritischen Perspektive erfolgte.

[1] Nach Hegels *Chronik des Dino Compagni* (Nr. V/10) folgt 1878 ein *Anhang zur Dino-Frage*, der die Seiten 91-115 umfaßt und eine kritische Aufarbeitung der seit 1875 geleisteten wissenschaftlichen Erkenntnisse versucht.

[2] Hegel datiert den ältesten Kommentar in die Zeit vor 1320, die letzten untersuchten Schriften entstanden in den 1540er Jahren.

[3] Neuere Arbeiten ignorieren den (zumeist doch zweifelhaften) Quellenwert dieser Kommentare und untersuchen eher die literarische Erfassung und Deutung; vgl. Bruno Sandkühler, Die frühen Dantekommentare und ihr Verhältnis zur mittelalterlichen Kommentartradition (= Münchner romanistische Arbeiten, Bd. 19), München 1967. C.S.

ÜBER

DEN HISTORISCHEN WERTH

DER ÄLTEREN

DANTE-COMMENTARE.

MIT

EINEM ANHANG ZUR DINO-FRAGE

VON

C. HEGEL.

LEIPZIG
VERLAG VON S. HIRZEL
1878.

Abb. V/11

VI. PROFESSOR IN ROSTOCK

Die Berufung auf eine außerordentliche Professur für Geschichte an der Universität Rostock kam für den Anfang 1841 freiwillig aus dem Schuldienst des Cöllnischen Gymnasiums zu Berlin (Nr. VI/1) ausgeschiedenen Lehrer Karl Hegel überraschend. Aber er hatte einen einflußreichen Fürsprecher gehabt, zumal die Rostocker Universität sich bereits seit 1837 um einen *tüchtigen Historiker* bemüht hatte[1]. Der Geheime Oberregierungsrat Dr. Johannes Schulze (1786-1869), ein gebürtiger Mecklenburger, Freund der Familie Hegel und väterlicher Förderer Karl Hegels, hatte sich brieflich *für einen hiesigen jungen Gelehrten, den Doktor Carl Hegel*, eingesetzt, *dessen Bildungsgang ich näher zu beobachten Gelegenheit hatte* und der ihm *mit allen Eigenschaften ausgerüstet schien, welche einen tüchtigen Lehrer im Fache Geschichte verheißen*[2]. Er hatte dem jungen Hegel – *da ich für ihn auf unseren [d.h. den preußischen] Universitäten keine nahe Aussicht zu einer Anstellung fand* – auch geraten, zunächst die Gymnasiallehrer-Laufbahn einzuschlagen, zumal er die Prüfungen *auf eine so ausgezeichnete Weise besonders im Fach der Geschichte* bestanden hatte, *daß die Kommission ihm die unbedingte Facultas docendi erteilte* [Nr. III/28]; *diese Censur* – so Schulze – *gehört nach meiner vieljährigen Erfahrung zu den seltenen Ausnahmen*[3].

Karl Hegel nahm den an ihn ergangenen Ruf nach Rostock, wo sein Freund Georg Beseler (Nr. VII/2) seit 1837 Mitglied der Juristischen Fakultät war, am 24. April 1841 an und brachte in einem Schreiben seine Vorliebe für die deutsche Geschichte zum Ausdruck: *Das in unserer Zeit glücklich wiederbelebte und neu gestärkte Nationalgefühl wird, hoffe ich, auch dem Studium unserer Geschichte ein erhöhtes Interesse verleihen, und kann seinerseits nur aus der gründlichen historischen Kenntniß das richtige Verständniß unserer nationalen Zwecke empfangen*[4]. Er begann im Wintersemester 1841/42 mit seinen Vorlesungen, nachdem ihm Beseler mitgeteilt hatte, *welche geschichtlichen Vorlesungen zunächst etwa Bedürfniß für die dortige Universität seien*[5]. Beseler hatte in Karl Hegels Erinnerung *die Anregung* für seine Berufung *gegeben, da es in* Rostock die *Absicht war, das Interesse für Geschichte unter den Studierenden zu wecken, was dem Vertreter des Fachs, Professor Türk* [Nr. VII/6], *nicht gelungen war*[6]. Am 5. November 1841 wurde Hegel vom Rostocker Rektor in sein Amt eingeführt[7], und 1842 legte er sein *Antrittsprogramm* mit dem Thema *Dante über Staat und Kirche* (Nr. VI/5) vor, mit dem er an seine Studien bei Friedrich Christoph Schlosser (Nr. III/19) in Heidelberg und während seiner *Italienischen Reise* (Nr. V) anschloß. Seinen handschriftlichen Ankündigungen seiner Rostocker Lehrveranstaltungen (Nr. VI/3) ist zu entnehmen, daß er Machiavellis, Montesquieus und Rousseaus Staatslehren thematisierte und *Geschichte der neuesten Zeit* las, die Jahre 1492 bis 1763 umfassend, ebenso *alte Geschichte* (Sommersemester 1842). Im Wintersemester 1842/43 beschäftigte er sich u.a. mit der *Geschichte der neuesten Zeit* von 1789 bis 1815 und Dantes *Göttlicher Komödie*, im Sommersemester 1843 mit der Geschichte der Zeit von 1812 bis 1830 und der *Neueren Geschichte von der Entdeckung von Amerika bis zur französischen Revolution* und immer wieder mit der *Geschichte des deutschen Volkes*; einmal – im Wintersemester 1852/53 – mußte er eine vierstündige Vorlesung *Deutsche Geschichte* in *Die National-Ökonomie* abändern[8].

Im übrigen waren die Rostocker Jahre für den Historiker Karl Hegel eine erfolgreiche Zeit, in der sein großes zweibändiges Werk *Geschichte der Städteverfassung von Italien* 1846/47 erschien (Nr. V/7), über dessen positive Aufnahme in der Fachwelt er sich freute, weil *man mich nicht bloß als den Sohn meines Vaters wollte gelten lassen*[9]. Großherzog Friedrich Franz II. von Mecklenburg-Schwerin (Nr. VII/5) war in einem Schreiben vom 2. Juni 1847 an Hegel voller Anerkennung über des Autors *bisherige literarische Thätigkeit* und gewährte ihm eine außerordentliche Gratifikation von 200 Talern, nachdem die Universität Rostock der Schweriner Landesregierung am 29. Mai 1847 vorgetragen hatte, ihr Professor habe *einen schönen Beweis gründlicher Studien und guter Darstellungsgabe geliefert*, und dafür eingetreten war, daß *dem bescheidenen Manne von Seiten der hohen Landesregierung eine Aufmunterung zu Theil werde*[10]. Nach Erscheinen des zweiten Bandes erfuhr Hegel am 19. Mai 1848 erneut die großherzogliche Anerkennung für seine *ausgezeichnete literarische Thätigkeit* sowie eine Erhöhung seines Jahresgehalts auf 800 Taler[11]. Allerdings erwartete der Landesherr von ihm auch, daß er sich *durch die bedeutungsvollen Zeitverhältnisse [...] nur noch kräftiger angeregt finde [...], auch die politischen Verhältnisse der Gegenwart und deren Rückwirkungen auf die Zustände des Landes zur richtigen Erkenntnis zu bringen*[12], so wie er in seinem ersten Schreiben an Hegel gewünscht hatte, *daß ihr euren Fleiß und eure Talente der vaterländischen Geschichte zuwendet und sowohl in Vorlesungen als in Schriften ein richtiges historisches Verständniß der Zustände Mecklenburgs herbeizuführen euch bemühet*[13]. Daß Karl Hegel 1848 von der Universität Leipzig als Ordinarius für Geschichte gewünscht wurde (Nr. VI/6) und 1856 nicht nur einen Ruf an die bayerische Universität Erlangen (Nr. VIII/6), sondern auch an die preußische Universität Greifswald (Nr. VI/8) erhielt, unterstreicht nur, welches Ansehen er sich in der Rostocker Zeit erworben hatte. Am 8. September 1848 berief ihn Großherzog Friedrich Franz II. zum *ordentlichen Professor der Geschichte und Politik* an seiner Landesuniversität (Nr. VI/7).

Diese „Beförderung" zum Ordinarius stand freilich auch im Zusammenhang der politischen Aktivitäten, in die Karl Hegel in den Jahren 1848/49 in Mecklenburg eingebunden wurde, als er für fast ein Jahr die Redaktion der *Mecklenburgischen Zeitung* übernahm (Nr. VII, 9-11); 1850 vertrat er den Schweriner Wahlkreis im Erfurter Unionsparlament (Nr. VII/12). Doch sein Ausflug in die Politik betrachtete er rückblickend *mit schmerzlichem Bedauern* als *verlorene Zeit*[14]. Die Politisierung hatte zudem an der Rostocker Universität zu Konfrontationen und großen Veränderungen in der Professorenschaft geführt, die ein Klima geschaffen hatten, in dem er sich nicht mehr wohlfühlte. Zwar war er 1854 zum Rektor gewählt und 1855 wiedergewählt worden[15], aber erst im Rückblick wurden ihm die Rostocker Jahre zu *eine[r] Periode meines Lebens, die ich in vieler Hinsicht als die glücklichste zu preisen Ursache habe*, wie er im September 1887 an seine ehemalige Philosophische Fakultät schrieb, die ihm zu seinem Goldenen Doktorjubiläum (Nr. VIII/30) mit einer *tabula gratulatoria* ihre Verbundenheit über die Jahrzehnte hinweg ausgedrückt hatte[16]. Noch im Jahre 1899 gedachte die Universität Rostock des Tages, an dem er vor einem halben Jahrhundert sein Amt als Ordinarius angetreten hatte (Nr. VI/11). In seinen Memoiren sprach er von der *rechte[n]* Zeit, von Rostock fortzugehen: *Bestimmend war für mich nicht bloß die Nähe meiner Nürnberger Verwandtschaft der Familie meiner Frau*, die er am 28. Mai 1850 in Nürnberg geheiratet hatte (Nr. I/9), *sondern noch mehr [...] das Verlangen, unter neuen Verhältnissen, einen weiteren Wirkungskreis zu gewinnen*[17].

---

[1] UA Rostock: Philosophische Fakultät, Nr. 98: Lehrstuhl für Staatswissenschaft und Geschichte/Lehrstuhl für Historik 1837-1866, Nr. 3, Protokoll vom 10. März 1837.

[2] LHA Mecklenburg-Vorpommern, Schwerin: Mecklenburg-Schwerinisches Ministerium für Unterricht, Kunst, geistliche und Medizinalangelegenheiten (MfU), Nr. 1272: Universität Rostock, Philosophische Fakultät, Besetzung der Professur für Geschichte, Hegel, Pauli, Voigt, 1841-1859, Nr. 1 Anlage A (Abschrift).

[3] Ebd.

[4] Ebd. Nr. 2 g, Anlage (Abschrift).

[5] Ebd.

[6] Karl Hegel, Leben und Erinnerungen, S. 100.

[7] UA Rostock: Personalakte Karl Hegel, fol. 5^r–8^r.

[8] Ebd., fol. 30^r, 11^r-15^r; siehe auch Karl Hegel, Leben und Erinnerungen, S. 113 f.

[9] Ebd. S. 115.

[10] LHA Mecklenburg-Vorpommern, Schwerin: MfU, Nr. 1272 (wie Anm.2), Nr. 5 (unfol.).

[11] Ebd., Nr. 6 (unfol.).

[12] Ebd.

[13] Ebd. Nr. 5 (unfol.).

[14] Karl Hegel, Leben und Erinnerungen. S. 161.

[15] Ebd. S. 169; Klüßendorf, Carl Hegel. Rektor 1854/55, 1855/56.

[16] UA Rostock: Personalakte Karl Hegels, fol. 16^{r,v}, hier fol. 16^r; siehe auch ebd. , fol. 18^r-23^v.

[17] Karl Hegel, Leben und Erinnerungen, S. 170; Hegels Abschiedsbrief an die Rostocker Kollegen datiert vom 30. März 1856 (UA Rostock: Personalakte Karl Hegels, fol. 32^r, 33^{r,v}). H.N.

VI/1 Cöllnisches Gymnasium zu Berlin

1829, Berlin
Photographie der Grisaille
Eduard Gaertners (1801-1877)
(Stadtmuseum Berlin: VII 59/
29 W)

Gleich nach seiner Rückkehr aus Italien machte Karl Hegel von Herbst 1839 an sein *Probejahr am Cölnischen Gymnasium in Berlin*, wozu ihn seine glänzend bestandene Lehramtprüfung (Nr. III/28) berechtigte. Er erinnerte sich dieser Schule, an der er auch als *Hülfslehrer* angestellt wurde, als einer *Anstalt, an der der erste Versuch gemacht [wurde], den Unterricht in den Realien und neueren Sprachen mit der Gymnasialbildung zu verbinden*[1]. Nach Ausweis der Schulprogramme des *Real-Gymnasiums (Scharrn-Strasse No. 23.)* hatte Hegel im Schuljahr 1839/40 in der *Unter-Secunda* Französisch und Deutsch, in der *Ober-Secunda* Deutsch zu unterrichten[2], im Schuljahr 1840/41 in der *Quarta* Geometrie, Latein und Deutsch, in der *Untertertia* Grie-

chisch und in der *Untersecunda* Französisch[3]. Zu Beginn des Jahres 1841 schied er allerdings aus dem Schuldienst aus, da *Herr Dr. Hegel, der seit Michaelis 1840 als Hülfslehrer an der Anstalt mit erfreulichem Erfolge gearbeitet hat, jetzt aber seiner Neigung für das academische Lehrfach folgend, diesem seine ganze fernere Thätigkeit zu widmen beabsichtigt*[4]. – Gaertners Grisaille zeigt den Cöllnischen Markt und das Cöllnische Rathaus[5], in dessen auffälligem Bau von 1710 sich in den Jahren von 1730 bis 1868 das Cöllnische Gymnasium befand[6].

[1] Karl Hegel, Leben und Erinnerungen, S. 107, 109.
[2] LHA Brandenburg, Potsdam: Rep. 34, Provinzialschulkollegium, Nr. 1543, Berlin 1840, S. 29 f., 36.
[3] Ebd., Berlin 1841, S. 34-37.
[4] Ebd., S. 40.
[5] Irmgard Wirth, Eduard Gaertner. Der Berliner Architekturmaler, Frankfurt am Main [u.a.] 1979, S. 244 und Abb. 171.
[6] Laurenz Demps, Jonas Geist, Heidi Rausch-Ambach, Vom Mühlendamm zum Schloßplatz. Die Breite Straße in Berlin-Mitte, Berlin 2001, S. 92-100, insbes. S. 96 (Abb.), 99 f.   H.N.

Abb. VI/1

VI/2 Rostock von Westen

1818, Rostock
Photographie der Lithographie
Johann Ludwig Hornemanns
(1778-1829 [?])
(StadtA Rostock)

Karl Hegels Wunsch nach wissenschaftlicher Betätigung ging bereits im April
1841 in Erfüllung, als er, *ohne mein
Zuthun, Anfrage und Berufung als außerordentlicher Professor der Geschichte an
der Universität Rostock*[1] erhielt. Schon
neben seinem Unterricht am Cöllnischen
Gymnasium hatte er *im Winter 1839/40
[...] die Philosophie der Geschichte meines Vaters in 2. Auflage* bearbeitet (Nr.
II/11) und *Recensionen teils für die Berliner kritischen Jahrbücher über Gervinus'
Historik und Dönniges' Geschichtsquellen Heinrichs VII., teils für die preußische
Staatszeitung über Papencordts Cola di
Rienzo* verfaßt, seine *ersten schriftstellerischen Versuche*[2]. In dem Geheimen
Oberregierungsrat Dr. Johannes Schulze
in Berlin (1786-1869) und seinem Freund

Georg Beseler (Nr. VII/2), der der Rostocker Juristischen Fakultät seit 1837
angehörte, hatte Karl Hegel allerdings
einflußreiche Befürworter seiner Berufung an die 1419 gegründete Universität
Rostock. – Hornemanns Lithographie
zeigt die Ostsee-Stadt von Westen[3].

[1] Karl Hegel, Leben und Erinnerungen, S. 110.
[2] Ebd., S. 108.
[3] Ingrid Ehlers, Ortwin Pelc, Karsten Schröder,
Rostock – Bilder einer Stadt. Stadtansichten aus
fünf Jahrhunderten, Rostock 1995, S. 92; Rostock.
Geschichte der Stadt in Wort und Bild, Berlin
1980, S. 70. H.N.

Abb. VI/2

VI/3 Hegels Lehrveranstaltungen im Sommersemester 1842

1842, Rostock
Akte
(UA Rostock: Personalakte Prof.
Dr. Carl Hegel, fol. 11ʳ)

Nachdem Karl Hegel am 24. April 1841 den an ihn ergangenen Ruf auf eine außerordentliche Professur für Geschichte an der Universität Rostock angenommen hatte, begann er – am 5. November 1841 vom Rektor vereidigt und in sein Amt eingeführt – im Wintersemester 1841/42 mit seinen Lehrveranstaltungen. In seiner Personalakte haben sich einige seiner handschriftlichen Ankündigungen erhalten, so *für den Sommer 1842:*
Dr. Carl Hegel, ausserord. Prof. wird öffentlich 1) die Staatslehren des Machia-velli, Montesquieu u[nd] Rousseau am Mittwoch von 4-5 Uhr entwickeln, in Privatvorlesungen 2) die Geschichte der neuesten Zeit vom J[ahr] 1492 bis zum J[ahr] 1763 am Montag, Dienstag, Donnerstag u[nd] Freitag von 4-5 Uhr, 3) die alte Geschichte fünfstündig vortragen.

H.N.

Abb. VI/3

VI/4 Das Weisse Colleg

1567-1866, Rostock
Photographie einer Graphik
(UA Rostock: Fotosammlung)

An der Stelle, an der sich heute das Hauptgebäude der Universität im Zentrum Rostocks (Universitätsplatz) befindet, stand bis 1866 das 1567 fertiggestellte Weisse Colleg als Vorgängerbau.

A.F. Lorenz, Die Universitäts-Gebäude zu Rostock und ihre Geschichte, Rostock 1919, S. 10 (Plan), 44 ff.

H.N.

(DAS WEISSE COLLEG)

Abb. VI/4

VI/5 Dante über Staat und Kirche

1842, Rostock
Druckbögen
(UB Erlangen-Nürnberg, Bibliothek des Instituts für Geschichte)

Hegels in seiner Heidelberger Studienzeit gewecktes Interesse an Dante und seine historischen Studien anläßlich des Florenz-Aufenthalts im Jahre 1839 (Nr. V/5-6) eröffneten ihm die Möglichkeit, anläßlich seiner Berufung an die Universität Rostock im Jahre 1841 im folgenden Jahr ein ausführliches *Antrittsprogramm* über *die Stellung des Dichters zu den politischen Parteien in Florenz, zu Kaisertum und Papsttum* zu verfassen[1]. Diese Thematik bot ihm nicht nur Gelegenheit, seine historischen und analytischen Fähigkeiten durch eine Rekonstruktion des historischen und sozialen Umfelds Dantes unter Beweis zu stellen, sondern zugleich seine immense Belesenheit im Werk des Dichters zu demonstrieren. Beides erklärt den ungewöhnlichen Umfang dieses Programms, das mit einem vierseitigen Vorwort und einer auf 52 Seiten ausgebreiteten Darlegung geradezu den Charakter einer Einführung in die italienische Geschichte des frühen 14. Jahrhunderts beanspruchen kann[2]. Man wird in der speziellen Thematik noch den Einfluß des Heidelberger Historikers Schlosser (Nr. III/19) erkennen dürfen, der in eigenen Aufsätzen *über den Culturzustand der Zeit, und Dantes Verhältnis zu demselben, über den Zusammenhang der Vita nuova und divina Commedia, über den Plan und den tiefen Sinn der letzteren das Beste schon gesagt hatte*[3]. Dennoch ging Hegel mit der Einbeziehung seiner historischen Forschungen erkennbar eigene Wege. Wenngleich man diesen umfassenden Ansatz nach Hegels Erinnerung im Kreis der Dante-Spezialisten wohlwollend aufnahm, wurde ihm beim ei-

gentlichen, dem Rostocker Publikum eine eher gemischte Rezeption zuteil, da dort offenbar die nötigen Grundlagen für das Verständnis derart voraussetzungsreicher Darlegungen nicht vorhanden waren: Wenn Hegel selbst anmerkt, *dem alten Theologen Wiggers sagte man nach, daß er Dante mit dem Berliner Eckensteher Nante verwechselt habe*[4], offenbart sich in diesen im Nachhinein geschriebenen Worten doch eine gewisse ernüchterte Distanz gegenüber der ersten Stätte seines wissenschaftlichen Wirkens.

[1] Karl Hegel, Leben und Erinnerungen, S. 114.
[2] Vgl. die Kapitelüberschriften *Kaiserthum und Pabstthum bis zum Anfang des 14ten Jahrhunderts* (S. 1), *Italien zu Anfang des 14ten Jahrhunderts* (S. 9), *Dante. Sein Verhältnis zu den Parteien und zum Kaiser* (S. 13) etc.
[3] Karl Hegel, Dante über Staat und Kirche, Antrittsprogramm, Rostock 1842, S. 29, Anm. 1.
[4] Karl Hegel, Leben und Erinnerungen, S. 114.

C.S.

Abb. VI/5

VI/6 Ein „weder maaßloser Exaltation noch serviler Zaghaftigkeit sich hingebender Charakter"

16. April 1848, Leipzig
Akte (Konzept)
(UA Leipzig: PA 1082 [Wuttke, Heinrich], fol. 26ʳ)

Als im Jahre 1848 mit dem Tod des Historikers Friedrich Christian August Hasse (1773-1848) die Professur für historische Hilfswissenschaften an der Universität Leipzig vakant geworden war, wandte sich der Altphilologe und Germanist Moritz Haupt (1808-1874), ab 1853 Nachfolger Karl Lachmanns (Nr. IV/4) auf dessen Berliner Lehrstuhl, an den sächsischen *Staatsminister für Cultus und öffentlichen Unterricht*, um sich für die Wiederbesetzung mit einem Historiker – nicht mit einem Geographen und Statistiker, was andere anstrebten – einzusetzen. Entschieden plädierte Haupt am 12. Februar 1848 für *einen zweiten Professor der Geschichte* zur Stärkung der *Kräfte der Universität* und für ihr Gedeihen, da *ein einziger Historiker von Bedeutung* – Wilhelm Wachsmuth (1784-1866) – nicht ausreiche, denn *die geschichtlichen Studien liegen in Leipzig sehr danieder.* Wie ein knappes Jahrzehnt später Karl Hegel mit Blick auf die historischen Kenntnisse aus Erlangen klagte (Nr. VIII/16), führte Haupt wenige Wochen vor den März-Unruhen in Leipzig und im Königreich Sachsen unter der Führung Robert Blums (1807-1848) aus:

Jedes Stipendiatenexamen zeigt mir, wie unwissend in der Geschichte die sächsischen Schulen ihre Zöglinge entlassen, jede Candidatenprüfung, wie unwissend die Studierenden bleiben. Die historischen Vorlesungen sind schwach besucht, wenn nicht ein Docent, was Professor Wachsmuth mit Recht verschmäht, dem

Liberalismus des Tages fröhnet oder wenigstens sogenannte Zeitinteressen rhetorisch abhandelt. Wie sehr aber der Mangel historischer Studien und historischen Interesses auf die anderen Studien, besonders auf die juristischen und philologischen, lähmend einwirkt, davon können Euer Excellenz viele meiner Collegen erzählen hören.
An ausgezeichneten Lehrern der Geschichte ist Deutschland arm – fuhr Haupt in seinem Schreiben fort –, *und die Besten sind durch Alter oder Stellung außer Frage gesetzt. Ich erlaube mir daher, Euer Excellenz auf einen Mann aufmerksam zu machen, der gewiß bald zu den Besten gehören wird, auf den Professor Karl Hegel in Rostock, den Sohn des Philosophen. Ich habe ihn bei der Germanistenversammlung in Lübeck kennen gelernt und selten hat jemand durch ernstes sittliches Wesen, Klarheit und Milde mir so sehr gefallen. Professor Jahn, der ihn seit langer Zeit kennt, hat mir die Ansicht, die ich nach einigen Stunden von ihm gewonnen, vollkommen bestätigt. Die wissenschaftliche Bedeutung dieses Mannes werden Euer Excellenz aus seiner Geschichte der Städteverfassung in Italien, die ich Ihnen zu überreichen mir erlaube, leicht selbst erkennen. Specielle Studien haben mich veranlaßt, mich mit diesem Werke genau zu beschäftigen, und ich stehe nicht an, es für eine der bedeutendsten Leistungen der neueren Geschichtsschreibung zu erklären. Auch sind alle Stimmen, die sich bis jetzt haben vernehmen lassen, darin einig*[1].
Die Philosophische Fakultät der Universität Leipzig nannte in ihrem dem Dresdener Ministerium vorgelegten Berufungsvorschlag vom 16. April 1848 für den nunmehr als *zweite Professur der Geschichte* geführten Lehrstuhl an erster Stelle Hegel, da *das bei den Studirenden merklich gesunkene Interesse für*

Geschichte einer kräftigen Anregung bedürfe:
Zuerst glauben wir den Professor Dr. Carl Hegel zu Rostock nennen zu müssen. Von diesem in Rostock allgemein hochgeachteten Manne, der sich durch seine in zwei Bänden erschienene Geschichte der Städteverfassungen von Italien als gründlicher Geschichtsforscher rühmlich ausgezeichnet hat, würde sich unsere Universität sowohl für die Förderung der Wissenschaft bedeutende Wirksamkeit, als bei seinem besonnenen, weder maßloser Exaltation noch serviler Zaghaftigkeit sich hingebenden Charakter, um so mehr einen wohlthätigen Einfluß auf die Studierenden versprechen dürfen, da die Geschichte ganz besonders ein unbefangenes, sicheres und festes Urtheil erfordert[2].

An zweiter Stelle wurde der Leipziger Privatdozent Dr. Heinrich Wuttke (1818-1876), an dritter Stelle der Philosoph und Historiker Ludwig Flathe benannt. Berufen wurde am 27. Juni 1848 Wuttke[3], ohne daß die Gründe für die Nichtberücksichtigung Hegels aus den Akten ersichtlich wären.

[1] Der Brief Haupts in: HStA Sachsen, Dresden: Ministerium für Volksbildung, Nr. 10210/11, fol. 173[r. v.] – Bei „Professor Jahn" handelt es sich um den Leipziger Altertumswissenschaftler Otto Jahn (1813-1869), der 1850 zusammen mit Moritz Haupt und Theodor Mommsen (1817-1903), seit Herbst 1848 Extraordinarius für Römisches Recht in Leipzig, wegen Teilnahme an einer politischen Versammlung seines Amtes enthoben wurde; Mommsen wurde 1852 nach Zürich berufen, Haupt 1853 nach Berlin als Nachfolger Karl Lachmanns (Nr. IV/4).

[2] Hier zitiert nach dem Konzept; die Ausfertigung des Berufungsvorschlages für das Ministerium in: HStA Sachsen, Dresden: Ministerium für Volksbildung, Nr. 10210/11, fol. 182[r]-183[v].

[3] Schreiben des Ministeriums des Cultus und öffentlichen Unterrichts, Dr. von der Pfordten, vom 27. Juni 1848 an die Philosophische Fakultät zu Leipzig: UA Leipzig: PA 1082 (Wuttke, Heinrich), fol. 28[r. v.].	H.N.

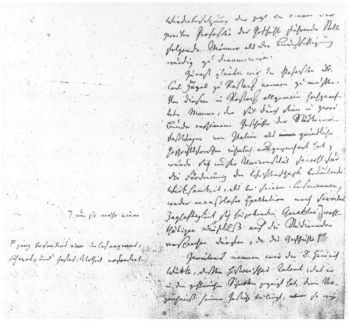

Abb. VI/6

VI/7 Ordinarius für Geschichte und Politik an der Universität Rostock

26. Mai 1849, Rostock
Urkunde
(Privatbesitz)

Der Wunsch der Philosophischen Fakultät der Universität Leipzig, Karl Hegel auf eine Professur für Geschichte zu berufen (Nr. VI/6), zeigte, welch hohes Ansehen der Rostocker Historiker genoß. Seit 1847 lag seine zweibändige *Geschichte der Städteverfassung von Italien* (Nr. V/7) vor, die für jeden Band die Anerkennung Großherzog Friedrichs Franz II. von Mecklenburg-Schwerin (Nr. VII/5) erfuhr. Noch bevor Karl Hegel zum 1. Oktober 1848 die Redaktion der *Mecklenburgischen Zeitung* übernahm (Nr. VII/9-10), berief ihn sein Landesherr am 8. September 1848 *zum ordentlichen Professor der Geschichte und Politik* mit Sitz und Stimme in der Philosophischen Fakultät der mecklenburgischen Landesuniversität. Mit dieser Hausberufung vom Extraordinarius zum Ordinarius war nicht nur ein Aufstieg in der Kollegenschaft verbunden, sondern auch eine Besol-

dungserhöhung. Wegen seiner journalistischen Tätigkeit in Schwerin wurde Hegel aber erst am 26. Mai 1849 ins Universitäts-Concilium eingeführt.   H.N.

Abb. VI/7

VI/8 Ablehnung eines Rufes an die Universität Greifswald

20. Februar 1856, Rostock
Brief
(GStA PK, Berlin: I. HA Rep. 76 Kultusministerium, Va Sekt. 7 Tit. IV Nr. 22, Bd. 2: Die Professoren an der Philosophischen Fakultät der Universität Greifswald, 1851-1857, fol. 278^r-279^r)

Vom 25. Januar 1856 datiert ein Schreiben des preußischen Kultusministers Karl Otto von Raumer (1805-1859), Vetter des Berliner Historikers Friedrich von Raumer (1781-1873) und des Erlanger Mineralogen und Pädagogen Karl Georg von

Raumer (1783-1865), an Karl Hegel, das die bereits mündlich angekündigte Berufung auf eine Geschichtsprofessur an der Universität Greifswald bestätigte. Hegel sollte aufgrund seiner *schriftstellerischen Leistungen und [...] bisherigen Lehr-Wirksamkeit* an die 1456 gegründete pommersche Landesuniversität berufen werden, wo es *die Verhältnisse [...] nöthig* machten, *daß in der dortigen philosophischen Fakultät für das Fach der Geschichte noch ein ordentlicher Professor angestellt werde*[1]. In seinem Dankschreiben vom 1. Februar 1856 aus Rostock versicherte Hegel, daß er *es für ein grosses Glück erachten würde, in den preussischen Staatsdienst einzutreten und*

an einer dortigen Universität einen grös-
seren Wirkungskreis, als mir hier möglich
war, zu finden, aber das Greifswalder
Ordinariat hielt er *nicht für wünschens-
werth und lohnend genug*, um es *mit meiner gegenwärtigen* Professur *zu vertau-
schen*[2]; gleichwohl zögerte er mit einer
endgültigen Absage, da er inzwischen
auch einen Ruf an die Erlanger Universität erhalten hatte (Nr. VIII/6). Da Hegel
*eine für meine ganze künftige Lebensstel-
lung entscheidende Wahl zwischen zwei
beinahe gleichzeitig erhaltenen Anträgen*

zu treffen hatte[3], bat er um eine längere
Frist bis zu seiner Entscheidung und
erläuterte dies auch seinem väterlichen
Freund Johannes Schulze (1786-1869) in
einem Brief vom 20. Februar 1856:
Hochverehrter Herr Geheimer Rath!
*Es ist Ihnen ohne allen Zweifel bekannt,
daß ich in meiner Antwort vom 1. Februar
auf das mir zugegangene Berufungs
Schreiben des Herrn Ministers von Raumer Exc[ellenz] um eine Frist von zwei
bis drei Wochen bis zur Abgabe meiner
Erklärung gebeten habe. Nun, da die*

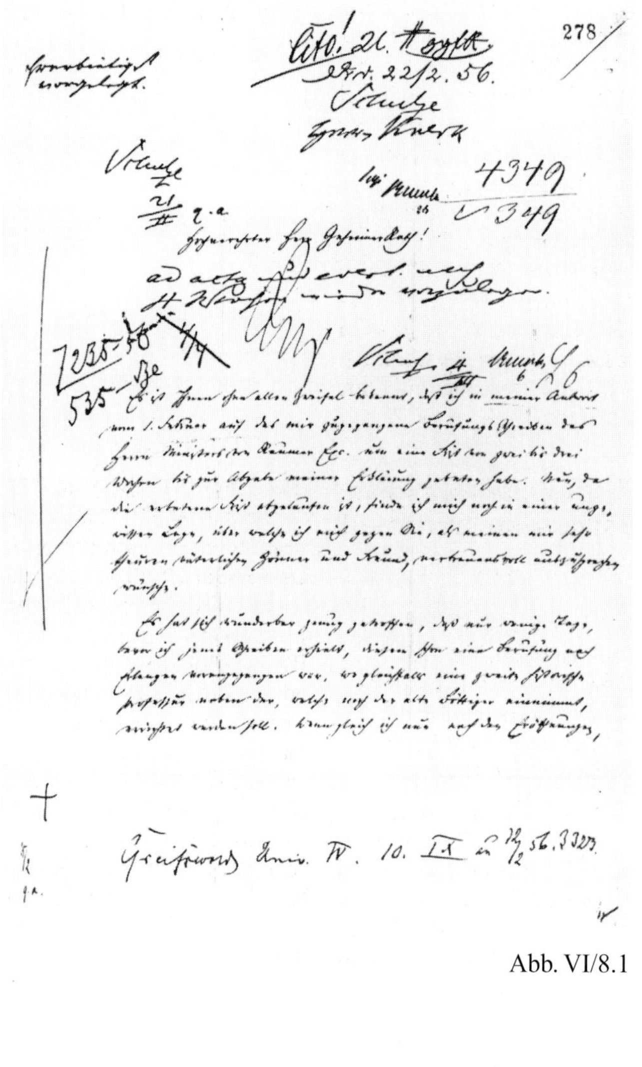

Abb. VI/8.1

erbetene Frist abgelaufen ist, finde ich mich noch in einer ungewissen Lage, über welche ich mich gegen Sie, als meinen mir sehr theuren väterlichen Gönner und Freund, vertrauensvoll auszusprechen wünsche.

Es hat sich wunderbar genug getroffen, daß nur wenige Tage, bevor ich jenes Schreiben erhielt, diesem schon eine Berufung nach Erlangen vorangegangen war, wo gleichfalls eine zweite historische Professur neben der, welche noch der alte Böttiger einnimmt, errichtet werden soll.

Wenngleich ich nun nach den Eröffnungen, welche der Herr Minister von Raumer mir schon in Berlin gemacht hat, dem Rufe nach Greifswald mit Gewißheit entgegensehen dürfte, so gestehe ich doch offen, daß ich ohne viel Bedenken entschieden war, unter gleichen Bedingungen dem nach Erlangen den Vorzug zu geben. Sie werden dies, hochverehrter Herr Geheimer Rath, bei unbefangener Vergleichung des gegenwärtigen Standes und der ganzen Stellung beider Universitäten leicht begreiflich finden, ohne daß

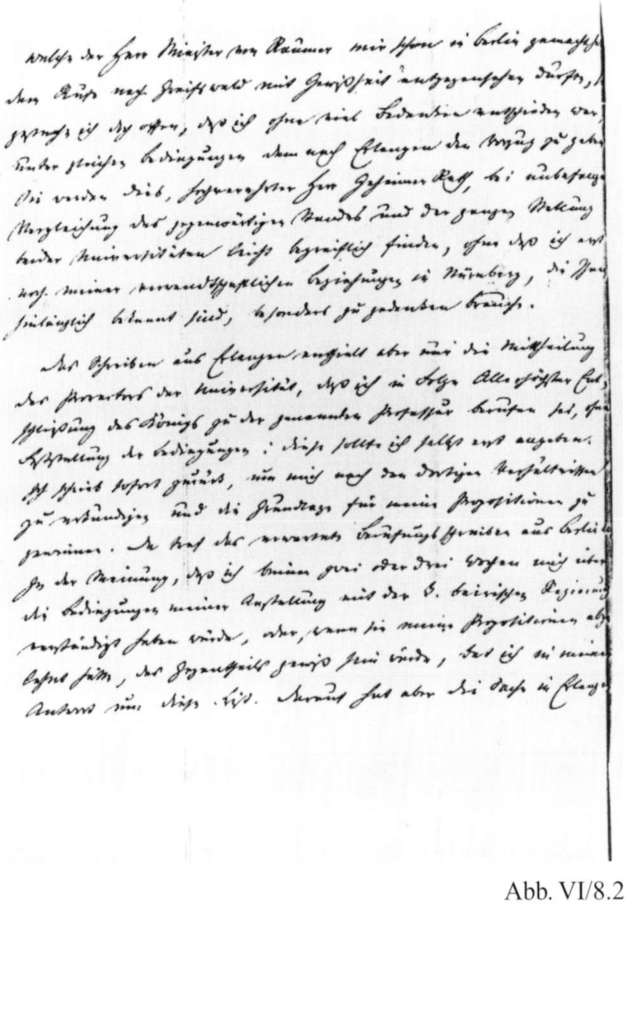

Abb. VI/8.2

ich erst noch meiner verwandtschaftlichen Beziehungen in Nürnberg, die Ihnen hinlänglich bekannt sind, besonders zu gedenken brauche.
Das Schreiben aus Erlangen enthielt aber nun die Mittheilung des Prorectors der Universität, daß ich in Folge Allerhöchster Entschließung des Königs zu der genannten Professur berufen sei, ohne Feststellung der Bedingungen; diese sollte ich selbst erst angeben. Ich schrieb sofort zurück, um mich nach den dortigen Verhältnissen zu erkundigen und die Grundlage für meine Propositionen zu gewinnen. Da traf das erwartete Berufungsschreiben aus Berlin ein. In der Meinung, daß ich binnen zwei oder drei Wochen mich über die Bedingungen meiner Anstellung mit der k[öniglichen] bairischen Regierung verständigt haben würde, oder, wenn sie meine Propositionen abgelehnt hätte, des Gegentheils gewiß sein würde, bat ich in meiner Antwort um diese Frist. Darauf hat aber die Sache in

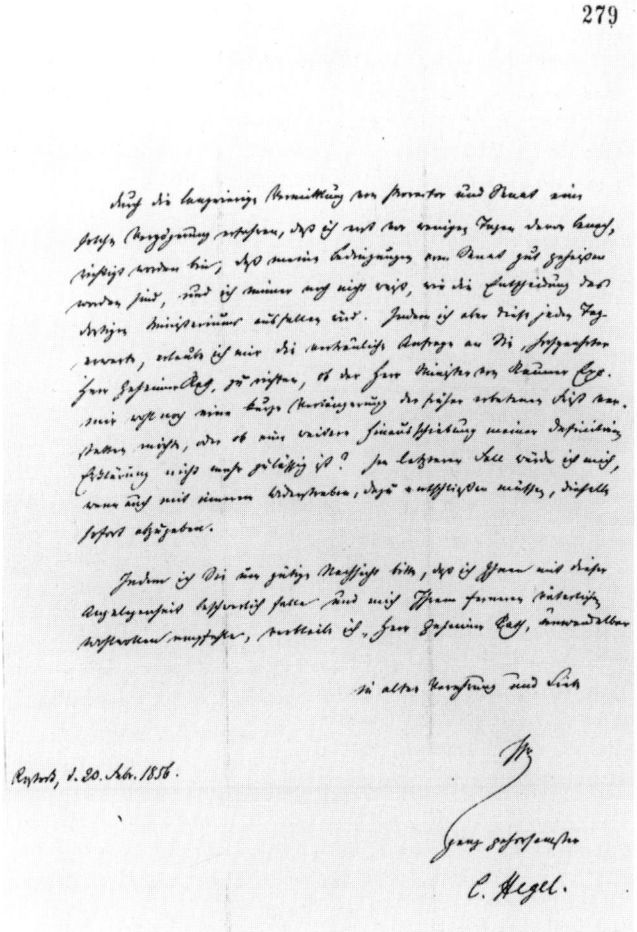
279

Rostock, d. 20. Nov. 1856.

C. Hegel.

Abb. VI/8.3

*Erlangen durch die langwierige Vermitt-
lung von Prorector und Staat eine solche
Verzögerung erfahren, daß ich erst vor
wenigen Tagen davon benachrichtigt worden bin, daß meine Bedingungen vom Senat gut geheißen worden sind, und ich
immer noch nicht weiß, wie die Entscheidung des dortigen Ministeriums ausfallen
wird. Indem ich aber diese jeden Tag
erwarte, erlaube ich mir die vertrauliche
Anfrage an Sie, hochgeehrter Herr Geheimer Rath, zu richten, ob der Herr Minister
von Raumer Exc. mir wohl noch eine
kurze Verlängerung der früher erbetenen
Frist verstatten möchte, oder ob eine weitere Hinausschiebung meiner definitiven
Erklärung nicht mehr zulässig ist? In letz-
terem Fall würde ich mich, wenn auch mit
innerem Widerstreben, dazu entschließen
müssen, dieselbe sofort abzugeben.*

*Indem ich Sie um gütige Nachsicht bitte,
daß ich Ihnen mit dieser Angelegenheit
beschwerlich falle und mich Ihrem ferneren väterlichen Wohlwollen empfehle, ver-
bleibe ich, Herr Geheimer Rath, unwan-
delbar*

in alter Verehrung und Liebe
Ihr
ganz gehorsamster
C. Hegel.

Rostock, d. 20. Febr. 1856.

Nachdem die Erlanger bzw. Münchener
Verhandlungen für Hegel wunschgemäß
verlaufen waren, teilte er dies dem preußischen Kultusminister von Raumer am
25. März 1856 mit und lehnte den Ruf
nach Greifswald ab[4]. Die dortige Philosophische Fakultät wiederholte im August
1856 gegenüber dem Minister in Berlin
die Notwendigkeit der Besetzung einer
zweiten historischen Professur[5].

[1] Konzept in: GStA PK, Berlin: I. HA Rep. 76
Kultusministerium, Va Sekt. 7 Tit. IV Nr. 22, Bd.
2: Die Professoren an der Philosophischen
Fakultät der Universität Greifswald, 1851-1857,
fol. 253ʳ; siehe auch Karl Hegel, Leben und
Erinnerungen, S. 169.

[2] Der Brief in beglaubigter Abschrift in: GStA
PK, Berlin: wie Anm. 1, fol. 267ʳ·ᵛ, hier fol. 267ʳ.
[3] Ebd.
[4] Ebd., fol. 292ʳ·ᵛ.
[5] UA Greifswald: Philosophische Fakultät 21,
Historiker, Vol. I, 1702-1856, fol. 176ʳ-177ʳ.

H.N.

VI/9 Geschichte der mecklen-burgischen Landstände

1856, Rostock
Buch
(UB Erlangen-Nürnberg, Biblio-
thek des Instituts für Geschichte,
Erlangen)

Karl Hegels wissenschaftliches Ansehen
korrespondierte mit seinem akademischen, denn zum 1. Juli 1854 wurde er
erstmals und zum 1. Juli 1855 zum zweiten Mal für jeweils ein Jahr zum Rektor
der Universität Rostock gewählt[1]. Kurz
vor dem Ende seines Rektorats erschien
seine *Geschichte der mecklenburgischen
Landstände* als *Rectorats-Programm*,
womit Hegel *das eigenthümliche Wesen
der deutschen Territorialverfassung in
der gemeinsamen Entstehung der land-
ständischen Rechte und der fürstlichen
Landeshoheit an dem Beispiel von Mecklenburg darlegen* wollte[2]. Ganz im Sinne
des späteren Quelleneditors versah er sein
Buch *mit einem Urkunden-Anhang* (Nr.
1-52, S. 151-215), aber seine zeitliche
Begrenzung *bis zum Jahr 1555* stieß auf
Unverständnis, hatte doch auch Großherzog Friedrich Franz II. in einem Schreiben vom 19. Mai 1848 an Hegel die
Erwartung geäußert, daß sich der Historiker, der Ordinarius für Geschichte und
Politik geworden war, *durch die bedeutungsvollen Zeitverhältnisse [...] nur
noch kräftiger angeregt finde [...], auch
die politischen Verhältnisse der Gegenwart und deren Rückwirkungen auf die
Zustände des Landes zur richtigen
Erkenntnis zu bringen*[3].

Für Karl Hegel war sein Buch ein Dank und ein Abschiedsgeschenk an seinen bisherigen Wirkungsort: *Bei meinem bevorstehenden Scheiden von dem Lande, das mir durch funfzehnjährigen Aufenthalt zur andern lieben Heimat geworden, ist es für mich ein wohlthuender Gedanke, daß es mir noch vergönnt sei, ihm, wie zum Abschiedsgruß, mit dieser seiner Geschichte gewidmeten Arbeit einen Beweis meiner Anhänglichkeit darzubringen*[4]. Rückblickend betrachtete Hegel seine Rostocker Zeit als *eine Periode meines Lebens, die ich in vieler Hinsicht als die glücklichste zu preisen habe,* wie er im September 1887 an seine ehemalige Philosophische Fakultät schrieb, die ihm zu seinem Goldenen Doktorjubiläum mit einer *tabula gratulatoria* ihre Verbundenheit ausgedrückt hatte[5].

[1] Karl Hegel, Leben und Erinnerungen, S. 167-171. Die Akten der Rektorwahl (LHA Mecklenburg-Vorpommern, Schwerin: MfU, Nr.

578: Rektoratswahl und das Rektorat 1790-1934), sind für die Jahre 1848-1867 nicht erhalten.
[2] Vorwort, S. III.
[3] LHA Mecklenburg-Vorpommern, Schwerin: MfU, Nr. 1272, Nr. 6.
[4] Vorwort vom Juni 1856, S. VI; siehe auch Karl Hegel, Leben und Erinnerungen, S. 170 f.
[5] UA Rostock: Personalakte Karl Hegels, fol. 16[r.v], hier fol. 16[r]; vgl. auch ebd., fol. 18[r]-23[v].   H.N.

VI/10 Karl Hegel 47 Jahre alt

1860, vermutlich Erlangen
Daguerreotyp
(UB Erlangen-Nürnberg,
Handschriftenabteilung: Portr.
Album 1, Album der
Philomathie, S. 6, Rar. V, 11)

Ein Ausschnitt (Brustbild) dieses Bildes in Form eines Medaillons befindet sich aufgeklebt und von Hegel datiert auch auf dem Vorsatzblatt seines *Gedenkbuches* (Nr. VIII/33); dort auch ein weiteres Porträt Karl Hegels (Nr. VIII/23) aus dem Jahr 1876 sowie eines seiner Ehefrau Susanne von Tucher (Nr. VIII/22) von 1870.   H.N.

Geschichte

der

meklenburgischen Landstände

bis zum Jahr 1555

mit einem

Urkunden-Anhang

von

D. Carl Hegel.

Rectorats-Programm.

Rostock.
In Commission der Stiller'schen Hofbuchhandlung.
1856.

Abb. VI/9

VI/11 50 Jahre Ordinarius

Mai 1899, Rostock
Urkunde
(Privatbesitz)

Die Wiederkehr des Tages, an dem Karl
Hegel 50 Jahre Ordinarius war – am
26. Mai 1849 (Nr. VI/7) –, nahmen *Rector et Concilium* der Universität Rostock
zum Anlaß, dem früheren Kollegen, der
eineinhalb Jahrzehnte an ihr gelehrt hatte,
eine *Tabula gratulatoria* zu übersenden.
In seiner Missive vom 12. April 1899 an
seine Kollegen erinnerte Rektor Paul Fal-
kenberg daran, daß bei Hegel Bestellung
zum Ordinarius (8. September 1848) und
Amtsantritt auseinanderfielen. Außerdem
berichtete er von Hegels Reaktion auf die
Rekonstruktion des Rostocker Professoren-Albums im Jahre 1898: Hegel war ein
Fragebogen nach Erlangen geschickt
worden, *der eigentlich für die Hinterbliebenen früherer Collegen bestimmt war
und dessen versehentlich unausgestrichen
gebliebene Frage nach seinem Todestag
von dem alten Herrn humorvoll erledigt
worden ist* (UA Rostock: Personalakte
Karl Hegels, fol. 41^{r,v}). Karl Hegel
bedankte sich für die Glückwünsche am
1. Juni 1899 aus Reichenhall, erinnerte
sich früherer Kollegen und hob hervor:
*Die schönste Zeit meiner Jugend ver-
brachte ich in Rostock, mit Mecklenburg
fühlte ich mich völlig verwachsen* (ebd.,
fol. 46^r, 47^{r,v}).   H.N.

Abb. VI/10

Abb. VI/11

VII. KARL HEGEL UND DIE POLITIK

Als Zeitgenosse fast des gesamten 19. Jahrhunderts und als Historiker mit einem ausgeprägten Interesse am Zeitgeschehen war Karl Hegel Zeuge größter staatlicher, gesellschaftlicher, wirtschaftlicher und kultureller Veränderungen. Zu den vorherrschenden Themen im damaligen Deutschland gehörten die Neugestaltung der monarchischen Verfassungen mit erweiterten Rechten für die Volksvertretungen und die Vollendung des 1813/1815 verweigerten Nationalstaats.

Hegels Haltung zu diesen Problemen, die ihn auch zu unmittelbarem politischen Engagement veranlaßten, war dabei maßgeblich mitbestimmt von seiner bildungsbürgerlichen Herkunft und von seiner eigenen Karriere. Als Sohn Georg Wilhelm Friedrich Hegels, der im Vormärz zumindest im protestantischen Deutschland unumstritten als der größte Philosoph und politische Denker seiner Zeit galt, war Karl Hegel von Kindheit an lebensweltlich eingebunden in den sozialen Kontext einer spezifisch protestantisch-deutschen Bildungselite[1]. Diese war gekennzeichnet durch ihr Vertrauen in die Macht von Vernunft und Bildung, ihren Stolz auf die deutsche Wissenschaftradition seit der Reformation und nicht zuletzt durch ihre Nähe zum monarchischen Staat, die aus ihrer vielfältigen Einbindung in dessen Beamtenapparat und Geistlichkeit resultierte. Politisch ergab sich daraus eine spezifisch reformerische Haltung, die unter strikter Ablehnung revolutionärer Umbrüche ihr Ideal in einer evolutionären Fortentwicklung der historisch überkommenen Verhältnisse durch den nach vernünftigen Prinzipien organisierten modernen Anstaltsstaat sah. Ein aufgeklärt christlicher Monarch mit einem wissenschaftlich ausgebildeten Beamtenapparat sollte besonnen die Geschicke des Landes lenken und für die moralische und intellektuelle Verfeinerung der (noch) von der Mitbestimmung ausgeschlossenen, weil ungebildeten einfachen Bevölkerung sorgen. Um einer verbesserten institutionellen Absicherung willen sollte dies alles im Rahmen einer kodifizierten Verfassung stattfinden[2].

Diese – in den Worten der Zeit – liberal-reformerische Haltung der überwiegenden Mehrheit des deutschen Bildungsbürgertums fand ihre Ideale – bis auf die Verfassungsforderung – am vollkommensten im wiederaufstrebenden preußischen Staat verwirklicht. Daher wurden auch die Hoffnungen auf die nationale Einigung bald nach 1815 auf diese norddeutsche Vormacht konzentriert. Dies scheint sowohl für den jungen Karl Hegel zu gelten, als auch für seinen bereits früh etablierten Freundeskreis, aus dem hier besonders der später politisch sehr aktive Historiker Georg Gottfried Gervinus (Nr. VII/3) und der Jurist Georg Beseler (Nr. VII/2) zu nennen sind.

Karl Hegels Eintritt in die aktive Politik vollzog sich in Mecklenburg. Auf Vermittlung Beselers, den er aus Heidelberger Studienjahren kannte und der Professor in Rostock war, wurde er 1841 auf eine außerordentliche Professur für Geschichte an die alte Ostsee-Universität berufen und fand dort offenbar schnell die Sympathie des um die Förderung der Universität bemühten jungen Großherzogs Friedrich Franz II. von Mecklenburg-Schwerin (Nr. VII/5). Die politische Situation in Mecklenburg war damals noch immer durch eine landständische Verfassung gekennzeichnet. Mannigfache Kritik an der Unterrepräsentation des in Handel, Gewerbe und Wissenschaft aufstrebenden Bürgertums – von der einfachen Bevölkerung nicht zu reden – hatte bereits zu einer angespannten Situation geführt, als im März 1848 die von Frankreich ausgegangene europäische Revolutionswelle auch Mecklenburg erreichte[3]. Vor allem aufgrund der revolutionären Ereignisse im benachbarten Preußen entschloß sich Friedrich Franz II. – innerlich unwillig –, den allenthalben erhobenen Forderungen nach einer repräsentativen Landesversammlung nachzukommen. Diese sollte, so versprach er am 23. März 1848, eine moderne „constitutionelle Verfassung" mit gewählter, repräsentativer Volksvertretung ausarbeiten. Notgedrungen willigte auch die alte Ständeversammlung, unter der Bedingung der Aufrechterhaltung der staatsrechtlichen Verbindung der beiden mecklenburgischen Fürstentümer ein[4].

Gerade auch die Landesuniversität wurde von der allgemeinen politischen Erregtheit erfaßt: Hegels Kollegen und – bisherige – Freunde Karl Türk (Nr. VII/6) und Christian Wilbrandt (VII/7) schlossen sich mit großer Euphorie der bereits recht stark demokratisch geprägten „Reformvereinsbewegung" unter der Führung des jungen Advokaten Moritz Wiggers (Nr. VII/8) an. Ebenso sah sich Hegel zu einem Engagement in dieser Bewegung veranlaßt. Er bezog Position in den Sitzungen des Rostocker Reformvereins sowie in verschiedenen publizistischen Organen[5]. Dabei vertrat er allerdings ganz entschieden einen gemäßigten reformerischen Standpunkt und warnte davor, die „unvernünftigen Leidenschaften" der Volksmassen aufzustacheln. Besonnen sollte an das historisch Gegebene, also die altständische Verfassung, angeknüpft werden. Er wollte daher ein korporativ bestimmtes Zensuswahlrecht für die künftigen Landtage und lehnte die „mechanistische" und daher unhistorische Theorie der Volkssouveränität ab. Dementsprechend bestritt er auch den Anspruch des zu wählenden Landtages auf das alleinige Recht der Verfassungsgebung. Statt einer solchen „konstituierenden" Funktion habe dieser lediglich die Aufgabe, mit den beiden vollständig aus eigenem historischen Recht bestehenden großherzoglichen Landesregierungen eine Verfassung zu „vereinbaren"[6]. Über diese Streitpunkte kam es schließlich im September 1848 zum Bruch in den Reformvereinen. Hegel und eine Anzahl Gleichgesinnter traten aus und gründeten eine „konstitutionelle" Vereinsorganisation. Diese reklamierte fortan für sich allein den Standpunkt der konstitutionellen Monarchie und warf den Reformvereinen vor, mit ihrem Insistieren auf der Volkssouveränität letztlich die Errichtung einer Republik anzustreben. Aufgrund von Ausschreitungen in Neustrelitz am 7. September 1848 entschlossen sich jedoch die Regierungen der beiden Großherzogtümer, den Forderungen der nunmehr „radikalisierten" Reformvereine weitgehend nachzugeben.

In dieser Situation der Stärke der demokratischen Linken scheinen sich Friedrich Franz II. und Hegel endgültig politisch verbündet zu haben, indem der Großherzog Hegel die redaktionelle Leitung der *Mecklenburgischen Zeitung* anvertraute (Nr. VII/9,10). Laut der Vorankündigung sollte das neue Blatt *ein allgemeines Organ abgeben zur Entwickelung und Förderung einer wahrhaft freisinnigen constitutionellen und deutschen Politik, wie sie ebenso den Anforderungen der Zeit, als den Wünschen des Mecklenburgischen Volkes und den Bedürfnissen des Landes entspricht* (Nr. VII/9). Seine politische Unabhängigkeit ließ Hegel sich ausdrücklich garantieren, außerdem erfolgte seine Ernennung zum ordentlichen Professor *für Geschichte und Politik* (Nr. VI/7) – ein durchaus beachtlicher Karrieresprung, der ihm offenbar auch den Rücken für die bevorstehenden Auseinandersetzungen stärken sollte.

Allerdings brachten die Landtagswahlen Anfang Oktober 1848 – nach dem von Hegel bekämpften allgemeinen Wahlrecht – einen überwältigenden Sieg der Reformvereine[7]. Die Verfassungsdiskussion des am 31. Oktober eröffneten Landtags wurde von ihnen dominiert, die *Mecklenburgische Zeitung* erstattete durchgehend kritisch Bericht; Hegel selbst legte die Positionen des Blattes in oft sehr fundierten Leitartikeln nieder. Sein offenes Bündnis mit der Regierung führte zu um so wütenderen Invektiven der Linken. Bereits am 10. November 1848 wurde er Opfer einer „Katzenmusik" – eine damals gängige Form des Protests von aufgewiegelten Angehörigen der Unterschichten, die in abendlicher Lärmbelästigung und Sachbeschädigung bestand. Später schaukelten sich die verbalen Feindseligkeiten zwischen ihm und dem frisch gewählten Landtagspräsidenten Moritz Wiggers derart auf, daß letzterer ihn wegen Beleidigung im Mai 1849 zum Duell herausforderte, worauf Hegel ausweichend antwortete (Nr. VII/8). In bezug auf die Schaffung des deutschen Nationalstaates schloß sich Hegel in seinen Leitartikeln[8] ganz der kleindeutsch-liberalen „erbkaiserlichen" Partei der Paulskirche an, die einen deutschen Bundesstaat unter der Führung eines erblichen preußischen Kaisertums und mit einer ebenfalls liberal-konstitutionellen Verfassung anstrebte. Vertreter dieser Fraktion in Frankfurt am Main waren – neben ihrem berühmten Führer Heinrich von Gagern (1799-1880) – unter anderem Hegels Freunde Beseler, Gervinus und Dahlmann (Nr. IX/2)[9].

Allerdings veränderte sich die politische Großwetterlage schnell. Nachdem König Friedrich Wilhelm IV. von Preußen (1795-1861) das ihm von der deutschen National-versammlung angetragene Kaisertum abgelehnt hatte, zerbrach die Paulskirche an ihren inneren Gegensätzen. Die radikaldemokratische Linke rief zur Volkserhebung auf, um nun auf diese Weise den Nationalstaat zu errichten – ein Plan, der die verblie-benen Liberalen zum Austritt aus dem Nationalparlament veranlaßte. Aufstände in Süd- und Mitteldeutschland wurden mit preußischen Truppen niedergeschlagen. Über-all setzten sich die reaktionären Kräfte des alten Systems durch. Die Liberalen sahen hilflos zu, fürchteten sie doch den „Radikalismus" mehr als die Reaktion[10].

In dieser Situation nutzte die reaktionäre altständische Partei in Mecklenburg im Verein mit dem Strelitzer Großherzog, dem die im Frühjahr 1849 verabschiedete Ver-fassung zu „demokratisch" war, die Nichterfüllung ihrer Bedingung einer gemeinsa-men Vereinbarung beider mecklenburgischen Regierungen, um die Legitimität der neuen Verfassung insgesamt zu bestreiten. In dem einsetzenden publizistischen Kampf zwischen reaktionären und liberal-reformerischen Kräften verteidigte Hegel die neue Verfassung vehement und wandte sich heftig gegen die aristokratische Partei der Reak-tion. Eine kenntnisreiche Artikelserie in der *Mecklenburgischen Zeitung* nach seinem Ausscheiden aus der Redaktion gibt davon beredt Zeugnis[11]. Er hatte offenbar im Sommer entschieden, sich verstärkt der gesamtdeutschen Politik zuzuwenden.

Preußen hatte nach der Ablehnung der Kaiserkrone durch den König der National-versammlung den Plan verkündet, den kleindeutschen Nationalstaat nunmehr durch eine Übereinkunft der Regierungen der deutschen Staaten – außer Österreich – zu voll-enden, und dafür ein Dreikönigsbündnis mit Sachsen und Hannover geschlossen. Wei-tere Mittel- und Kleinstaaten, auch die beiden Mecklenburg, traten bei[12]. Ein gemein-samer Reichstag in Erfurt sollte eine vom preußischen leitenden Minister Joseph Maria von Radowitz (1797-1853) ausgearbeitete Verfassung verabschieden, die im wesent-lichen dem „erbkaiserlichen" Entwurf der Paulskirche entsprach, was auch von den „Erbkaiserlichen" auf einer Versammlung in Gotha anerkannt wurde[13]. Auch Hegel identifizierte sich mit diesem Plan und ließ sich für die Stadt Schwerin in das Volks-haus des Erfurter Parlaments wählen (Nr. VII/12), wo er der „Bahnhofspartei" ange-hörte, seine Freunde Beseler und Dahlmann wieder traf (VII/13) und erstmals den reaktionären jungen Otto von Bismarck-Schönhausen als erbittertsten Gegner „sei-ner" Partei erlebte (Nr. VII/14). Die Verabschiedung der Verfassung am 15. April 1850 sollte sich jedoch als nutzlos erweisen. Ein wiedererstarktes Österreich und ein auf seine Souveränität bedachtes Bayern zwangen Preußen und seinen Anhang unter den Klein- und Mittelstaaten, die kleindeutsche Unionspolitik aufzugeben und dem resti-tuierten alten Bundestag des Deutschen Bundes wieder beizutreten. Diese Vorgänge schließlich besiegelten auch das Schicksal der von Hegel so vehement verteidigten Schweriner Verfassung, die im Freienwalder Schiedsspruch vom 11. September 1850 von preußischen und österreichischen Juristen für null und nichtig erklärt wurde. Hegel geißelte in einer Artikelserie für die Berliner *Constitutionelle Zeitung* die Aufhebung der mecklenburgischen Verfassung als unrechtmäßig und wandte sich enttäuscht von der aktiven Politik ab. Als eine letzte Frucht seines Engagements in dem norddeutschen Großherzogtum ist seine *Geschichte der mecklenburgischen Landstände* von 1856 zu sehen, in der er der Entstehung und Entwicklung der Union der beiden Mecklenburg – bezeichnenderweise nur bis ins Jahr 1555 – mit großer Nüchternheit nachging (Nr. VI/9).

Nach seinem Wechsel an die Universität Erlangen blieb Karl Hegels Haltung den politischen Zeitläuften gegenüber weiter stark preußisch-kleindeutsch bestimmt. Er galt daher in Erlangen bald als Preußenfreund, was ihm in der angespannten Situation der Zeit an einer zwar fränkisch-protestantischen, jedoch auch bayerisch-süddeutschen Universität Feindseligkeiten aus verschiedenen Richtungen einbrachte[14].

Mit einigem Widerwillen sah er die allgemeine Wut über die preußische Neutralität im Krieg von 1859 zwischen Österreich und Frankreich[15]. Auch der nationalen Bewegung zur Befreiung Schleswig-Holsteins von 1863/64 stand er insofern ablehnend gegenüber, als deren Kritik an der nüchternen Kabinettspolitik des nunmehrigen preußischen Ministerpräsidenten Bismarck bald umschlug in eine regelrechte Preußenhetze. Gerade in Erlangen wurde diese Konfliktlinie besonders virulent, als ein von einigen Universitätsprofessoren und Honoratioren der Stadt mitgegründeter „Schleswig-holsteinischer Verein" eine in ganz Deutschland ausstrahlende national-populistische antipreußische Agitation entfaltete (Nr. VII/15). Endlich zog auch der Krieg des Jahres 1866 Hegel in Mitleidenschaft: Aufgrund seiner politischen Haltung wurde er bei der Wahl zum Prorektor der Universität (Nr. VII/17), übergangen; zudem wurden ihm wieder einmal – wie schon in Rostock 1848 – die Fensterscheiben eingeworfen.

Gleichzeitig mit dem Ausbruch des deutsch-französischen Krieges wurde Hegel im Sommer 1870 dann doch noch zum Prorektor gewählt. Seine Prorektoratsrede (Nr. VII/18) atmete denn auch einen ganz kleindeutsch-nationalen Geist, der sich teilweise bereits bedenklich nationalistisch überspitzte. Ausgehend von der Rolle der deutschen Hochschulen als Wahrerinnen des nationalen Geistes seit 1813, stellte er sich ganz auf den realpolitischen Standpunkt Bismarcks. Die Reichseinigung erschien nicht mehr als Gebot von Vernunft und Geschichte, sondern als notwendiges Mittel, den deutschen, bodenständigen „Nationalgeist" zu erhalten und zu stärken gegen einen angeblich moralisch, kulturell und politisch zersetzenden französischen Imperialismus.

Gerade auch die akademische Jugend werde, sittlich gereift durch die Kriegserfahrung, dazu beitragen, Deutschland einen gebührenden Platz in der Welt zu verschaffen.

Sind die teilweise chauvinistischen Übertreibungen dieser Rede wohl auch auf die Situation des Krieges zurückzuführen, so wird doch eine ganz gewichtige Verschiebung gegenüber den Positionen von 1848/50 deutlich. Anders als damals glaubte nun auch Hegel nur noch an die Möglichkeit einer Reichseinigung durch „Blut und Eisen". Ähnlich wie viele andere kleindeutsch-liberal Gesinnte hatte auch bei ihm das Scheitern der parlamentarischen Versuche der Jahrhundertmitte zu einer latenten Abwertung parlamentarischer Politik und zu einer Verehrung des machtpolitischen Dezisionismus Bismarcks und Kaiser Wilhelms I. (1797-1888) geführt, wie nicht zuletzt seine im Jahre 1900 veröffentlichten Memoiren deutlich machen. Der genaue Zeitpunkt seines Gesinnungswandels läßt sich indes nicht bestimmen. Das von Bismarck am 18. Januar 1871 aus der Taufe gehobene preußisch-deutsche Kaiserreich jedenfalls blieb der Nationalstaat, mit dem er sich bis zu seinem Tod im Jahre 1901 identifizierte.

---

[1] Karl Hegel, Leben und Erinnerungen, S. 9 ff.

[2] Vgl. z.B. Bleek, Geschichte der Politikwissenschaft in Deutschland, S. 107; Henning, Sozialgeschichtliche Entwicklungen, S. 97 ff.

[3] Werner, Die politischen Bewegungen in Mecklenburg, S. 12 ff.

[4] Ebd., S. 96 ff.; Hirschfeld, Friedrich Franz II., S. 237 ff.; Vitense, Geschichte von Mecklenburg, S. 413 ff.

[5] Karl Hegel, Leben und Erinnerungen, S. 142 ff.; Stammer, Die Anfänge, S. 64 ff.

[6] Vgl. seine Beiträge in: Mecklenburgische Blätter, 26. Februar bis 10. Mai 1848; Rostocker Zeitung, 11. April bis 31. August 1848.

[7] Stammer, Die Anfänge, S. 112; Vitense, Geschichte von Mecklenburg, S. 461.

[8] Auf Einzelnachweise wird verzichtet.

[9] Mommsen, 1848, S. 261 ff.

[10] Ebd., S. 238 ff.

[11] Erschienen in der Zeit vom 19. November bis 19. Dezember 1849.

[12] Mai, Erfurter Union.

[13] Steinhoff, Die „Erbkaiserlichen".

[14] Karl Hegel, Leben und Erinnerungen, S. 190; Wendehorst, Geschichte, S. 106 ff.

[15] Karl Hegel, Leben und Erinnerungen, S. 179 f.   C.H.

VII/1 Nation und Vaterland

13. April 1837, Basel
Brief
(Privatbesitz)

Bereits durch Kindheit und Jugend war die geistig-politische Haltung Karl Hegels prädisponiert. Als Sohn des damals weitgehend als größter Denker der Zeit anerkannten Georg Wilhelm Friedrich Hegel wuchs er hinein in das spezifische Umfeld eines protestantisch-bildungsbürgerlichen gelehrten Deutschlands, das im Vertrauen auf die Vernunft und insbesondere auf die Traditionen deutscher Wissenschaft im politischen Bereich sein Ideal in einem konstitutionell-monarchisch verfaßten deutschen Nationalstaat unter preußischer Führung sah.

In seiner Heidelberger Studienzeit traf der junge Karl Hegel dann auf zwei weitgehend analog sozialisierte und geistig kongeniale Kommilitonen, die ihn zeit seines Lebens als Freunde begleiten sollten: den Philologen und Historiker Georg Gottfried Gervinus (Nr. VII/3) und den Juristen Georg Beseler (Nr. VII/2), beide *einverstanden im wärmsten deutschen Nationalgefühl:* Mit ihnen wohnte er in Heidelberg von Herbst 1834 an *in demselben Hause [...] in der Friedrichstraße gegenüber der früheren elterlichen Wohnung* (heute: Plöck 50) (Karl Hegel, Leben und Erinnerungen, S. 29 f.). Beide waren politisch sehr viel engagierter als Hegel: Gervinus war – zusammen mit Friedrich Christoph Dahlmann (Nr. IX/2) und Jacob Grimm (Nr. IV/5) – später einer der führenden Köpfe der „Göttinger Sieben". Deren aufsehenerregender Protest gegen die Aufhebung der Hannoveraner Verfassung 1837 war ja getragen von einem ganz bildungsbürgerlichen Bewußtsein des Zusammenhangs von Vernunft-Wissenschaft und Politik, von *Wahrheit und Recht.*

Der Brief Beselers an Hegel vom 13. April 1837 bezieht sich auf den nationalen und konstitutionellen Freiheitskampf der Griechen und zeigt bei aller Rationalität schon den leidenschaftlichen Ton Beselers im Hinblick auf seine politischen

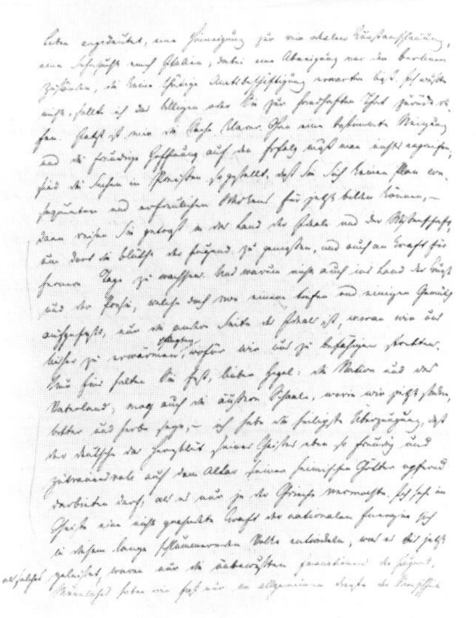

Abb. VII/1.1

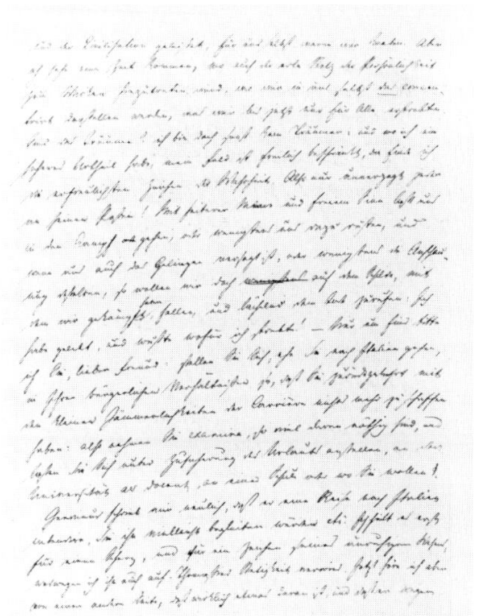

Abb. VII/1.2

Überzeugungen:

Nur Eins halten Sie fest, lieber Hegel: die Nation und das Vaterland; mag auch die äußere Schaale, worin wir jetzt stecken, bitter und herbe seyn, – ich habe die heiligste Überzeugung, daß der Deutsche das Herzblut seines Geistes eben so freudig und zutrauensvoll auf dem Altar seiner heimischen Götter opfernd darbieten darf, als es nur je der Grieche vermochte. Ich sehe im Geiste eine nicht geahndete Craft der nationalen Energie sich in diesem lange schlummernden Volke entwickeln; was es bis jetzt als solches geleistet, waren nur die unbewußten Emanationen der Jugend; Männliches haben wir fast nur im allgemeinen Dienste der Menschheit und der Civilisation geleistet; für uns selbst waren wir Knaben. Aber ich sehe eine Zeit kommen, wo auch der edle Stolz der Persönlichkeit zum Wirken hinzutreten wird, wo wir in uns selbst das concentrirt darstellen werden, was wir bis jetzt nur für Alle erstrebten. Sind das Träume? ich bin doch sonst kein Träumer: und wo ich ein sicheres Urtheil habe, mein Feld ist freilich beschränkt, da finde ich die erfreulichsten Zeichen der Wahrheit. Also nur unverzagt jeder an seinen Posten! Mit heiterer Miene und freiem Sinn laßt uns in den Kampf gehen, oder wenigstens uns dazu rüsten [...].   C.H.

VII/2 Georg Beseler (1809-1888)

1849
Photographie
(UA Rostock: Fotosammlung)

Geboren in Rödemis (bei Husum), Jurastudium in Kiel, München und Göttingen, 1833 Habilitation in Heidelberg, 1834 gemeinsam mit Georg Gottfried Gervinus (Nr. VII/3) Mitbewohner und Freund des jungen Studenten Karl Hegel in Heidelberg, Berufungen auf rechtswissenschaftliche Lehrstühle in Basel (1835), Rostock (1837), Greifswald (1842) und Berlin (1859), Lehrer des Deutschrechtlers Otto von Gierke (1841-1921), fortdauernde enge Freundschaft mit Karl Hegel (Briefe Beselers an Hegel in dessen Nachlaß, Privatbesitz), umfangreiches politisches Engagement als Mitglied der Frankfurter Nationalversammlung (1848-1849), des Erfurter Unionsparlaments (1850), des preußischen Abgeordnetenhauses (1849-1852, 1860) sowie des Deutschen Reichstages (1874-1881), ab 1875 Mitglied des preußischen Herrenhauses, 1882-1887 dessen Vizepräsident, gestorben in Bad Harzburg. – In seinen Memoiren erinnerte sich Karl Hegel: *Beseler, ein echter Norddeutscher, eine männlich schöne Erscheinung in strammer Haltung*, der sich in Heidelberg *in der juristischen Fakultät habilitierte* (Karl Hegel, Leben und Erinnerungen, S. 29 f.).   B.K.

Abb. VII/2

VII/3 Georg Gottfried Gervinus (1805-1871)

Photographie (nach Biow's Lichtbild)
(Niedersächsische Staats- und UB Göttingen, Abt. für Handschriften und seltene Drucke)

Geboren in Darmstadt, Lehre und kurze Tätigkeit als Kaufmann, Geschichtsstudium in Heidelberg bei Friedrich Christoph Schlosser (Nr. III/19), dort 1830 nach der erfolgreichen Promotion Tätigkeit als Privatdozent, 1834 gemeinsam mit Georg Beseler Mitbewohner und Freund des jungen Studenten Karl Hegel, 1835 Extraordinarius in Heidelberg, 1836 Berufung als ordentlicher Professor für Geschichte und Literaturgeschichte an die Universität Göttingen aufgrund seiner *Geschichte der poetischen National-Literatur der Deutschen* (5 Bde. bis 1842), 1837 gemeinsam mit Wilhelm und Jacob Grimm (Nr. IV/5, 6), Friedrich Christoph Dahlmann (Nr. IX/2) und drei weiteren Kollegen als Folge des Protests der „Göttinger Sieben" von König Ernst August von Hannover seines Amtes enthoben und des Landes verwiesen, 1844 Honorarprofessor in Heidelberg, 1848 Chefredakteur der ein Jahr zuvor gegründeten „Deutschen Zeitung" und zeitweilig Mitglied in der Frankfurter Nationalversammlung in der Paulskirche, 1853 Hochverratsprozeß und Entzug der Lehrgenehmigung im Großherzogtum Baden als Reaktion auf seine 1852 erschienene und demokratische Staatsformen propagierende *Einleitung in die Geschichte des neunzehnten Jahrhunderts*, blieb – im Gegensatz zu Karl Hegel – auch nach 1866 ein vehementer politischer Gegner Bismarcks, gestorben als Privatgelehrter in Heidelberg. – Für Karl Hegel war Gervinus, der *Privatdozent der Geschichte an der Universität* Heidelberg, *ein echter Süddeutscher, schlank aufgewachsen, mit lockigem Haupthaare und feinem Lächeln auf den Lippen* (Karl Hegel, Leben und Erinnerungen, S. 29 f.). B.K.

Abb. VII/3

VII/4 Eröffnung der National-versammlung in der Paulskirche zu Frankfurt a/M., den 18ten Mai 1848

1848, Frankfurt am Main
Photographie einer Lithographie
Franz Heisters (1813-1873)
(Historisches Museum Frankfurt
am Main: Inv.-Nr. C 5444)

Ausgelöst durch die französische Februar-Revolution formierten sich auch in den Staaten des Deutschen Bundes im März 1848 allenthalben Bewegungen, die mehr oder weniger grundlegende Veränderungen der gesellschaftlichen und politischen Ordnung forderten. Neben das Verlangen nach geschriebenen, „constitutionellen"

Verfassungen trat als zweite Hauptforderung die Schaffung eines konstitutionell-monarchisch verfaßten deutschen Nationalstaates durch eine repräsentative Nationalversammlung. Unter dem Druck der Ereignisse stimmten die Regierungen und der Bundestag der Wahl einer solchen gesamtdeutschen Constituante zu. So trat denn das erste moderne deutsche Parlament im Mai 1848 in der Frankfurter Paulskirche zusammen. Von Beginn an spielte dort die konstitutionell-liberale Gruppierung des sogenannten „rechten Zentrums" („Casinopartei") eine ausschlaggebende Rolle. Zu ihren herausragenden Exponenten gehörten Karl Hegels Freunde und Gesinnungsgenossen Gervinus (Nr. VII/3), Beseler (Nr. VII/2) und Dahlmann (Nr. IX/2). Sie setzten sich schließlich – nach dem durch Österreich

Abb. VII/4

selbst evozierten Scheitern der großdeutschen Pläne – mit ihrer kleindeutsch-konstitutionellen Verfassungsidee eines preußischen Erbkaisertums im Winter 1848/49 durch.

Auch der in der Schweriner Politik gebundene Rostocker Geschichtsprofessor Hegel identifizierte sich vollkommen mit dem liberal-reformerischen kleindeutschen Programm dieser Partei[1], wie unter anderem eine Vielzahl seiner Artikel aus jener Zeit in der mecklenburgischen Presse zeigt[2].

[1] Karl Hegel, Leben und Erinnerungen, S. 142 ff.
[2] Karl Hegel, Nothgedrungene Vertheidigung des Prof. Hegel wider den Angriff auf seine Politik in Nr. 9 d. Bl., in: Mecklenburgische Blätter, 2. Jg., Nr. 11, 10. Mai 1848. – Rostock und die deutsche Kriegsflotte, in: Rostocker Zeitung, 138. Jg., No. 100, 26. Mai 1848. – Hegels Leitartikel in: Mecklenburgische Zeitung, Nr. 2, 2. Januar 1849; Nr. 7, 7. Januar 1849; Nr. 36, 10. Februar 1849; Nr. 90, 16. April 1849; Nr. 113, 12. Mai 1849; Nr. 124, 23. Mai 1849.   C.H.

auf den Landtagen ausgestattete Landadel und eine patrizische Honoratiorenschaft vertraten das Land korporativ gegenüber dem Fürsten. Das aufstrebende Bürgertum war kaum, die einfache Bevölkerung in Stadt und Land überhaupt nicht repräsentiert. An dieser Situation hatte es bereits seit den frühen 1840er Jahren deutliche Kritik aus bürgerlichen Kreisen gegeben, zu deren Wortführern sich schon damals Hegels Kollegen an der Rostocker Universität, Karl Türk (Nr. VII/6) und Christian Wilbrandt (Nr. VII/7), gemacht hatten. Auf der anderen Seite hatte sich der 1842 auf den Thron gelangte junge Großherzog Friedrich Franz II. durchaus willig gezeigt, das Land zu modernisieren – allerdings zunächst weitgehend unter Ausklammerung des politischen Bereichs. Hegel

VII/5 Großherzog Friedrich Franz II. von Mecklenburg-Schwerin (1823-1883)

1866, Schwerin
Photographie des Gemäldes Heinrich Pommerenckes (1821-1873)
(Staatliches Museum Schwerin: Inv.-Nr. G. 2171)

Abb. VII/5

Die revolutionäre Bewegung des März 1848 erreichte bald auch das Großherzogtum Mecklenburg-Schwerin, dessen politische Zustände nach wie vor durch eine landständische Verfassung gekennzeichnet waren: Der mit erblichem Sitz

scheint ihn bereits früh kennen und schätzen gelernt zu haben.

Als im März 1848 auch in Mecklenburg spontane Volksversammlungen allenthalben die Forderung nach konstitutionellen

Reformen erhoben, erklärte sich Friedrich Franz dazu mit einigem inneren Unwillen bereit. Bis zum Herbst des Jahres erlebte das Land eine politische Grundsatzdiskussion, in deren Verlauf sich die Reformer aufspalteten: Eine radikalere, demokratische Gruppe, der auch Türk und Wilbrandt angehörten, sammelte sich um den leidenschaftlichen jungen Advokaten Moritz Wiggers (Nr. VII/8). Dagegen hielten die gemäßigt Liberal-Konstitutionellen weiterhin am Konzept einer strikt evolutionären Veränderung der Verhältnisse und daher an der Betonung des monarchischen Prinzips und an einem stark einschränkenden Zensuswahlrecht fest. Hegel schloß sich diesem Flügel an und wurde bald einer seiner Wortführer.

Im Herbst 1848 verschärften sich die Gegensätze auch aufgrund der gesamtdeutschen und europäischen Vorgänge. Gleichzeitig bestanden für die „Radikalen" ungleich bessere Aussichten bei den Anfang Oktober abgehaltenen Wahlen zum neuen – dem ersten repräsentativen – Landtag. Vor diesem Hintergrund verbündete sich Hegel mit dem Großherzog, um gemeinsam der Gefahr einer weiteren Radikalisierung im Lande zu wehren. Der Großherzog unterstellte die bisherige Hofzeitung der Redaktion Hegels, der sie nunmehr unter dem neuen Namen „Mecklenburgische Zeitung" gemeinsam mit seinem Hauptmitarbeiter Friedrich Eggers zum wichtigsten gemäßigt-konstitutionellen Organ im Lande ausbaute (Nr. VII/9-10). Im Zuge dieses „Paktes" wurde Hegel außerdem von seinem Landesherrn zum ordentlichen Professor *für Geschichte und Politik* ernannt (Nr. VI/7), was einem Karrieresprung gleichkam, der ihm offenkundig in mehrerlei Hinsicht den Rücken stärken sollte.   C.H.

VII/6 Karl Türk (1800-1887)

Photographie
(UA Rostock: Fotosammlung)

Geboren in Muchow (bei Ludwigslust, südlich von Schwerin), Studium der Rechtswissenschaften, Philosophie, Geschichte und Geographie in Breslau und Rostock, 1822 Promotion zum Dr. phil. an der Universität Rostock, Tätigkeit als Privatlehrer in Schwerin, 1823 Promotion zum Dr. jur. an der Universität Rostock, dort 1824 juristische Habilitation, Privatdozent und Repetitor, 1826 Extraordinarius für Rechtsgeschichte, 1836 Berufung auf den Lehrstuhl für Geschichte der Universität Rostock, großes politisches Engagement für die radikal-demokratische Bewegung in Mecklenburg, 1847 Leitung der regierungskritischen „Mecklenburgischen Blätter", 1848 Wahl in die verfassunggebende Abgeordnetenkammer, 1850 Mitglied der mecklenburgischen Abgeordnetenkammer, 1852 gemeinsam mit seinen Profes-

Abb. VII/6

sorenkollegen Christian Wilbrandt (Nr.
VII/7) und Julius Wiggers (1811-1901)
sowie dessen Bruder Moritz (Nr. VII/8)
wegen Hochverrats angeklagt, 1852-1856
Verlust des Lehramts an der Rostocker
Universität, Amtsenthebung, Untersu-
chungshaft, 1856 Festungshaft und letzt-
endliche Begnadigung, 1857 Übersiede-
lung nach Lübeck, freie Tätigkeit als Pri-
vatgelehrter, gestorben in Lübeck. – Karl
Hegel bescheinigte seinem *Kollegen und
Freunde Türk*, der *sich auf die Seite der
Demokratie geworfen* hatte, *blinde[n]
Enthusiasmus* (Karl Hegel, Leben und
Erinnerungen, S. 140). B.K.

VII/7 Christian Wilbrandt
(1801-1867)

Photographie
(UA Rostock: Fotosammlung)

Geboren in Neukirchen, Philosophie- und
Philologiestudium in Berlin, Arbeit als
Oberlehrer am Gymnasium Heiligen-
stadt, 1825 Oberlehrer an der Landes-
schule in Pforta, 1828 ordentlicher Lehrer an der Großen Stadtschule in Rostock,
1837 Berufung als ordentlicher Professor
für Ästhetik und neuere Literatur an die
Universität Rostock, 1846/47 deren Rektor, 1848 Unterstützung der revolutionären Kräfte und damit politischer Gegenspieler Karl Hegels, 1850 Mitglied der
mecklenburgischen Abgeordnetenkammer und Vizepräsident des Erfurter Uni-
onsparlamentes, 1852 gemeinsam mit
den Brüdern Julius und Moritz Wiggers
(Nr. VII/8) sowie Karl Türk (Nr. VII/6)
wegen Hochverrats angeklagt, Untersuchungshaft, 1854 Verlust des Lehramts an
der Rostocker Universität, gestorben in
Doberan. B.K.

Abb. VII/7

VII/8 Moritz Wiggers (1816-1894)

um 1849
Photographie einer Lithographie von Franz Fuchs
(Staatliches Museum Schwerin: Inv.-Nr.: 424 Gr)

Geboren in Rostock, Studium der Jurisprudenz in Heidelberg und Göttingen, 1843 Niederlassung als Rechtsanwalt in Rostock, starkes politisches Engagement für die radikal-demokratische Bewegung im Großherzogtum Mecklenburg-Schwerin, heftige Auseinandersetzungen mit Karl Hegel als Chefredakteur der *Mecklenburgischen Zeitung* (Nr. VII/10), 1850 Kammerpräsident im Erfurter Unionsparlament, 1852 zusammen mit seinem Bruder Julius, Türk (Nr. VII/6) und Wilbrandt (Nr. VII/7) wegen Hochverrats angeklagt, 1853-1857 Untersuchungshaft, Entzug seiner Anwaltszulassung, Tätigkeit als freier Journalist, 1867 für die Fortschrittspartei Mitglied des Reichstags des Norddeutschen Bundes, 1871-1881 Mitglied des Reichstages des Deutschen Reiches, gestorben in Rostock. – Zu Karl Hegels Erinnerungen gehört, daß ihn 1849 ein *Beauftragter von Moritz Wiggers zum Zweikampf* herausforderte: *als Grund gab er an, ich hätte die Demokratie beleidigt. Ich erwiederte [sic!], Herr Moritz Wiggers sei nicht die Demokratie, und es wäre mir zu viel, wenn ich mich mit allen Demokraten herumschlagen sollte. Folgenden Tages machte ich den Vorfall in meiner Zeitung bekannt und hatte die Lacher auf meiner Seite* (Karl Hegel, Leben und Erinnerungen, S. 148).

B.K.

Abb. VII/8

VII/9 Ankündigung der „Mecklenburgischen Zeitung"

7. September 1848, Rostock
Zeitungsartikel als Sonderblatt
(Privatbesitz)

Die „Neue Schwerinsche politische Zeitung" druckte auf der ersten Seite ihrer Ausgabe Nr. 119 von Sonntag, dem 10. September 1848, eine *Ankündigung* Karl Hegels ab, mit der er auf eine ab 1. Oktober 1848 erscheinende neue Zeitung verwies, auf die *Mecklenburgische Zeitung*. Gleichzeitig kam diese Ankündigung auf einem Sonderblatt zur Verteilung. Die neue Zeitung sollte einerseits *zum besondern Organ der Großherzoglich-Schwerinschen Landesregierung dienen, um einen Theil der amtlichen Bekantmachungen, die bisher durch das „Officielle Wochblatt" erfolgten, aufzunehmen, und sonstige Mittheilungen an das Publicum zu bringen,* und andererseits *ein allgemeines Organ abgeben zur Entwickelung und Förderung einer wahrhaft freisinnigen constitutionellen und deutschen Politik, wie sie ebenso den Anforderungen der Zeit, als den Wünschen des Mecklenburgischen Volkes und den Bedürfnissen des Landes entspricht.*

Die Vorgeschichte dieser Neugründung im Bündnis mit dem Landesherrn bildete die Abspaltung Hegels und seiner konstitutionell-liberalen Gesinnungsgenossen von der sich radikalisierenden Reformbewegung im Sommer 1848. Bis dahin hatten sie noch in deren Organen, der *Rostocker Zeitung* und den *Mecklenburgischen Blättern*, geschrieben[1]. Nun sollte, im wesentlichen im Einklang mit den Interessen des Großherzogs, eine eigene Zeitung eine wirkungsvollere Agitation gewährleisten. Hegel erinnerte sich in seinen Memoiren: *Die Schweriner Regierung fand sich so gut wie verlassen, sie bedurfte einer Unterstützung durch die*

Presse. Zu diesem Zwecke berief sie mich nach Schwerin, um eine neue Zeitung zu gründen. Ich übernahm diese schwierige Aufgabe nur unter der Bedingung völliger Unabhängigkeit meiner politischen Haltung[2]. Programmatisch schloß Hegels *Ankündigung* mit dem Aufruf zur Mitarbeit und zum Bekenntnis: *In gegenwärtigen Zeiten wird Keiner parteilos bleiben, der Kopf und Herz auf dem rechten Flekke hat, und Jeder muß sich rühren, der nicht unterliegen will! An die aufrichtigen Freunde der freien constitutionellen Monarchie ergeht der Zuruf, sich um das Banner der Mecklenburgischen Zeitung zu schaaren, dessen Losungswort heißt: Freiheit und Recht.*

[1] Hegels Beiträge in den *Mecklenburgischen Blättern* u. a. 1. Jg., Nr. 52, 26. Februar 1848; Nr. 55, 18. März 1848; 2. Jg., Nr. 11, 10. Mai 1848; seine Beiträge in der *Rostocker Zeitung* u.a.: 138. Jg., No. 61, 11. April 1848; No. 64, 14. April 1848; No. 71, 22. April 1848; No. 76, 28. April 1848; No. 79, 2. Mai 1848; No. 83, 6. Mai 1848; No. 100, 26. Mai 1848; No. 133, 4. Juli 1848; No. 144, 16. Juli 1848; No. 144, 16. Juli 1848; No. 151, 25. Juli 1848; No. 174, 20. August 1848; No. 186, 3. September 1848.

[2] Karl Hegel, Leben und Erinnerungen, S. 143 f.

C.H.

Ankündigung.

Die bisherige „Neue Schwerinsche politische Zeitung" im Verlage der Bärensprungschen Hofbuchdruckerei in Schwerin wird vom 1. October d. J. an in größerem Format und mit verändertem Titel als

„Mecklenburgische Zeitung",

unter der Redaction des Unterzeichneten erscheinen.

Die Bestimmung der Mecklenburgischen Zeitung ist eine doppelte. Sie wird einerseits zum besondern Organ der Großherzoglich-Schwerinschen Landesregierung dienen, um einen Theil der amtlichen Bekanntmachungen, die bisher durch das „Officielle Wochblatt" erfolgten, aufzunehmen, und sonstige Mittheilungen an das Publicum zu bringen, und sie wird zugleich ein allgemeines Organ abgeben zur Entwickelung und Förderung einer wahrhaft freisinnigen constitutionellen und deutschen Politik, wie sie ebenso den Anforderungen der Zeit, als den Wünschen des Mecklenburgischen Volkes und den Bedürfnissen des Landes entspricht.

Der Unterzeichnete wird, seiner Ueberzeugung treu, die bisher von ihm kundgegebenen politischen Grundsätze auch ferner vertreten. Die hohe Landesregierung verlangt nichts Anderes von ihm, wie er denn auch ihren Ruf in anderer Weise nicht angenommen haben würde. Unabhängig von ihr, wird er dennoch die gegenwärtige Regierung allein insofern unterstützen, als sie die angedeutete Politik sich zur Richtschnur nimmt. Er selbst aber rechnet wesentlich auf die Unterstützung aller aufrichtigen Anhänger einer freien und volksthümlichen Gestaltung unserer öffentlichen Verhältnisse, wie sie, auf Grundlage der Beschlüsse der Frankfurter Nationalversammlung, von der Vereinbarung unsers hochverehrten Landesfürsten mit der künftigen Volksvertretung zu erwarten ist.

Die Mecklenburgische Zeitung wird die politischen und sonstigen allgemein interessanten Nachrichten des Tages nach den zuverlässigsten Quellen und so schnell als möglich mittheilen. Hinsichtlich der Vollständigkeit und Ausführlichkeit derselben wird sie vornehmlich das Bedürfniß der einheimischen Leser berücksichtigen. Sie wird unter den besonderen Deutschen die Mecklenburgischen Verhältnisse voranstellen und leitende Artikel über dieselben geben. Für fortlaufende genaue Berichte über die Landtagsverhandlungen wird gesorgt werden, wobei noch dahin gestellt bleiben muß, ob auch stenographische Berichte hinzukommen. Kurze Anzeigen über allgemein interessante Erscheinungen der Literatur, besonders solche, die Mecklenburg betreffen, sind gleichfalls beabsichtigt.

Die Mecklenburgische Zeitung soll, mit Ausnahme der Sonntage und hohen Kirchenfeste, täglich erscheinen und jeden Abend in Schwerin ausgegeben werden. Der vierteljährige Abonnementspreis ist zu 1 Rthlr. Cour. festgesetzt. Den Abonnenten in Schwerin wird sie in's Haus geschickt; außerhalb ist sie durch alle Postämter zum Preise von 1 Rthlr. 14 Schill. Cour. zu beziehen. Man bittet die Bestellungen frühzeitig, entweder bei der Bärensprung'schen Hofbuchdruckerei, oder bei den beliebigen Postämtern abzugeben.

Der Unterzeichnete fordert alle Gleichgesinnten, denen das Wohl von Mecklenburg am Herzen liegt, zu Beiträgen für die Mecklenburgische Zeitung auf, wie sie in den Plan derselben passen. Ausgeschlossen sind nur die äußersten Richtungen nach beiden Seiten hin, welche hier das Recht und den Werth des Bestehenden überhaupt, dort die allgemeine Berechtigung der Zeitforderungen völlig verkennen und läugnen. Mögen Diejenigen, welche das Land vor den Folgen des einen wie des andern Extrems bewahrt sehen wollen, die ihnen dargebotene Gelegenheit eifrig ergreifen, um sich thätiger denn für die Presse zu beweisen! mögen sie die sittliche wie staatsbürgerliche Pflicht ernstlich beherzigen, wonach Jedermann, was er als gut und gerecht und heilsam für Land und Volk erkennt, mit Wort und Schrift und gesetzlicher That kräftig vertreten, das Gegentheil aber unerschrocken bekämpfen soll. In gegenwärtigen Zeiten wird Keiner parteilos bleiben, der Kopf und Herz auf dem rechten Flecke hat, und Jeder muß sich rühren, der nicht unterliegen will! An die aufrichtigen Freunde der freien constitutionellen Monarchie ergeht der Zuruf, sich um das Banner der Mecklenburgischen Zeitung zu schaaren, dessen Losungswort heißt: Freiheit und Recht.

Rostock, den 7. September 1848. **C. Hegel.**

VII/10 Mecklenburgische Zeitung Nr. 1

2. Oktober 1848, Schwerin
Zeitung
(Privatbesitz)

Aufgrund einer weitgehenden Interessengemeinschaft hatten sich Karl Hegel und Großherzog Friedrich Franz II. von Mecklenburg-Schwerin im Herbst 1848 auf die Umstrukturierung der bisherigen Hofzeitung zu einem formell unabhängigen, aber von der großherzoglichen Regierung entscheidend mitfinanzierten Blatt geeinigt: der *Mecklenburgischen Zeitung*. Hegel, dem so ein bedeutendes Agitationsinstrument in die Hand gegeben wurde, versah den Redakteursposten vom 2. Oktober 1848, dem Tag des ersten Erscheinens, bis zum 4. September 1849.

Die *Mecklenburgische Zeitung* erschien an jedem Werktag jeweils abends. Sie umfaßte regulär vier Seiten, wobei in den hochpolitischen Monaten dieses ohnehin sehr spannungsreichen Jahres beinahe täglich eine Beilage zur Zeitung herausgegeben wurde, die weitere Informationen – zumeist über die Verfassungsverhandlungen im Landtag – enthielt.

Der nicht durchgehend eingehaltene Aufbau der Zeitung sah dabei an erster Stelle die *Amtlichen Bekanntmachungen* vor. Auf diese folgte häufig ein Leitartikel, der 1848/49 zumeist direkt aus der Feder Hegels stammte. Sodann wurden in durchaus nüchternem Stil die Nachrichten aus Deutschland, dem Ausland und schließlich aus den beiden mecklenburgischen Großherzogtümern wiedergegeben, wobei in letzterer Rubrik auch wieder politische Kommentare und Leserbriefe zu finden waren.

Hegel selbst schrieb in der Zeit seiner Redaktionsleitung nicht weniger als 64 Leitartikel[1], denen er dann im November und Dezember 1849 nochmals eine Serie von Kommentaren zum Verfassungsstreit im Lande folgen ließ[2] (Nr. VII/10.2). Hinzu kamen kleinere Beiträge im Regionalteil *Mecklenburgische Nachrichten*[3]. Insgesamt waren seine Artikel gekennzeichnet durch ein fundiertes Wissen um die politischen Zustände und Notwendigkeiten der Zeit sowie durch die Fähigkeit zu geschicktemstrategischen Argumentieren und zu teilweise heftiger Polemik.

Nachdem sein Ziel der Schaffung einer konstitutionellen Verfassung in Mecklenburg-Schwerin im August 1849 erreicht zu sein schien[4], legte er sein journalistisches Amt im Herbst 1849 nieder[5], um sich ganz seiner neuen Aufgabe als Rostocker Ordinarius für Geschichte und Politik (Nr. VI/7) und als Abgeordneter des Erfurter Parlaments widmen zu können.

[1] Mecklenburgische Zeitung vom 2. Oktober 1848 bis 4. September 1849; seine Artikel zeichnete Hegel mit *H. Schwerin.*

[2] Mecklenburgische Zeitung: Nr. 275, 19. November 1849, Nr. 278, 22. November 1849; Nr. 281, 26. November 1849; Nr. 283, 28. November 1849; Nr. 285, 30. November 1849; Nr. 289, 5. Dezember 1849; Nr. 292, 8. Dezember 1849; Nr. 294,

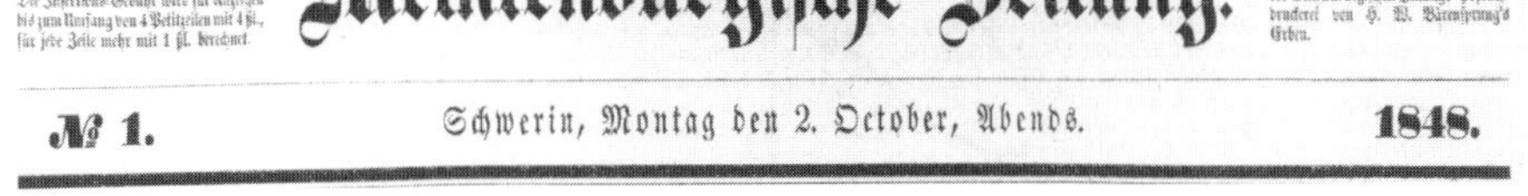

Der Pränumerationspreis beträgt in Schwerin: 1 Thlr. für das Vierteljahr. Einzelne Nummern sind für 2 ßl. zu haben. Die Insertions-Gebühr wird für Anzeigen bis zum Umfang von 4 Petitzeilen mit 4 ßl., für jede Zeile mehr mit 1 ßl. berechnet.

Mecklenburgische Zeitung.

Alle Post-Anstalten des In- und Auslandes nehmen Bestellung auf dieses Blatt an, für Schwerin die Expedition der Mecklenburgischen Zeitung: Hofbuchdruckerei von H. W. Bärensprung's Erben.

№ 1. Schwerin, Montag den 2. October, Abends. 1848.

Abb. VII/10.1

11. Dezember 1849; Nr. 298, 15. Dezember 1849; Nr. 301, 19. Dezember 1849.

[3] Mecklenburgische Zeitung: u.a. Nr. 10, 12. Oktober 1848; Nr. 107, 5. Mai 1849; Nr. 108, 7. Mai 1849.

[4] Der Großherzog unterzeichnete die vom Landtag ausgearbeitete und verabschiedete neue konstitutionelle Landesverfassung am 23. August 1849 und setzte sie damit in Kraft.

[5] *Erklärung* Hegels in: Mecklenburgische Zeitung, Nr. 210, 4. September 1849.   C.H.

Abb. VII/10.2

VII/11 Grußadresse zum Geburtstag

7. Juni 1849, Schwerin
Glückwunschblatt (Kopie)
(Privatbesitz)

Zur Vollendung seines 36. Lebensjahres überreichten die Mitarbeiter der *Mecklenburgischen Zeitung* ihrem *Redacteur* eine Gruß- und Glückwunschadresse in Form eines Gedichtes voller zeitbedingter politischer Anspielungen. Initiator dürfte der Journalist Friedrich Eggers (1819-1872) gewesen sein, der das auf grünem Karton gedruckte Original auch als erste von 21 Personen unterzeichnet hat. Eggers war in Rostock geboren, hatte dort sowie in Leipzig und München Archäologie, Geschichte, neuere Sprachen und Kunstgeschichte studiert und war 1849 zur *Mecklenburgischen Zeitung* gekommen, wo er eng mit Karl Hegel zusammenarbeitete. 1850 siedelte er nach Berlin um, gründete das *Deutsche Kunstblatt*, wurde 1863 Professor an der Berliner Kunstakademie und begleitete 1870 Großherzog Friedrich Franz II. von Mecklenburg-Schwerin (Nr. VII/5) nach Italien. Kurz vor seinem Tode wurde er 1872 Referent für Kunstangelegenheiten im preußischen Innenministerium. Er hat ein umfangreiches literarisches Werk als Lyriker hinterlassen, aus dem das Geburtstagsgedicht für Karl Hegel ein Beispiel ist.   B.K.

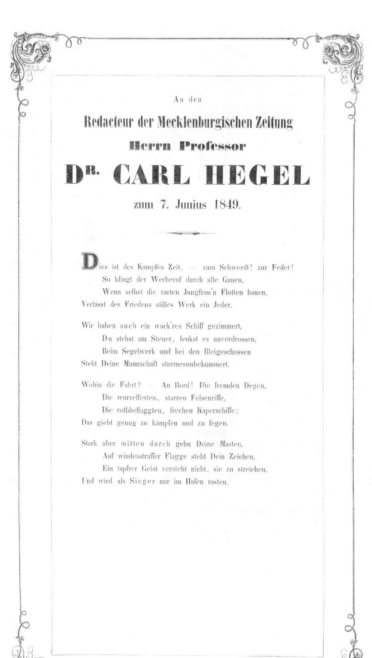

An den

Redacteur der Mecklenburgischen Zeitung

Herrn Professor

Dᴿ· CARL HEGEL

zum 7. Junius 1849.

Dies ist des Kampfes Zeit, — zum Schwerdt! zur Feder!
 So klingt der Werberuf durch alle Gauen,
 Wenn selbst die zarten Jungfrau'n Flotten bauen,
Verlässt des Friedens stilles Werk ein Jeder.

Wir haben auch ein wack'res Schiff gezimmert,
 Du stehst am Steuer, lenkst es unverdrossen,
 Beim Segelwerk und bei den Bleigeschossen
Steht Deine Mannschaft sturmesunbekümmert.

Wohin die Fahrt? — An Bord! Die fremden Degen,
 Die wurzelfesten, starren Felsenriffe,
 Die rothbeflaggten, frechen Kaperschiffe:
Das giebt genug zu kämpfen und zu fegen.

Stark aber mitten durch gehn Deine Masten,
 Auf windesstraffer Flagge steht Dein Zeichen,
 Ein tapfrer Geist versteht nicht, sie zu streichen,
Und wird als Sieger nur im Hafen rasten.

Abb. VII/11

VII/12 Karl Hegels Offenes Sendschreiben zur Wahl in das Erfurter Unionsparlament

3. Februar 1850, Rostock
Zeitungsbeilage
(Privatbesitz)

Gleichzeitig mit der endgültigen Ablehnung der ihm von der Paulskirchen-Versammlung angetragenen deutschen Kaiserkrone hatte der preußische König Friedrich Wilhelm IV. (1795-1861) verkündet, die Einigung Deutschlands nun durch ein Abkommen zwischen den Regierungen der deutschen Staaten erreichen zu wollen. Diese in der Folgezeit vor allem von seinem Vertrauten Joseph Maria von Radowitz (1797-1853) forcierte sogenannte Unionspolitik hatte schließlich zu einem Bündnis der meisten Staaten Nord- und Mitteldeutschlands geführt. Daher sollte nun ein verfassunggebendes Parlament zusammentreten, dem sich auch die konstitutionell-liberalen vormaligen „Erbkaiserlichen" der Paulskirche nicht verschlossen.

Wie seine Gesinnungsgenossen hoffte auch Hegel, auf diese Weise doch noch den kleindeutschen Nationalstaat errichten zu können. Daher entschloß er sich zur Kandidatur für das Erfurter Parlament, wobei unklar bleibt, was genau ihn zum Ausbruch aus den ja bislang für ihn maßgeblichen mecklenburgischen Zuständen bewegte.

Anfang Februar 1850 fanden so nach einem von den verbündeten Regierungen verkündeten Zensuswahlrecht die Wahlen zum Unionsparlament statt. Die Linke boykottierte diese Wahlen von vornherein, so daß sich überall nur noch Konservative und Konstitutionelle gegenüberstanden. Hegel wurde in gleich zwei Wahlkreisen, in Schwerin und Wismar, gewählt, in ersterem mit einstimmigem Ergebnis. Er entschied sich für die An-

nahme der Wahl in der Landeshauptstadt; das Wismarer Mandat fiel an seinen Freund Georg Beseler (VII/2).

In seinem *Offenen Sendschreiben an die Wahlmänner des III. Wahlkreises für die Abgeordnetenwahl zum Volkshause des Erfurter Parlaments* bedankte sich Hegel für das ihm entgegengebrachte Vertrauen und legte die Motive für seine politische Tätigkeit dar: Er identifizierte sich mit dem Ziel der Schaffung eines kleindeutschen Bundesstaates auf konstitutioneller Basis.　　　　　　　　C.H.

VII/13 Erfurter Augustinerkirche

März/April 1850, Erfurt
Photographie einer Zeichnung Heinrich Kruspes
(1821-1893)
(StadtA Erfurt: Bildabteilung)

Am 20. März 1850 wurde das Erfurter Unionsparlament eröffnet, in das Karl Hegel als Abgeordneter des Volkshauses gewählt worden war. Es tagte – so erinnerte sich Hegel – in einem *Teil des Schiffes* der Augustinerkirche, *einem schönen gothischen Bau*, während *der hohe Chor, mit prächtigen Glasmalereien verziert, [...] das Staatenhaus [bildete], beide Häuser, geschmackvoll dekoriert, durch eine Mauerwand vollständig von einander getrennt* (Karl Hegel, Leben und Erinnerungen, S. 156). Der Schweriner Abgeordnete schloß sich sogleich der liberalen, ehemals „erbkaiserlichen" Fraktion der „Bahnhofspartei" an, in der er auch seine Freunde Beseler (Nr. VII/2) und Dahlmann (Nr. IX/2) wiedertraf. Er

Beilage zu № 32 der Mecklenburgischen Zeitung.

Schwerin, Donnerstag, den 7. Februar 1850, Abends.

Offenes Sendschreiben

an die Wahlmänner des III. Wahlkreises für die Abgeordnetenwahl zum Volkshause des Erfurter Parlaments.

Geehrte Herren! Sie haben mich zu Ihrem Abgeordneten nach Erfurt gewählt und mir dadurch einen unschätzbaren Beweis Ihres Vertrauens und, ich darf annehmen, Ihrer Uebereinstimmung mit meiner bisherigen politischen Wirksamkeit gegeben, für den ich Ihnen aus vollem Herzen danke. — Da ich mich zum Voraus bereit erklärt habe, die Wahl des 3. Wahlkreises annehmen zu wollen, so erfülle ich jetzt, nach Ihrer einstimmigen Wahl, doppelt gern meine Zusage.

Ich verkenne nicht die ganze Schwierigkeit der Aufgabe, die ich hiemit übernehme, eine Aufgabe, in deren Annahme allein schon, bei der bedauerlichen Beschaffenheit unseres politischen Parteiwesens, eine bestimmte Parteistellung nach zwei Seiten hin bezeichnet liegt.

Und doch handelt es sich bei dem Erfurter Parlamente für Deutschland um die Wiederaufnahme des Versuchs, den von dem deutschen Volke so dringend verlangten und von den Regierungen so nachdrücklich verheißenen Bundesstaat auf feststehenden Grundlagen aufzurichten. Und es handelt sich für uns Mecklenburger insbesondere um die Behauptung der uns gebührenden Stellung in der Vereinigung der deutschen Staaten, um die Vertretung unserer eigenthümlichen politischen und wirthschaftlichen Interessen nach Außen, um die Wahrung unserer bedrohten Verfassung und Selbstregierung im Innern.

Sollten nicht zur Erreichung des erstgenannten Zieles alle Parteien mit wetteiferndem Streben zusammen gehen und ihren besonderen, untergeordneten Streit einstweilen bei Seite setzen, und zur Erreichung des letzteren Zieles mindestens Die, welche auf dem gleichen verfassungsmäßigen Boden stehen?

Doch wir sehen bei uns eine Partei, welche statt des verheißenen Bundesstaats nur den untergegangenen Fürstenbund wiederherstellen möchte, der dem alten Zustande der Dinge so treffliche Garantien gewährte; und wiederum sehen wir eine andere Partei, welche, weit mehr demokratisch als deutsch und mecklenburgisch gesinnt, doch wohl für Deutschland etwas ausgerichtet zu haben meint, wenn sie an der Frankfurter Reichsverfassung festzuhalten erklärt, und für Mecklenburg etwas, wenn sie nicht nach Erfurt mitwählt!

Es ist aber nicht diese Parteistellung, worin ich die Schwierigkeit meiner Aufgabe, als mecklenburgischer Abgeordneter beim Erfurter Parlamente, erkenne: ich nehme dieselbe als unvermeidlich an und scheue sie um so weniger, je weniger ich den Ansichten und Bestrebungen der erwähnten Parteien eine wirkliche Berechtigung zugestehe.

Die Schwierigkeit, ja die Gefahr meiner Aufgabe scheint mir vielmehr in der Stellung und in der Verantwortung des mecklenburgischen Abgeordneten in Erfurt gegenüber unserm Lande zu liegen, dessen eigenthümliche Interessen durch den Bundesstaat, wie er jetzt etwa zu Stande kommen mag, sehr leicht gefährdet werden könnten.

Denn so ist allerdings gegenwärtig der Stand der deutschen Angelegenheiten, daß die Begründung des Bundesstaats weder in dem Umfange des gesammten deutschen Bundes, noch auch in dem Umfange der deutschen Staaten mit Ausnahme von Oestreich für's erste möglich erscheint. Sollten sich nun auch Sachsen und Hannover definitiv von dem Bündnisse vom 26. Mai v. J. lossagen, so stände Mecklenburg nebst einer Anzahl von andern kleineren Staaten ohne hinlängliches Gegengewicht zur Seite des übermächtigen Preußens, und es würde sich dann fragen, ob es nicht weit rathsamer für uns wäre, gleichfalls von dem Bündnisse und von der Vereinbarung eines mehr preußischen als deutschen Bundesstaates zurückzutreten?

Diese Frage wird vielleicht dem mecklenburgischen Abgeordneten in Erfurt sehr bald in einer genauer bestimmten Gestalt vorliegen, und er wird sich hierauf eine bestimmte Antwort geben müssen, um danach seine ganze Wirksamkeit einzurichten.

Doch die Antwort scheint nicht erst gesucht werden zu müssen, sondern bereits gegeben zu sein in dem Beschlusse unserer gewesenen Abgeordnetenkammer vom 2. August, wodurch der Anschluß Mecklenburgs an das Bündniß vom 26. Mai nur unter den folgenden Bedingungen genehmigt wurde:

1) daß der vorgelegte Entwurf eines Reichsgrundgesetzes als eine die verbündeten Regierungen bindende Akte angesehen werde, deren Gültigkeit als Gesetz von den Verhandlungen mit dem künftigen Reichstage und von den Beschlüssen desselben abhängt;

2) daß wenigstens gesammte nord- und mitteldeutsche Staaten dem Bundesstaate gleichfalls ohne einen den Rücktritt in ihre Willkür stellenden Vorbehalt beitreten; und daß

3) für den Fall, daß der zu begründende Bundesstaat nicht die gesammten deutschen Länder, außer den östreichisch-deutschen Staaten, in sich fassen sollte, der Beitritt Mecklenburgs zu dem in Aussicht gestellten gemeinsamen Zollverbande der eignen freien Entschließung Mecklenburgs vorbehalten bleibe." —

Man hat bekanntlich neuerdings von Seiten der demokratischen Partei diesem Beschlusse die Deutung unterzulegen gesucht, als ob danach schon jetzt das Bündniß vom 26. Mai nicht mehr in Rechtskraft für uns bestehe, als ob danach die Anordnung und Ausführung der Erfurter Wahlen in unserem Lande eine ungesetzliche Maßregel sei; und wir dürfen vielleicht erwarten, daß von derselben Seite her in der bevorstehenden Abgeordnetenkammer deshalb eine Anklage auf das Ministerium gebracht werden wird. Sie, meine Herren, haben darin mit Recht nur ein blindes, lediglich für die politische Einsicht des demokratischen Publicums maßgebendes Geschrei erkannt, und haben nicht gezögert, der gesetzlichen Aufforderung zu den Wahlen Folge zu leisten, da Sie nicht in dem bedauerlichen Falle waren, das Bündniß vom 26. Mai und die durch den Beitrit übernommenen Verpflichtungen zu verwechseln mit dem durch dasselbe angebahnten künftigen Bundesstaat, auf welchen die eventuellen Bedingungen des Kammerbeschlusses sich lediglich beziehen.

Allein, wenn es nun in Erfurt zur Berathung und Vereinbarung des Verfassungswerks für den Bundesstaat kommt, so wird es sich demnächst entscheiden müssen, ob die von unserer vorigen Abgeordnetenkammer vorausgesetzten Bedingungen eintreten oder nicht. Es ist allerdings sehr wahrscheinlich, daß sie nicht eintreten. Denn, um nur dies Eine zu erwähnen, wenn Sachsen und Hannover sich an den Reichtstagswahlen nicht betheiligt haben, obwohl sie durch das Bündniß dazu verpflichtet waren, so werden sie sich auch schwerlich an der Vereinbarung mit einem von ihnen nicht beschickten Parlamente betheiligen; der wirklich herzustellende Bundesstaat wird also vors erste auch nicht einmal die gesammten nord- und mitteldeutschen Staaten in sich befassen.

Es fragt sich, meine Herren, was hat unter solchen Umständen Ihr Abgeordneter in Erfurt zu thun? — Dies ist es hauptsächlich, worüber ich mich vorläufig gegen Sie aussprechen wollte.

Der Abgeordnete zum Volkshause des Erfurter Parlaments findet sein allgemeines Mandat in dem Wahlgesetze vorgezeichnet. Er ist demnach zur „Berathung und Vereinbarung des Verfassungswerks für den deutschen Bundesstaat" berufen; und es liegt in der Natur der Sache und im Sinne einer jeden Vertretung nach Art des neuen Repräsentativsystems, daß dieses Mandat nicht an bestimmte anderweitige Aufträge gebunden sein kann, sondern lediglich der freien Ueberzeugung des Abgeordneten anvertraut ist. Diese Freiheit nehme ich auch für mich in Anspruch.

Allein das Wahlgesetz, worin mein Mandat enthalten ist, besteht nur in Kraft des Bündnisses vom 26. Mai und ist bei uns zur Ausführung gekommen nur auf Grund der in dem Kammerbeschluß vom 2. August festgestellten Bedingungen. Es ist nicht die Sache des mecklenburgischen Abgeordneten in Erfurt, dieses Bündniß für Mecklenburg weder auf's neue zu binden, noch zu lösen, sondern das verantwortliche Ministerium hat dasselbe von Seiten des mecklenburg-schwerinschen Staats für aufgelöst zu erklären, sobald die bei dem Anschluß vorausgesetzten Bedingungen nicht zur Erfüllung kommen. Und das Mandat des Abgeordneten in Erfurt dauert nicht länger als das Bündniß: im Fall daher das letztere mecklenburgisch-schwerinscher Seits gelöst wird, hat das Staatsministerium zugleich das Recht und die Pflicht, die mecklenburgisch-schwerinschen Abgeordneten in Erfurt abzuberufen, und diese sind verpflichtet, solcher Abberufung Folge zu leisten.

Denn der rechtliche Standpunkt des Erfurter Parlaments ist unzweifelhaft festgestellt auf den Grund der Vereinbarung. Demgemäß haben die verbündeten Regierungen das Zustimmungsrecht bei dem aufzurichtenden Verfassungswerke. Unsere Regierung aber ist hierbei gebunden an die von ihr angenommenen Beschlüsse der Volksvertretung und ist dafür verfassungsmäßig verantwortlich. Wer an dieser Verantwortlichkeit nicht zweifelt, der darf auch nicht zweifeln, daß die Beschlüsse vom 2. August werden eingehalten werden; es sei denn, daß eine neue Abgeordnetenkammer andere Beschlüsse hierüber faßt, oder daß das Ministerium im Vertrauen auf deren nachträgliche Zustimmung, und vorbehaltlich derselben, über die früher angenommenen Beschlüsse hinausgehen zu können glaubt. Der §. 124 unserer Verfassungsurkunde kommt hier zur Anwendung, welcher lautet: „Der Großherzog vertritt das Großherzogthum nach Außen. Er hat das Recht, mit auswärtigen Regierungen Staatsverträge zu schließen. Letztere bedürfen zu ihrer Gültigkeit der Zustimmung oder nachträglichen Genehmigung der Abgeordnetenkammer."

Wenn ich zuletzt andeutete, daß unsere Regierung bei der Vereinbarung über den Bundesstaat möglicher Weise auch über die Beschlüsse vom 2. August, mit Vorbehalt der Genehmigung einer anderen Abgeordnetenkammer, hinausgehen könnte: so liegt es in der Natur der Sache, daß derartige Beschlüsse, welche im wesentlichen inneren Zusammenhange mit der auswärtigen Politik stehen und durch dieselbe bedingt sind, leicht ihre volle Richtigkeit und beziehungsweise ihre Anwendbarkeit verlieren, wenn die äußeren Verhältnisse eine wesentliche Veränderung erfahren. So sprach die frühere Abgeordnetenkammer, auf Veranlassung des vom preußischen Ministerium unterm 28. April vor. J. an die deutschen Regierungen erlassenen Circulars, durch Beschluß vom 4. Mai die „sichere Erwartung aus, daß die Regierung bei der von ihr erklärten Anerkennung der Rechtsgültigkeit der von der deutschen Nationalversammlung beschlossenen und verkündigten Reichsverfassung treu beharren werde"; und bei später veränderten Verhältnissen der allgemeinen deutschen Politik genehmigte sie am 2. August den Beitritt zu dem Dreikönigsbündniß unter den schon erwähnten Bedingungen. Seitdem sind wiederum 6 Monate verflossen, in denen sich der Stand der deutschen Angelegenheiten abermals wesentlich verändert hat, und bis es zur Vereinbarung in Erfurt kommt, kann sich noch Manches weiter verändern.

Durch den Vertrag vom 30. September ist unterdessen eine provisorische Bundescommission entstanden, in welcher die beiden Großmächte Preußen und Oestreich allein die Entscheidung in den deutschen Bundesangelegenheiten geben. Mecklenburg-Schwerin vor Allem hat ausreichende Gelegenheit gehabt, die Gefährlichkeit dieses übel organisirten Instituts für die neu geschaffenen Rechtszustände zu erproben, und es würde vergebens auf sein gutes Recht sich verlassen, wenn nicht zugleich die gemeinsamen Organe des Bündnisses vom 26. Mai dessen Vertretung mit übernähmen. Dadurch hat dieses Bündniß eine ganz andere Bedeutung für uns gewonnen, als es zu Anfang des August im vorigen Jahre für uns hatte. Nicht so leicht, glaube ich, wird jetzt Mecklenburg-Schwerin von diesem Bündnisse sich zurückziehen oder später auf die Theilnahme an dem wenn auch verstümmelten Bundesstaate, in dessen Verfassung es eine dreifache Vertretung findet, verzichten, wenn ihm auf der anderen Seite nur die Wahl bleibt, in scheinbarer Selbständigkeit sich den willkürlichen Machtsprüchen der beiden Großmächte von der Bundescommission zu unterwerfen; und so bin ich auch der Meinung, daß wenn wir uns doch einmal der unzweifelhaften Obmacht Preußens in der einen oder andern Art unterwerfen müßten, die Art der Unterwerfung im Bundesstaate jeder andern bei weitem vorzuziehen wäre, weil sie der herrschenden Macht in ihrem Verhalten zu den kleineren Staaten mindestens ein für alle Mal anerkannte verfassungsmäßige Schranken auferlegt.

Darum schien mir in jedem politischen Betracht groß und unverzeihlich die Thorheit derjenigen, welche das Volk vom Wählen zum Erfurter Parlamente abmahnten, als ob wir durch das Nichtwählen unsere eingeschränkte Selbständigkeit und unsere gefährdete Verfassung sicher stellten; als ob wir dadurch der durch den Anschluß an das Bündniß vom 26. Mai eingegangenen Verpflichtungen erledigt würden; als ob es nicht in unserem ersten Interesse läge, an diesem Bündnisse, um des für uns unentbehrlichen Rechtsschutzes willen, festzuhalten, und Vertreter in das Erfurter Parlament zu senden, damit der herzustellende Bundesstaat nicht ohne unsere Mitwirkung, nicht ohne die wünschenswerthe Berücksichtigung unseres politischen Rechts und unserer wirthschaftlichen, insbesondere unserer Handels-Bedürfnisse zu Stande komme! —

Wenn ich nun als mecklenburgischer Abgeordneter zum Erfurter Parlament im Allgemeinen die Verpflichtung vollkommen anerkenne, Mecklenburgs eigenthümliche Interessen bei der Begründung des Bundesstaats zur möglichsten Geltung zu bringen, so will ich doch noch einige Worte hinzufügen in Betreff der besonderen Wünsche oder Besorgnisse, welche bei Gelegenheit der Wahlen in unserem Lande hie und da laut geworden sind.

Zuvörderst theile ich die Ansicht, daß es im Interesse der Sache selbst gerathen sei, den von den verbündeten Regierungen angenommenen und vorgelegten Verfassungsentwurf, vorausgesetzt, daß er in den wesentlichen Punkten unverändert bleibt, sofort im Ganzen anzunehmen, um vor Allem die endliche Erreichung des Zieles zu sichern. Und ein möglichst rasches, zum Abschluß hindrängendes Verfahren scheint auch im Hinblick darauf geboten, daß das Interim der Bundescommission bereits mit dem 1. Mai, das Bündniß vom 26. Mai aber mit dem 1. Juni d. J. zu Ende geht, und daß der neue Bundesstaat schon vor dem einen, wie dem andern Termin eine hinlängliche Festigkeit gewonnen haben muß, um weder durch die etwanige Erneuerung des Interim, noch durch die mögliche Auflösung des Bündnisses mehr gefährdet zu werden.

Was dann zweitens den Zollverein des Bundesstaats betrifft, von welchem Viele bei uns die Einführung des preußischen Zollverbandes oder auch eines Schutzzollsystems befürchten, so bin ich zwar der Meinung, daß ein Bundesstaat ohne Zollverein, d. h. ohne eine wahre und unlösbare Gemeinschaft der wirthschaftlichen Interessen und ohne eine gemeinsame Vertretung derselben gegen das Ausland, kein wirklicher Bundesstaat wäre, theile aber jene Besorgnisse um so weniger, als einestheils vor der Hand noch wenig Aussicht dazu vorhanden ist, daß gerade diejenigen süddeutschen Staaten, welche als die eifrigsten Verfechter der Schutzzölle bekannt sind, in den Bundesstaat eintreten, und als anderntheils eine sofortige Uebertragung des auf Grund der bestehenden Verträge geordneten preußischen Zollverbandes auf den Bundesstaat schon wegen der ganz verschiedenen Verfassung beider undenkbar erscheint: indem die Verfassung des Zollverbandes auf der vollkommenen Selbständigkeit und Gleichberechtigung aller theilnehmenden Staaten beruht und die Beschlüsse der Zollconferenz schlechthin von der Stimmeneinhelligkeit sämmtlicher in ihr stimmführenden Staaten abhängig macht, während in der Verfassung des Bundesstaates die einzelnen Staaten eine gemeinsame Vertretung finden und nur die Stimmenmehrheit bei jeder Art von Gesetzgebung in deren verschiedenen Organen entscheidet. So lange also nicht entweder wenigstens sämmtliche stimmführende Zollvereinsstaaten dem Bundesstaate beitreten und auf ihre bisherige Selbständigkeit auch in Zollvereinssachen zu Gunsten desselben verzichten, oder so lange nicht Mecklenburg aus eigener freier Entschließung dem preußischen Zollverbande beitreten will, hat es mit der Einführung dieses Zollverbandes in Mecklenburg noch gar keine Gefahr. Der s. g. preußische Zollverband dauert in seiner eigenthümlichen Verfassung und Einrichtung auf Grund des im Jahre 1841 erneuerten Vertrages der Vereinsmitglieder noch bis zum letzten December 1853 fort: bis dahin bleibt also der Zollverein des Bundesstaates allem Anscheine nach nur ein vorläufig ausgesprochener Grundsatz, und kann erst nachher auf dem Wege der Bundesgesetzgebung zur wirklichen Ausführung kommen. Ob in dieser Beziehung ein besonderer Vorbehalt Meckenburgs bei dessen Eintritt in den Bundesstaat zulässig sei, scheint mir sehr zweifelhaft, weil durch diesen und ähnliche Vorbehalte die künftige Bundesgesetzgebung von vornherein gelähmt wäre: jedenfalls leuchtet ein, daß es einem Abgeordneten des Volkshauses nicht verstattet werden wird, seine Abstimmungen auf Vorbehalte zu stellen, wenn es auch möglich wäre, eine bloß nachträgliche Verwahrung zu Protokoll zu geben. Doch muß ich wiederholt meine Ansicht dahin aussprechen, daß, wenn die durch Beschluß der Abgeordnetenkammer vom 2. August zum voraus festgestellten und von der damaligen mecklenburg-schwerinschen Regierung angenommenen Bedingungen bei der Vereinbarung des Bundesstaates nicht eingehalten werden können, die nochmalige Zustimmung unsrer Abgeordnetenkammer zu den veränderten Bedingungen immer erforderlich bleibt. —

Schließlich gebe ich Ihnen, meine Herren, die Versicherung, daß, gleichwie ich das mir von Ihnen übertragene Mandat nur in der Hoffnung übernehme, Ihrem ehrenvollen Vertrauen durch meine, wenn auch geringe Wirksamkeit im Erfurter Parlamente in Etwas entsprechen zu können, ich ebenso wenig zögern werde, dasselbe in Ihre Hände zurückzugeben, sobald ich die Ueberzeugung gewinnen sollte, daß ich dort nicht im Stande sei, weder für Mecklenburg noch für Deutschland etwas Nützliches auszurichten.

Rostock, den 3. Februar 1850.

Hochachtungsvoll

C. Hegel.

Abb. VII/12

beugte sich, soweit aus dem Protokoll zu sehen ist, in sämtlichen Abstimmungen der Fraktionsdisziplin und meldete sich nie selbst zu Wort. Die gesamte Versammlung war sich weitgehend einig, daß erheblicher Zeitdruck bei der Verabschiedung der Verfassung bestand, denn diese sollte noch geschehen, solange Österreich, der große Gegner des Projekts, durch seine nationalitätenpolitischen Konflikte gebunden war. So wurde der Radowitz'sche Verfassungsentwurf weitgehend en bloc angenommen und das Parlament nach nur sechs Wochen bereits zum 29. April 1850 wieder geschlossen. Allerdings erfüllten sich die Hoffnungen vor allem der liberalen Parlamentarier – also auch Hegels – nicht: Österreich erzwang im Laufe des Jahres 1850 unter Ausnutzung eines Konfliktes in Kurhes-

sen sowie mit Unterstützung Bayerns und europäischer Mächte die Aufgabe des Unionsplanes und die Restitution des alten Systems des Deutschen Bundes.

In diesem Zusammenhang erreichten die alten Kräfte im übrigen auch in Mecklenburg die Aufhebung der konstitutionellen Verfassung, für deren Zustandekommen Hegel so lange gekämpft hatte. Insofern wies seine gesamte politische Tätigkeit der Jahre 1848 bis 1850 eine vernichtende Bilanz auf, wie er sie in seiner Autobiographie formulierte: *Auch ich konnte nur mit schmerzlichem Bedauern auf meine verlorene Zeit und Arbeit zurückblicken, wiewohl ich dabei reiche Erfahrungen eingesammelt hatte, die mich belehrten, wie es in der politischen Welt zuzugehen pflegt* (ebd., S. 161). C.H.

Abb. VII/13

VII/14 Otto von Bismarck-Schönhausen

1850
Photographie des Gemäldes
Moritz Berendts
(Otto-von-Bismarck-Stiftung,
Friedrichsruh)

Das weitgehend unbekannte Gemälde zeigt den noch jungen Otto von Bismarck (1815-1898), dem Karl Hegel erstmals im Erfurter Unionsparlament begegnete. Während Hegel zur kleindeutsch-liberalen Mehrheitsfraktion der konstitutionell-liberalen „Bahnhofspartei" gehörte, die sich vor allem aus sogenannten „Gothaern", also ehemaligen „Erbkaiserlichen" der Paulskirche zusammensetzte, war Bismarck für die Konservativen ins Volkshaus eingezogen und vertrat den 6. Potsdamer Wahlbezirk „Zauch=Belzig, Westhavelland". Er war einer von acht parlamentarischen Schriftführern[1] und fiel durch seine teils sehr polemischen Reden auf. Das ganze Radowitz'sche Verfassungsprojekt lehnte er ab, da er fürchtete, daß auf diese Weise die wiederhergestellte alte Ordnung der preußischen Monarchie den Liberalen in die Hände gegeben und so faktisch – seinem Verständnis nach – der Revolution ausgeliefert werde. Aber gerade die Erhaltung und Festigung der preußischen Monarchie um beinahe jeden Preis war für ihn schon damals oberstes Gebot jeglicher Politik[2]. Dementsprechend stellte er in Erfurt – alle *Zungendrescher* lächerlich machend – den Antrag auf eine grundsätzliche Revision des Radowitz'schen Verfassungsentwurfs, dem Beseler (Nr. VII/2) entschieden widersprach[3].
Hegels Urteil über den „märkischen Junker" war im Laufe der Zeit einem Wandel unterworfen: 1850 stand er voll auf der Seite seines Freundes und Fraktionskollegen Beseler. In seinen Memoiren von 1900 hingegen schrieb er, Bismarcks

Wort vom *Zungendrescher* aufgreifend: *Kein treffenderes Wort ist in Erfurt 1850 gesprochen worden. Der künftige Gründer der deutschen Einheit wollte damit sagen: Mit allem Euren schönen Geschwätz ist nichts gethan; bevor es nicht aufhört, werden wir nicht zur Einigung Deutschlands durch die That gelangen*[4]. Dieser für die deutschen Nationalliberalen durchaus nicht ganz außergewöhnliche Sinneswandel kennzeichnet also auch die Entwicklung des nunmehr nicht mehr in die aktive Politik eingreifenden Hegel.

[1] Stenographischer Bericht, Bd. 1, S. 61-63 (5. Sitzung am 25. März 1850).
[2] Gall, Bismarck, S. 101 ff.
[3] Stenographischer Bericht, Bd. 1, S. 147 f. (11. Sitzung am 15. April 1850).
[4] Karl Hegel, Leben und Erinnerungen, S. 158.

C.H.

Abb. VII/14

VII/15   Der Schleswig-holsteinische Verein zu Erlangen

10. Dezember 1863, Erlangen
Flugblatt
(StadtA Erlangen: 6. A. IV. d.
6: Acta des Stadt-Magistrats:
Die politischen Vereine und
ihre Versammlungen)

Seit 1856 lebte Karl Hegel in Erlangen, wo er den Lehrstuhl für Geschichte innehatte (Nr. VIII/6). Unmittelbar politisch aktiv wurde er nach den Enttäuschungen von 1850 nicht mehr, aber die seinerzeitigen Vorgänge scheinen eine grundlegende Revision seiner politischen Ansichten veranlaßt zu haben. Offenbar kam er nun zu dem Schluß, daß eine Einigung Deutschlands unter preußischer Führung nur mittels einer rein kabinettgesteuerten Machtpolitik von oben herbeigeführt werden könne. Dies wird erstmals deutlich angesichts seiner Verurteilung der Aktivitäten der altliberalen und demokratischen Nationalbewegung im Zusammenhang mit dem 1863 wiederaufgebrochenen Schleswig-Holstein-Konflikt um die Zugehörigkeit der Herzogtümer Schleswig und Holstein zu Dänemark.

Der sich daraufhin erhebende Proteststurm der deutschen Nationalbewegung hatte eines seiner Zentren in Erlangen. Ein am 27. November 1863 gegründeter Schleswig-holsteinischer Verein entfaltete eine intensive Agitations-, Petitions- und Spendensammlungstätigkeit. Vorsitzende waren unter anderem der aus

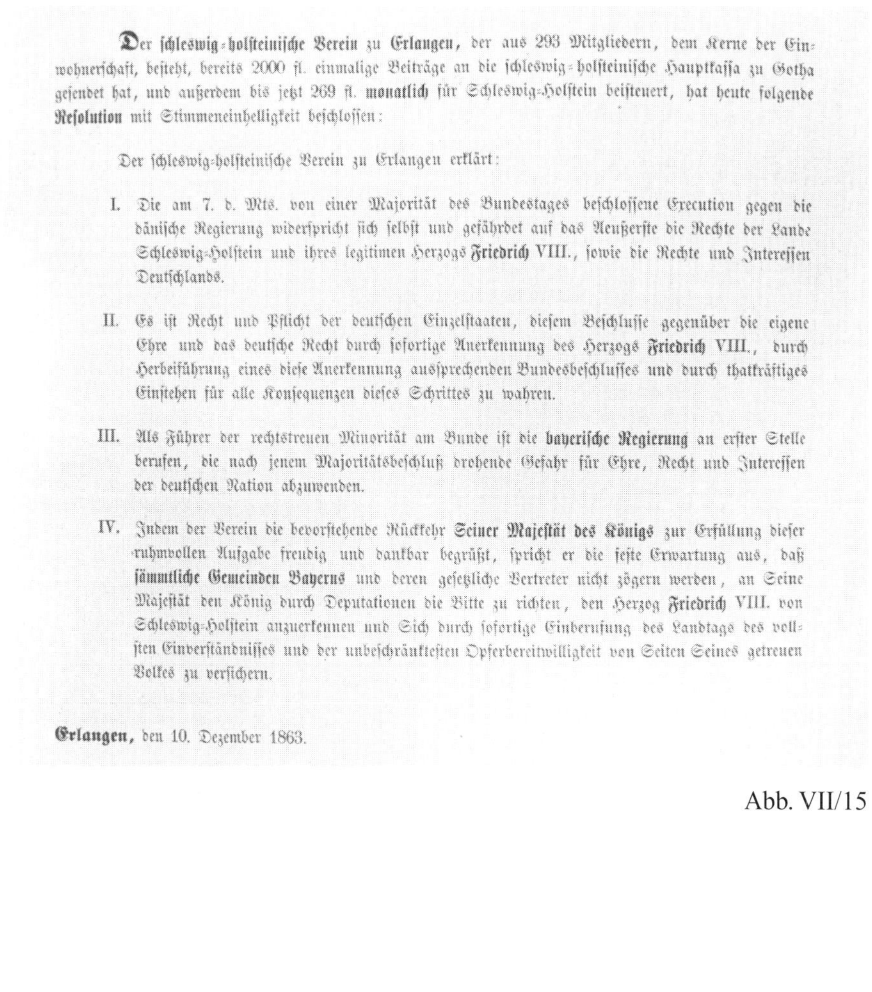

Der schleswig-holsteinische Verein zu Erlangen, der aus 293 Mitgliedern, dem Kerne der Einwohnerschaft, besteht, bereits 2000 fl. einmalige Beiträge an die schleswig-holsteinische Hauptkassa zu Gotha gesendet hat, und außerdem bis jetzt 269 fl. monatlich für Schleswig-Holstein beisteuert, hat heute folgende Resolution mit Stimmeneinhelligkeit beschlossen:

Der schleswig-holsteinische Verein zu Erlangen erklärt:

I.   Die am 7. d. Mts. von einer Majorität des Bundestages beschlossene Execution gegen die dänische Regierung widerspricht sich selbst und gefährdet auf das Äeußerste die Rechte der Lande Schleswig-Holstein und ihres legitimen Herzogs Friedrich VIII., sowie die Rechte und Interessen Deutschlands.

II.   Es ist Recht und Pflicht der deutschen Einzelstaaten, diesem Beschlusse gegenüber die eigene Ehre und das deutsche Recht durch sofortige Anerkennung des Herzogs Friedrich VIII., durch Herbeiführung eines diese Anerkennung aussprechenden Bundesbeschlusses und durch thatkräftiges Einstehen für alle Konsequenzen dieses Schrittes zu wahren.

III.   Als Führer der rechtstreuen Minorität am Bunde ist die bayerische Regierung an erster Stelle berufen, die nach jenem Majoritätsbeschluß drohende Gefahr für Ehre, Recht und Interessen der deutschen Nation abzuwenden.

IV.   Indem der Verein die bevorstehende Rückkehr Seiner Majestät des Königs zur Erfüllung dieser ruhmvollen Aufgabe freudig und dankbar begrüßt, spricht er die feste Erwartung aus, daß sämmtliche Gemeinden Bayerns und deren gesetzliche Vertreter nicht zögern werden, an Seine Majestät den König durch Deputationen die Bitte zu richten, den Herzog Friedrich VIII. von Schleswig-Holstein anzuerkennen und Sich durch sofortige Einberufung des Landtags des vollsten Einverständnisses und der unbeschränktesten Opferbereitwilligkeit von Seiten Seines getreuen Volkes zu versichern.

Erlangen, den 10. Dezember 1863.

Abb. VII/15

Schleswig stammende Professor der Rechte Heinrich Marquardsen (Nr. VII/16), der Theologe Johannes von Hofmann (Nr. VIII/9), der Literaturwissenschaftler Rudolf von Raumer (1815-1876) und nicht zuletzt der Erlanger Bürgermeister August Papellier (1834-1894)[1].

Wie die *Resolution* vom 10. Dezember 1863 zeigt, wurden die deutschen Regierungen aufgefordert, wirkungsvoll gegen das dänische Vorgehen einzuschreiten und den von der Nationalbewegung getragenen Prinzen Friedrich von Augustenburg (1826-1880) als legitimen Herzog Friedrich VIII. für Schleswig und Holstein einzusetzen.

Hegels Haltung zu den Aktivitäten des Schleswig-holsteinischen Vereins zu Erlangen erschließt sich aus seiner erinnernden Bemerkung, daß auf den Versammlungen *mit vielem Unverstand gegen Preußen und Bismarck gedonnert und geschmäht wurde nach Herzenslust*[2]. Offenbar sah er sich veranlaßt – wenn auch nur im privaten Kreis – die entgegengesetzte Position zu beziehen, *daß die Kraft und die Hoffnung Deutschlands allein auf Preußen beruhe*[3]. Diese Wendung von einer nationalliberalen Politik im alten, konstitutionell-parlamentarischen Sinn hin zur dezisionistischen Realpolitik, die Bismarck ja bereits 1850 vertreten hatte, ist durchaus kein Einzelfall. Nicht zuletzt Hegels alter Freund Beseler (Nr. VII/2) vollzog eine analoge Entwicklung[4].

---

[1] Hirschfelder, Papellier, S. 223 ff.
[2] Karl Hegel, Leben und Erinnerungen, S. 188.
[3] Ebd., S. 190.
[4] Kern, Beseler, S. 225 ff.   C.H.

VII/16 Heinrich Marquardsen (1826-1897)

Photographie
(UB Erlangen-Nürnberg, Handschriftenabteilung: Portr. Repr.)

Geboren in Schleswig, 1843-1847 Studium der Rechtswissenschaften in Kiel und Heidelberg, 1848 Promotion zum Doktor beider Rechte in Heidelberg, 1851 dort auch Habilitation, 1860 Extraordinarius für Staatsrecht, 1861 Ordinarius für Deutsches Staatsrecht in Erlangen, 1863 Vorsitzender des Schleswig-holsteinischen Vereins (Nr. VII/15), politische Karriere als Mitglied des Deutschen Zollparlaments (1868-1870), des Bayerischen Landtags (1869-1893) sowie des Deutschen Reichstags (1871-1897), Mitbegründer der Bayerischen Fortschrittspartei, gestorben in Erlangen.   B.K.

Abb. VII/16

VII/17 Gescheiterte Prorektor-Wahl und Deutscher Krieg

14. Juli 1866, Erlangen
Stimmzettel
(UA Erlangen-Nürnberg:
A 1/4, Nr. 89)

Abb. VII/17.1

Als es im Sommer 1866 zum Krieg zwischen Preußen und Österreich um die Vorherrschaft in Deutschland kam, hatte Karl Hegel als erklärter Preußen- und Bismarck-Freund im nationaldemokratischen und bayerischen Erlangen einen prekären Stand. Bayern kämpfte auf der Seite Österreichs, und die nationaldemokratischen Kreise um den Erlanger Schleswig-holsteinischen Verein verabscheuten ebenfalls die dunklen Kanäle Bismarckscher Macht- und Kabinettspolitik. Hegel wurde Opfer persönlicher Bedrohungen und war froh, *nur mit bubenhaftem Fenstereinwerfen in der Nacht davon zu kommen*[1].

Vor allem aber wurde er bei der Wahl zum Prorektor am 14. Juli 1866, bei der er sich gute Chancen ausgerechnet hatte, aufgrund seiner politischen Haltung übergangen, *weil meine Wahl als eine politische Demonstration gegen die bayerische Regierung hätte aufgefaßt werden können*[2]. Gewählt *wurde der als politisch neutral geltende* Germanist Rudolf von Raumer (1815-1868)[3], der sich auch als leitendes Mitglied des Schleswig-holsteinischen Vereins hervorgetan hatte. Von der Anspannung der politischen Situation, die trotz allem noch mit einem Schuß Ironie ertragen wurde, geben die als *Wahlspruch* bezeichneten Devisen, die die wählenden Professoren auf ihre Stimmzettel setzten, einen guten Einblick: Marquardsen (Nr. VII/16), Freund Raumers und Gegenspieler

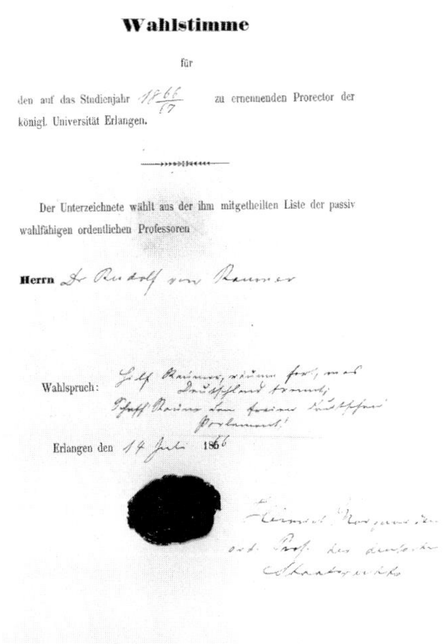

Hegels, brachte in einem pathetischen Wortspiel seine nationaldemokratischen Hoffnungen zum Ausdruck, indem er formulierte: *Hilf Raumer, räume fort, was Deutschland trennt; / Schaff' Raum dem freien deutschen Parlament!* Bereits etwas aufgelockerter begründete der Mineraloge Friedrich Pfaff (1825-1886) seine Entscheidung für den angeblich bayerisch naturalisierten Preußen von Raumer: *Schwarz-Weiß bist Du zwar geboren, / Doch das Schwarz hat sich verloren. / Weil Du hellblau angeloffen, / Hat Dich heut die Wahl getroffen.* Der Mathematiker Karl Georg Freiherr von Staudt (1798-1867) beschränkte sich auf ein nicht ganz eindeutiges *O Oesterreich! O Preußen!*, während Hegel, den Chemiker Eugen Freiherr von Gorup-Besanez (1817-1878) wählend, selbst nur lakonisch bemerkte: *Audiatur et altera pars!*[4]

[1] Karl Hegel, Leben und Erinnerungen, S. 190.
[2] Ebd., S. 191.
[3] Wendehorst, Geschichte, S. 109.
[4] Sämtliche Stimmzettel mit den Wahlsprüchen sind erhalten: UA Erlangen-Nürnberg: A 1/4, Nr. 89, versiegelt gewesenes Paket: Beilage 4 zu Bericht Nr. 1529. Wahlstimmen zur Wahl eines Prorectors der k. Univ. Erlangen pro 1866/67; die Wahlsprüche finden sich außerdem in: UA Erlangen-Nürnberg: Th. I, Pos. 4, R, Nr. 25: Acta der königlichen Universität Erlangen. Die Prorektorswahlen betr., 1860-1874, 1 Bd., unfol.
C.H.

Wahlstimme

für

den auf das Studienjahr 18 66/67 zu ernennenden Prorector der königl. Universität Erlangen.

Der Unterzeichnete wählt aus der ihm mitgetheilten Liste der passiv wahlfähigen ordentlichen Professoren

Herrn *Professor Dr Rudolf von Raumer*

Wahlspruch: *O Aufklärung! O Preußen!*

Erlangen den *14ten Juli* 1866

(L. S.)

Abb. VII/17.3

Wahlstimme

für

den auf das Studienjahr 1866/67 zu ernennenden Prorector der königl. Universität Erlangen.

Der Unterzeichnete wählt aus der ihm mitgetheilten Liste der passiv wahlfähigen ordentlichen Professoren

Herrn *Dr. Rudolph v. Raumer, ...*

Wahlspruch: *...*

Erlangen den *14 Juli* 1866

(L. S.)

Abb. VII/17.2

Wahlstimme

für

den auf das Studienjahr 1866/67 zu ernennenden Prorector der königl. Universität Erlangen.

Der Unterzeichnete wählt aus der ihm mitgetheilten Liste der passiv wahlfähigen ordentlichen Professoren

Herrn *...*

Wahlspruch: *...*

Erlangen den *14. Juli* 1866

Abb. VII/17.4

VII/18 Karl Hegels Prorektoratsrede

4. November 1870, Erlangen

Broschüre

(UB Erlangen-Nürnberg)

Als im Sommer 1870 erneut die Prorektoratswahl anstand, hatte sich die politische Situation und damit auch die Stellung Hegels in Erlangen entscheidend verändert: Preußen hatte 1866 Österreich militärisch und politisch aus Deutschland verdrängt und sich neben der Hegemonie in Norddeutschland auch ein Bündnissystem mit den drei süddeutschen Staaten Bayern, Baden und Württemberg geschaffen. Nach der Kriegserklärung Frankreichs an Preußen stand nicht nur die gesamte deutsche Nationalbewegung hinter Bismarck, sondern er fand auch die Unterstützung der süddeutschen Regierungen. In dieser Situation war es nur folgerichtig, daß der Preußen- und Bismarckanhänger Karl Hegel in der ohnehin als stark national geltenden Universität Erlangen am 18. Juli 1870, kurz vor der Kriegserklärung Frankreichs, zum Prorektor gewählt wurde (Nr. VIII/17).

Seine Prorektoratsrede am Erlanger *dies academicus*, dem 4. November, atmete denn auch ganz den kleindeutsch-national geprägten Geist der Stunde und stand unter dem Eindruck der Erfolge im Deutsch-Französischen Krieg. Die verbündeten deutschen Staaten hatten bereits entscheidende Siege errungen und verhandelten über die Schaffung eines kleindeutschen Nationalstaats unter preußischer Führung. Ausgehend von der Rolle der Universitäten als Wahrer des nationalen Gedankens seit 1813, stellte sich Hegel in seiner Rede voll hinter die Politik Bismarcks, die unter der Wahrung und angemessenen Fortentwicklung der historisch überkommenen Zustände die deutsche Einigung durch die entschlossene

Tat herbeiführe. Er meinte, in den gegenwärtigen Ereignissen den erfolgreichen Abschluß einer doppelten krisenhaften historischen Entwicklungslinie sehen zu können: Zum einen sei durch die Bismarcksche Realpolitik endlich die Einigung Deutschlands nach den revolutionären Irrwegen von 1848 erreicht worden, zum anderen sei der französische Imperialismus, der seit Jahrhunderten in die deutschen Dinge hineinregiert habe, endgültig abgeschüttelt worden. Dabei näherte sich Hegel an einen autoritär-militaristischen Nationalismus an, wenn er u.a. der Paulskirche Realitätsverlust vorwarf, dem typischen Bild von deutscher Aufrichtigkeit und deutschem Mannesmut die französische *Civilisation, welche unter oberflächlicher Tünche geistige wie sittliche Verkommenheit verbirgt*, gegenüberstellte, den Krieg als beste Schule zur Überwindung von Egoismus und Engherzigkeit pries oder Katholiken und Sozialdemokraten als kosmopolitisierende Vaterlandsverräter

Abb. VII/18

geißelte. – Die durch und durch politische Rede fand weite Verbreitung und erschien noch 1870 in dritter Auflage. Im Auftrage König Ludwigs II. von Bayern dankte Ministerialrat Eisenhart am 29. November 1879 aus Hohenschwangau für *das von Ihnen vorgelegte Exemplar [...] Ihrer meisterhaften Rede* (Brief im Nachlaß Karl Hegels, Privatbesitz).   C.H.

VII/19   Kaiserproklamation

18. Januar 1871, Versailles
Photographie des Gemäldes
von Anton von Werner (1843-1915) von 1885
(Bildarchiv Preußischer Kulturbesitz, Berlin: Nr. 1285)

Ich gedenke des siegreichen Kaisers Wilhelm I und dessen was ich von ihm erleb-

te. Mit diesem Satz leitete Karl Hegel das letzte, *Kaiser Wilhelm I.* überschriebene Kapitel seiner Memoiren ein (Karl Hegel, Leben und Erinnerungen, S. 207-209). Das neugeschaffene kleindeutsche Kaiserreich war der Nationalstaat, in dem er – nunmehr – seine eigenen politischen Zielvorstellungen und Wünsche realisiert sah. Aus dem liberalen 1848er war – nicht nur aus Gründen politischer Pragmatik – ein Verehrer des preußischen Obrigkeitsstaates geworden.   C.H.

Abb. VII/19

VIII. PROFESSOR IN ERLANGEN

45 Jahre – die Hälfte seines Lebens – hat Karl Hegel in Erlangen gewohnt und an der Friedrich-Alexander-Universität lehrend und forschend gewirkt. Wie viele vor und nach ihm hatte er von der Stadt zunächst keinen günstigen Eindruck – *Die Stadt Erlangen macht von außen einen ärmlichen Eindruck* – wie noch seinen Memoiren zu entnehmen ist (Nr. VIII/4). Eher nüchtern war seine Beschreibung: *Die Stadt ist von geraden nach den vier Himmelsgegenden gerichteten Straßen durchschnitten. Es unterscheiden sich Alt- und Neustadt, letztere von Markgraf Christian Ernst 1686 für die französischen Flüchtlinge erbaut. Das Schloß und andere markgräfliche Gebäude waren für die Zwecke der Universität eingerichtet. Im Schloßgebäude befanden sich die Aula, die Bibliothek und naturwissenschaftliche Sammlungen. Die ehemalige Konkordienkirche war für Hörsäle umgebaut. Auch der Schloßgarten mit seinen prächtigen Baumalleen ist dem genannten Markgrafen zu verdanken*[1].

Dem Eindruck von der Stadt mit den *unansehnliche[n] Häuser[n]*, in der Karl Hegel fast ein halbes Jahrhundert leben und wirken sollte, entsprachen die Zustände in seinem Fachgebiet, der Geschichtswissenschaft, das seit 1821 von Karl Wilhelm Böttiger (Nr. VIII/13) vertreten wurde. Als Nachfolger Johann Georg Meusels (1743-1820) gehörte er mit seinem Wissenschaftsverständnis noch ganz dem 18. Jahrhundert an und nahm an den modernen Entwicklungen seines Faches in seiner Zeit (Nr. IX) keinerlei Anteil. Den *Professor historiarum* Karl Wilhelm Böttiger abzulösen, war Karl Hegel als Geschichtswissenschaftler einer neuen Zeit berufen worden. Zu den *Sterne[n] erster Größe* an der *in voller Blüte* stehenden Universität[2] gehörte Böttiger jedenfalls nicht, sondern dazu zählte Hegel vor allem die Theologen, mit denen er zum Teil schon aus Rostocker Jahren befreundet war (Nr. VIII/9-12). Johannes Hofmann (Nr. VIII/9) hat ihn denn auch nicht nur über den Zustand seines Faches in Erlangen aufgeklärt (Nr. VIII/13), sondern ihm auch in einem persönlichen Brief vom 30. Januar 1856 die zurückhaltende Art des Prorektors Franz Dittrich (1815-1859) in seinem Berufungsschreiben an Hegel erläutert, die diesen *befremdet* hatte, vermutend, er sei von München gewollt, aber in Erlangen nicht willkommen[3].

Folgendes diene Dir zur Erklärung! – führte Hofmann aus: *Es war von Anfang an nicht unser Vorschlag, sondern des Königs Wille, daß eine zweite Professur der Geschichte an unserer Universität errichtet werde*; da die Berufungsvorschläge der Universität sich entweder nicht realisieren ließen – der Heidelberger Ordinarius Ludwig Häusser (1818-1867) lehnte den an ihn ergangenen Ruf ab – oder in München nicht willkommen waren, *ordnete [...] der König* Hegels *Berufung an, welche dann ohne weitere Vornahme der Fakultät sofort ins Werk gesetzt wurde. So der Verlauf der Sache, welche Dir die Fassung des Schreibens [des Prorektors] erklären wird, das an Dich ergangen ist. Wäre aber der Senat oder die Fakultät Dir entgegen, so würde die Berufung nicht ohne Weiteres vollzogen werden. Du kannst der freundlichsten Gesinnung gewiß seyn, und es wird lediglich von Dir abhängen, Dir die günstigste Stellung hier zu verschaffen. Denn daß die neue Professur wider den Willen, obwohl ohne Widerspruch, Böttiger's errichtet wird, ist ohne Belang bei der gänzlichen Einflußlosigkeit desselben. Senat und Fakultät und Studentenschaft sehen mit Sehnsucht einer Neubelebung historischer Studien entgegen.*

Im Gegensatz zu seinem Vater – vier Jahrzehnte zuvor (Nr. VIII/1) – nahm Karl Hegel den Ruf nach Erlangen auf den neugeschaffenen zweiten Lehrstuhl für Geschichte an (Nr. VIII/5,6) und wurde als „Nordlicht" (Nr. VIII/2) zum Begründer der modernen Geschichtswissenschaft an der Friedrich-Alexander-Universität, bald – zumindest kurzzeitig – von Julius Weizsäcker (Nr. VIII/14) unterstützt[4]. In enger Kooperation mit seinem kurz zuvor an die Münchener Universität berufenen Kollegen Heinrich von Sybel (Nr. IX/5) entwickelte er im Sinne König Maximilians II. (Nr. VII/3, 5) seine Vorstellungen von der Reform des Geschichtsstudiums und der Gymnasiallehrer-Ausbildung (Nr. VIII/16) und trat auch für die Einrichtung eines Historischen Seminars ein (Nr. VIII/15), zu der es aber erst 1872 gekommen ist[5]. Sein Engagement für die erwartungsvollen Studenten äußerte sich in der Breite seines Lehrangebotes[6] und seinem Einsatz für die Verbesserung der Bibliothekssituation, die Voraussetzung für den Erfolg der Seminar-Konzeption war. Mit der Wahl in die 1858 gegründete Historische Kommission bei der Königlichen Akademie der Wissenschaften in München (Nr. IX/1) und der Übernahme der Leitung des Editionsprojektes *Die Chroniken der deutschen Städte* (Nr. IX/10) wurden für Karl Hegel in den ersten Erlanger Jahren auch die Weichen hinsichtlich seiner Forschungsaktivitäten neu gestellt. Sein Ansehen als Wissenschaftler und seine der Universität insgesamt geltenden Aktivitäten brachten es zwangsläufig mit sich, daß er 1870 mit der Wahl zum Prorektor der Friedrich-Alexander-Universität die höchste Stufe der akademischen Karriereleiter erreichte (Nr. VIII/17-19), zumal sich – z. B. gegenüber den Ereignissen von 1866 (Nr. VII/17) – seine politischen Anschauungen durchgesetzt hatten.

Sein Professoren-Amt übte Karl Hegel in vollem Umfang bis zum Sommersemester 1884 aus, als ihn König Ludwig II. (1845-1886), *seiner allerunterthänigsten Bitte entsprechend, von der Verpflichtung in jedem Semester Vorlesungen zu halten,* enthob[7]. 1886 legte er auch die Leitung des Historischen Seminars nieder, die er von Anfang an mit dem Kollegen innegehabt hatte, der die Alte Geschichte vertrat[8]. Sein Nachfolger wurde bis 1896 der renommierte Reformations-Historiker Friedrich von Bezold (1848-1928)[9].

Eine weit über Erlangen hinausgehende wissenschaftliche Anerkennung fand Karl Hegel durch höchst ehrenvolle Berufungen in Wissenschaftliche Akademien und andere wissenschaftliche Vereinigungen, in denen sein Sachverstand gefragt war oder die sich – ihn ehrend – mit ihm „schmücken" wollten. Die Königliche Societät der Wissenschaften zu Göttingen berief ihn bereits 1857 zum *Correspondenten*, 1871 zum *auswärtigen Mitglied*[10], die Königlich Bayerische Akademie der Wissenschaften machte ihn 1859 zu ihrem *auswärtigen Mitglied der historischen Klasse*[11], die Königliche Preußische Akademie der Wissenschaften zu Berlin 1876 zu ihrem *correspondierenden Mitglied*[12], ebenso die Kaiserliche Akademie der Wissenschaften zu Wien im Jahre 1887 (Nr. VIII/29), allerdings nicht ohne Schwierigkeiten, die offenbar in Karl Hegels politischer Haltung als „Kleindeutscher" begründet lagen. War Karl Hegel schon 1858 von König Maximilian II. in die Historische Kommission in München berufen worden, so folgte 1865 die Aufnahme in die Gesellschaft für ältere deutsche Geschichtskunde und 1875 in die Zentraldirektion der MGH[13]. Besondere Ehrungen stellten für ihn die Promotion zum Ehrendoktor der Juristischen Fakultät der Universität Halle-Wittenberg im Jahre 1867 (Nr. VIII/27) dar, auch die zum Dr. jur. h.c. der Universität Göttingen 1881, die er aber ablehnte (Nr. VIII/28). Noch in seine Rostocker Zeit fiel seine Berufung in den Gelehrtenausschuß des GNM (1855), in dessen Verwaltungsrat er 1877 gewählt wurde (Nr. I/13). Mitgliedschaften in der Historisch-theologischen Gesellschaft zu Leipzig (1849), im Verein für mecklenburgische Geschichte und Alterthumskunde (1851), im Verein für Hamburgische Geschichte (1862), im Historischen Verein für Mittelfranken (1869), im Verein für Erforschung der rheinischen Geschichte und Altertümer Mainz (1882), in der Gesellschaft für Rheinische Geschichtskunde Köln (1887) sowie die Ehrenmitgliedschaft im Verein für Geschichte der Stadt Nürnberg (1891) (Nr. I/16) sind Ausdruck seiner hohen Wertschätzung vor allem als Stadt- und als Landeshistoriker[14], die schließlich auch anläßlich seines Goldenen Doktorjubiläums (Nr. VIII/30) breit dokumentiert wurde. Höchste staatliche Ehrungen erfuhr Karl Hegel 1872 mit der Verleihung des Ritterkreuzes Erster Klasse des Königlichen Verdienstordens vom heiligen Michael[15], 1876 mit der Verleihung des Königlichen Maximiliansordens für Wissenschaft und Kunst[16] sowie 1889 der des Ritterkreuzes des Königlichen Verdienstordens der Bayerischen Krone[17]; 1891 wurde seine Aufnahme in die Adelsmatrikel des Königreichs Bayern vollzogen (Nr. VIII/31). Im Jahre 1893 folgte noch die Verleihung des Titels eines Königlichen Geheimen Rates (Nr. VIII/32) anläßlich des 150jährigen Bestehens der Friedrich-Alexander-Universität.

Erlangen war viereinhalb Jahrzehnte lang Karl Hegels Lebensmittelpunkt. In die kleine Universitätsstadt zog er 1856 bald nach seiner Entscheidung, die Universität Rostock zu verlassen, mit seiner Frau und den vier in Rostock geborenen Kindern um

(Nr. I/2). Bereits vom 16. Mai 1856 datiert das Indigenats-Decret für ihn (Nr. VIII/7), das ihn zum Staatsbürger des Königreiches Bayern machte. Seine erste Wohnung nahm er in jenem Eckhaus in der Friedrichstraße, in dem von 1820 bis 1827 der Philosoph Friedrich Wilhelm Joseph Schelling gewohnt hatte (Nr. VIII/8), dessen Sohn Paul Joseph Schelling (1813-1889) als Zivilrechtler Hegels Kollege für drei Jahrzehnte war. 1861 bezog die größer gewordene Familie – die Kinder Anna, Luise, Marie und Georg waren in Rostock, Sophie in der Friedrichstraße in Erlangen geboren (Nr. I/2) – das auf einem an den Botanischen Garten angrenzenden Grundstück errichtete Wohnhaus (Nr. VIII/20, 21). Noch außerhalb der späteren „Professorenquartiere", in denen gutverdienende Ordinarien am Ende des 19. Jahrhunderts ihre Villen bauten (z.B. heutige Schillerstraße, Loewenichstraße, Rathsbergerstraße), trat Karl Hegel sehr früh als eigener Bauherr auf. Das Hegel-Haus wurde zum zentralen Ort für seine Familie und für gesellschaftliche Ereignisse (Nr. VIII/30). In ihm wurden seine Kinder Sigmund, August und Gottlieb geboren (Nr. I/2), und in ihm ist seine Frau Susanne (Nr. VIII/22, 24) am 1. Januar 1878 gestorben, deren Tod ihn nach Ausweis seines *Gedenkbuches* (Nr. VIII/33) tief getroffen hat.

---

[1] Karl Hegel, Leben und Erinnerungen , S. 172 f.

[2] Ebd. S. 173

[3] Der Brief Hofmanns vom 30. Januar 1856 befindet sich im Nachlaß Karl Hegels (Privatbesitz).

[4] Vgl. die einschlägigen Beiträge in: Geschichtswissenschaft in Erlangen.

[5] Neuhaus, Mit Gadendam, S. 32 ff.; Neuhaus, Karl Hegel (1813-1901).

[6] Riesinger/Marquardt-Rabiger, Die Vertretung des Faches Geschichte, S. 211-214, insbes. S. 214.

[7] UA Erlangen-Nürnberg: T. II, Pos. 1, Nr. 41: Karl Hegel (unfol.); HStA Bayern, München: Abt. I, Allgemeines Staatsarchiv, MK 40058 (unfol.).

[8] UA Erlangen-Nürnberg: T. II, Pos. 1, Nr. 41: Karl Hegel (unfol.).

[9] Gotthard, Neue Geschichte 1870-1970, S. 105 f., 108 f., 112 f.

[10] Akademie der Wissenschaften zu Göttingen, Archiv: Pers. 12, Nr. 173, 286.

[11] Bayerische Akademie der Wissenschaften, München, Archiv: Wahlakten 1859, 1 Nr. 19 Hegel.

[12] Berlin-Brandenburgische Akademie der Wissenschaften, Berlin, Archiv: PAW (1812-1945) II-III-121, fol. 127ʳ.

[13] Archiv der MGH.

[14] Briefe und Urkunden im Nachlaß Karl Hegels (Privatbesitz).

[15] HStA HStA Bayern, München: Ordensakten Nr. 4478.

[16] HStA HStA Bayern, München: Ordensakten Nr. 0863.

[17] HStA HStA Bayern, München: Ordensakten Nr. 1810, Kronorden.   H.N.

VIII/1 Georg Wilhelm Friedrich Hegels Ablehnung eines Rufes an die Universität Erlangen

6. [Sept.] 1816, Nürnberg
Brief
(UA Erlangen-Nürnberg:
A 2/1, Nr. H 25 [1816])

Am 25. August 1816 ernannte der bayerische König Maximilian I. Joseph (1756-1825) Karl Hegels Vater zum Nachfolger des klassischen Philologen Gottlieb Christoph Harleß (1738-1815) auf dessen Erlanger *Lehrstelle der Beredsamkeit und Dichtkunst der classischen griechischen und römischen Literatur*[1], ohne die Universität konsultiert zu haben[2]. Einen Tag zuvor hatte Georg Wilhelm Friedrich Hegel dem bayerischen Innenministerium mitgeteilt, daß er auf eine ordentliche Professur für Philosophie an die Universität Heidelberg berufen worden und entschlossen sei, den Ruf anzunehmen; gleichzeitig bat er um seine Entlassung als Nürnberger Gymnasialdirektor[3]. In sei-

nem Schreiben vom 6. September 1816 an *Euer Magnificenz* – Prorektor Professor Dr. Bernhard Bertholdt (1774-1822)–, das er versehentlich auf *Aug[ust]* datierte, bezog er sich auf des Erlanger Prorektors Benachrichtigung vom 2. September 1816 über den Ruf nach Erlangen und teilte als *ernannter Professor der Philosophie zu Heidelberg* mit, ihn nicht anzunehmen, sondern an den Neckar zu gehen[4]. Dies wiederholte er in einem *geschäftsmäßigen Schreiben*[5] vom 21. September 1816 an den königlichen akademischen Senat in Erlangen, dessen im Konzept erhaltene *Notification* vom 19. September 1816 beantwortend[6].

Euer Magnificenz
gütiges Schreibens [sic!] vom 2. d[ieses Monats] benachrichtigt mich, daß ich durch ein allerhöchstes Rescript von 25sten vor[igen] Mon[ats] zur Professur der Philologie in Erlangen ernannt worden. So sehr ich Ihnen für die freundlichen Glückwünsche hierüber danke, und so angenehm es mir gewesen seyn würde, mit Denselben in ein näheres col-

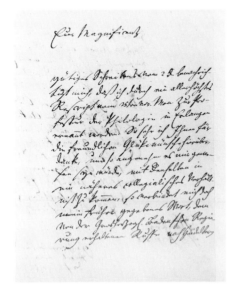

Abb. VIII/1.1

Abb. VIII/1.2

legialisches Verhältniß zu kommen, so verbindet mich doch mein früher gegebenes Wort, dem von der Grosherzogl[ich] Badenschen Regierung erhaltenen Ruffe nach Heidelberg zu folgen, und mein bereits unter dem 24sten vor[igen] Monats an die allerhöchste Stelle eingereichtes Gesuch um meine Entlassung aus den Königlichen Diensten zu wiederhohlen. Hiernach sehe ich mich ausser Stands, Ihrer gütigen Aufforderung wegen zu übersendenden Ankündigung von Vorlesungen auf der Universität Erlangen zu entsprechen, und indem ich mich Ihren fortdauernden gütigen Gesinnungen gegen mich bestens empfehle, habe ich die Ehre mit ausgezeichneter Hochachtung zu seyn

	Euer Magnificenz
Nürnberg	*gantz ergebenster*
d[atum]	*Diener Hegel, er-*
6. Aug[ust] 1816	*nannter Professor*
	der Philosophie zu
	Heidelberg

[1] UA Erlangen-Nürnberg: A 2/1 Nr. H 25 (1816), unfol.

[2] Wendehorst, Geschichte, S. 78.

[3] Briefe von und an Hegel, Bd. 2, Nr. 290, S. 121, 408; ebd., Nr. 295, S. 125 f., 410 f., Nr. 297, S. 127 f., 412, Nr. 308, S. 140, 414, weitere Schreiben in diesem Kontext.

[4] Siehe auch Briefe von und an Hegel, Bd. 2, Nr. 299, S. 130 f., 412.

[5] Wendehorst, Geschichte, S. 78.

[6] Beide Schreiben im UA Erlangen-Nürnberg (wie Anm. 1), das des Erlanger Senats vom 19. September 1816 auch in: Briefe von und an Hegel, Bd. 2, Nr. 302, S. 135, 412 f.; Hegels Brief vom 21. September 1816 ebd., Nr. 303, S. 135 f., 413.   H.N.

VIII/2   „Nordlichter" für die Geschichtsprofessur an der Münchener Universität

31. Oktober 1853
Notizzettel
(HStA Bayern, München: Abt. III., Geheimes Hausarchiv: Kabinettsakten König Maximilians II., 76/5/35c, ad 21-1-6)

Obwohl Leopold Ranke (Nr. IV/7) am 28. März 1853 dem bayerischen König Maximilian II. (Nr. VIII/3) mitgeteilt hatte, seinem Ruf auf die Geschichtsprofessur an der Münchener Universität nicht zu folgen und in Berlin zu bleiben[1], wurde er des Königs wichtigster Ratgeber bei der Besetzung der Stelle. Auf einem von drei Notizzetteln – *Von Ranke für die Geschichtsprofessur an der Universität München bezeichnete Gelehrte* – findet sich an vierter Stelle auch *Hegel jun. in Rostock, Professor der Geschichte*[2]. Mit ihm wurden genannt: Jacob *Burkhardt in Basel* (1818-1897), Reinhold *Pauli in London* (1823-1882), Wilhelm *Giesebrecht in Berlin* (Nr. IX/4), Ernst *Dümmler* (1830-1902), später in Halle, *Köpke – liest in der Kriegsschule in Berlin, Schmitt – war in Frankfurt* am Main, *Wenk in Leipzig, Flottow in Breslau,* Heinrich von *Sybell* in Jena (Nr. IX/5) und Franz Xaver *Wegele in Marburg* (Nr. IX/6)[3]. Auf einem der beiden anderen Zettel sind auch noch aufgeführt: Heinrich *Leo in Halle* (1799-1878), Karl Adolf *Cornelius in Bonn* (1819-1903) und Wilhelm *Roscher, Staatsrechtslehrer in Leipzig* (1817-1894).

König Maximilian II. suchte nach profilierten Historikern mit rhetorischer Begabung, die sich bereits einen Namen als Wissenschaftler gemacht hatten und mit ihren Leistungen das Prestige der bayerischen Universitäten zu erhöhen verspra-

chen. Sie sollten nach Möglichkeit *bayerische[r] Abstammung und [...] katholi-
sche[n] Religionsbekenntnis[ses]* sein,
aber *wenn eine entsprechende Lehrkraft
mit diesen beiden Eigenschaften nicht
gefunden werden könnte –* hieß es in einer
Weisung an den Staatsminister des Innern
für Kirchen und Schulangelegenheiten,
Theodor von Zwehl (1800-1875), vom
6. Februar 1854 –, *darf auf Ausländer und
Protestanten das Augenmerk gerichtet
werden*[4].

Im Zuge einer Paket-Lösung für die drei
bayerischen Universitäten und zur Ver-
meidung katholischer Bedenken wurde
der in Düsseldorf geborene Protestant
Sybel, ältester Ranke-Schüler und nach
Auffassung König Maximilians II. *offenbar der talentvollste von Allen, streng
conservativ-liberal*[5], 1856 auf den Münchener Lehrstuhl berufen, der in Landshut in Bayern geborene Katholik Wegele
nach Würzburg[6]. Und 1856 erhielt Karl
Hegel den Ruf nach Erlangen.

[1] Vgl. Hoeft, Rankes Berufung.
[2] Zunächst war Hegel noch *in Berlin* vermutet worden. Auf den beiden anderen Notizzetteln ist er
einmal an vierter Stelle als *der junge Hegel in Berlin,* einmal an sechster Stelle als *Hegel jun. Prof.
d. Geschichte in Rostock* genannt (Fundort wie
oben).
[3] Irrtümlicherweise wurden die Wirkungsorte
Sybels und Wegeles 1853 vertauscht; zu Burkhardt lautet die Ergänzung: *schrieb über Constan-
tin d. Gr.,* zu Pauli: *schrieb über König Alfred.*
[4] Zitiert nach Hoeft, Rankes Berufung, S. 117.
[5] Zitiert nach Sing, Wissenschaftspolitik, S. 170;
ebd. zur gesamten Problematik. Zur Münchener
Situation insgesamt: Dickerhof-Fröhlich, Das historische Studium; Dies., Das Fach Geschichte.
[6] Petersohn, Franz Xaver Wegele.   H.N.

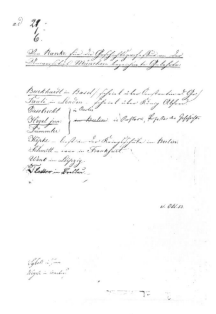

Abb. VIII/2

VIII/3 König Maximilian II. Joseph von Bayern (1811-1864)

Photographie von Franz
Hanfstaengl (1804-1877)
(Geist und Gestalt, Abb. 6)

Das gründliche Ausbildungsprogramm,
das der junge wittelsbachische Kronprinz
auf Veranlassung seines Vaters, König
Ludwig I. (1786-1868), erhielt, beinhal-
tete eine breite wissenschaftliche Orientierung. So hörte er 1829 an der Universität Göttingen Geschichte und Staatsrecht bei Arnold Hermann Ludwig Heeren (1760-1842) und bei Friedrich Christoph Dahlmann (Nr. IX/2) und schloß
seine Studien 1830/31 bei Friedrich von
Raumer (1781-1873) und Leopold von
Ranke (Nr. IV/7) in Berlin ab. Auf zahlreichen Reisen durch Europa und ins Hei-

lige Land pflegte er neben seinen historischen auch seine geographischen und astronomischen Interessen. Wichtigster Berater wurde bereits 1842 der Ranke-Schüler Wilhelm von Dönniges (1814-1872), dessen persönlicher und vor allem politischer Einfluß auf den neuen König kaum überschätzt werden kann. Maximilians II. Name ist innenpolitisch vor allem mit der Wissenschafts- und Kulturpolitik verbunden. Er nahm u.a. eine Neuordnung des bayerischen Schulwesens sowie der Lehrerausbildung in Angriff, unterstützte durch das nach ihm benannte – und bis heute bestehende – „Maximilianeum" die Förderung begabter Studenten und rief den Münchener Dichterkreis um Emanuel Geibel (1815-1884), Paul Heyse (1830-1914) und Friedrich von Bodenstedt (1819-1892) – alles Professoren an der Universität – ins Leben. Sein vorrangiges Interesse galt der innovativ-fortschrittlichen Ausgestaltung der Universität in der Landeshauptstadt. Gerade weil sich der König persönlich um die Berufungen kümmerte, gelang es u.a., den Chemiker Justus Liebig (1803-1873), den Staats- und Völkerrechtler Johann Caspar Bluntschli (1808-1881), den Staatswirtschaftslehrer und Kulturhistoriker Wilhelm Heinrich Riehl (1823-1897) sowie mit Max von Pettenkofer (1818-1901) den Begründer der modernen Hygiene zu gewinnen und in seiner Akademie der Wissenschaften eine *Naturwissenschaftlich-technische Kommission* zu installieren. Besonders am Herzen aber lag dem ab 1848 regierenden König die Besetzung der Geschichtsprofessur. Nachdem ihm der umworbene Leopold von Ranke 1853 abgesagt hatte, erhielt dessen Schüler Heinrich von Sybel das Ordinariat. Dieser begründete das Historische Seminar und unterstützte die Entstehung der *Historischen Zeitschrift*, die 1859 erstmals erschien. Im Jahr zuvor hatte der König eine *Commission für deutsche Ge-*

schichts- und Quellenforschung bei Meiner Akademie der Wissenschaften ins Leben gerufen (Nr. IX/1). Nach Sybels Wechsel von München nach Bonn berief Maximilian II. mit *Wilhelm von Giesebrecht* (Nr. IX/4) 1861 wieder einen Historiker aus der Berliner Schule.   B.K.

Abb. VIII/3

VIII/4 Erlangen in der Mitte des 19. Jahrhunderts

1850
Photographie
(StadtA Erlangen: Nachlaß Ebrard, Nr. 841)

Karl Hegels erster Eindruck von Erlangen war noch in der Erinnerung höchst negativ: *Die Stadt Erlangen macht von außen einen ärmlichen Eindruck. Man fährt auf der Eisenbahn an einer alten Stadtmauer vorüber und sieht dahinter nur unansehnliche Häuser und einige Kirchtürme* (Karl Hegel, Leben und Erinnerungen, S. 172).
H.N.

Abb. VIII/4

VIII/5   Ein zweiter Lehrstuhl für Geschichte

21. März 1855, München
Reskript
(UA Erlangen-Nürnberg: T.II, Pos. 1, Nr. 41: Karl Hegel)

König Maximilian II., der 1831 bei Leopold Ranke (Nr. IV/7) in Berlin gehört hatte und sich als sein Schüler verstand, unterstrich seine besondere Förderung der Geschichtswissenschaft im Königreich Bayern auch durch die Schaffung neuer Lehrstühle. Auf *Seiner koeniglichen Majestaet allerhöchsten Befehl* erging das die Universität Erlangen betreffende Reskript des *Staats-Ministerium[s] des Innern für Kirchen- und Schul-Angelegenheiten*, das am 23. März 1855 in Erlangen präsentiert wurde:

Unter den Disciplinen, welche die allgemeine Bildung der Studirenden zu fördern geeignet erscheinen, nimmt das Fach der Geschichte eine hervorragende Stelle ein. Die Wichtigkeit dieses Faches hat die Staatsregierung veranlaßt, für eine mehrfache Vertretung desselben bei den Hochschulen München und Würzburg Sorge zu tragen. Seine Majestaet der Koenig, Allerhöchstwelchem die Hebung und Belebung des Geschichtsstudiums besonders am Herzen liegen, wünschen nun, daß diese bei den übrigen Universitäten des Vaterlandes bereits durchgeführte Einrichtung auch bei der Hochschule Erlangen, welche allein nur einen, obgleich vielverdienten, Geschichtslehrer besitzt, getroffen werde. Allerhöchstdieselben haben daher mit huldreichster Rücksichtnahme auf die Interessen dieser Universität allergnädigst zu beschließen geruht, einen zweiten ordentlichen Lehrstuhl für Geschichte daselbst zu gründen.   H.N.

Abb. VIII/5.1   Abb. VIII/5.2

VIII/6   Karl Hegels Erlanger Berufung

2. Februar 1856, Rostock
Brief
(UA Erlangen-Nürnberg: T. II,
Pos. 1, Nr. 41: Karl Hegel)

Die Philosophische Fakultät der Universität Erlangen wurde hinsichtlich der Besetzung des neuen Lehrstuhls für Geschichte bereits am 24. März 1855 durch ihren Dekan Ludwig Döderlein (1791-1863) tätig und ließ auf Beschluß vom 21. April 1855 durch einige ihrer Mitglieder außer über den Ranke-Schüler Hartwig Floto, den der König ohne Beteiligung der Universität berufen wollte[1], über sechs Historiker Erkundigungen einholen, nicht aber über Karl Hegel, der in den Überlegungen zur Besetzung des Lehrstuhls keine Rolle gespielt zu haben scheint. Auch im Berufungsvorschlag der Fakultät vom 22. Mai 1855 ist er nicht berücksichtigt, vielmehr wurde der Heidelberger Ludwig Häusser (1818-1867), ein Schüler Friedrich Christoph Schlossers (Nr. III/19), an erster Stelle genannt, dann der Münchener Professor Georg Martin Thomas (1817-1887) und Reinhold Pauli (1823-1882) aus London bzw. Bremen an dritter Stelle. Während auch Maximilian Duncker (1811-1886) aus Halle, der Jenenser Hermann und Heinrich von Sybel (Nr. IX/5) erwogen wurden, war von Hegel bis zu seiner Berufung zu keiner Zeit in Erlangen die Rede[2]. Nachdem Häusser den Ruf wider Erwarten abgelehnt hatte, Thomas wegen seines politischen Verhaltens in den Jahren 1848/49 in München als nicht berufbar galt und Pauli übergangen worden war, berief der König ohne Rücksprache mit der Erlanger Universität Karl Hegel am 17. Januar 1856[3]. Darauf reagierte dieser gegenüber Prorektor Franz Dittrich (1815-1859) mit seinem Schreiben vom 2. Februar 1856:

Hochzuverehrender Herr Prorector!
Ew. Magnificenz
haben mich durch das in Folge Allerhöchster Entschließung und im Auftrage des hohen Ministeriums an mich erlassene

Berufungsschreiben vom 22. Januar aufs freudigste überrascht. Ich nehme den Königlichen Ruf mit gebührender Ehrfurcht und tiefgefühltem Danke an und bitte zu Gott, daß Er mir dazu Seinen Segen verleihen wolle! Ich danke Ew. Magnificenz von ganzem Herzen für die freundliche Weise Ihres Entgegenkommens, welches – indem Sie von den Hoffnungen Erwähnung thuen, die sich an meine Berufung knüpfen – zugleich meine Zuversicht aufrichtet und mir das Vertrauen meiner künftigen hochverehrten Collegen verheißt, das ich als eine unentbehrliche Stütze in dem mir zugedachten

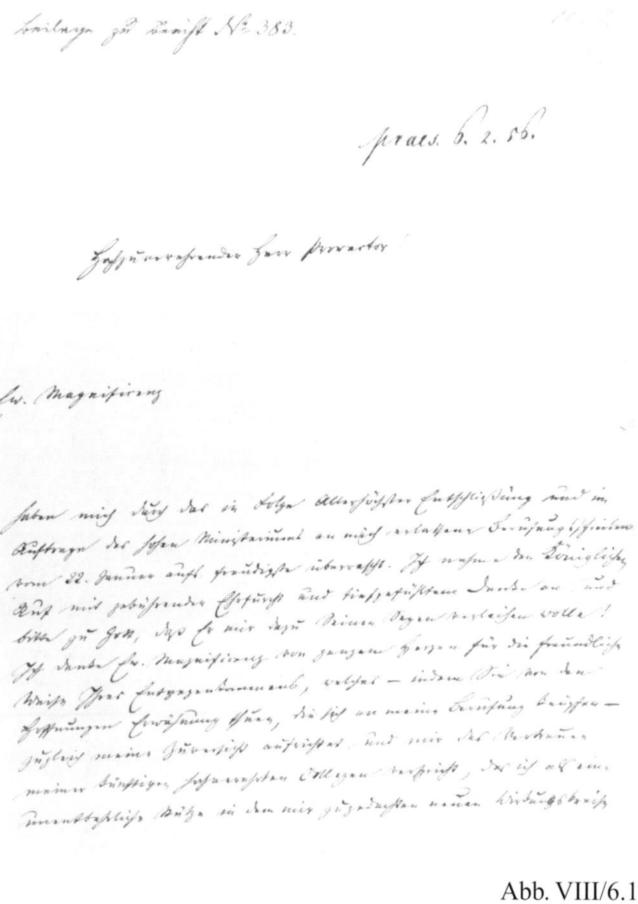

Abb. VIII/6.1

neuen Wirkungskreise betrachten muß.

Mit Recht bemerken Ew. Magnificenz, daß ich in dem gegenwärtigen Flor der Erlanger Universität ein Motiv finden werde, dem Allerhöchsten Rufe zu folgen, und ich würde mich gewiß sehr glücklich schätzen, wenn ich im Stande wäre, zu dem ferneren Gedeihen derselben an meinem Theile etwas beizutragen. Wie großen Werth ich auf eine so schöne Hoffnung lege, mögen Ew. Magnificenz daraus entnehmen, daß ich, im Hinblick auf sie und nebenbei auf meine Familienverhältnisse und meine liebe Geburtsstadt Nürnberg, welche meine Neigungen gleichfalls nach Bayern hinziehen, – bereit bin, meinen zweiten, nur wenige Tage später erhalte-

nen, ehrenvollen Ruf an eine nahe gelegene preußische Universität abzulehnen und den nach Erlangen vorzuziehen, falls ich durch die sonstigen Bedingungen des letzteren mich ebenso zufrieden gestellt finde.

Ew. Magnificenz erwarten von mir die Angabe dieser Bedingungen. Da ich die dortigen Verhältnisse nicht vollständig übersehe, so ist es für mich nicht leicht, hierin das Angemessene und Richtige zu treffen. Indem ich im Allgemeinen von dem Wunsche ausgehe, keine erschwerenden Bedingungen aufzustellen, darf ich
1) in Ansehung des Gehalts nicht sowohl diejenige Höhe – Thaler zu Gulden gerechnet – zum Maßstab nehmen, die

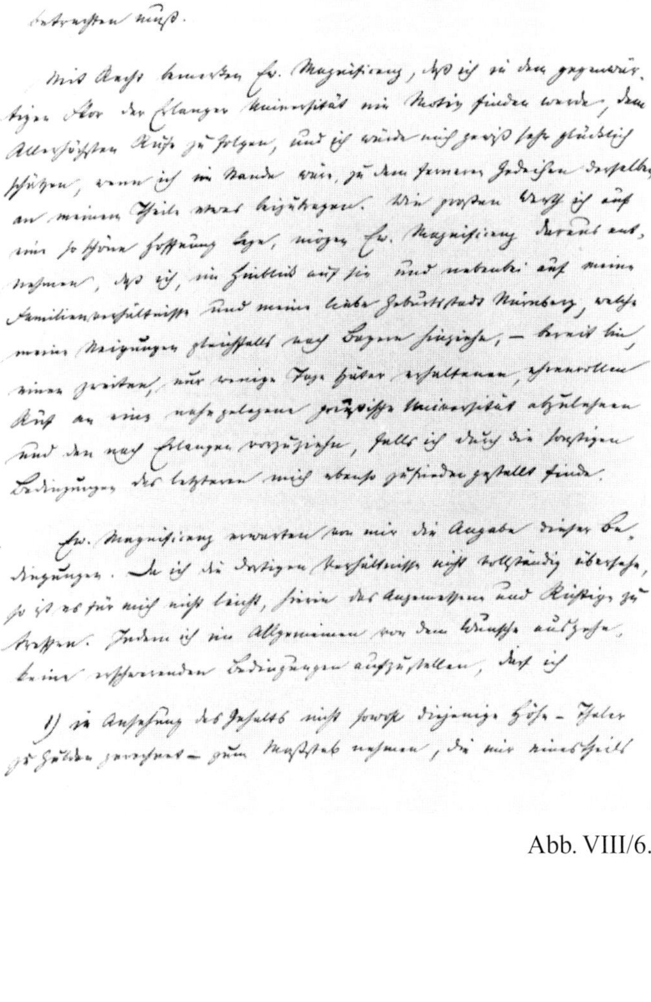

Abb. VIII/6.2

mir einestheils schon hier in Rostock zusteht, andrentheils jetzt in Preußen (1200 Th[aler]) geboten ist, als die, welche unter den an Ihrer Universität statt findenden Verhältnissen für zulässig gehalten werden kann. Wenn ich demnach meinen Anspruch bis auf achtzehnhundert Gulden Jahresgehalt ermäßige, so hoffe ich, daß solcher nicht als unbillig erscheinen werde.

2) Als Entschädigung für Umzugskosten würde ich bei der weiten Entfernung des jetzigen und künftigen Wohnorts und der dadurch vermehrten Kostspieligkeit meiner Übersiedlung mit Familie und Haushalt die Summe von siebenhundert Gulden eher für zu niedrig, als zu hoch angesetzt glauben. Auch erwarte ich 3), daß die Sachen meines Haushalts zollfrei über die Grenze des Zollvereins einpassiren dürfen[4] und

4) daß mir das zu meiner Anstellung etwa noch besonders erforderliche bayrische Indigenat gratis verliehen werde[5].

In Beziehung endlich 5) auf meine künftige Stellung an der Universität wünsche ich sofort als gleich berechtigtes Mitglied in die philosophische Facultät aufgenommen zu werden.

Dies sind die Punkte, welche ich Ew. Magnificenz und einem hochansehnlichen akademischen Senat zur geneigten

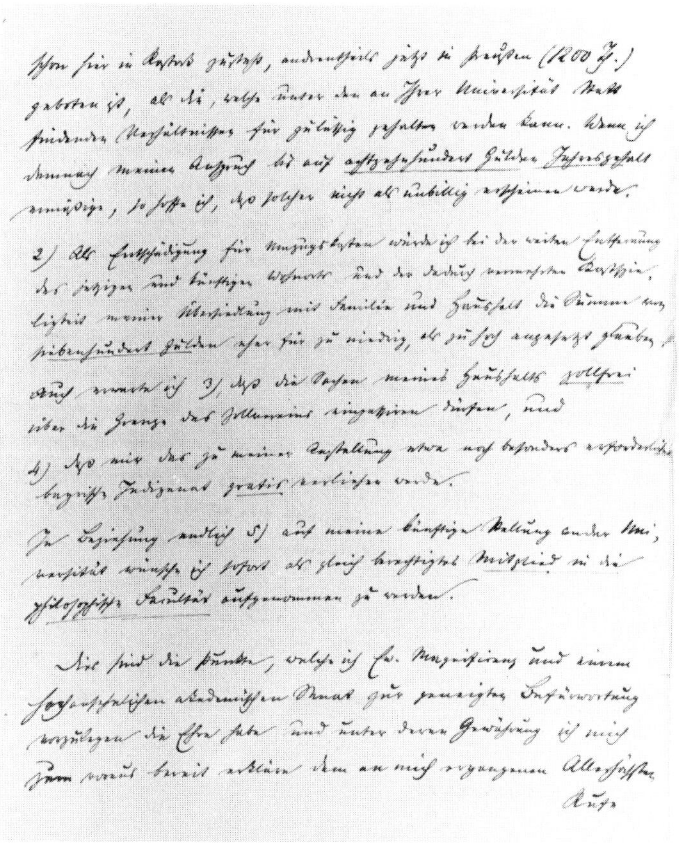

Abb. VIII/6.3

*Befürwortung vorzulegen die Ehre habe
und unter deren Gewährung ich mich zum
voraus bereit erkläre dem an mich ergangenen Allerhöchsten Rufe an die Universität zu Erlangen freudig Folge zu leisten.*

*In der Hoffnung hierüber binnen kur-
zem eine wenigstens vorläufige Entscheidung zu erhalten, habe ich mir für meine
an das preußische Unterrichts-Ministerium in Berlin abzugebende definitive
Erklärung dort eine vierzehntägige Frist
von heute ab erbeten*[6].

*Schließlich bemerke ich, daß es mir
wegen meiner hiesigen Verhältnisse nicht
möglich sein würde, früher als bis zum
Herbst dieses Jahres – wie es auch wohl
kaum anders erwartet wird – nach Erlangen zu kommen. Vorschriftsmäßig muß ich
vier Monate vor Schluß des Semesters
meine Entlassung in Schwerin nachsuchen; noch mehr aber als dies binden
mich meine mit dem Rectorat übernommenen Verpflichtungen bis zur Mitte des
Jahres.*

> *Mit vollkommenster Hochachtung
> Ew. Magnificenz
> ganz ergebenster
> Professor Hegel.*
> *Rostock, d. 2. Februar 1856.*

Da alle Bedingungen Hegels erfüllt werden konnten, nahm er den Ruf am 19.
Februar 1856 zum Herbst desselben Jahres an und wurde von König Maximilian
II. am 28. Mai zum 1. September 1856
zum *ordentlichen Professor der Geschichte an der philosophischen Facultät
Unserer Hochschule Erlangen* ernannt[7];
am 4. November 1856 – dem Gründungs-
tag der Friderico-Alexandrina – wurde
Karl Hegel offiziell in den akademischen
Senat eingeführt[8].

[1] So Hegels Freund, der Theologe Johannes Hofmann (Nr. VIII/9), in einem Brief vom 30. Januar
1856 aus Erlangen an Hegel; der Brief befindet
sich im Nachlaß Karl Hegels, Privatbesitz. In diesem Brief nahm Hofmann auch zu den von Hegel
vor seiner definitiven Rufannahme zu klärenden
Bedingungen Stellung.

[2] Vgl. dazu die Akten im UA Erlangen-Nürnberg: B
I b 4a: *Acta der philosophischen Fakultät zu
Erlangen die Besetzung der IIten Professur der
Geschichte an hiesiger Universität* betreffend
(unfol.); Reinschrift des Berufungsvorschlages der
Fakultät vom 22. Mai 1855 ebd.: T. II, Pos. 1, Nr.
41: Karl Hegel (unfol.).

[3] Das Reskript ebd.

[4] Mecklenburg-Schwerin trat erst 1867 dem Deutschen Zollverein von 1834 bei.

[5] Vgl. Nr. VIII/7.

[6] Vgl. Nr. VI/8.

[7] UA Erlangen-Nürnberg: T. II, Pos. 1, Nr. 41: Karl
Hegel (unfol.).

[8] UA Erlangen-Nürnberg: T. I, Pos. 3, Nr. 176:
1856/57, Senats- Missive und Protokolle (unfol.),
Senatsprotokoll vom 4. November 1856.   H.N.

an die Universität zu Erlangen freudig Folge zu leisten.

In der Hoffnung hierüber binnen Kurzem eine wenigstens vorläufige Entscheidung zu erhalten, habe ich mir für meine an das preußische Unterrichts-Ministerium in Berlin abzugebende definitive Erklärung noch eine vierzehntägige Frist von heute ab erbeten.

Schließlich bemerke ich, daß es mir wegen meiner hiesigen Verhältnisse nicht möglich sein würde, früher als bis zum Herbst dieses Jahres — wie es auch wohl kaum anders erwartet wird — nach Erlangen zu kommen. Vorschriftsmäßig muß ich drei Monate vor Schluß des Semesters meine Entlassung in Schwerin nachsuchen; noch mehr aber als dies binden mich meine mit dem Rektorat übernommenen Verpflichtungen bis zur Mitte des Jahres.

Mit vollkommenster Hochachtung

Ew. Magnificenz

Rostock, d. 2. Februar 1856.

ganz ergebenster

Professor Hegel.

Abb. VIII/6.4

VIII/7   Indigenats-Decret für Karl Hegel

16. Mai 1856, München
Urkunde
(HStA Bayern, München:
MA 73 123)

Die staatsrechtliche Konstruktion des Deutschen Bundes brachte es mit sich, daß der Wechsel von einem Mitgliedsstaat zum anderen einen Wechsel der Staatsangehörigkeit zur Folge hatte. Mit Karl Hegels Ausscheiden aus dem Dienst des Großherzogtums Mecklenburg-Schwerin war verbunden, daß er auch aus der mecklenburgischen Staatsbürgerschaft entlassen wurde[1]. Parallel zu seiner Berufung nach Erlangen vollzog sich der aufwendige Prozeß seiner Einbürgerung ins Königreich Bayern[2], an dessen Ende die Erklärung des Königs stand, ihn *vorbehaltlich der Beibringung des Nachweises seiner Entlassung aus dem mecklenburgischen Staats-Dienste und Unterthans-Verbande das Indigenat des Königreiches kostenfrey allergnädigst zu ertheilen.*

[1] Hegels Entlassung erfolgte zu Michaelis (29. September) 1856: LHA Mecklenburg-Vorpommern, Schwerin: MfU, Nr. 1272 (unfol.), Nr. 13: Großherzog an Hegel, 21. April 1856, nachdem Hegel am 14. April 1856 um seinen Abschied gebeten hatte (ebd., Originalschreiben).

[2] HStA Bayern, München: Abt. II, GStA, MA 73 123.   H.N.

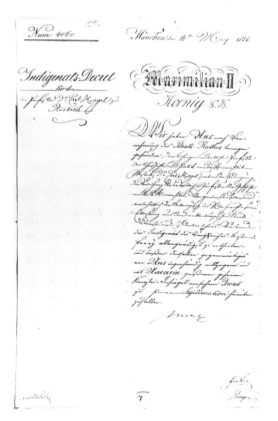

Abb. VIII/7

VIII/8   Eckhaus Friedrich-
straße

2001, Erlangen
Photographie
(Privatbesitz)

Wir mieteten uns in einem Eckhause der Friedrichstraße [heute Nr. 28] *ein, das der berühmte Philosoph Schelling, als er 1820 bis 1827 in Erlangen verweilte, bewohnt hatte,* so hielt Karl Hegel in seinen Memoiren fest[1]. Er blieb dort mit seiner sechsköpfigen Familie (Nr. I/2) bis zum Umzug in *ein neues, selbst gebautes Haus bei dem botanischen Garten* (Nr. VIII/21) im Jahre 1861 wohnen, in dem er auch gestorben ist (Nr. X/1). Das Eckhaus Friedrichstraße/Fahrstraße war als „Adelspalais" von 1768 an im Besitz des Barons von Tubœuf, dessen Wappen im Giebel zu sehen ist, und ging 1788 in bürgerliches Eigentum über. In Friedrich Wilhelm Joseph Schellings (1775-1854) Zeit, der – ohne der Universität anzugehören – von 1820 bis 1826 in Erlangen lehrte, gehörte es dem Arzt Dr. Johann Wolfgang Heinlein (1764-1827) und bildete einen gesellschaftlichen Mittelpunkt[2].

[1] Karl Hegel, Leben und Erinnerungen, S. 173.
[2] Wendehorst, Geschichte, S. 81, 86 u.ö.   H.N.

Abb. VIII/8

VIII/9   Johannes Christian Konrad von Hofmann (1810-1877)

Photographie
(UB Erlangen-Nürnberg,
Handschriftenabteilung:
Album)

Die Universität stand in voller Blüte, sie zählte Sterne erster Größe zu ihren Lehrern. Das Übergewicht war bei den Theologen. Außer Hofmann und Delitzsch übten Thomasius für Dogmatik, Harnack für praktische Theologie die größte Anziehungskraft aus; H. Schmid vertrat das Fach der Kirchengeschichte. – Mit diesen Worten aus seiner Autobiographie benannte Karl Hegel den Kreis Erlanger Kollegen, denen er sich zum Teil schon aus Rostocker Jahren freundschaftlich verbunden wußte und die die Familie *aufs herzlichste* empfingen (Karl Hegel, Leben und Erinnerungen S. 173). Hof-

mann – wie die anderen Repräsentant der Erlanger Schule in der Theologie – war es auch, der seinen Freund Hegel in einem langen Brief vom 30. Januar 1856 Hinweise auf die Punkte gab, die er vor Annahme des Erlanger Rufes klären sollte.

Geboren in Nürnberg, 1827-1832 Theologie- und Geschichtsstudium an den Universitäten Erlangen und Berlin, 1833-1841 Gymnasiallehrer in Erlangen, 1835 Promotion zum Dr. phil. und Habilitation für Geschichte, 1838 Habilitation im Fach Theologie, 1841 außerordentlicher Professor, 1842 ordentlicher Professor für Altes und Neues Testament an der Universität Rostock, 1845 Ordinarius für neutestamentliche Exegese, christliche Ethik und theologische Enzyklopädie in Erlangen, 1855 Erhebung in den persönlichen Adelsstand, 1863-1869 Mitglied des Bayerischen Landtages (Bayerische Fortschrittspartei), gestorben in Erlangen.   B.K.

Abb. VIII/9

VIII/10 Franz Delitzsch (1813-1890)

Photographie
(UB Erlangen-Nürnberg,
Handschriftenabteilung:
Portr. A)

Geboren in Leipzig, dort ab 1831 Studium der Theologie, Philosophie und orientalischen Sprachen, 1835 Promotion zum Dr. phil., 1842 Habilitation im Fach Theologie, 1844 Extraordinarius, 1846 Professor für Exegese des Alten und Neuen Testaments an der Universität Rostock, 1850 Professor für alttestamentliche Exegese in Erlangen, 1867 Rückkehr in seine Geburtsstadt Leipzig als Lehrstuhlinhaber für Altes Testament, dort 1886 Gründung des Institutum Judaicum, großer wissenschaftlicher Ruhm durch seine weitverbreitete Übersetzung des Neuen Testaments ins Hebräische, gestorben in Leipzig.   B.K.

N d.Nat gez v.S. Steenbock.   Lith.Anst v.Th.Blaesing in Erlangen.

Verlag v. Andr.Deichert in Erlangen.

Abb. VIII/10

VIII/11 Gottfried Thomasius (1802-1875)

Photographie
(UB Erlangen-Nürnberg,
Handschriftenabteilung:
Portr. Repr.)

Geboren in Egenhausen bei Ansbach, ab 1821 Theologiestudium in Erlangen, Halle und Berlin, 1829 Tätigkeit als Pfarrer in Nürnberg (Heilig-Geist-Kirche), 1831 an St. Lorenz sowie Latein- und Religionslehrer am dortigen Gymnasium, 1842 Professor für Dogmatik in Erlangen, Universitätsprediger, gestorben in Erlangen. B.K.

VIII/12 Theodosius Andreas Harnack (1817-1889)

Photographie
(UB Erlangen-Nürnberg,
Handschriftenabteilung:
Album)

Geboren in St. Petersburg, 1834-1837 Theologiestudium in Dorpat, 1843 Habilitation für Theologie, 1845 Extraordinarius, 1847-1852 Universitätsprediger, 1848 Ordinarius für Systematische Theologie, 1853 Ordinarius für praktische Theologie und Kirchenrecht an der Universität Erlangen, 1866 Rückkehr an die Universität Dorpat als Professor für praktische Theologie, 1875 Emeritierung, gestorben in Dorpat. B.K.

Abb. VIII/11

Abb. VIII/12

VIII/13   Karl Wilhelm Böttiger (1790-1862)

Photographie eines Stahlstiches von Carl Mayer (1798-1868) nach einem Gemälde von Johann Lorenz Kreul (1765-1840)
(UB Erlangen-Nürnberg, Handschriftenabt.: Portr. A)

In Erlangen – so schrieb der Theologe Johannes Hofmann (Nr. VIII/9) am 30. Januar 1856 an seinen langjährigen Freund Karl Hegel – war *durch die Hausbackenheit Böttigers der Sinn für Geschichtswissenschaft unter den Studierenden in die traurigste Abnahme gerathen* und folglich stand es auch *schlimm* um den *historischen Theil unserer Universi-*

tätsbibliothek, was für die *neuere allgemeine Geschichte [...] große Lücken* bedeute, die der Indolenz des Erlanger Historikers angelastet wurden[1]. *Ihn, der alt und abgängig war, zu ersetzen, war ich berufen*[2] – mit diesen Worten in seinen Memoiren gedachte denn auch Karl Hegel des Kollegen Böttiger, der schon seit 1821 *Geschichte* in Erlangen lehrte. Er gehörte vom Lebensalter und von seiner Berufsauffassung her einer anderen Generation an, wie auch der Erlanger Theologe Johann Heinrich August Ebrard (1818-1888) in seinen Lebenserinnerungen anschaulich deutlich gemacht hat: *Von 3-4 Uhr folgte nun aber die größte Misere: allgemeine Weltgeschichte bei Hofrath B[öttiger]. Es war ein öffentliches Geheimnis, daß es dem guten Manne*

Was ist Wahrheit?

D. CWBöttiger.

Abb. VIII/13

nur um das Honorar zu thun war; seine Vorlesung bestand aus einer geistlosen Aufzählung der bekanntesten Begebenheiten, verbrämt mit einer endlosen Reihe schlechter Witze [...]. Daß von den 60 bis 80 Zuhörern in der Regel nur 5 bis 10 anwesend waren, genirte ihn nicht im mindesten[3]. Mit seinen Büchern gehörte Böttiger allerdings zu den weit ins Bürgertum hinein wirkenden Historikern, denn seine „Deutsche Geschichte für Gymnasien und Schulen" (Erlangen 1823), erschien 1855 in 5. Auflage, seine „Allgemeine Geschichte für Schule und Haus" (Erlangen 1824) gar 1856 in 12. Auflage. An den Entwicklungen der modernen Geschichtswissenschaft nahm er freilich keinerlei Anteil. Geboren in Bautzen, hatte er in Göttingen bei Karl Friedrich Eichhorn (1781-1854) und Arnold Hermann Ludwig Heeren (1760-1842) studiert, war Extraordinarius in Leipzig gewesen, bevor er 1821 als *Professor historiarum* nach Erlangen berufen wurde, *der noch ganz und gar einer vorkritischen Geschichtsschreibung verhaftet war und in Erlangen länger als vierzig Jahre kritischen Umgang mit den Quellen blockierte*[4]. An der Berufung Hegels, die seine faktische Ablösung bedeutete, war er nicht beteiligt.

[1] Der Brief befindet sich im Nachlaß Karl Hegels, Privatbesitz.
[2] Karl Hegel, Leben und Erinnerungen, S. 174.
[3] Ebrard, Lebensführungen, S. 255.
[4] Wendehorst, Geschichte, S. 103.   H.N.

VIII/14 Julius Weizsäcker (1828-1889)

Photographie
(UB Erlangen-Nürnberg,
Handschriftenabteilung:
Portr. Album 1, Album der
Philomathie, S. 10, Rar. V, 11)

Nachfolger Böttigers (Nr. VIII/13) wurde nach dessen Tod Ende 1863 für knapp

Abb. VIII/14

vier Jahre der aus Württemberg stammende Julius Weizsäcker: Geboren in Öhringen, Geschichtsstudium an der Friedrich-Wilhelms-Universität zu Berlin, Tätigkeit als Repetitor an der Klosterschule in Blaubeuren und am Theologischen Stift in Tübingen, 1859 Habilitation für Geschichte an der Universität Tübingen, Mitarbeiter der Historischen Kommission bei der Bayerischen Akademie der Wissenschaften in München (Nr. IX/1) und Bearbeiter der ersten sechs Bände der „Deutschen Reichstagsakten" (1867-1888 erschienen), 1861 Privatdozent in München, 1863 Ruf als Ordinarius für Geschichte an die Universität Erlangen an der Seite Karl Hegels mit der besonderen Verpflichtung, Alte Geschichte zu lesen, dann weitere Berufungen nach Tübingen (1867), Straßburg (1872), Göttingen (1876) und Berlin (1881), gestorben in Berlin.   B.K.

VIII/15 Einrichtung eines Historischen Seminars

8. Februar 1857, Erlangen
Brief
(HStA Bayern, München: Abt. III, Geheimes Hausarchiv: Kabinettsakten König Maximilians II., 78/1/102a, 31-6-4, S. 9-12)

Früher als in Erlangen waren an den beiden anderen bayerischen Landesuniversitäten in München und Würzburg die Geschichtsprofessuren vermehrt worden. Wie dort sollte auch in Erlangen ein Historisches Seminar eingerichtet werden. Erste konkrete Überlegungen gab es dazu bereits Anfang 1857, als Karl Hegel am 8. Februar auf ein Schreiben Heinrich von Sybels (Nr. IX/5) vom 30. Januar 1857 reagierte[1] und dieser dessen Bedenken hinsichtlich der Finanzierung postwendend zerstreute. Die Einrichtung eines Historischen Seminars an der Universität Erlangen sollte vor allem der besseren Ausbildung der Geschichtslehrer dienen[2].

Erlangen, 8. Febr. 1857.

Hochgeehrter Herr College!

Ihr geehrtes Schreiben vom 30. Jan. hat mich auf die angenehmste Weise überrascht. Was ich in der Stille gewünscht, dem soll, nach Ihrer Mittheilung, durch einen hochherzigen Entschluß unseres Königs zum voraus die Erfüllung gewährt werden. Niemand wird bezweifeln, daß durch die Errichtung historischer Seminare an den drei Landes-Universitäten der Zweck, tüchtige Gymnasiallehrer für den Geschichtsunterricht zu bilden, wesentlich gefördert werden muß. Ich halte

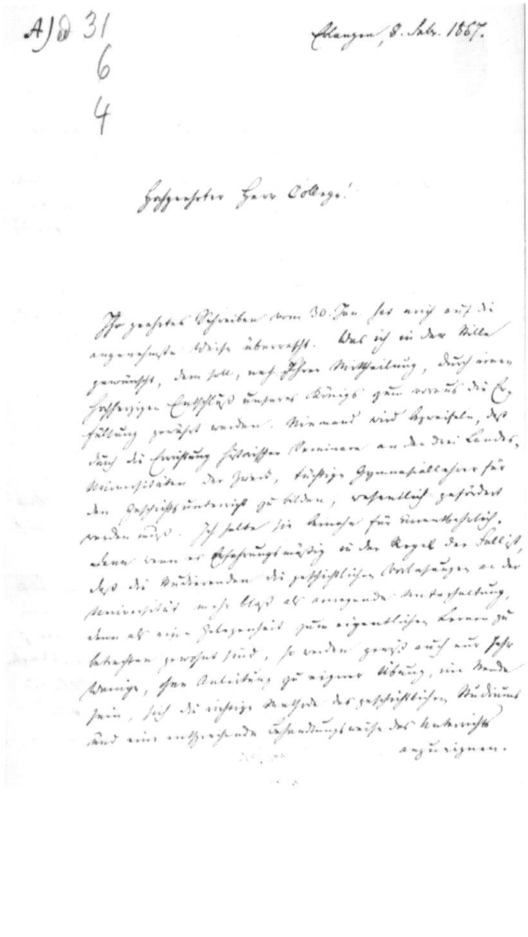

Erlangen, 8. Febr. 1857.

Hochgeehrter Herr College!

Abb. VIII/15.1

sie beinahe für unentbehrlich. Denn wenn es Erfahrungsmäßig in der Regel der Fall ist, daß die Studierenden die geschichtlichen Vorlesungen an der Universität mehr bloß als anregende Unterhaltung, denn als eine Gelegenheit zum eigentlichen Lernen zu betrachten gewohnt sind, so werden gewiß auch nur sehr Wenige, ohne Anleitung zu eigner Übung, im Stande sein, sich die richtige Methode des geschichtlichen Studiums und eine entsprechende Behandlungsweise des Unterrichts anzueignen.

Namentlich für den Unterricht in der bayrischen Landesgeschichte ist es durchaus nothwendig, daß die künftigen Lehrer zur gründlichen Kenntniß der Quellen angehalten werden, damit sie selbst ein lebendiges Interesse an dem Gegenstande gewinnen und demnach auch ihn für die Schüler anziehend genug zu behandeln wissen.

Mit Freuden erkläre ich mich also bereit, zur Ausführung des hohen Vorhabens an meinem Theile und nach meinen Kräften mitzuwirken, und verspreche ich mir davon für die Zukunft manche gute Frucht.

Über die bei der Einrichtung des Seminars und in der Leitung desselben zu befolgenden Grundsätze möchte ich mich gern noch mündlich näher mit Ihnen besprechen, und hoffe ich dazu in den bevorstehenden Osterferien die Gelegenheit zu finden, da es ohnehin meine Absicht war, zu dieser Zeit nach München zu gehen, um mich Sr. Majestät vorstellen zu lassen.

Was die finanzielle Ausstattung des Seminars betrifft, so würde ich die für die Leitung bestimmte Remuneration von 150 fl[orin] für meine Person mit Dank annehmen; drei Prämien zu 25 fl. zur Vertheilung in jedem Semester halte ich für vollkommen ausreichend; die 50 fl. für Realexistenz möchte ich vorzugsweise zur

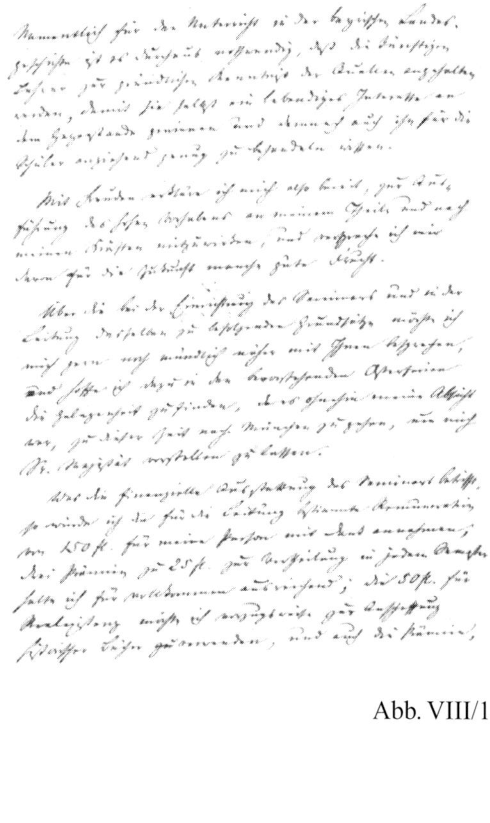

Abb. VIII/15.2

Anschaffung historischer Bücher verwenden, und auch die Prämien, insoweit sie nicht zur Vertheilung kommen könnten – was im Anfang leicht der Fall sein möchte – für denselben Zweck bestimmen. Denn Sie glauben gar nicht, wie traurig das historische Fach in unserer Univ.-bibliothek bestellt ist, so daß ich mich selbst bei meinen Vorlesungen nicht selten in Verlegenheit befinde, weil die gangbarsten neueren wissenschaftlichen Werke fehlen. Für die Zwecke des Seminars müßte also das Nöthige nach u[nd] nach, Einiges sogar in doppelten Exemplaren erst angeschafft werden.

Ihrem Wunsche gemäß habe ich mit Niemand über die Sache gesprochen. Doch übersehe ich selbst die hiesigen Verhältnisse schon so weit, daß ich noch eine Hauptsache zur Erwähnung bringen muß, worüber ich in Ihrem geehrten Schreiben keine Andeutung finde. Es fragt sich nämlich, woher die Geldmittel für das Seminar sollen genommen werden? Sollte dies aus dem Universitäts-Etat geschehen, so müßten andere dringende, schon vielfach angebrachte und zum Theil selbst von obenher anerkannte Bedürfnisse zurückstehen, und es würde mir daraus so viel Ungunst bei meinen Collegen erwachsen, daß ich, offen gestanden, auf das zu Standekommen des Seminars, so sehr ich es wünsche, doch noch lieber verzichten möchte. – Hierüber sind Sie vielleicht im Stande, mir schon jetzt die gewünschte Beruhigung zu gewähren.

Die von unserem Könige gestellte Preisaufgabe einer Geschichte von Nürnberg erscheint auch mir als höchst glücklich gewählt, weil damit eine in der That auffallende Lücke in der neueren historischen Litteratur bezeichnet ist und der Gegenstand gewiß zu den bedeutendsten und anziehendsten der vaterländischen

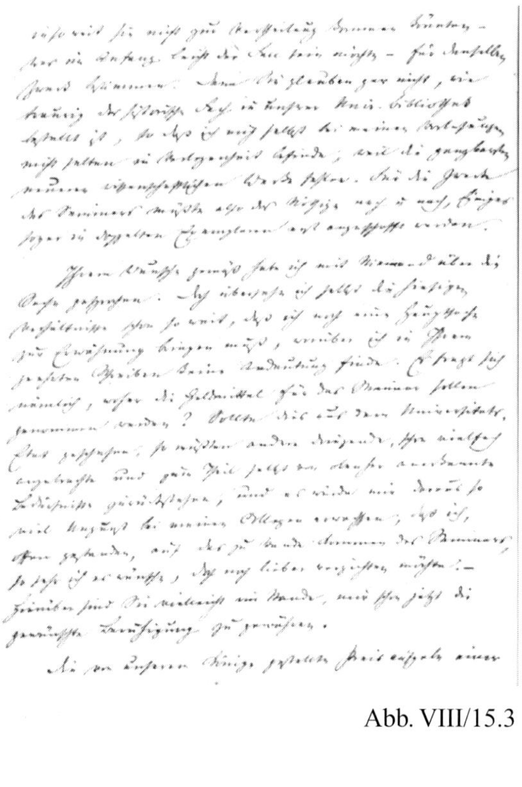

Abb. VIII/15.3

Geschichte gehört. Die Bearbeitung desselben, der Geschichte meiner lieben Geburtsstadt, war ein Lieblingsgedanke meiner früheren Jahre; ob ich mich jetzt noch dazu entschließen werde, bin ich selbst nicht im Stande zu sagen. Als meine Hauptaufgabe betrachte ich hier zunächst diejenige, wozu ich hierher berufen bin, deren Erfüllung man von mir vor Allem erwartet, durch meine Vorlesungen das seit lange darniederliegende Studium der Geschichte an der hiesigen Universität wieder anzuregen: Daran bin ich fürs erste entschlossen meine ganze Kraft zu setzen, und wenn das Seminar zu Stande kommt, auch an dieses. Bevor ich nicht hiermit zu einem gewissen Ziele gelangt bin, werde ich keine größere schriftstellerische Arbeit unternehmen. Unterdessen werden wahrscheinlich andere – ich denke insbesondre an den Director Lochner[3] in Nürnberg, der sich schon seit lange mit der Geschichte der Stadt ernstlich beschäftigt und auch einige gute Proben seiner darauf bezüglichen Studien veröffentlicht hat – sich der gestellten schönen Aufgabe unterziehen und sie zur hoffentlich glücklichen Lösung bringen.
Mit vollkommener Hochachtung
der Ihrige
C. Hegel.

[1] Der Brief findet sich auch bei Hübinger, Das historische Seminar, S. 260-262 (Nr. 19); der dort genannte Fundort *Kölner Sybel-Nachlaß* ist nicht mehr auffindbar.

[2] Neuhaus, Mit Gadendam, S. 32 ff.

[3] Georg Wolfgang Karl Lochner (1798-1882) war Direktor des Gymnasiums in Nürnberg und ist durch verschiedene Arbeiten zur Geschichte Nürnbergs hervorgetreten.   M.K.

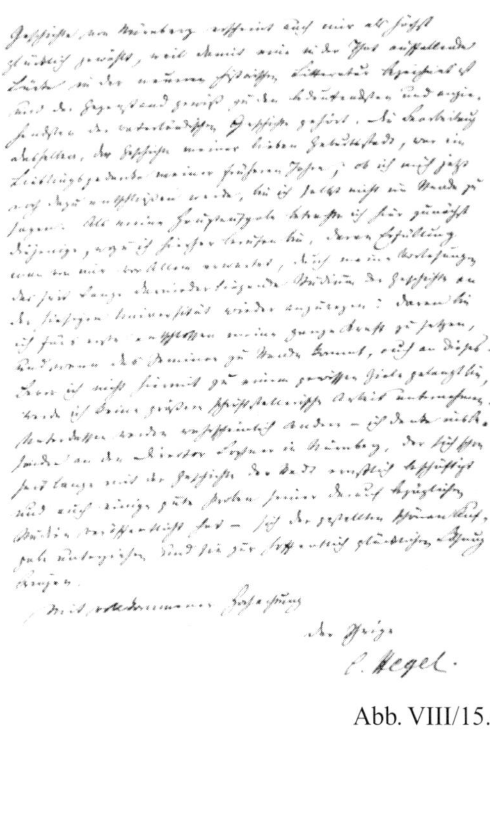

Abb. VIII/15.4

VIII/16 Über die Reformbedürftigkeit des Geschichtsstudiums in Erlangen

28. Mai 1857, Erlangen
Brief
(GStA PK, Berlin: I. HA Rep.
92 Heinrich von Sybel B1
XVII [Hegel], fol. 102ʳ-103ᵛ)

Karl Hegel knüpfte mit diesem Brief an Heinrich von Sybel (IX/5) an sein Schreiben vom 8. Februar 1857 (Nr. VIII/15) an, berichtete über sein erstes Erlanger Semester (Wintersemester 1856/57) und schilderte den Zustand seines Faches an der Universität. Zugleich machte er Vorschläge für eine grundlegende Studienreform im Sinne wissenschaftlicher Fundierung des Geschichtsstudiums, wofür auch die Errichtung eines Historischen Seminars bedeutsam wäre, zu der es in Erlangen aber erst 1872 kam, als es in der „Uebersicht des Personal-Standes" im Wintersemester 1872/73 erstmals unter den *Attribute[n] der Universität* genannt wurde und Mittelzuweisungen erfolgten[1].

Erlangen, 28. Mai 1857.

Hochverehrter Herr College,

leider habe ich Sie um Ostern nicht in München angetroffen. Als ich Ihnen unter d[em] 8ten Febr[uar] auf Ihr geehrtes Schreiben vom 30. Jan[uar], betr[effend] die Errichtung eines historischen Seminars an hiesiger Universität, antwortete, behielt ich mir noch Mehreres zur mündlichen Besprechung und Erläuterung vor. Seitdem

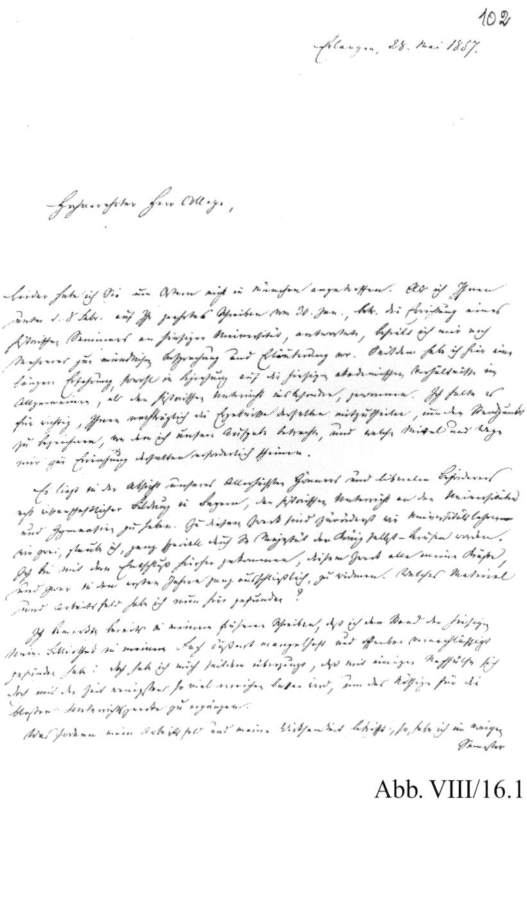

Abb. VIII/16.1

habe ich hier eine längere Erfahrung, sowohl in Beziehung auf die hiesigen akademischen Verhältnisse im Allgemeinen, als den historischen Unterricht insbesondere, gewonnen. Ich halte es für wichtig, Ihnen nachträglich die Ergebnisse derselben mitzutheilen, um den Standpunkt zu bezeichnen, von dem ich unsere Aufgabe betrachte, und welche Mittel und Wege mir zur Erreichung derselben erforderlich scheinen.

Es liegt in der Absicht unseres Allerhöchsten Gönners und liberalen Beförderers recht wissenschaftlicher Bildung in Bayern, den historischen Unterricht an den Universitäten und Gymnasien zu heben. Zu diesem Zweck sind zuvörderst wir Universitätslehrer – wir zwei, glaube ich, ganz speciell durch I[h]r[e] Majestät den König selbst – berufen worden. Ich bin mit

dem Entschluß hierher gekommen, diesem Zweck alle meine Kräfte, und zwar in den ersten Jahren ganz ausschließlich, zu widmen. Welches Material und Arbeitsfeld habe ich nun hier gefunden?

Ich bemerkte bereits in meinem früheren Schreiben, daß ich den Stand der hiesigen Univ[ersitäts-] Bibliothek in meinem Fach äußerst mangelhaft und offenbar vernachlässigt gefunden habe: Doch habe ich mich seitdem überzeugt, daß mit einiger Nachhülfe sich doch mit der Zeit wenigstens so viel erreichen lassen wird, um das Nöthige für die bloßen Unterrichtszwecke zu ergänzen.

Was sodann mein Arbeitsfeld und meine Wirksamkeit betrifft, so habe ich im vorigen Semester mit Vorlesungen über Mittlere Geschichte und Quellen der deutschen Geschichte, im gegenwärtigen mit Neuerer

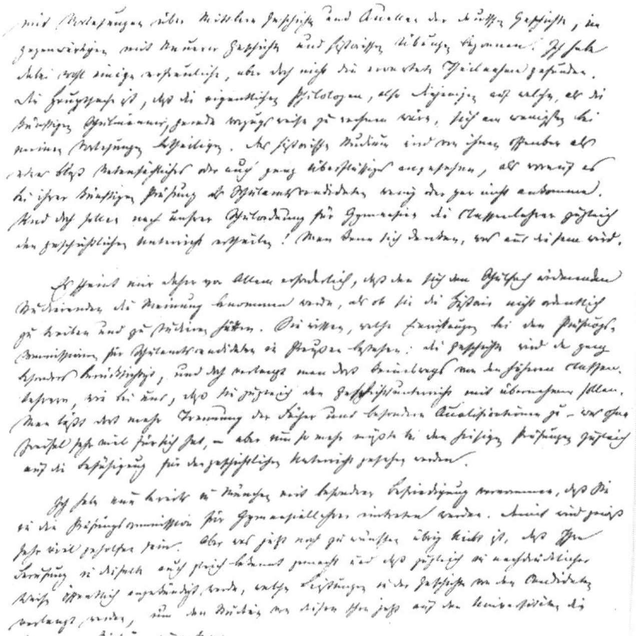

Abb. VIII/16.2

Geschichte und historischen Übungen begonnen. Ich habe dabei wohl einige erfreuliche, aber doch nicht die erwartete Theilnahme gefunden. Die Hauptsache ist, daß die eigentlichen Philologen, also diejenigen auf welche, als die künftigen Schulmänner, gerade vorzugsweise zu rechnen wäre, sich am wenigsten bei meinen Vorlesungen betheiligen. Das historische Studium wird von ihnen offenbar als etwas bloß Nebensächliches oder auch ganz Überflüssiges angesehen, als worauf es bei ihrer künftigen Prüfung als Schulamtscandidaten wenig oder gar nicht ankomme. Und doch sollen nach unserer Schulordnung für Gymnasien die Classenlehrer zugleich den geschichtlichen Unterricht ertheilen! Man kann sich denken, was aus diesem wird.

Es scheint mir daher vor Allem erforderlich, daß den sich dem Schulfach widmenden Studirenden die Meinung benommen werde, als ob sie die Historie nicht ordentlich zu treiben und zu studiren hätten. Sie wissen, welche Einrichtungen bei den Prüfungscommissionen für Schulamtscandidaten in Preußen bestehen: die Geschichte wird da ganz besonders berücksichtigt, und doch verlangt man dort keineswegs von den höheren Classenlehrern, wie bei uns, daß sie zugleich den Geschichtsunterricht mit übernehmen sollen. Man läßt dort mehr Trennung der Fächer und besondere Qualificationen zu – was ohne Zweifel sehr viel für sich hat, – aber um so mehr müßte bei den hiesigen Prüfungen zugleich auf die Befähigung für den geschichtlichen Unterricht gesehen werden.

Ich habe nun bereits in München mit besonderer Befriedigung vernommen, daß

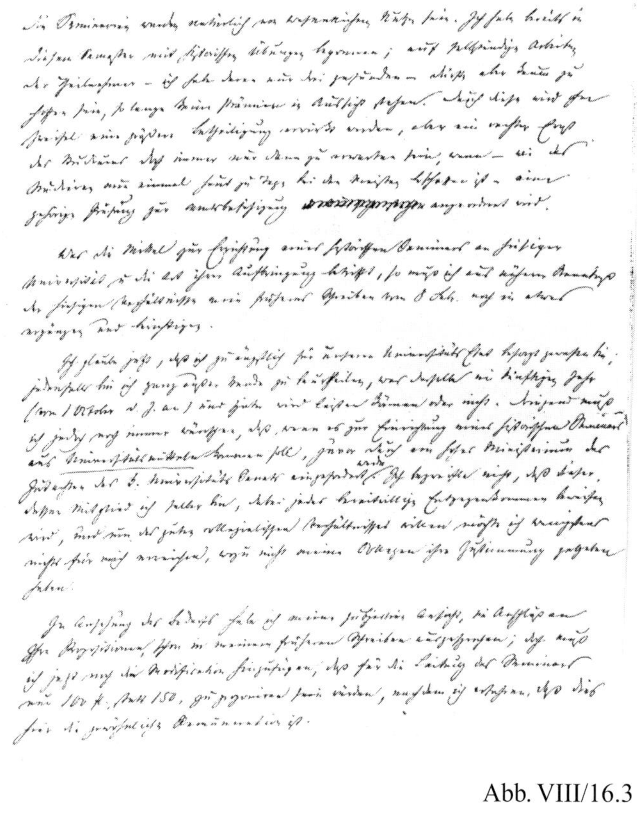

Abb. VIII/16.3

Sie in die Prüfungscommission für Gymnasiallehrer[2] eintreten werden. Damit wird gewiß sehr viel geholfen sein. Aber was jetzt noch zu wünschen übrig bleibt ist, daß Ihre Berufung in dieselbe auch gleich bekannt gemacht und daß zugleich in nachdrücklicher Weise öffentlich angekündigt werde, welche Leistungen in der Geschichte von den Candidaten verlangt werden, um den Studien von diesen schon jetzt auf den Universitäten die bestimmte Richtung zu geben.

Eine schärfere Prüfung und Ankündigung derselben erscheint mir also als das Erste und Nothwendigste, und noch dringender, als selbst die Errichtung historischer Seminarien, um die historischen Studien auf den Universitäten recht in Gang zu bringen. Die Seminarien werden natürlich von wesentlichem Nutzen sein. Ich habe bereits in diesem Semester mit historischen Übungen begonnen; auf selbständige Arbeiten der Theilnehmer – ich habe deren nur drei gefunden – dürfte aber kaum zu hoffen sein, so lange keine Prämien in Aussicht stehen. Durch diese wird ohne Zweifel eine größere Betheiligung erwirkt werden, aber ein rechter Ernst des Studiums darf immer nur dann zu erwarten sein, wenn – wie das Studiren nun einmal heut zu Tage bei den meisten beschaffen ist – eine gehörige Prüfung zur Amtsbefähigung angeordnet wird.

Was die Mittel zur Errichtung eines historischen Seminars an hiesiger Universität u[nd] die Art ihrer Aufbringung betrifft, so muß ich aus näherer Kenntniß der hiesigen Verhältnisse mein früheres Schreiben vom 8ten Febr[uar] noch in etwas ergänzen und berichtigen.

Ich glaube jetzt, daß ich zu ängstlich für unseren Universitäts Etat besorgt gewesen bin; jedenfalls bin ich ganz außer Stande zu beurtheilen, was derselbe im künftigen Jahr (vom 1sten October d[es] J[ahres] an) und später wird leisten können oder nicht. Dringend muß ich jedoch noch immer wünschen, daß, wenn es zur Einrichtung eines historischen Seminars aus Universitätsmitteln kommen soll, zuvor durch ein hohes Ministerium das Gutachten des k[öniglichen] Universitäts Senats eingefordert werde. Ich bezweifle nicht, daß dieser, dessen Mitglied ich selber bin, dabei jedes bereitwillige Entgegenkommen beweisen wird, und um des guten collegialischen Verhältnisses willen möchte ich wenigstens nichts für mich erreichen, wozu nicht meine Collegen ihre Zustimmung gegeben haben.

In Ansehung des Bedarfs habe ich meine subjective Ansicht, im Anschluß an Ihre Propositionen, schon in meinem früheren Schreiben ausgesprochen; doch muß ich jetzt noch die Modification hinzufügen, daß für die Leitung des Seminars nur 100 fl[orin], statt 150, zu proponiren sein würden, nachdem ich erfahren, daß dies hier die gewöhnliche Remuneration ist.

Indem ich diese ganze Angelegenheit Ihnen zur Beförderung an die Entscheidung der Allerhöchsten Stelle dringend ans Herz lege, bin ich in vorzüglicher Hochachtung und aufrichtiger Ergebenheit

ganz der Ihrige
C. Hegel.

[1] Neuhaus, Mit Gadendam, S. 34 ff.; Ders., Karl Hegel.
[2] Karl Hegel war bereits 1857 *Prüfungskommissär*

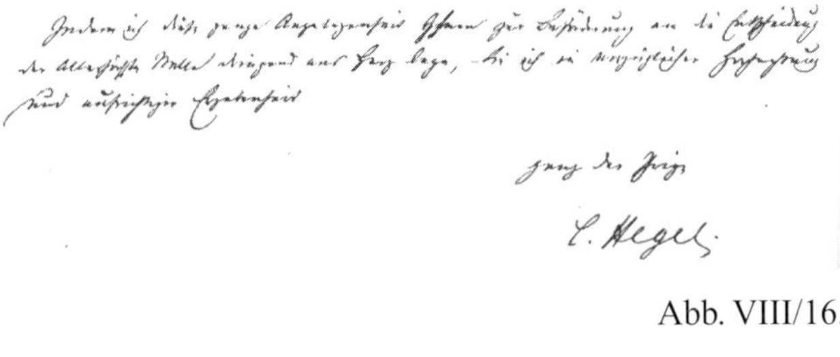

Abb. VIII/16.4

bei den Gymnasien Erlangen, Schweinfurt und Hof [...], zu denen in der Folgezeit *noch Augsburg* und *eine Mehrzahl von anderen Studienanstalten* hinzukamen (Karl Hegel, Leben und Erinnerungen, S. 176). M.K.

VIII/17 Wahl zum Prorektor

16. Juli 1870, Erlangen
Stimmzettel
(UA Erlangen-Nürnberg:
A 1/4, Nr. 93)

Den Höhepunkt seiner akademischen Karriere an der Universität Erlangen erreichte Karl Hegel mit seiner Wahl zum Prorektor für das Studienjahr 1870/71, die *unter der Nachricht vom Ausbruch des Krieges* erfolgte, in den *auch ein Teil unserer Studierenden zog,* deren Zahl *sich von dem durchschnittlichen Stand von rund 350, auf den er schon seit einigen Jahren gesunken war, im Wintersemester 1870/71 auf 250* verminderte[1]. Im Gegensatz zu 1866 (Nr. VII/17) wurde er mit der

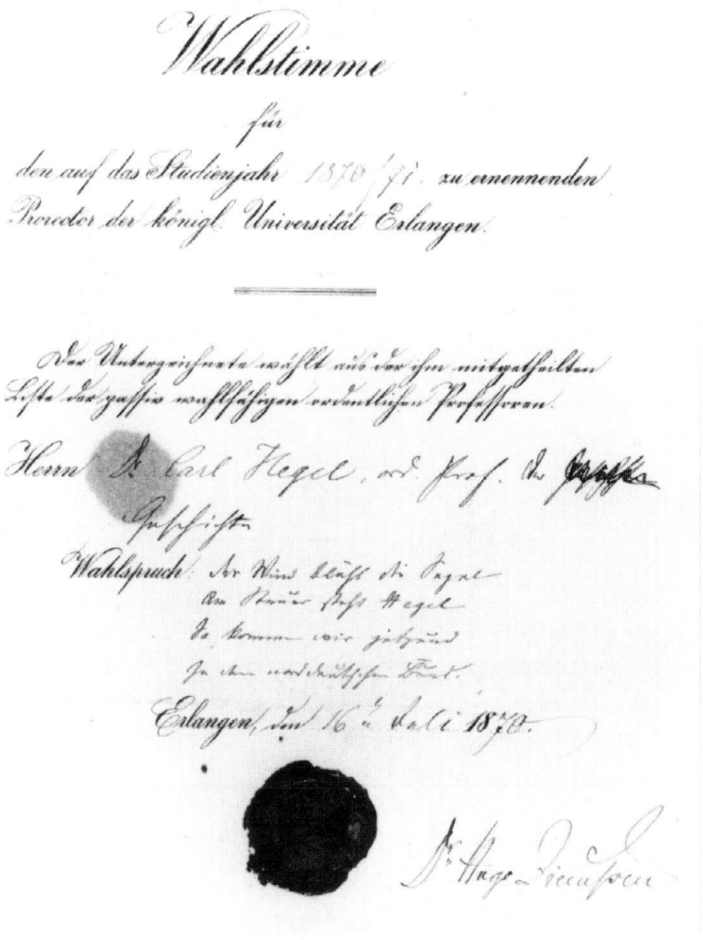

Abb. VIII/17.1

überwältigenden Mehrheit von 27 zu 9 Stimmen gewählt[2]. Die Wahlsprüche waren zu einem Teil voller politischer Anspielungen und reichten von *Glückauf!* (Johann Michael Leupoldt [1794-1874], Psychologe), über *Der gut deutsche Name sei ein gutes Wahrzeichen für's Vaterland* (Jakob Herz [1816-1871], Mediziner) bis *Siege Deutschland!* (Joseph Gerlach [1820-1896], Mediziner) und *Deutschland über Alles!* (Christoph Martin Winterling [1800-1884], Philologe). Der Mediziner Friedrich Albert Zenker (1825-1898) reimte: *Geschichte schreibt man nur von dem, was war / Nun mache selbst Geschicht' ein ganzes Jahr! / Denn was geschieht, geschieht in Deinem Namen. / Gar mancher thut's – Du aber sagst das Amen!*, ebenso der Mediziner Hugo Ziemssen (1829-1902): *Der Wind bläht*

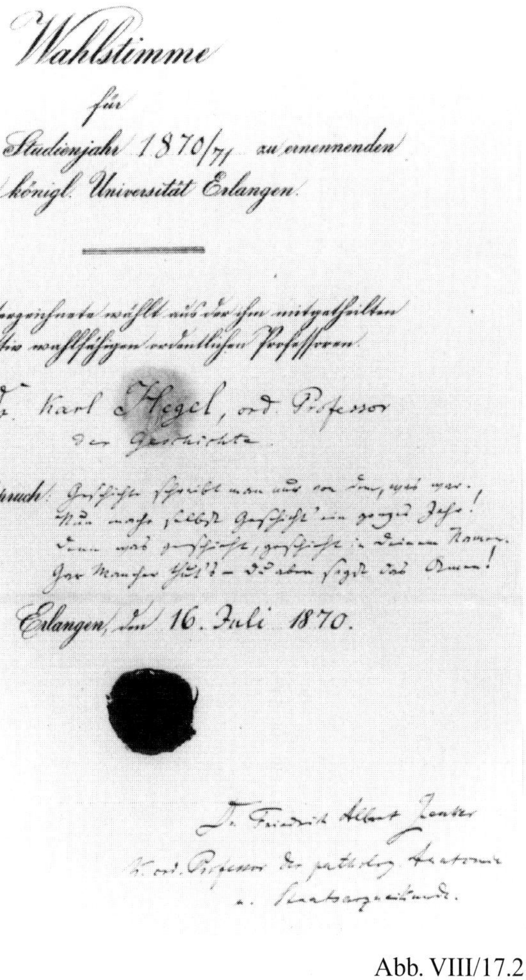

Abb. VIII/17.2

die Segel / Am Steuer steht Hegel / So kommen wir jetzund / In den norddeutschen Bund. Hegel selber wählte seinen philosophischen Kollegen Karl Heyder (1812-1885): *Sanctus amor patriae.* Zu seinem Amtsantritt hielt Hegel eine sehr politische Rede (Nr. VII/18).

[1] Karl Hegel, Leben und Erinnerungen, S. 199.
[2] Sämtliche Stimmzettel sind erhalten: UA Erlangen-Nürnberg: A 1/4, Nr. 93, versiegelt gewesenes

Paket: Beilage 4 zu Bericht Nr. 1613. Wahlstimmen zur Wahl eines Prorektors der kgl. Universität Erlangen auf das Studienjahr 1870/71; siehe auch UA Erlangen-Nürnberg: Th. I, Pos. 4, R, Nr. 25: Acta der königlichen Universität Erlangen. Die Prorektorswahlen betr., 1860-1874, 1 Bd., unfol.

H.N.

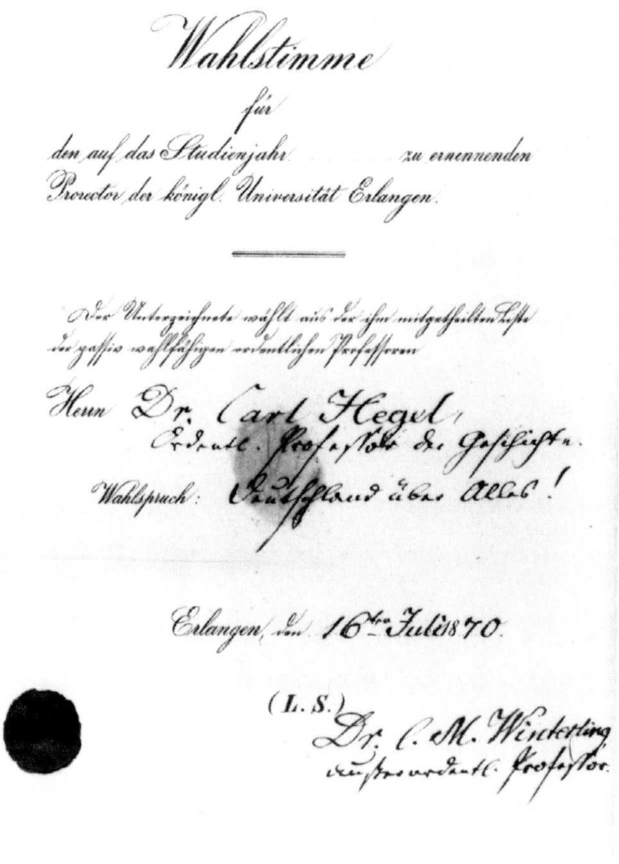

Abb. VIII/17.3

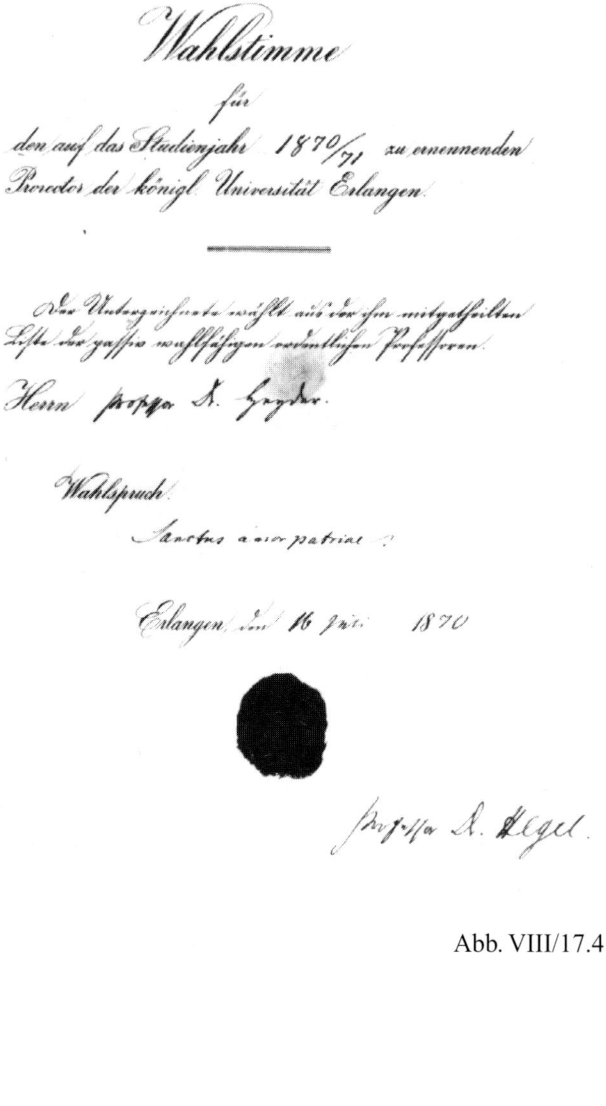

Wahlstimme

für

den auf das Studienjahr 1870/71 zu ernennenden Prorector der königl. Universität Erlangen.

Der Unterzeichnete wählt aus der ihm mitgetheilten Liste der zwölf wahlfähigen ordentlichen Professoren

Herrn Professor Dr. Heyder.

Wahlspruch:

Sanctus amor patriae

Erlangen, den 16 Juli 1870

Professor Dr. Hegel.

Abb. VIII/17.4

VIII/18 Wählereid

16. Juli 1870, Erlangen
Urkunde
(UA Erlangen-Nürnberg:
A 1/4, Nr. 93)

Vor jeder Wahl eines Prorektors hatten die Wähler einen Eid abzulegen, der zu den Akten genommen wurde[1]. Am 15. April 1871 beantragte der Jurist Christian Freiherr von Scheurl (1811-1893) die Abschaffung des Wählereides, da er überflüssig sei und sich der Inhalt *für jeden gewissenhaften Mann von selbst versteht*. Das Ministerium genehmigte dies am 21. Mai 1871[2].

[1] Sämtliche Wählereide sind erhalten: UA Erlangen-Nürnberg: A 1/4, Nr. 93, Beilage 5 zu Bericht Nr. 1613.
[2] UA Erlangen-Nürnberg: Th. I, Pos. 4, R, Nr. 25 (unfol.).   H.N.

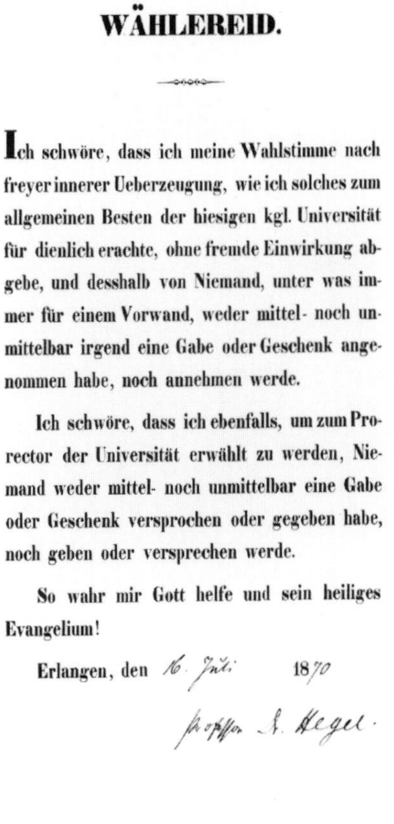

WÄHLEREID.

Ich schwöre, dass ich meine Wahlstimme nach freyer innerer Ueberzeugung, wie ich solches zum allgemeinen Besten der hiesigen kgl. Universität für dienlich erachte, ohne fremde Einwirkung abgebe, und desshalb von Niemand, unter was immer für einem Vorwand, weder mittel- noch unmittelbar irgend eine Gabe oder Geschenk angenommen habe, noch annehmen werde.

Ich schwöre, dass ich ebenfalls, um zum Prorector der Universität erwählt zu werden, Niemand weder mittel- noch unmittelbar eine Gabe oder Geschenk versprochen oder gegeben habe, noch geben oder versprechen werde.

So wahr mir Gott helfe und sein heiliges Evangelium!

Erlangen, den *16. Juli*   18*70*

proffor S. Hegel.

Abb. VIII/18.1

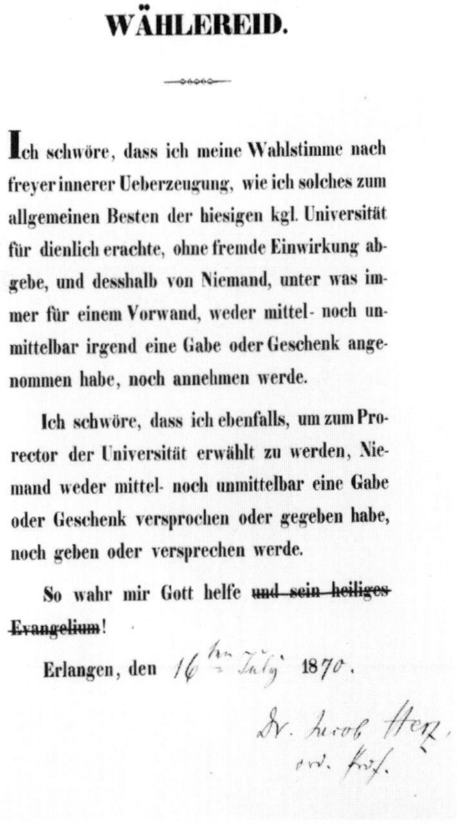

WÄHLEREID.

Ich schwöre, dass ich meine Wahlstimme nach freyer innerer Ueberzeugung, wie ich solches zum allgemeinen Besten der hiesigen kgl. Universität für dienlich erachte, ohne fremde Einwirkung abgebe, und desshalb von Niemand, unter was immer für einem Vorwand, weder mittel- noch unmittelbar irgend eine Gabe oder Geschenk angenommen habe, noch annehmen werde.

Ich schwöre, dass ich ebenfalls, um zum Prorector der Universität erwählt zu werden, Niemand weder mittel- noch unmittelbar eine Gabe oder Geschenk versprochen oder gegeben habe, noch geben oder versprechen werde.

So wahr mir Gott helfe ~~und sein heiliges Evangelium~~!

Erlangen, den *16ten July* 18*70*.

*Dr. Jacob Herz.
ord. Prof.*

Abb. VIII/18.2

VIII/19 Bestätigung Karl Hegels als Prorektor

24. Juli 1870, München
Urkunde
(UA Erlangen-Nürnberg: Th. I, Pos. 4, R, Nr. 25)

König Ludwig II. (1845-1886) bestätigte die Wahl Karl Hegels zum Prorektor der Universität Erlangen für das Studienjahr 1870/71. Rektor der Universität war seit ihrer Gründung im Jahre 1743 der jeweilige Landesherr, seit 1806 der König von Bayern. H.N.

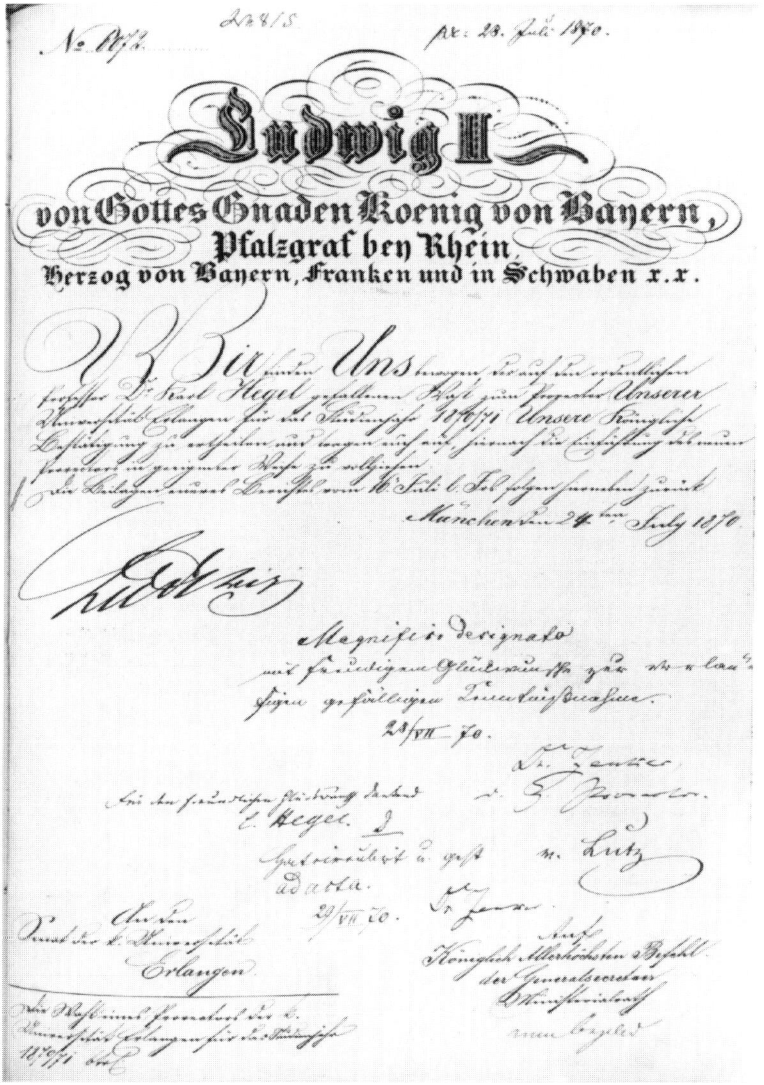
Ludwig II
von Gottes Gnaden Koenig von Bayern,
Pfalzgraf bey Rhein,
Herzog von Bayern, Franken und in Schwaben x.x.

Wir ... Uns ... Dr. Karl Hegel ... Unserer ... Erlangen ... 1870/71 Unsere ...

München ... 24. July 1870

Ludwig

Hegel

Lutz

Erlangen

Abb. VIII/19

VIII/20 Stadtplan von Erlangen 1866

1866, Erlangen
Plan (Ausschnitt)
(StadtA Erlangen: IV. E. Nr. 431)

1861 bezog Karl Hegel mit seiner Familie *ein neues, selbst gebautes Haus bei* *dem botanischen Garten* (Karl Hegel, Leben und Erinnerungen, S. 173), das damals an der Ecke *Lilien Gasse / SPI-TAL-STRASSE* unweit von *Irren Anstalt* im Norden und *Siglizhöfer Thor* im Osten lag. Heute steht an dieser Stelle die Universitäts-Kinderklinik (Ecke Loschgestraße/ Krankenhausstraße) (Nr. X/7).

H.N.

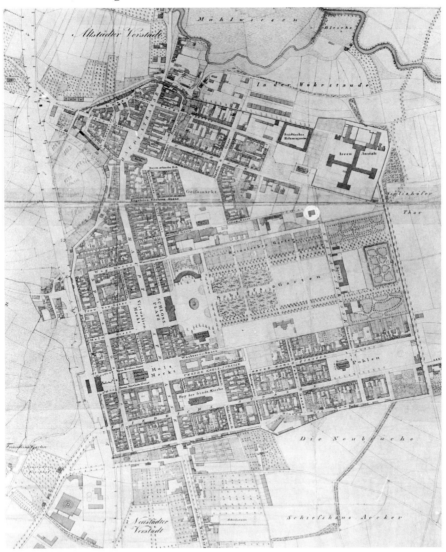

Abb. VIII/20

VIII/21 Hegel-Haus: Am katholischen Kirchenplatz Nr. 563 D

3. Juli 1860
Plan
(StadtA Erlangen: 241. BA. 3809 B)

Am 22. Juni 1860 – so heißt es in den Bauakten zum späteren Anwesen Loschgestraße Nr. 15 – *erscheint der königl. Universitäts-Professor Herr Dr. Hegel von hier und legt einen Plan vor, nach welchem er auf dem von ihm erworbenen Grundstücke dahier ein Wohnhaus erbauen will*; gleichzeitig ersuchte er um Beschleunigung der Genehmigung. In einem Heft *Hausbau* (Nachlaß Karl Hegel, Privatbesitz) hat Karl Hegel ab Juni 1860 alle Schritte bei der Errichtung seines Wohnhauses eigenhändig festgehalten, u.a. Entwurf des Bauplanes durch *Baurath Solger in Nürnberg im Frühjahr 1860*, Vertragsabschlüsse mit Handwerkern, *erster Spatenstich am 19. Juli 1860*, am 2. August 1860: *Mittags wurde von meiner Frau der Grundstein gelegt*, am 23. Oktober 1860 *Nachm[ittags] 5 Uhr wurde das Haus gerichtet*, 3. April 1861: *der Garten wurde angepflanzt*, 17. August 1861: *Umzug u. Einzug in den oberen Stock des neuen Hauses*, 20. November 1861: *Die Hausnummer meines Hauses am katholischen Kirchenplatz ist: 563 D. Die bis April 1862 eingetragenen Kosten ergaben eine Gesamtsumme von 12.068 fl. 44 1/2 Kr.* Im Frühjahr 1871: *die Veranda wurde angelegt*; weitere Baumaßnahmen wurden bis 1885 notiert.

H.N.

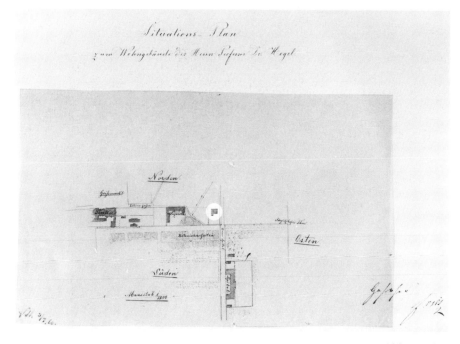

Abb. VIII/21

**VIII/22 Ehefrau:
Susanne Hegel,
geb. Tucher
(1826-1878)**

1870, vermutlich Erlangen
Daguerreotyp
(Privatbesitz)

Abbildung befindet sich aufgeklebt und
von Karl Hegel datiert auf dem Vorsatzblatt seines *Gedenkbuches* (Nr. VIII/33),
für dessen Anlage der Tod seiner Ehefrau
am 1. Januar 1878 den Anlaß gab.   H.N.

VIII/23 Karl Hegel, 63 Jahre alt

1876, vermutlich Erlangen
Daguerreotyp
(Privatbesitz)

Zweite Abbildung Karl Hegels auf dem
Vorsatzblatt seines *Gedenkbuches* (Nr.
VIII/33, Nr. VI/10) mit Datierung von
ihm.   H.N.

Abb. VIII/22   Abb. VIII/23

VIII/24 Susanne Hegel im Kreise ihrer Kinder

1867
Photographie
(Privatbesitz)

Karl und Susanne Hegel hatten acht Kinder (Nr. I/2), von denen die sechs ältesten zusammen mit ihrer Mutter abgebildet sind. Der dritte Sohn Friedrich August, geboren am 11. Dezember 1864, ist am 18. September 1865 verstorben, der vierte Gottlieb Friedrich wurde am 22. November 1867 geboren (Nachlaß Karl Hegel, Privatbesitz [1 Bd. „Familien-Chronik"]).   H.N.

Abb. VIII/24

VIII/25 Schwiegersohn: Eugen Lommel (1837-1899)

Photographie
(UB Erlangen-Nürnberg,
Handschriftenabteilung:
Portr. Album 1, Album der
Philomathie)

Der im Jahre 1868 an die Universität Erlangen berufene Physiker Eugen Lommel stammte aus Edenkoben in der Pfalz und studierte seit 1854 Philosophie, Mathematik und Naturwissenschaften an der Universität München. Er war Lehrer für Mathematik und Physik an den Kantonschulen in Schwyz und Zürich, wo er 1865 an der Universität promoviert wurde und sich 1866 habilitierte. 1867 wurde er Professor an der land- und forstwissenschaftlichen Akademie in Hohenheim. 1872 heiratete er Karl Hegels zweitälteste Tochter Luise (Nr. I/2), kirchlich getraut vom Universitätsprediger Professor Dr. Gerhard von Zezschwitz (1825-1886), und hatte acht Kinder mit ihr. Im Studienjahr 1881/82 war er Prorektor. 1886 wechselte er von Erlangen nach München und wurde 1892 als Ritter in den persönlichen Adelsstand erhoben. In München starb er als einer der bedeutendsten Physiker seiner Zeit. B.K.

VIII/26 Schwiegersohn: Felix Klein (1849-1925)

Photographie
(UB Erlangen-Nürnberg, Handschriftenabteilung: Portr. Album 1, Album der Philomathie)

Der von 1872 bis 1875 an der Universität Erlangen wirkende Mathematiker Felix Klein stammte aus Düsseldorf und studierte von 1865 bis 1870 an den Universitäten Bonn, Göttingen und Berlin. Nach Promotion 1868 in Bonn und Habilitation 1871 in Göttingen wurde er dort Ordinarius und wechselte 1875 von Erlangen, wo er im gleichen Jahr Karl Hegels älteste Tochter Anna (Nr. I/2) heiratete, an die TH München, ging 1880 nach Leipzig und kehrte 1886 nach Göttingen zurück; 1913 emeritiert, starb er dort hochgeehrt als ein herausragender Vertreter seines Faches. H.N.

Abb. VIII/25

Abb. VIII/26

VIII/27 Ehrenpromotion Karl Hegels zum Dr. jur. der Universität Halle-Wittenberg

21. Juni 1867, Halle
Urkunde
(Privatbesitz)

Aus Anlaß der seit fünfzig Jahren bestehenden Vereinigung der Universitäten Wittenberg (gegründet 1502) und Halle (gegründet 1694) wurde Karl Hegel die Ehrendoktorwürde der Juristischen Fakultät verliehen. Zusammen mit ihm erhielten diese Auszeichnung auf Beschluß der Fakultät vom 24. Mai 1867 der aus Dresden stammende Statistiker Ernst Engel (1821-1896), der italienische Rechtshistoriker Stefano Jacini (1827-1891), der englische Philosoph und Volkswirt John Stuart Mill (1806-1873) und der in Basel lehrende Germanist Wilhelm Wackernagel (1806-1869). In der Laudatio auf Karl Hegel wurden seine scharfsichtigen Forschungen über die Ursprünge des Stadtrechts in Deutschland und Italien, sowie seine sorgfältigen Quelleneditionen besonders hervorgehoben (UA Halle: Rep. 23, Nr. 694 [unfol.]).

Karl Hegel wohnte dem Festakt der Ehrenpromotion nicht bei, sondern bedankte sich für die Ehrung mit einem Schreiben vom 29. Juni 1867 an den Dekan der Juristischen Fakultät der Universität Halle (ebd.):

Hochwohlgeborner Herr!
Hochgeehrter Herr Dekan!
Durch die von der hochverehrlichen Juristenfacultät zu Halle mir zuerkannte und an dem Jubelfest der Universität verkündigte Auszeichnung finde ich mich weit über Erwarten und Verdienst geehrt. Eine Anerkennung diser Art, von hochgeachteten Männern der Wissenschaft freiwillig gewährt, ist wie ein freundliches Geschenk des Himmels zu betrachten und gehört gewiß zu dem Schätzenswerthe-
sten, was einem Sterblichen zu Theil werden kann. Und für mein persönliches Gefühl wird die Empfindung der Freude und des Dankes noch dadurch erhöht, daß solche Ehre von Seiten einer preußischen Universität mir zukommt, von einer berühmten Juristenfakultät _des_ Staates mir erwiesen wird, dem ich die Grundlagen und den besten Theil meiner Bildung verdanke, mit dem ich mich fortdauernd in den Wurzeln meines Lebens verwachsen fühle, in welchem ich den geistigen wie politischen Führer von Deutschland erkenne.

Möge Ew. Spectabilität hieraus die Fülle meiner Dankbarkeit ermessen, mit der ich mich der hochverehrlichen Juristenfacultät von Halle fortan verpflichtet erkenne und mögen Sie, ich bitte ergebenst darum, auch dieser selbst von dem Ausdruck meiner Gefühle Kenntniß geben.

Euer Spectabilität danke ich herzlich für die Übersendung des so schön ausgestatteten Ehrendiploms, welches ich wie ein unschätzbares Besitztum und als Symbol fortdauernder geistiger Verbindung mit den hochverehrten Gebern heilig halten werde.

Genehmigen Sie die Versicherung aufrichtiger Verehrung, mit der ich mich unterzeichne als

    Ew. Spectabilität
     ganz ergebener
      C. Hegel.

Erlangen, 29. Juni 1867.   H.N.

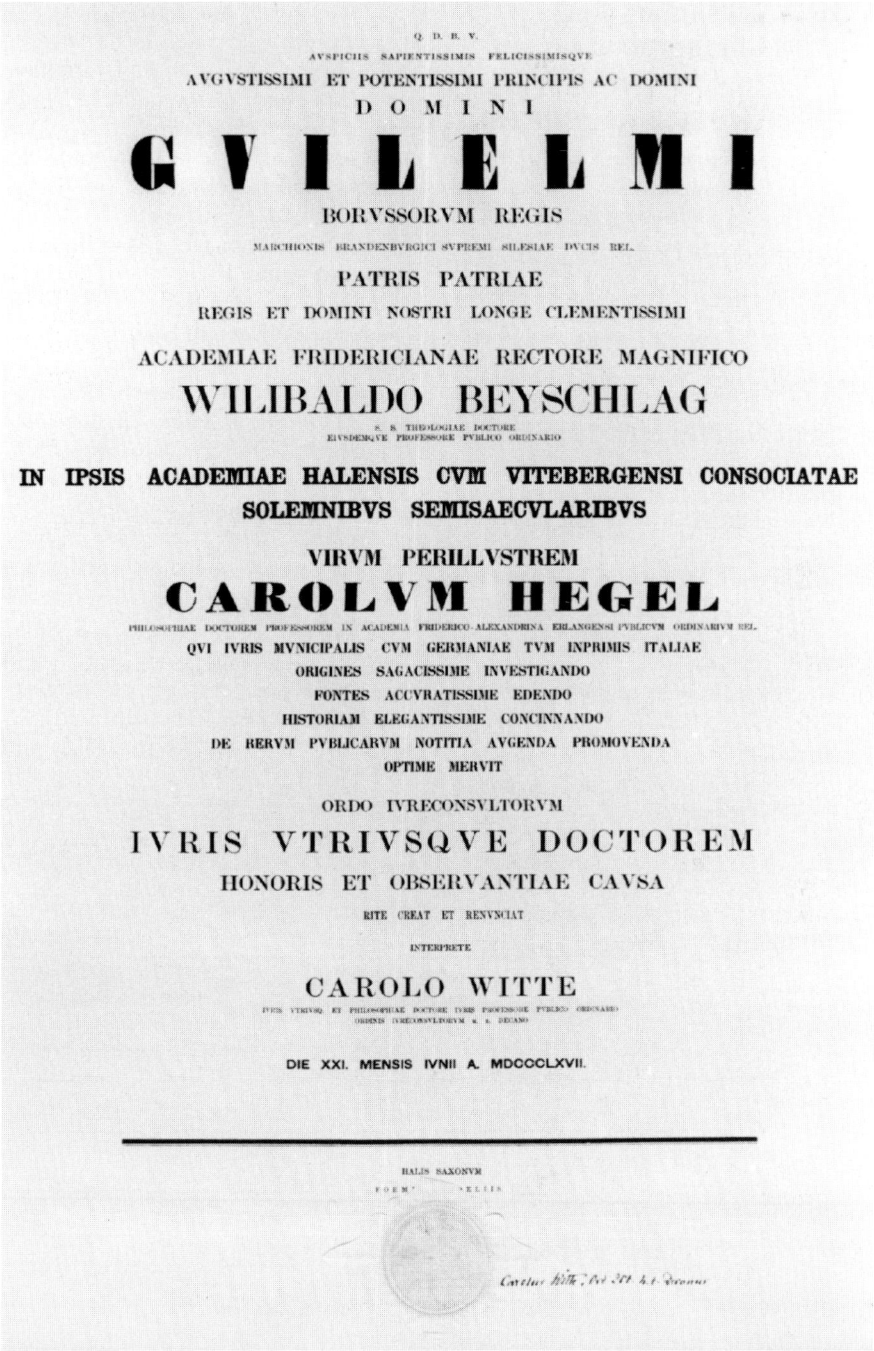

Q. D. B. V.

AVSPICIIS SAPIENTISSIMIS FELICISSIMISQVE

AVGVSTISSIMI ET POTENTISSIMI PRINCIPIS AC DOMINI

D O M I N I

GVILELMI

BORVSSORVM REGIS

MARCHIONIS BRANDENBVRGICI SVPREMI SILESIAE DVCIS REL.

PATRIS PATRIAE

REGIS ET DOMINI NOSTRI LONGE CLEMENTISSIMI

ACADEMIAE FRIDERICIANAE RECTORE MAGNIFICO

WILIBALDO BEYSCHLAG

S. S. THEOLOGIAE DOCTORE
EIVSDEMQVE PROFESSORE PVBLICO ORDINARIO

IN IPSIS ACADEMIAE HALENSIS CVM VITEBERGENSI CONSOCIATAE SOLEMNIBVS SEMISAECVLARIBVS

VIRVM PERILLVSTREM

CAROLVM HEGEL

PHILOSOPHIAE DOCTOREM PROFESSOREM IN ACADEMIA FRIDERICO-ALEXANDRINA ERLANGENSI PVBLICVM ORDINARIVM REL.

QVI IVRIS MVNICIPALIS CVM GERMANIAE TVM INPRIMIS ITALIAE

ORIGINES SAGACISSIME INVESTIGANDO

FONTES ACCVRATISSIME EDENDO

HISTORIAM ELEGANTISSIME CONCINNANDO

DE RERVM PVBLICARVM NOTITIA AVGENDA PROMOVENDA

OPTIME MERVIT

ORDO IVRECONSVLTORVM

IVRIS VTRIVSQVE DOCTOREM

HONORIS ET OBSERVANTIAE CAVSA

RITE CREAT ET RENVNCIAT

INTERPRETE

CAROLO WITTE

IVRIS VTRIVSQ. ET PHILOSOPHIAE DOCTORE IVRIS PROFESSORE PVBLICO ORDINARIO
ORDINIS IVRECONSVLTORVM e. t. DECANO

DIE XXI. MENSIS IVNII A. MDCCCLXVII.

HALIS SAXONVM

POEM·   ·ELIIS

Carolus Witte, Ord. Ict. h.t. Decanus

Abb. VIII/27

VIII/28 Ablehnung einer Ehrenpromotion zum Dr. jur. an der Universität Göttingen

20. November 1881, Erlangen
Telegramm
(UA Göttingen: Jur Fak 134)

Anläßlich des 100. Geburtstages des Göttinger Rechtsgelehrten und Begründers der historischen Rechtsschule Karl Friedrich Eichhorn (1781-1854) am 20. November 1881 wollte die Juristische Fakultät der Georg-August-Universität Göttingen Karl Hegel die Ehrendoktorwürde verleihen. Ihr Dekan, Ferdinand Frensdorff (Nr. IX/15), teilte ihm dies am 19. November 1881 telegraphisch mit[1], als bereits die Ehrenpromotionsurkunde entworfen war[2]. Hegel telegraphierte am 20. November 1881 zurück: *Grosse Ehre aber bin schon Doctor juris von Halle 1867.*
Die Göttinger Fakultät wollte Hegel gerade in der *Erinnerung an Eichhorn* ehren – schrieb ihm Frensdorff am 23. November 1881 –, weil ihm für seine *Geschichte der italiänischen Städteverfassung* (Nr. V/7) und die *Chroniken der deutschen Städte* (Nr. IX/10) die Disziplinen *Geschichte und Jurisprudenz zu gleichem Danke verpflichtet sind.* Aber ihr Beschluß erfolgte in Unkenntnis der Tatsache, daß Hegel bereits juristischer Ehrendoktor der Universität Halle war (Nr. VIII/27). Mehrfache Würdigungen dieser Art eines Faches verschiedener Fakultäten verboten sich, weshalb der Dekan den Kollegen in Halle einen Brief schickte, *um alle Mißverständnisse auszuschließen.* Hegel aber versicherte er: *Wenn es eine Form gäbe, Sie noch zum Dr. juris von Göttingen zu machen, nachdem Sie es schon von Halle sind, würden wir Sie gewählt haben, um Ihnen zu zeigen, welchen Werth wir auf Ihre Ehrenmitgliedschaft legen*, und brachte ihm den Wortlaut der vorgesehenen Urkunde zur Kenntnis[3].

[1] Das Telegramm befindet sich im Nachlaß Karl Hegel (Privatbesitz).
[2] UA Göttingen: Jur Fak 134 (unfol.).
[3] Das Schreiben vom 23. November 1881 befindet sich im Nachlaß Karl Hegel (Privatbesitz).   H.N.

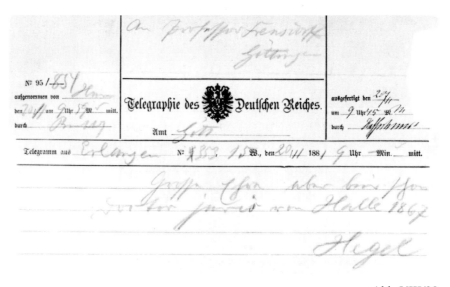

Abb. VIII/28

VIII/29 Korrespondierendes Mitglied der Kaiserlichen Akademie der Wissenschaften

9. August 1887, Wien
Urkunde
(Privatbesitz)

Bereits im Mai 1882 wurde Karl Hegel von den Historikern Alphons Huber (1834-1898) und Julius Ficker (1826-1902) *für die Stelle eines correspondirenden Mitglieds im Auslande* vorgeschlagen, und dabei wurde hervorgehoben, daß er mit seiner zweibändigen *Geschichte der Städteverfassung von Italien* (V/7) *auf dem Gebiete der italienischen Rechtsgeschichte geradezu Bahn brechend gewirkt* und sich mit der Herausgabe der *Chroniken der deutschen Städte* (Nr. IX/10) größte Verdienste erworben habe: *Die Einleitungen zu den einzelnen Chroniken liefern ebenso gelungene Beiträge für die Geschichte der historischen Literatur Deutschlands im Mittelalter wie für die Entstehung und Fortbildung der deutschen Stedteverfassungen* [sic !]. *Für die Geschichte des Münzwesens, der Preise und dgl. sind durch einzelne Untersuchungen werthvolle Resultate erzielt worden*[1]. Aber zur Wahl kam es – nach neuerlichem Vorschlag vom Mai 1887[2] – erst am 25. Mai 1887 in außerordentlicher Gesamtsitzung der Akademie, nachdem fünf Jahre zuvor kein korrespondierendes Mitglied zu wählen war. 1887 wurde Hegel auf die vierte zu besetzende Stelle gewählt, wobei er die absolute Mehrheit erst im zweiten Wahlgang erreichte[3].

Hegel, der nie an einer Akademiesitzung in Wien teilgenommen und nie etwas in den Publikationsorganen der Kaiserlichen Akademie der Wissenschaften veröffentlicht hat, bedankte sich in einem kurzen eingeschriebenen Brief *An das Präsidium der Kais. Akademie der Wissenschaften in Wien* für die mit Schreiben vom 9. August 1887 zugeleitete Urkunde im September

Abb. VIII/29

1887 und gab seiner *großen Freude* Ausdruck, *auf solche Weise mit einer hochberühmten Corporation in Verbindung zu treten, welcher insbesondere die historischen Wissenschaften seit lange[m] eine so vielseitige wie fruchtbare Anregung, Unterstützung und Förderung verdanken*[4]. Präsident der Akademie war seit 1879 der Archivar Alfred von Arneth (1819-1897), Verfasser einer zehnbändigen Biographie Maria Theresias und 1848 liberal-großdeutscher Abgeordneter in der Paulskirche.

[1] Der am 12. Mai 1882 der Akademie präsentierte Vorschlag in: Archiv der Österreichischen Akademie der Wissenschaften Wien: Wahlvorschläge bis 1909, Karton 1.
[2] Ebd.; zu den Unterzeichnern gehörten erneut Alphons Huber sowie Heinrich von Zeissberg, Adolf Mussafia, Friedrich Müller, Richard Heinzel und Friedrich Maassen.
[3] Vgl. das Protokoll vom 25. Mai 1887: Archiv der Österreichischen Akademie der Wissenschaften Wien: Sitzungsprotokoll der Gesamtakademie, A. 415.
[4] Archiv der Österreichischen Akademie der Wissenschaften Wien: Allgemeine Akten, No. 786/1887.   H.N.

VIII/30 Fünfzigjähriges Doktorjubiläum

Juli 1887, München
Grußadresse
(Privatbesitz)

Als sich der Tag der Promotion Karl Hegels zum Dr. phil. (Nr. III/26) zum 50. Mal jährte, wurde dieses Ereignis zu einem großen Fest. In seinem *Gedenkbuch* (Nr. VIII/33) erinnerte er sich – wohl auf der Grundlage des ausführlichen Berichtes in der Münchncr *Allgemeinen Zeitung* vom 6. August 1887[1] – daran:
Zu meinem 50j[ährigen] Doctorjubiläum, dessen Feier seitens der Universität auf den 30. Juli anberaumt war (der eigentliche Promotionstag war erst am 24. August), kamen meine Töchter Anna aus Göttingen, Luise und Sophie aus München, Georg aus Wildbad (mit Unterbrechung seiner Kur), auch mein Schwiegersohn Lommel [Nr. VIII/25] traf mittags am Tage der Festfeier ein. Haus und Garten waren festlich geschmückt. Ich empfing am Vormittag die philosophische Facultät in corpore, für welche College Steinmeyer[2] die Ansprache hielt, dann die große Deputation des Senats, Prorector Hölder[3] an der Spitze, der die tabula gratulatoria der Universität überreichte, Deputationen der städtischen Collegien (Bürgermeister Schuh[4] u. Prof. Bissinger) und des Gymnasiums, angeführt von Rector Westermayer; Freund Lexer [Nr. IX/12] kam aus Würzburg und überbrachte die schöne von Frensdorff [Nr. IX/15] verfaßte Adresse meiner Mitarbeiter bei der historischen Commission [Nr. IX/11]. Es wurden ferner Adressen übersandt von der philosophischen Facultät in Berlin (von Wattenbach verfaßt und von allen Mitgliedern der Facultät unterzeichnet), von den philos. Facultäten in Göttingen und Rostock, von der Juristen Facultät in Halle, von der Akademie und der histor. Commission in München, von der Gesellschaft für rheinische Geschichtskunde – zuletzt am 24. Aug. die für mich, neben der der berliner philos. Facultät ehrenvollste der berliner Akademie (von Weizsäcker [Nr. VIII/14] verfaßt und von den Akademikern unterzeichnet). Es fand ein solennes Mittagessen im Schwan statt, bei dem der Prorector mir den Haupttoast ausbrachte* (ebd., S. 201-203).

Im Nachlaß Karl Hegels (Privatbesitz) findet sich ferner ein Glückwunschschreiben der MGH vom 21. Juli 1887,

unterzeichnet von Wilhelm von Wattenbach (1818-1897) als *d. Z. provis. Vorsitzende[m]*, Heinrich von Sybel (Nr.
IX/5), Julius Weizsäcker, dem Althistori-
ker Theodor Mommsen (1817-1903) und
dem Rechtshistoriker Heinrich Brunner
(1840-1915). Die Grußadresse der Königlichen Bayerischen Akademie der
Wissenschaften ist unterzeichnet von
deren Präsidenten Ignaz von Doellinger
(1799-1890) und dem Sekretär der historischen Klasse, Wilhelm von Giesebrecht
(Nr. IX/4).

[1] *Beilage zur Allgemeinen Zeitung*, Nr. 216, 6.
August 1887, S. 3178 f. Ein weiterer Artikel
erschien in der Voss´schen Zeitung, Berlin, der
sich mit handschriftlichen Korrekturen Karl
Hegels erhalten hat (Privatbesitz).

[2] An der Berufung Professor Dr. Elias Steinmeyers
(1848-1922), des Gründers des „Deutschen
Seminars" an der Universität Erlangen (1883),
war Karl Hegel 1876/77 beteiligt (Thye, Elias
von Steimeyer, S. 92 ff.).

[3] Professor Dr. Eduard Hölder (1847-1911) war
Römischrechtler und im Studienjahr 1886/87
Prorektor der Universität Erlangen.

[4] Dr. Georg Ritter von Schuh (1846-1918) war von
1881 bis 1892 Erster Bürgermeister Erlangens.

H.N.

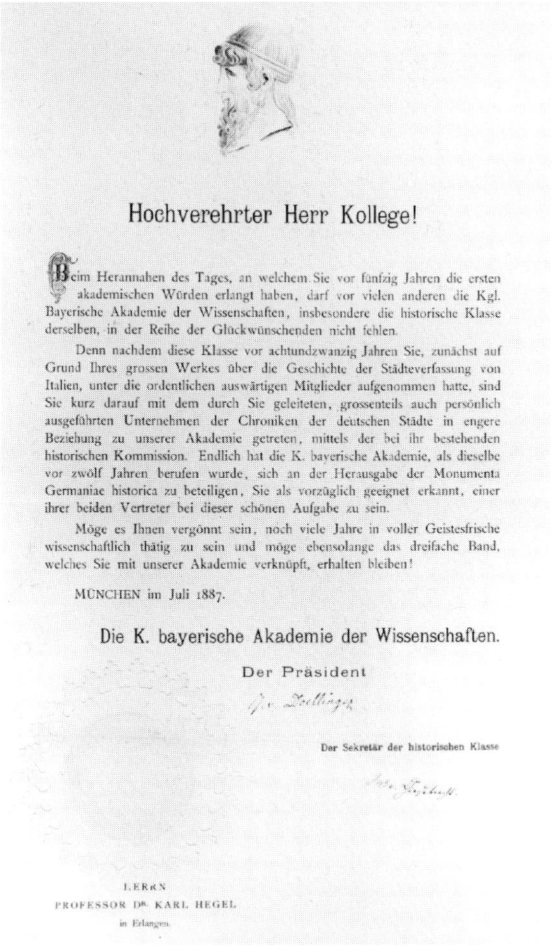

Hochverehrter Herr Kollege!

Beim Herannahen des Tages, an welchem Sie vor fünfzig Jahren die ersten
akademischen Würden erlangt haben, darf vor vielen anderen die Kgl.
Bayerische Akademie der Wissenschaften, insbesondere die historische Klasse
derselben, in der Reihe der Glückwünschenden nicht fehlen.

Denn nachdem diese Klasse vor achtundzwanzig Jahren Sie, zunächst auf
Grund Ihres grossen Werkes über die Geschichte der Städteverfassung von
Italien, unter die ordentlichen auswärtigen Mitglieder aufgenommen hatte, sind
Sie kurz darauf mit dem durch Sie geleiteten, grossenteils auch persönlich
ausgeführten Unternehmen der Chroniken der deutschen Städte in engere
Beziehung zu unserer Akademie getreten, mittels der bei ihr bestehenden
historischen Kommission. Endlich hat die K. bayerische Akademie, als dieselbe
vor zwölf Jahren berufen wurde, sich an der Herausgabe der Monumenta
Germaniae historica zu beteiligen, Sie als vorzüglich geeignet erkannt, einer
ihrer beiden Vertreter bei dieser schönen Aufgabe zu sein.

Möge es Ihnen vergönnt sein, noch viele Jahre in voller Geistesfrische
wissenschaftlich thätig zu sein und möge ebensolange das dreifache Band,
welches Sie mit unserer Akademie verknüpft, erhalten bleiben!

MÜNCHEN im Juli 1887.

Die K. bayerische Akademie der Wissenschaften.

Der Präsident

I. Doellinger

Der Sekretär der historischen Klasse

W. Giesebrecht

I. ERKN
PROFESSOR Dᴿ KARL HEGEL
in Erlangen.

Abb. VIII/30

VIII/31 Aufnahme in die Adelsmatrikel des Königreichs Bayern

23. Februar 1891, München
Matricular-Extract
(Privatbesitz)

Nachdem Prinzregent Luitpold (Nr. VIII/38) Karl Hegel am 27. Dezember 1889 das Ritterkreuz des königlichen Verdienstordens der Bayerischen Krone verliehen hatte[1], ersuchte Ritter von Hegel

am 8. Februar 1891 das Staatsministerium des Königlichen Hauses und des Äußeren um Eintragung in die Adelsmatrikel und legte seinem Gesuch u.a. *eine aufgrund unseres Familienwappens angefertigte colorierte Wappenskizze* bei[2]. Nach erfolgter Aufnahme in die Adelsmatrikel durch den Königlich Bayerischen Reichsherold ging am 25. Februar 1891 eine entsprechende Mitteilung an die Redaktion des Gesetz- und Verordnungsblattes des Königreichs Bayern[3].

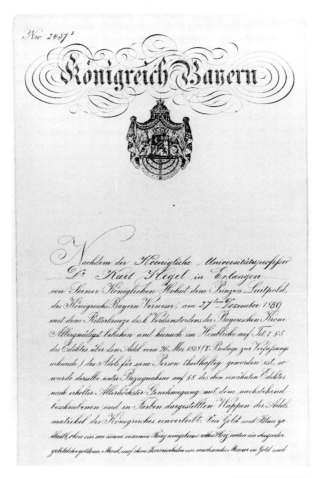

Abb. VIII/31.1

Gleich nach Erhalt des Ritterkreuzes hatte Hegel am 1. Januar 1890 einen *Revers über Zurückgabe der Ordensdekoration nach meinem Ableben* eingesandt, und am 16. Dezember 1901 ging das Ritterkreuz über den Stadtmagistrat Erlangen an das Staatsministerium des Königlichen Hauses und des Äußeren zurück[4].

[1] HStA Bayern, München: Ordensakten Nr. 1810, Kronorden.

[2] HStA Bayern, München: Adelsmatrikel, Ritter, H 59.

[3] Ebd.

[4] Wie Anm. 1, Münchener Eingangsbestätigung vom 20. Dezember 1901.   H.N.

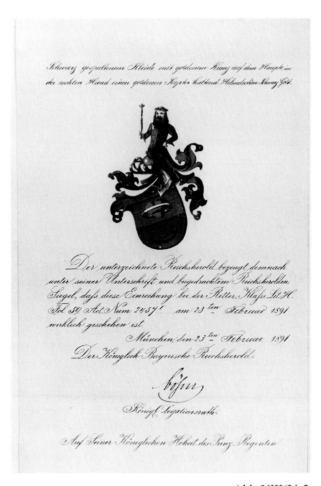

Abb. VIII/31.2

VIII/32 Königlicher Geheimer Rat

7. Juli 1893, München
Ministerialblatt (Montage)
(Ministerialblatt für Kirchen=
und Schul=Angelegenheiten
im Königreich Bayern, Nr. 26,
26. September 1893,
S. 317, 321)

Anläßlich des Jubiläums zum 150jähri-
gen Bestehen der Königlichen Universität
Erlangen am 4. November 1893 verlieh
Prinzregent Luitpold (Nr. VIII/38) Pro-
fessor Dr. Karl Ritter von Hegel den Titel
eines Königlichen Geheimen Rates[1]. Die
Bekanntgabe dieser Ehrung und die Aus-
händigung der Dokumente und Insignien
erfolgte während des Festaktes am 1.
August 1893 durch den Staatsminister
Ludwig August von Müller (1846-1895)[2].
Außer Hegel erhielt nur noch der Jurist
Professor Dr. Gottfried Heinrich Gengler
(1817-1901) diese Auszeichnung.

[1] HStA Bayern, München: Ordensakten Nr. 1395.
[2] Bericht über die Feier des 150jährigen Bestehens,
S. 24.   H.N.

Abb. VIII/32

VIII/33 Karl Hegels „Gedenkbuch"

10. Oktober 1878 – 31. De-
zember 1900, Erlangen
Handschrift
(Privatbesitz)

Nach dem Tod seiner Ehefrau Susanna
am Neujahrstag des Jahres 1878 begann
Karl Hegel am 10. Oktober desselben
Jahres mit der Niederschrift seines
Gedenkbuches und schrieb daran
zunächst bis zum 31. Dezember 1878
(Seite 152). Es besteht aus 280 Seiten:
205 Seiten paginiert (bis zum Ende des
Jahres 1887) und 75 Seiten unpaginiert.

Die Seiten 1-57 umfassen Karl Hegels
Lebenslauf bis zum Jahr 1849, die Seiten
58-65 *Lebensnachrichten von Susette
(Susanna)*; wie schon Karl Hegels
Lebenslauf sind die folgenden Nieder-
schriften ab Seite 66 annalistisch angelegt, zweimal mit hervorgehobenen Über-
schriften: *Rostock 1850-1856* (Seite 66),
Letzte Worte meiner lieben Susanna
(Seite 147). Auf den Seiten [219]-[222]
listet Hegel – beginnend mit seiner Promotion 1837 und endend mit der Verleihung des Titels eines Geheimrats 1893 –
Ämter und Ehren auf, gefolgt von seinem
Schriftenverzeichnis *Druckschriften* auf

den Seiten [223]-[227], beginnend mit der Dissertation von 1837 und endend mit Band 27 der *Chroniken der deutschen Städte* von 1899. Die ungebundenen Seiten [229]-[280] sind den Jahren von 1893 bis 1900 gewidmet, jeweils abschließend mit *Todesfällen des Jahres*. Der letzte Eintrag gilt den Memoiren: *Mein Buch erschien zur rechten Zeit, um noch zu Weihnachten die meinigen und die Freunde zu erfreuen. Wir feierten das Fest still für uns*.

Auf dem Vorsatzblatt des *Gedenkbuches* befinden sich drei Abbildungen in Medaillons: Karl Hegel 1860, Susanna Hegel 1870 und Karl Hegel 1876 (Nr. VI/10, VIII/22, 23), gefolgt von einem Blatt mit Hegels Vorwort:

Erlangen 10. October 1878.

Nach dem Tode meiner geliebten Susanna begann ich, wie nie zuvor, auf mein vergangenes Leben zurückzublicken und im Gedanken an die Ewigkeit, welche mich mit ihr wiedervereinigen wird, den Abschluß meines irdischen Daseins vorzubereiten. Ich durchlas ihre und meine von uns beiden sorgfältig aufbewahrte Correspondenz, vertilgte davon einen großen Theil, und ordnete den übrigen, der noch für mich von Werth war, und beschloß, zu meiner eigenen Erinnerung wie zum Gedächtniß meiner Kinder, die Thatsachen unserer beiderseitigen Lebensgeschichte in aller Kürze aufzuzeichnen. –

Ich folge zuerst meinem Lebenslauf bis zu unserer Verlobung im J[ahre] 1849 und schalte dort den von Susanna bis zu diesem Zeitpunkt ein.

C. Hegel.

H.N.

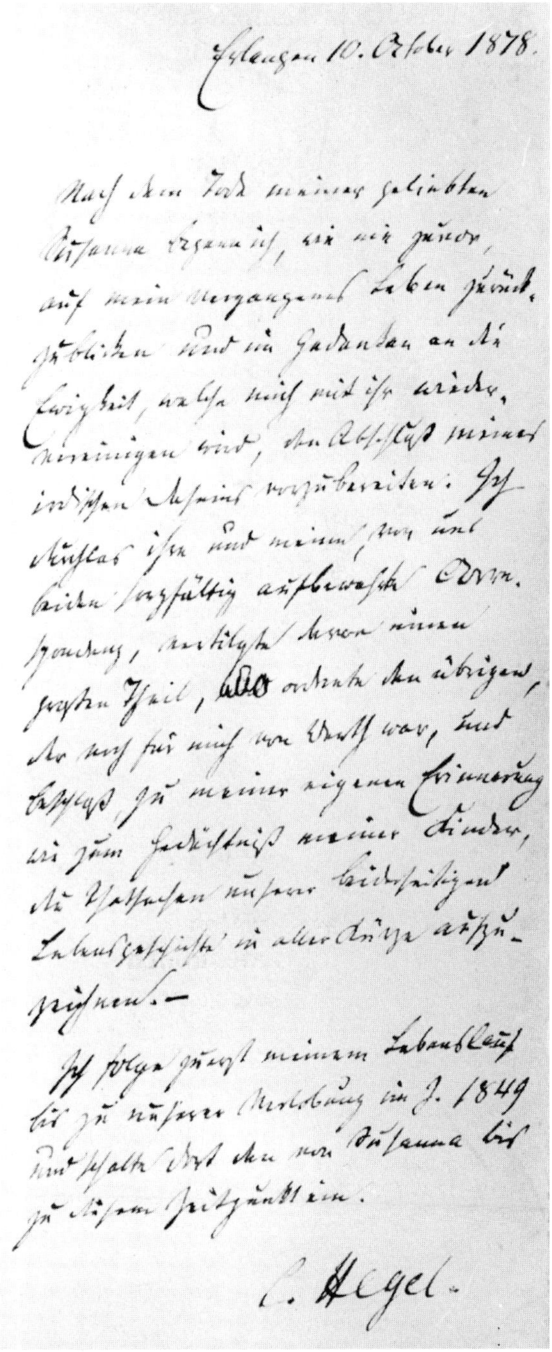

Erlangen 10. October 1878.

Nach dem Tode meiner geliebten Susanna begann ich, wie nie zuvor, auf mein vergangenes Leben zurückzublicken und im Gedanken an die Ewigkeit, welche mich mit ihr wiedervereinigen wird, den Abschluß meines irdischen Daseins vorzubereiten. Ich durchlas ihre und meine, von uns beiden sorgfältig aufbewahrte Correspondenz, vertilgte davon einen großen Theil, und ordnete den übrigen, der noch für mich von Werth war, und beschloß, zu meiner eigenen Erinnerung wie zum Gedächtniß meiner Kinder, die Thatsachen unserer beiderseitigen Lebensgeschichte in aller Kürze aufzuzeichnen. –

Ich folge zuerst meinem Lebenslauf bis zu unserer Verlobung im J. 1849 und schalte dort den von Susanna bis zu diesem Zeitpunkt ein.

C. Hegel.

Abb. VIII/33

**VIII/34 Karl Hegel im Kreise
der Familie seiner
Tochter Anna Klein**

17. August 1900
Photographie
(Privatbesitz)

Das Photo wurde anläßlich der Silber-
hochzeit von Karl Hegels ältester Tochter
Anna mit Felix Klein (Nr. VIII/26)
gemacht. Abgebildet sind u.a. stehend:
Sophie Hegel (3. von links), Siegmund
Hegel (4. von links), Marie Hegel (3. von
rechts; sitzend: Karl Hegel (3. von links),
rechts daneben das Silberhochzeitspaar.

Abb. VIII/34

**VIII/35 Karl Hegel,
seine Tochter Marie
und Familie Lommel**

1890er Jahre
Photographie
(Privatbesitz)

Abgebildet sind nach Bildunterschrift stehend von links: Enkel Friedrich Lommel
(geb. 1883), Schwiegersohn Eugen Lommel (Nr. VIII/25), Enkelin Marie Lommel

(geb. 1880), Enkel Felix Lommel (geb.
1875), Enkel August Lommel (geb.
1878), Gottlieb Lommel, sitzend von
links: Tochter Marie Hegel (geb. 1855),
Tochter Luise Lommel (geb. 1853), Karl
Hegel, Elisabeth Lommel (geb. 1877),
davor – mit Hund – vermutlich der jüngste Enkel Hermann Lommel (geb. 1885),
der spätere Indogermanist und Religions-
wissenschaftler auf dem Frankfurter
Lehrstuhl (1917-1950).   H.N.

Abb. VIII/35

VIII/36 Leben und Erinnerungen

1900, Leipzig
Buch
(UB Erlangen-Nürnberg)

Im letzten Jahr des 19. Jahrhunderts publizierte Karl Hegel seine Memoiren, zu deren Niederschrift ihn der Ophthalmologe Oskar Eversbusch (1853-1912) – folgt man dem Vorwort – *bei Gelegenheit eines Prorektoratsessens am 19. November 1899, [...] wie schon öfter, dringend ermahnt hätte.* Im Bewußtsein aller mit einer Autobiographie verbundenen Schwierigkeiten war es Hegels Bestreben, *nichts als die bloße Wahrheit zu sagen, denn das ist es, woran jedermann gelegen ist und was allein dem Historiker geziemt.* Als Quelle dienten ihm Briefe und Tagebücher, worunter wohl das *Gedenkbuch* (Nr. VIII/33) zu verstehen ist. H.N.

Karl Hegel

Leben und Erinnerungen.

Mit 1 Portrait in Heliogravüre.

F.972a

Leipzig
Verlag von S. Hirzel
1900.

Abb. VIII/36

VIII/37 Karl Hegel

1900
Photographie des Frontispizes
der Memoiren
(Karl Hegel, Leben und
Erinnerungen)

Abb. VIII/37

VIII/38 Karl Hegels letzte Publikation

1901, Erlangen und Leipzig
Buch
(UB Erlangen-Nürnberg)

Aus Anlaß des 80. Geburtstages des Prinzregenten Luitpold (1821-1912) erschien eine ihm von der Universität Erlangen gewidmete Festschrift in fünf Teilen. Die Fakultäten waren in den einzelnen Bänden durch Beiträge ihrer Professoren vertreten. Band IV. 1, von der 1. Sektion der Philosophischen Fakultät bestritten – die 2. Sektion umfaßte naturwissenschaftliche Beiträge –, leitete Karl Hegel mit einem Aufsatz über *Vergrösserung und Sondergemeinden der deutschen Städte im Mittelalter* ein.   H.N.

VIII/39 Karl von Hegel

1901
Marmorrelief Wilhelm von
Rümanns (1850-1906)
(Privatbesitz)

Im Todesjahr Karl Hegels schuf der Münchener Bildhauer Wilhelm von Rümann, von dem zahlreiche Marmorbüsten (u.a. des Prinzregenten Luitpold) stammen, das Marmorrelief *K v Hegel*. Das Münchener Staatsministerium des Innern für Kirchen- und Schulangelegenheiten genehmigte am 18. März 1902 der Universität Erlangen die *Erwerbung eines Gipsabgusses des Rümann'schen Reliefs* des inzwischen Verstorbenen aus Etatmitteln des Jahres 1901. Der Senat der Universität beschloß, daß das Relief in einem abgesonderten Arbeitszimmer der Universitätsbibliothek angebracht werden sollte (UA Erlangen-Nürnberg: T. II, Pos. 1, Nr. 41: Karl Hegel), die damals noch im Erlanger Schloß untergebracht war. Der Gipsabguß ist nicht mehr erhalten.

H.N.

Abb. VIII/38

Abb. VIII/39

IX. GESCHICHTSWISSENSCHAFTLICHE GRUNDLAGENFORSCHUNG

Geschichtswissenschaftliche Grundlagenforschung ist ein Produkt der geisteswissenschaftlichen Gründerzeit. Verschiedene geistige Strömungen des 18. und des beginnenden 19. Jahrhunderts trugen zu ihrer Entwicklung bei[1]. Gerade die Romantik und der ihr *wesensnahe Nationalismus*[2] waren geistig-kulturelle Strömungen, die die Herausbildung der modernen Geschichtswissenschaft vorantrieben. Sie begünstigten Professionalisierung und Institutionalisierung der Geschichte hin zur Wissenschaft (überwiegend an den Universitäten) sowie die rasch fortschreitende Spezialisierung epochenbezogener Geschichtswissenschaft und ihrer Hilfswissenschaften. Die gesellschaftlich-politischen Umwälzungen an der Wende vom 18. zum 19. Jahrhundert trugen dazu bei, daß der Glaube an die *Machbarkeit des Weltenglücks* einem aus dem Geist der Romantik entstandenen neuen Interesse an der Vergangenheit um ihrer selbst willen wich. Empirismus, verstanden als Hinwendung zum Konkreten, und *strenge Darstellung der Thatsache, wie bedingt und unschön sie auch sei [...] als oberste[s] Gesetz* – so Leopold (von) Ranke (Nr. IV/7) bereits 1824 in der Vorrede zu seinen „Geschichten der romanischen und germanischen Völker"[3] – begannen sich gegen das weltanschauliche Ideelle und das Spekulative durchzusetzen. Geschichtsbewußtsein und Geschichtswissenschaft nahmen im 19. Jahrhundert einen bemerkenswerten Aufschwung, sodaß bisweilen von dem „historischen Jahrhundert" gesprochen wird, zumal sich in nahezu allen Lebensbereichen historische Tendenzen bemerkbar machten[4].

Die Methodik, die geschichtswissenschaftliche Grundlagenforschung überhaupt erst ermöglichte, wurde von der klassischen Philologie bereitgestellt, die der sich herauskristallisierenden Geschichtswissenschaft den kritischen Umgang mit ihren Quellen, vornehmlich den Texten, lehrte. Ihr eigentlicher Begründer wurde Barthold Georg Niebuhr (1776-1831), der ab 1810 an der neueröffneten Friedrich-Wilhelms-Universität zu Berlin grundlegende Vorlesungen zur römischen Geschichte hielt. Mit Hilfe der historisch-kritischen Methode, wie sie Niebuhr – von der klassischen Philologie kommend – in seiner zweibändigen „Römischen Geschichte" (1811/12, 1832) entwickelte, wurde das Ziel verfolgt, die Vergangenheit in ihrer jeweiligen Andersartigkeit, Eigenartigkeit und historischen Individualität zu erkennen, in Teilen zu rekonstruieren und folglich zu historisieren. Vergangene Gegenwarten sollten nicht länger unhistorisch aus der eigenen Gegenwart betrachtet und beurteilt, sondern sie sollten um ihrer selbst willen Gegenstände der Erkenntnis werden.

Diese methodische Errungenschaft des 19. Jahrhunderts bewirkte es, daß handschriftlich überlieferte Texte in einem nachprüfbaren Verfahren auf ihre älteste rekon-
struierbare Gestalt – im Idealfall auf die Urfassung – zurückgeführt wurden[5]. Wichtig
auf dem Weg zur Entwicklung der philologisch-kritischen Methode war die Erkenntnis
der Gegenwärtigkeit der Geschichte und der Geschichtlichkeit der Gegenwart durch
Georg Wilhelm Friedrich Hegel. Bei aller grundsätzlichen Übereinstimmung mit ihm
mußte es freilich zwischen spekulativ-theologischer Geschichtsphilosophie und
historisch-kritischer Geschichtswissenschaft zum Widerspruch kommen[6].

Eine aus dem Geist der Zeit geborene Institution – Karl Hegel bezeichnete sie in
einem Brief an die Zentraldirektion der MGH vom 19. September 1881 als *das
nationale Unternehmen*[7] – war die von Heinrich Friedrich Karl Freiherr vom und zum
Stein (1757-1831) im Jahre 1819 ins Leben gerufene private *Gesellschaft für ältere
deutsche Geschichtskunde*, die sich die Herausgabe der *Monumenta Germaniae
Historica* zur Aufgabe gemacht hat, d.h. alle schriftlichen Zeugnisse der mittelalterlichen Reichsgeschichte aus Bibliotheken und Archiven zu sammeln und zu publizie-
ren. Ziel dabei war eine möglichst vollständige, genaue, übersichtliche, methodisch
bedachtsame Präsentation und Aufarbeitung der Quellen der Geschichte des Mittelalters. Die Editionen sollten sich unter Anwendung der historisch-kritischen Methode
auf die Ermittlung und den Vergleich aller erreichbaren Textüberlieferungen stützen,
was in der Praxis jedoch nur zögernd eingelöst wurde. Die Gründung der MGH erfolgte am 20. Januar 1819 unter Teilnahme einiger liberal gesinnter Gesandter am Bundestag des Deutschen Bundes in Steins Frankfurter Wohnung, die sich zu einer *Central-
direction* zusammenschlossen. Als Ehrenmitglied und einflußreicher Förderer war
Goethe (1749-1832) gewonnen worden[8]. Karl Georg Dümge (1772-1845) als erstem
„Redakteur" der MGH folgte als wissenschaftlicher Leiter von 1823 bis 1873 für ein
halbes Jahrhundert Georg Heinrich Pertz (1795-1876). Nach der Reichsgründung
erfolgte 1875 die Umstrukturierung der MGH, die von einer neuen Zentraldirektion
mit Sitz in Berlin geleitet wurde und die sich aus sachkundigen Repräsentanten der
Preußischen, Bayerischen und Österreichischen Akademien der Wissenschaften und
anderen von ihnen zugewählten Vertretern zusammensetzte. Karl Hegel war von 1875
an Mitglied dieser Zentraldirektion und erlebte als Vorsitzende Georg Waitz (Nr. IX/3)
von 1875 bis 1886, dann für zwei Jahre Wilhelm Wattenbach (1818-1897) und schließlich Ernst Dümmler (1830-1902)[9]. Innerhalb der MGH hat er 1885 einen schmalen
Band ediert: *Chronicon Moguntinum* (Nr. XI)[10].

Die andere bedeutende, geschichtswissenschaftliche Grundlagenforschung ermög-
lichende und befördernde Institution war die von König Maximilian II. von Bayern
(Nr. VIII/3) gegründete *Commission für deutsche Geschichts- und Quellenforschung*

bei Meiner Akademie der Wissenschaften, die *nach ähnlichen Grundsätzen wie die naturwissenschaftlich=technische Commission zu errichten* war, wie es in seinem Statut vom 26. November 1858 (Nr. IX/1) hieß[11]. Als *integrirende[r] Theil der königlichen Akademie der Wissenschaften* war diese *historische Commission* dem königlich-bayerischen Staatsministerium des Innern für Kirchen- und Schulangelegenheiten zugeordnet und erhielt in Punkt III des Statutes als weit über das Königreich Bayern hinausreichende Aufgabe zugewiesen: *Die Commission wird sich vornehmlich mit der Auffindung und Herausgabe werthvollen Quellenmatrials für die deutsche Geschichte in deren ganzem Umfange beschäftigen, soweit dasselbe nicht in den Bereich bereits bestehender Unternehmungen fällt. Sie wird außerdem wissenschaftliche Arbeiten, die in diesem Gebiet nothwendig oder ersprießlich erscheinen, hervorzurufen suchen, sie wird endlich hervorragende wissenschaftliche Arbeiten dieses Gebietes, welche sonst nicht zu Publication gelangen würden, veröffentlichen.* Ein – bis heute noch nicht abgeschlossenes – Editionsunternehmen wurde der Kommission in Punkt XI ihres Statutes auf Antrag Heinrich von Sybels (Nr. IX/5) konkret zur Aufgabe gemacht: sie sollte *die Herausgabe der deutschen Reichstagsacten [...] sowie die Arbeiten der seither bestehenden archivalischen Commission übernehme[n].*

Der eigentlichen Gründung der *Historischen Kommission bei der Bayerischen Akademie der Wissenschaften* – wie sie heute heißt – erfolgte während einer dreitägigen Gründungsversammlung vom 29. September bis 1. Oktober 1858 unter der Federführung Leopold von Rankes, der dazu die Initiative ergriffen und die Unterstützung des bayerischen Königs gefunden hatte. Ranke wurde auch – bis zu seinem Tod im Jahre 1886 – erster Vorsitzender der Kommission, gefolgt von Heinrich von Sybel, der 1858 für vier Jahre – bis zu seinem Wechsel an die Universität Bonn – das Amt des *Secretärs* übernommen hatte. Die Ernennung der ersten ordentlichen Mitglieder – sowie des Vorstandes und des Sekretärs – behielt sich König Maximilian II. persönlich vor. Er schöpfte die im Statut festgelegte Zahl von *15-20 ordentlichen Mitgliedern* nicht voll aus, sondern berief – neben Ranke und Sybel – noch 16 Historiker, darunter Georg Heinrich Pertz, Jacob Grimm (Nr. IV/5), Wilhelm von Giesebrecht (Nr. IX/4), Franz Xaver Wegele (Nr. IX/6), Georg Waitz (Nr. IX/3) und Karl Hegel[12]. Einmal im Jahr sollte *zu Michaelis [...] eine Plenarsitzung aller ordentlichen Mitglieder [...] in den Localitäten der Akademie der Wissenschaften* stattfinden (Statut, Punkte IV und VI), bei denen *über die Arbeiten der Commission und die Verwendung ihrer Geldmittel umständliche[r] Bericht zu erstatten* war (Punkt X).

Neben der satzungsmäßig vorgeschriebenen *Herausgabe der deutschen Reichstagsacten,* die heute in vier Reihen erfolgt, gehörten die *Jahrbücher der deutschen Geschichte* und *Die Chroniken der deutschen Städte vom 14. bis in's 16. Jahrhundert*

(Nr. IX/10) zu den frühesten Quelleneditionsunternehmen, die sich in der Obhut der Historischen Kommission entwickelten[13]. Mit Karl Hegel hatte Ranke für die Bearbeitung der Städtechroniken – so Franz Schnabel (1887-1966), der Präsident der Kommission von 1951 bis 1959, anläßlich ihres 100jährigen Bestehens – *einen Jünger* gewonnen, *der das große Thema des deutschen Städtewesens zu seiner Lebensaufgabe gemacht hat*[14].

[1] Hansen, Die wissenschaftsgeschichtlichen Zusammenhänge, S. 3-44.

[2] Demandt, Natur- und Geschichtswissenschaft, S. 39.

[3] Ranke, Geschichten der romanischen und germanischen Völker, S. VII.

[4] Demandt, Natur- und Geschichtswissenschaft, S. 39 f.

[5] Schieffer, Die Erschließung des Mittelalters, S. 1-15.

[6] Bialas, Das Geschichtsdenken, S. 29-43.

[7] Archiv der MGH: MGH 338/3, fol. 93.

[8] Wesche, Die Monumenta Germaniae Historica, S. 9-16; Grundmann, Monumenta Germaniae Historica; Fuhrmann, „Sind eben alles Menschen gewesen", S. 11-13.

[9] Archiv der MGH: MGH 192 (Hegel an Waitz, 1877-1885), MGH 30 (Hegel an Dümmler, 1888-1900).

[10] Vgl. dazu die Korrespondenz in: Archiv der MGH: MGH 192.

[11] Historische Kommission, S. 47 ff.

[12] Ein Verzeichnis ebd., S. 73 ff.

[13] Die Historische Kommission, S. 70 ff.

[14] Schnabel, Die Idee und die Erscheinung, S. 39.   M.K.

IX/1 Historische Kommission bei der Bayerischen Akademie der Wissenschaften

26. November 1858, München
Statut
(Archiv der Historischen Kommission, München)

Am 26. November 1858 erließ König Maximilian II. von Bayern (Nr. VIII/3) das *Statut der historischen Commission bei der Königlichen Akademie der Wissenschaften*, das in der von Heinrich von Sybel (Nr. IX/5) initiierten und herausgegebenen *Historische[n] Zeitschrift* (Beilage zu Bd. 2, 1859) veröffentlicht wurde. Mit der *Historischen Zeitschrift* war 1859 ein Publikationsorgan geschaffen worden, das geschichtswissenschaftliche Studien veröffentlichen und überhaupt die historische Methode einem breiteren Publikum bekannt machen sollte[1]. Sie begleitete die Arbeit der Historischen Kommission in vielfältiger Weise und druckte u.a. auch deren Berichte ab. Berichterstatter für den Fortgang der Edition der *Chroniken der deutschen Städte* (Nr. IX/10) war Karl Hegel, wie seinem Schriftenverzeichnis zu entnehmen ist (Nr. XI).

[1] Schieder, Die deutsche Geschichtswissenschaft, S. 3 ff., 72-74.   M.K.

Nachrichten

von der

historischen Commission

bei der

Königlich Bayerischen Akademie der Wissenschaften.

(Beilage zur Historischen Zeitschrift herausgegeben von H. v. Sybel.)

Erstes Stück.

München, 1859.
Literarisch-artistische Anstalt
der J. G. Cotta'schen Buchhandlung.
Druck von Dr. C. Wolf & Sohn.

II.

Statut

der

historischen Commission bei der Königlichen Akademie der Wissenschaften.

Ich habe beschlossen, eine Commission für deutsche Geschichts- und Quellenforschung bei Meiner Akademie der Wissenschaften nach ähnlichen Grundsätzen, wie die naturwissenschaftlich-technische Commission zu errichten, und bestimme deshalb, auf so lange Ich nicht anders verfüge, wie folgt:

I. Die Commission besteht aus:
1) einem Vorstande;
2) einem Secretär;
3) aus 15–20 ordentlichen Mitgliedern, von welchen mindestens drei Mitglieder der historischen Classe der Akademie sein müssen, die übrigen aber ohne sonstige Bedingung aus den wissenschaftlichen Notabilitäten Deutschlands und den deutschen Provinzen der Nachbarstaaten ausgewählt werden;
4) einer unbestimmten Anzahl außerordentlicher Mitglieder. Diese Commission bildet einen integrirenden Theil der königlichen Akademie der Wissenschaften, ist daher mit dieser dem k. Staatsministerium des Innern für Kirchen- und Schulangelegenheiten untergeordnet.

Abb. IX/1

IX/2 Friedrich Christoph Dahlmann (1785-1860)

1844
Photographie einer Lithographie
von Adolf Hohneck (1812-1879)
(Niedersächsische Staats- und UB
Göttingen, Abt. für Handschriften
und seltene Drucke)

Geboren in Wismar, ab 1802 Philologie-
Studium in Kopenhagen, Halle und Wittenberg, 1810 Promotion in Wittenberg,
1811 Habilitation für klassische Philologie in Kopenhagen, 1812 Extraordinarius für Geschichte in Kiel, 1815 Sekretär der „Fortwährenden Deputation der
schleswig-holsteinischen Prälaten und
Ritterschaft", 1829 Professor für Staatswissenschaften und deutsche Geschichte
an der Universität Göttingen, 1830
Begründer der später von Georg Waitz
(Nr. IX/3) fortgeführten *Quellenkunde
der deutschen Geschichte* (des bis heute
wichtigen „Dahlmann-Waitz"), 1831 Mitwirkung an der Erarbeitung einer Hannoverschen Verfassung, 1836/37 Prorektor, 1837 zusammen mit Wilhelm und
Jacob Grimm (Nr. IV/5, 6), Georg Gottfried Gervinus (Nr. VII/3) und drei weiteren Kollegen als Folge des Protests der
„Göttinger Sieben" von König Ernst
August von Hannover seines Amtes enthoben und des Landes verwiesen, 1838-
1842 Rückzug nach Leipzig und Jena
mit Konzentration auf wissenschaftliche
Arbeiten, 1842 Ordinarius für Geschichte und Staatswissenschaft an der Universität Bonn, 1848 als einer der Führer
der Kleindeutschen Mitglied des Frankfurter Vorparlaments und maßgeblich an
der Verfassungsarbeit beteiligt, in der
Paulskirche zusammen mit seinen Kollegen Beseler (Nr. VII/2), Waitz und Johann
Gustav Droysen (1808-1884) Anführer
der norddeutschen Abgeordneten innerhalb der gemäßigten liberalen „Kasino-"
oder „Erbkaiserpartei", 1849 Mitglied der
Kaiserdeputation, gestorben in Bonn.
B.K.

Abb. IX/2

IX/3 Georg Waitz (1813-1886)

Photographie
(Niedersächsische Staats- und UB
Göttingen, Abt. für Handschriften
und seltene Drucke)

Geboren in Flensburg, Studium der Theologie, ab 1832 der Philologie, Geschichte
und Jurisprudenz in Kiel und Berlin,
1836 Promotion zum Dr. phil., ältester
Schüler Leopold von Rankes (Nr. IV/7),
1836-1842 Mitarbeiter der MGH in Berlin, 1842 Ordinarius für Geschichte in
Kiel, 1846 politisches Engagement als
Abgeordneter der Universität Kiel in den
holsteinischen Provinzialständen, 1848/

49 Mitglied der Frankfurter Nationalversammlung, 1849-1875 Lehrstuhlinhaber
in Göttingen, 1869 Fortsetzung der von
Dahlmann (Nr. IX/2) begründeten *Quellenkunde der deutschen Geschichte*, 1875
Leiter der Zentraldirektion der MGH,
bedeutender Wissenschaftsorganisator,
gestorben in Berlin.   B.K.

Abb. IX/3

IX/4 Wilhelm von Giesebrecht (1814-1889)

Photographie eines Gemäldes von Wilhelm Graebheim (geb. 1859) (Geist und Gestalt, Abb. 127)

Geboren in Berlin, Studium der Philosophie bei Georg Wilhelm Friedrich Hegel und der Geschichte bei Leopold von Ranke in Berlin, Promotion zum Dr. phil., 1837 bis 1857 Lehrer am Joachimsthalschen Gymnasium und seit 1851 Professor in Berlin, 1857 Ordinarius für Geschichte an der Universität Königsberg, 1862 als Nachfolger Sybels (Nr. IX/ 5) Lehrstuhlinhaber an der Universität München, 1858 Mitglied, 1862-1889 Sekretär der Historischen Kommission bei der Bayerischen Akademie der Wissenschaften; gilt als einer der wichtigen Vertreter der historisch-kritischen Geschichtswissenschaft, der früh Editionen der MGH für seine Forschungen nutzbar machte; 1855-1880 *Geschichte der Deutschen Kaiserzeit* (5 Bde.), gestorben in München.   B.K.

Abb. IX/4

IX/5 Heinrich von Sybel (1817-1895)

1855
Photographie des Gemäldes von
Julius Amatus Roeting (1822-
1896)
(Universität Bonn, Historisches
Seminar)

Geboren in Düsseldorf, seit 1834 Studium in Berlin u.a. bei Leopold von Ranke (Nr. IV/7) und Friedrich Carl von Savigny (Nr. IV/2), 1838 Promotion zum Dr. phil., 1840 Habilitation, 1844 Extraordinarius in Bonn, 1845 Ordinarius in Marburg/Lahn, 1856 in München, dort 1857 Begründer des Historischen Seminars, 1858 Mitglied, 1858-1862 Sekretär der Historischen Kommission bei der Bayerischen Akademie der Wissenschaften, 1886-1895 deren Präsident in der Nachfolge Rankes, 1859 Gründung der Historischen Zeitschrift und deren Herausgeber bis 1895, 1861 Rückkehr als Ordinarius nach Bonn, 1868 dort Rektor, 1875 Generaldirektor der Preußischen Staatsarchive in Berlin. – 1848 im Frankfurter Vorparlament Vertreter der kleindeutschen Lösung, 1848/49 Mitglied der hessischen Ständeversammlung, 1850 des Staatenhauses des Erfurter Unionsparlaments, 1862-1864 des Preußischen Abgeordnetenhauses, erneut 1874-1880, 1867 Mitglied des Reichstages des Norddeutschen Bundes, wurde vom Gegner Bismarcks im preußischen Verfassungskonflikt zum Anhänger seiner nationalpolitischen Ziele. – Mit der politischen Betätigung Hinwendung zur Erforschung der neuesten Geschichte, wissenschaftliche Kontroverse über das Verständnis des mittelalterlichen Reiches im Sybel-Ficker-Streit, Förderer der großen Quellen-Editionsunternehmen, bedeutender Wissenschaftsorganisator; gestorben in Marburg/Lahn.   M.K.

Abb. IX/5

IX/6 Franz Xaver Wegele (1823-1897)

Photographie
(Das Bayerland, 9. Jg., München
1898, S. 105)

Geboren in Landsberg am Lech, ab 1842
Studium der Literaturgeschichte, neueren
Sprachen und Geschichte in München
und Heidelberg, 1847 Promotion zum
Dr. phil., 1849 Habilitation im Fach Ge-
schichte in Jena, dort 1851 Extraordina-
rius, 1857 Ordinarius an der Universität
Würzburg, 1858 Mitglied der Histori-
schen Kommission bei der Bayerischen
Akademie der Wissenschaften, enge
Beziehungen zu Sybel und Karl Hegel,
1862/63 Rektor der Universität Würz-
burg, 1885 *Geschichte der deutschen
Historiographie seit dem Auftreten des
Humanismus*, starke landesgeschichtliche
Akzente in seinem umfangreichen Werk,
gestorben in Würzburg.   B.K.

IX/7 Karl Hegel und Franz Xaver Wegele

Photographie
(Privatbesitz)

Die bei dem Hof-Photographen F.X.
Peuthauser in Bad Tölz gemachte Photo-
graphie zeigt die beiden Erlanger und
Würzburger Historiker, die in Franken
den Aufschwung der Geschichtswissen-
schaft im Sinne König Maximilians II.
(Nr. VIII/3) bewerkstelligen sollten. Sie
waren beide 1858 ordentliche Mitglieder
der Historischen Kommission bei der
Bayerischen Akademie der Wissenschaf-
ten geworden. Möglicherweise ist das
Bild während einer der Ausflüge der
Kommission entstanden, über die Karl
Hegel in seinem *Gedenkbuch* (Nr.
VIII/33) und in seinen Memoiren berich-
tet (Karl Hegel, Leben und Erinnerungen,
S. 185-187). – Der Aufschrift *Leopold v.
Ranke u. Karl Hegel* auf der Rückseite
der Photographie liegt eine Verwechslung
Wegeles (Nr. IX/6) mit Ranke (Nr. IV/7)
zugrunde.   H.N.

Abb. IX/6

Abb. IX/7

IX/8 Karl Hegel

Photographie
(UA Rostock: Fotosammlung)

Möglicherweise handelt es sich um die
Photographie, die Hegel Ende 1898 an
den Rektor der Universität Rostock
geschickt hatte, als er aufgefordert war,
einen Fragebogen zur Rekonstruktion
des Rostocker Professoren-Albums aus-
zufüllen (UA Rostock: Personalakte Karl
Hegels, fol. 41ʳ) (Nr. VI/11).   H.N.

Abb. IX/8

IX/9 Ansicht Nürnbergs in der Schedelschen Weltchronik

1493, Nürnberg
Photographie des Holzschnitts
(GNM, Nürnberg: Bibl. Inc. 266)

Die bekannteste Abbildung des mittelalterlichen Nürnbergs präsentiert die
von dem Nürnberger Arzt und Huma-
nisten Hartmann Schedel (1440-1514)
zwischen 1487 und 1493 zusammen-
gestellte Weltchronik auf Seite 100. Der
Außenansicht, die für lange Zeit das
Nürnberg-Bild prägte, hat Karl Hegel mit
seiner Edition der Chroniken der Pegnitz-
Stadt Innenansichten aus spätmittelalter-
licher Zeit zur Seite gestellt.   H.N.

Abb. IX/9

IX/10 Die Chroniken der deutschen Städte vom 14. bis in's 16. Jahrhundert

1862-1899, Leipzig
Bücher
(UB Erlangen-Nürnberg)

Von 1862 bis 1899 erschienen unter der Herausgeberschaft der *Historische[n] Commission bei der Königl[ichen] Academie der Wissenschaften* und unter der Leitung von Karl Hegel 27 Bände *Chroniken der deutschen Städte*. Bereits während ihrer ersten Zusammenkunft im Oktober 1858 in München hatte die Kommission beschlossen, eine Sammlung von Städtechroniken herauszubringen, *von deutschen Geschichtsquellen einer besonderen Art [...] neben dem umfassenden Quellenwerk der Monumenta Germaniae historica nicht als ergänzender Theil, sondern als selbständige Abzweigung anzusehen*[1]. Angeregt durch Georg Heinrich Pertz (1795-1876), dem Leiter der MGH, sowie Christoph Friedrich Stälin (1805-1873) und unterstützt von Leopold von Ranke (Nr. IV/7), kam als wissenschaftlich verantwortlicher Leiter des Editionsunternehmens nur Karl Hegel in Frage, der sich als Autor der zweibändigen *Geschichte der Städteverfassung von Italien* (Nr. V/7) seit 1847 einen Namen als führender deutscher Stadthistoriker gemacht hatte. Er maß den *Chroniken der Städte [...] in dem Fortgang unserer nationalen Geschichtsschreibung eine bedeutungsvolle Stelle als nothwendiges Entwicklungsglied* bei und betrachtete sie als Dokumente einer *bürgerlichen Geschichtsschreibung*[2], die im Mittelalter eine neue historiographische Entwicklung einleitete; zugleich waren sie *Denkmäler deutscher Sprachentwicklung*[3]. *Der eigenthümliche Werth der Chroniken aber, in so fern sie wirklich von Mitlebenden geschrieben sind* – stellte Hegel in seinem Vorwort zum ersten Band fest –, *liegt auf einer anderen Seite. Nicht bloß der urkundliche, gleichsam protokollarische Ausdruck des Geschehenen, sondern auch das zu jeder Zeit gesehene Bild der Ereignisse ist uns wichtig. Die ursprünglichen Chroniken geben es uns, wenn auch nicht immer in den richtigen Zügen, doch in der naiven Auffassung und den lebhaften Farben der Zeitgenossen; sie führen uns ohne weiteres in deren Gesichtskreis, Empfindungs- und Anschauungsweise ein, denen Anderes als uns wichtig und bemerkenswerth erschien; sie bringen unabsichtlich auf jedem Schritt in dem Fortgang ihrer nüchternen Berichte eine Fülle von Wahrnehmung und Charakterzügen, die wir in den urkundlichen Documenten nur vergebens suchen würden: sie sind unentbehrlich für die Sittengeschichte*[4]. Mit den *Chroniken der deutschen Städte* ist ein u.a. für sozial-, mentalitäts-, kultur- und alltagsgeschichtliche Fragestellungen grundlegendes Quellenwerk geschaffen worden.

Karl Hegel selbst hat Nürnberger, Straßburger und Mainzer Chroniken bearbeitet. Mit dem ersten, seiner Vaterstadt Nürnberg gewidmeten Band und insbesondere der Stromer-Chronik legte er das *Muster*[5] für die weiteren Bände vor, an dem sich die Bearbeiter orientieren sollten. Auf seine Straßburg-Bände war er besonders stolz, da viele von ihm herangezogene Archivalien im Deutsch-Französischen Krieg 1870/71 vernichtet wurden und ihre Kenntnis nur dank seiner Edition erhalten ist[6]. Bei der Erarbeitung der Mainzer Chroniken hat er das *Chronicon Moguntinum* entdeckt, das er im Rahmen der *Scriptores rerum Germanicarum in usum scholarum* der MGH publizierte, sein einziger MGH-Band. Zu Köln verfaßte er seine 1877 erschienene *Verfassungsgeschichte von Cöln im Mittelalter*, hat aber auch zu anderen Städten Materialsammlungen angelegt[7]. Für die einzelnen Chronik-Bände hat Hegel eine große Zahl von Mitarbeitern (Nr. IX/11-15) gewonnen, zu denen er zum Teil in engem persönlichen und brieflichen Kontakt stand[8].

Nach Hegels Tod übernahm – nach einem Interim unter Karl Koppmann – Georg von Below (1858-1927) die Leitung des Editionsunternehmens, dem Josef Hansen folgte. Bis 1931 erschienen nur noch zehn Bände, 1968 mit dem 38. Band *(Die Chroniken der niedersächsischen Städte. Bremen)* die bisher letzte Chronik-Edition.

[1] Karl Hegel, Vorwort, in: Die Chroniken der fränkischen Städte. Nürnberg, Bd. 1, Leipzig 1862, S. V f.; siehe auch Karl Hegel, Leben und Erinnerungen, S. 178.

[2] Vorwort (wie Anm. 1), S. VI.

[3] Ebd., S. VII.

[4] Ebd., S. VIII.

[5] So Hegel am 15. Januar 1860 in einem Schreiben an Heinrich von Sybel: GStA PK, Berlin: I. HA Rep. 92 Heinrich von Sybel B 1 XVII (Hegel), fol. 112[r]-113[v], hier fol. 112[v].

[6] Vgl. das mit *Das Bombardement von Straßburg* überschriebene Kapitel in: Karl Hegel, Leben und Erinnerungen, S. 200-205.

[7] Erhalten in UB Erlangen-Nürnberg, Handschriftenabteilung: MS 2053, 1.

[8] Ebd. z.B. der Briefwechsel mit Theodor Knochenhauer.   J.S.

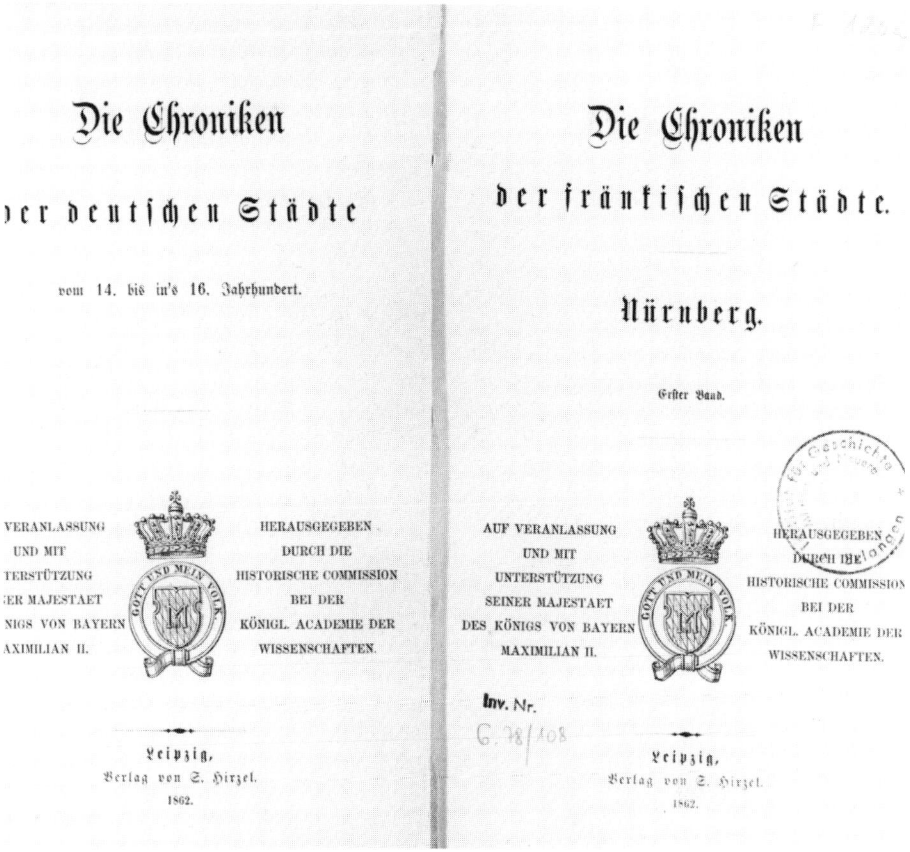

Abb. IX/10

IX/11 Glückwunsch der Mitarbeiter zum Goldenen Doktorjubiläum

30. Juli 1887, Würzburg
Urkunde
(Privatbesitz)

Wie zahlreiche Institutionen (Nr. VIII/30) gratulierten auch die Mitarbeiter Karl Hegels im Editionsunternehmen der *Chroniken der deutschen Städte* ihrem „Chef" anläßlich seines 50jährigen Doktorjubiläums und dankten ihm für sein wissenschaftliches Wirken. In nahezu drei Jahrzehnten wurden u.a. von ihnen 19 Bände vorgelegt, für die der Jubilar mit seinem ersten Nürnberg-Band *zugleich das Muster* vorgegeben habe, *das für die Herausgabe von Quellenschriften dieser Zeit und dieser Gattung als das zweckentsprechendste erscheint und sich für alle folgenden Editionen bewährt hat.* Neben der Tatsache, *daß die Geschichtsdenkmäler Ihrer Sammlung auch als Denkmäler deutscher Sprachentwicklung ihre Würdigung fanden*, stellten die Gratulanten als Verdienst heraus, daß *die Ausgabe der Städtechroniken [...] die Lokalforschung vertieft, sie den Händen des Dilettantismus entrissen und in den Dienst der Geschichtswissenschaft gestellt* habe. Unterzeichner der Glückwunschadresse waren Matthias Lexer (Nr. IX/12), Friedrich von Weech (Nr. IX/13), Dietrich Kerler (Nr. IX/14), Ferdinand Frensdorff (Nr. IX/15), Ludwig Hänselmann, Stadtarchivar in Braunschweig, Karl Janicke, Staatsarchivar in Hannover, Richard Schröder, Regierungsbibliothekar in Schwerin, Hermann Cardauns, Redakteur in Köln, Anton Birlinger, Professor der Germanistik in Bonn, Karl Theodor von Heigel, Professor der Geschichte in München, Wagner, Professor in Göttingen, Schäffler, Reichsarchivrat in Würzburg, und Karl Koppmann, Stadtarchivar in Rostock.

Von den frühesten und engsten Mitarbeitern war Theodor von Kern (1836-1873) bereits verstorben, der aus Bruneck in Tirol stammte und nach einem Studium der Jurisprudenz, Geschichte und Philologie 1858 promoviert worden war, sich 1865 mit einer Arbeit über Nürnberger Chroniken habilitiert hatte und 1866 außerordentlicher, 1871 ordentlicher Professor für Geschichte in Freiburg im Breisgau geworden war. Er hatte vor allem die Nürnberger Chroniken in den Bänden 1-3, 10 und 11 der Edition bearbeitet. Karl Hegel hat ihn in dem 1874 neu erschienenen 11. Band gewürdigt: *Fast jährlich ist er in der Ferienzeit nach Nürnberg zurück gekommen, um die dortigen Handschriften und literarischen Hülfsmittel immer wieder zu benutzen und um wo möglich in einzelnen Punkten, wo für ihn noch irgend eine Unsicherheit zurückblieb, zur Klarheit und Gewißheit zu gelangen. Auf seiner letzten Reise dorthin, zu Ostern des vergangenen Jahrs, hat er sich vermuthlich auch die tödliche Krankheit zugezogen, welche ihn nach längerem Siechthum am 18. November 1873 zu Montreux dahinraffte*[1].

Weniger erfolgreich war die Zusammenarbeit mit Theodor Knochenhauer (1842-1869), der aus Meiningen stammte, 1863 promoviert worden war, 1864 Lehrer in seiner Heimatstadt wurde und 1866 als Archivar nach Bückeburg ging. Seine Vorarbeiten zu einer Edition der Bamberger Chroniken ab 1865 waren von großen Existenznöten überlagert, die in der Korrespondenz mit Karl Hegel

dokumentiert sind[2]. Nach Knochenhauers Selbstmord hat Anton Chroust 1907 eines seiner Manuskripte veröffentlicht[3].

[1] Die Chroniken der fränkischen Städte. Nürnberg, Bd. 5 (= Die Chroniken der deutschen Städte, Bd. 11), Leipzig 1874, S. VI f.
[2] UB Erlangen-Nürnberg, Handschriftenabteilung: MS 2053, 1, B 2.
[3] Die Chronik des Bamberger Immunitätenstreites.
                                                    H.N.

Abb. IX/11

IX/12 Matthias von Lexer (1830-1892)

Photographie
(Privatbesitz)

Geboren in Liesing (Kärnten), Germanistik-Studium in Graz, 1855 Lehramts-Staatsexamen in Wien, Gymnasiallehrer in Krakau, 1857 sprachwissenschaftliches Studium in Berlin, 1861 Mitarbeiter des von Karl Hegel geleiteten Editionsunternehmens „Städtechroniken", 1863 außerordentlicher, 1866 ordentlicher Professor der deutschen Sprache und Literatur in Freiburg i. Br., 1868 Ordinarius in Würzburg, 1891 in München, Herausgeber des „Mittelhochdeutschen Handwörterbuchs" (3 Bde., 1872-1878) und des Mittelhochdeutschen „Taschenwörterbuchs" (1878), gestorben in Nürnberg.

B.K.

IX/13 Friedrich von Weech (1737-1905)

Photographie
(GLA Karlsruhe: I-Ac-W/6)

Geboren in München, Geschichtsstudium in München und Heidelberg, 1860 Promotion zum Dr. phil., 1862 Habilitation in mittelalterlicher Geschichte an der Universität Freiburg i. Br., 1860-1863 Mitarbeiter des von Karl Hegel geleiteten Editionsunternehmens „Städtechroniken", 1866 Bibliothekar an der Hofbibliothek Karlsruhe, 1867 Archivrat im Großherzoglich Badischen Generallandesarchiv Karlsruhe, dessen Direktor er 1885 wurde, Mitbegründer und Sekretär der Badischen Historischen Kommission, Herausgeber der „Badischen Biographien", Schriftleiter der „Zeitschrift für Geschichte des Oberrheins", gestorben in Karlsruhe.

B.K.

Abb. IX/12

Abb. IX/13

IX/14 Dietrich Kerler (1837-1907)

Photographie
(UB Erlangen-Nürnberg, Handschriftenabteilung: Portr. Album
1, Album der Philomathie)

Geboren in Urach (Württemberg), Studium der Theologie und Philosophie in
Tübingen, 1860 Promotion zum Dr. phil.,
anschließendes Studium der Geschichte
in Göttingen und München, Mitarbeiter
des von Karl Hegel geleiteten Editionsunternehmens „Städtechroniken" und der
„Deutschen Reichstagsakten" (Bde. 7-9,
1878-1887), 1863 Sekretär der UB Erlangen, 1870 Bibliothekar, 1878 Wechsel an
die UB Würzburg, 1883 außerordentli-
ches Mitglied der Historischen Kommission bei der Bayerischen Akademie der
Wissenschaften, gestorben in Würzburg.
J.S.

IX/15 Ferdinand Frensdorff (1833-1931)

Photographie nach einem
Gemälde von H. Pforr
(Niedersächsische Staats- und
UB Göttingen, Abt. für Hand-
schriften und seltene Drucke:
Slg. Voit, Nr. 5)

Geboren in Hannover, Studium der
Rechts- und Staatswissenschaften in Heidelberg, Göttingen, Berlin und Leipzig,
1860 Habilitation an der Universität Göttingen, 1863-1866 Mitarbeiter des von
Karl Hegel geleiteten Editionsunternehmens „Städtechroniken", 1866 außerordentlicher, 1873 ordentlicher Professor an
der Universität Göttingen, 1881 Dekan
der Juristischen Fakultät (Ehrenpromotion Karl Hegels [Nr. VIII/28], 1887/88
Prorektor; 1890 vergebliche Bemühungen
Hegels, ihn zum Mitglied der Histori-

Abb. IX/14

Abb. IX/14

schen Kommission bei der Bayerischen Akademie der Wissenschaften und zu seinem Nachfolger in der Leitung der „Städtechroniken" zu machen; 1901 Sichtung und Ordnung des Nachlasses Karl Hegels (Nr. X/5), gestorben in Göttingen. M.K.

IX/16 Städte und Gilden der germanischen Völker im Mittelalter

1891, Leipzig
Bücher
(UB Erlangen-Nürnberg)

Das zweibändige Alterswerk Karl Hegels *verhält sich* – so der Autor in seinem im September 1891 in Erlangen abgeschlossenen Vorwort – *zu meiner vor fünf und vierzig [sic!] Jahren erschienenen Geschichte der Städteverfassung in Ita-*

lien wie ein Gegenstück, in welchem die historische Betrachtung des Städtewesens im Mittelalter von den romanischen Völkern zu den rein germanischen hinübergeleitet wird. War es dort – fuhr er fort – *die Aufgabe zu zeigen, wie in den von den Germanen eroberten Provinzen des römischen Reiches die Städte sich als Werkstätten der nationalen Verschmelzung von Römern und Germanen erwiesen und durch Einführung germanischer Institutionen neue Rechts- und Verfassungsbildungen hervorbrachten, so habe ich mir hier die andere gestellt, den Anfang und die Fortbildung des Städtewesens in den rein germanischen Reichen darzulegen* (S. V).

Hegel hat sein zweites zweibändiges Werk innerhalb eines Jahrzehnts abgeschlossen, sich aber auch zu den Mühen bekannt, die ihm die Beschäftigung mit England, Dänemark, Schweden, Norwegen, der Normandie, mit Nordfrank-

Abb. IX/16.1

Abb. IX/16.2

reich, den Niederlanden (Flandern, Hennegau, Brabant, Holland, Zeeland, Friesland, Utrecht, Groningen) und Niederdeutschland machte, die Berücksichtigung *viele[r] neu erschienene[r] Quellensammlungen und Urkundenbücher* und das Erlernen *der alten Sprachen und Rechtsquellen des Nordens* (ebd., S. VIII). Akzeptierte er diesbezügliche Kritik hinsichtlich *sprachliche[r] Missverständnisse* und *der Interpretation der altnordischen Rechtsquellen*[1], so blieben die Auffassungen über die „Gildetheorie" zwischen dem Historiker und den Rechtshistorikern kontrovers. Von Historikern wie Friedrich Keutgen (1861-1936) und Georg von Below (1858-1927) erfuhr er im Unterschied zu den Juristen viel Lob[2].

[1] Karl Hegel, Städte und Gilden der germanischen Völker im Mittelalter. Eine Antikritik, in: Historische Zeitschrift 34 (1893), S. 442-459, hier S. 452.
[2] Briefe und Rezensionen in: UB Erlangen-Nürnberg, Handschriftenabteilung: MS 2053, 2, C1.
J.S.

IX/17 Die Entstehung des Deutschen Städtewesens

1898, Leipzig
Buch
(UB Erlangen-Nürnberg)

Karl Hegels letzte wissenschaftliche Monographie wurde allgemein als eine Zusammenfassung der Erkenntnisse seiner über fünfzigjährigen stadtgeschichtlichen Forschungen gesehen. Sie war zugleich eine Auseinandersetzung Hegels vor allem mit Rechtshistorikern, von denen Rudolph Sohm (1841-1917) 1890 ein Werk gleichen Titels vorgelegt hatte[1]. In der wissenschaftlichen Welt wurde Hegels vorletztes Buch – nicht nur aus sozialwissenschaftlicher Perspektive – zum Teil sehr kritisch (u.a. von Siegfried Rietschel [1871-1912], Albert Wer-

minghoff [1869-1923] und Friedrich Keutgen [1861-1936]), aber auch positiv (Georg von Below [1858-1927], Hans Helmolt [1865-1929]) gewürdigt, wie Rezensionen in der Zeitschrift für Socialwissenschaft, in L'Année Sociologique, in der Historischen Zeitschrift, der Zeitschrift der Savigny-Stiftung für Rechtsgeschichte, der Historischen Vierteljahrschrift, der Kritischen Vierteljahrsschrift für Gesetzgebung und Rechtswissenschaft oder im Museum Maanblad voor Philologie en Geschiedenis belegen. Hegel hat Rezensionen und Briefe zu seinem Buch gesammelt und sich mit ihnen handschriftlich auseinandergesetzt[2].

[1] Rudolf Sohm, Die Entstehung des deutschen Städtewesens, Leipzig 1890.
[2] UB Erlangen-Nürnberg, Handschriftenabteilung: MS 2053, 2, C2.   J.S.

Die Entstehung

des

Deutschen Städtewesens

Von

Karl Hegel

Professor an der Universität Erlangen

Leipzig
Verlag von S. Hirzel
1898.

Abb. IX/17

IX/18   Karl Hegel

Photographie
(UA Erlangen-Nürnberg: E 5-2,
Nr. 1, Goldenes Buch der Uni-
versität, fol. 1ʳ)

Mit Hegels Porträt beginnt das *Goldene
Buch der Universität*, ein *Friderico-Alexandrina Erlangensis* betiteltes Album.

H.N.

Abb. IX/18

X. TOD UND NACHLEBEN

Am 5. Dezember 1901 um 21.15 Uhr ist Karl Hegel in seinem Haus in Erlangen gestorben, bis zuletzt betreut von seiner unverheiratet gebliebenen Tochter Marie (Nr. I/2), die für ihre Geschwister eindrucksvoll von *Papa's letzter Krankheit* berichtet hat (Nr. X/1). Unter großer Anteilnahme der Mitglieder der Universität und der Erlanger Bevölkerung fand am 8. Dezember 1901 – einem Sonntag – die Beerdigung auf dem Neustädter Friedhof statt (Nr. X/2), wo der Historiker Richard Fester (1860-1945) als Dekan der Philosophischen Fakultät die Gedenkworte sprach[1] und Karl Hegel als den Geschichtsprofessor würdigte, mit dem *die neuere historische Wissenschaft 1856 erst ihren Einzug in unsere Friderico-Alexandrina gehalten* hat[2]. Wenig später bezeichnete ihn der Erlanger Kirchenhistoriker Theodor Kolde (1850-1913) in seiner Geschichte der „Universität Erlangen unter dem Hause Wittelsbach 1810 bis 1910" als *den ersten wirklichen Historiker modernen Stils* in Erlangen[3]. In zahlreichen Nachrufen der Jahre 1901 bis 1904 wurde Karl Hegels gedacht[4], wobei noch einmal deutlich wurde, welches Ansehen der Gelehrte in der universitären und außeruniversitären Welt genoß. Anläßlich seines 100. Geburtstages erschienen in den Lokalzeitungen seiner beiden hauptsächlichen Wirkungsorte Rostock und Erlangen längere Artikel, die an ihn erinnerten (Nr. X/8). Seine hohe Wertschätzung für Karl Hegel, der *wie ein alter Römer den Tod erwartet* habe, brachte noch 1924 der Mediziner Adolf Strümpell in seinen Lebenserinnerungen zum Ausdruck (Nr. X/3).

Karl Hegel hat in verschiedenen letztwilligen Verfügungen aus den Jahren 1888 bis 1899 *Anweisungen* gegeben, *wie mit meinem Nachlaß zu verfahren sei*, um seinen Kindern *die Vertheilung verschiedener Gegenstände zu erleichtern*, aber er hat auch *eine abweichende Verständigung* unter seinen Nachkommen *keineswegs ausgeschlossen. Das bei dem verst[orbenen] Notar Dietzfelbinger in Erlangen niedergelegte gemeinschaftliche Testament* mit seiner verstorbenen Frau vom 22. März 1877 war hinfällig geworden, nachdem er in den alleinigen Besitz des Vermögens gekommen war. An seinem *77jährigen Geburtstage 1890* ernannte er seinen Schwiegersohn Felix Klein (Nr. VIII/26) *zum Executor meiner letztwilligen Verfügungen und zum Vertreter der Familie in Hinterlassenschaftssachen.* Hinsichtlich seiner *sämtlichen Manuscripte, Vorlesungen und Materialsammlungen* verfügte er, sie zu vernichten, dasselbe hinsichtlich seiner und seiner Frau *Briefschaften*, sofern die Kinder sie nicht *zum Andenken aufbewahren* wollten. *Die Papiere (Protokolle und andere), betreffend die*

Monumenta Germaniae, die Historische Commission und das Germanische Museum,
betrachtete er als *Makulatur.* Was seine Bibliothek betraf, für die er 1899 *noch mit der*
weiteren Katalogisierung beschäftigt war, so sollte ein kleinerer Teil im familiären
Besitz bleiben, aber der größere war zu verkaufen (Nr. X/4)[5]. Einige seiner eigenen
Titel gingen als Geschenke an die Universitätsbibliothek Erlangen (Nr. X/6), ferner
einige seiner Manuskripte, Aufzeichnungen etc. (Nr. X/5). Ob von den Kunstwerken
das Heidelberg-Gemälde von Jakob Schlesinger (Nr. I/1) – wie von Karl Hegel angeregt – dem GNM angeboten wurde, läßt sich nicht mehr feststellen.

Hegels selbst gebautes Haus (Nr. VIII/20, 21), das bei seinem Tod vierzig Jahre
stand, wurde von der Universität erworben und 1904 zur Universitäts-Kinderklinik
umgebaut (Nr. X/7). Als 1966 der Neubau der Kinderklinik errichtet wurde, mußte es
abgerissen werden. Dabei ist wohl auch die 1935 angebrachte Gedenktafel für ihn (Nr.
X/9) verlorengegangen.

Die Erinnerung an Karl Hegel ist im Laufe des 20. Jahrhunderts immer mehr ver-
blaßt. Alfred Wendehorst hat schon 1977 an entlegener Stelle darauf hingewiesen, daß
das für Deutschland repräsentative biographische Lexikon der *Neuen Deutschen Bio-*
graphie keinen Beitrag über ihn enthält[6]. Erst neuerdings hat Karl Hegel in universi-
tätsgeschichtlichen Zusammenhängen wieder Beachtung gefunden[7], und auch biographische Handbücher[8] sowie die neuen Stadtlexika für Nürnberg und Erlangen haben
ihm eigene Artikel gewidmet[9].

Für ihn war es – so bekannte er am 30. Juli 1887 anläßlich der Feierlichkeiten zu
seinem Goldenen Doktorjubiläum – *schon früh ein drückendes Gefühl [...], nur als*
der Sohn meines Vaters angesehen und angesprochen zu werden und daß ich den Ehr-
geiz besessen, mir selbst einen Namen zu machen[10]. Dies ist ihm in der Geschichtswissenschaft gelungen, aber weder in Rostock noch in Nürnberg oder Erlangen trägt
eine Straße seinen Namen. Und auch in den aktuellen Konversationslexika ist er nicht
mit eigenem Artikel vertreten.

---

[1] Zu Fester siehe Gotthard, Neue Geschichte 1870-1970, S. 106 ff., 114 ff.

[2] Fester, Karl von Hegel, S. 6.

[3] Kolde, Die Universität Erlangen, S. 430.

[4] Fester, Karl von Hegel; Frensdorff, Karl Hegel; Kress, Karl von Hegel † ; Frensdorff, Karl
Hegel und die Geschichte des deutschen Städtewesens; Ulrich Stutz, in: ZRG GA 23 (1902),
S. XXXIII-XXXIX; Theodor Kolde, in: Deutsche Geschichtsblätter 3 (1902), S. 188 f.; Alma-
nach der Kaiserlichen Akademie der Wissenschaften, Jg. 52, Wien 1902, S. 304 f.; Histo-
rische Zeitschrift 88 (1902), S. 384; Neues Archiv der Gesellschaft für ältere deutsche
Geschichtskunde 27 (1902), S. 524 f.; Biographisches Jahrbuch und deutscher Nekrolog,
hrsg. von Anton Bettelheim, Bd. 6, Berlin 1904. – Ein Lebensbild hat Dannenbauer, Hegel, im
Jahre 1936 vorgelegt.

[5] Nachlaß Karl Hegels (Privatbesitz).

[6] Liermann, Die Friedrich-Alexander-Universität Erlangen 1910-1920, S. 92, Anm. 56.

[7] Riesinger/Marquardt-Rabiger, Die Vertretung des Faches Geschichte, S. 211-214; Wendehorst, Geschichte, S. 107-110, u.ö.; Klüßendorf, Carl Hegel; Neuhaus, Mit Gadendam, S. 12, 28, 31 ff.; Neuhaus, Karl Hegel (1813-1901).

[8] Grewolls, Wer war wer in Mecklenburg-Vorpommern, S. 184 f.; Lengemann, Das Deutsche Parlament, S. 158 f.; Klüßendorf, Hegel.

[9] Stadtlexikon Nürnberg, S. 428; das Stadtlexikon Erlangen erscheint zur 1000-Jahr-Feier der Stadt Erlangen im Jahre 2002.

[10] *Gedenkbuch* (Nr.VIII/33), S. 203.   H.N.

X/1 Aufzeichnungen aus Papa's letzter Krankheit

1901(?), Erlangen
Handschrift
(Privatbesitz)

Marie Hegel (1855-1929), die dritte Tochter Karl Hegels, hat für ihre Geschwister aufgeschrieben, wie sich die letzten Tage des Vaters (ab Montag, den 2. Dezember) gestalteten und wie er am Abend des 5. Dezember 1901 gestorben ist.

Ihr lieben Geschwister möchtet gerne noch näheres über die letzten Krankheitstage unseres lieben heimgegangenen Vaters hören. An der Hand meines Notizbuches will ich versuchen Euch einen möglichst getreuen Bericht mit diesen Blättern zu geben. Bis Dienstag den 3. Dez. hatte Papas Katarrh sich nicht wesentlich verschlimmert. – Montag Abend war Dr. Hetzel[1] gekommen um sich nach Papas Befinden zu erkundigen u. hatte auf dessen dringenden Wunsch öfteres Inhaliren verordnet; es war dies noch die letzte Hoffnung des theueren Kranken den Katarrh endlich zu beseitigen u. er war Montag vor dem Schlafengehen ordentlich in Sorge, daß ich ihm Dienstag auch rechtzeitig genug den Apparat zum Inhaliren richte. Wie anders sollte es kommen als er u. ich gedacht!

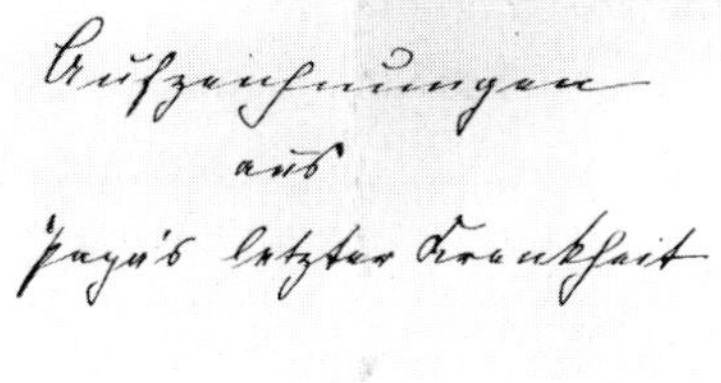

Dienstag morgens gegen 7 Uhr wurde ich durch mehrmaliges heftiges Klingeln in meinem Schlafzimmer erschreckt; da er mich nur sehr selten in der Nacht gerufen, fürchtete ich dies Zeichen um so mehr u.

Abb. X/1.1

eilte voll banger, ach nur zu begründeter Sorge in sein Schlafzimmer. Es war noch ganz dunkel als ich eintrat; Papa rief mir gleich voll Ungeduld u. mit vor Erregung zitternder Stimme zu: „ich habe sehr schlecht geschlafen u. will nun aufstehen." – Nachdem ich Licht gemacht bemerkte ich die fieberhafte Röthe auf seinem Gesicht u. bemühte mich zunächst ihn etwas zu beruhigen u. dann ihm beim Aufstehen zu helfen. Das war aber schwerer auszuführen als ich gedacht u. ohne die thatkräftige Hülfe unserer „guten Lina" wie Papa unser treues Dienstmädchen nannte wäre ich wohl nie damit fertig geworden. – Von uns fest gestützt u. geführt, schwankte der theure Kranke zum Sopha, worauf ich ihn sorglich bettete u. so bald als möglich zu Dr. Hetzel sandte. Leider war unser alter Hausarzt selbst durch Krankheit am Ausgehen verhindert, aber sein Sohn vertrat ihn mit großer Treue u. war in seinem Wesen Papa nicht unangenehm. Der Dr. war bei seinem Besuch sehr überrascht, Papa so ganz verändert zu finden u. ihm gegenüber äußerte der liebe Kranke auch zum ersten Mal die Vermuthung, daß er sich in der letzten Nacht erkältet habe, denn er hätte solch Beklemmungsgefühl auf der Brust. Der Arzt untersuchte Papa sorgfältig, fand auch eine Verbreitung und Verdichtung der katarrhalischen Entzündung in der Lunge, verordnete eine Medizin gegen den Husten u. richtete im Übrigen gegen den Husten sein Hauptaugenmerk auf die Kräftigung des Herzens. Auf seinen Rath ließ ich einen sehr starken Weißwein holen, dem ich den Vorzug vor Rothwein gab, da Papa durchaus nicht von seinem

gewohnten leichten Weißwein abgehen
wollte u. ich so eher hoffen durfte, daß er
die Täuschung nicht sogleich bemerkte,
auch Kampherpulver sollte die Herzthä-
tigkeit anregen, des Abends wollte der
Doktor nochmals kommen. – Mit Bangen
sah ich dem weiteren Verlauf des Tages
entgegen. Wir aßen oben zu Mittag, Papa
schlummerte viel, klagte aber nicht weiter, nur erwähnte er immer das beklem-
mende Gefühl auf der Brust. – Um 6 Uhr
kam der Doktor wieder, fand den Zustand
ziemlich unverändert, das Fieber 38/5,
was ihn u. mich sehr beruhigte. So fest
vertraute ich auf Papas gute Natur, daß
ein wirklich bedrückendes Angstgefühl
sich meiner nicht bemächtigte. Erst als
etwa eine Stunde später Papa sehr unruhig wurde – er saß den ganzen Tag
abwechselnd auf dem Sopha oder dem
Stuhl, der Doktor hatte sich gegen länge-
res Liegen auf dem Sopha erklärt, –
schien es mir, als ob das Fieber sehr
zugenommen habe u. ich geriet in größere
Sorge. Nach meiner Messung hatte Papa
gegen $^1/_2$ 9 Uhr 39,5, – u. ich schickte zum
Arzt mit der Frage ob ich Chinin geben
dürfe, da ich wußte daß es früher in solchen Fällen Papa oft gut gethan. Gleich
darnach kam der Arzt selbst um noch
besonders zu sagen, wie nothwendig es
bei der eingetretenen Verschlimmerung
sei, die Kampherpulver fortzugeben, u.
machte zugleich den Vorschlag eine kalte
Einwicklung gegen das Fieber anzuwen-
den. Bei Papa's erregtem Zustand war
unser Vorhaben nicht leicht auszuführen,
doch schien die feuchte Wärme bald eine
beruhigende Wirkung auf den lieben
Kranken auszuüben. Ich hatte mir für die
kommende Nacht mein Bett im Studirzim-
mer auf das Sopha legen lassen um ganz
in der Nähe zu sein; eine weitere Unterstützung hatte ich an unserer jungen,
hülfsbereiten Waschfrau Grethel, die voll
herzlicher Teilnahme sich bereit erklärte,
die Nacht dazubleiben. Papa schlief fast

gar nicht, wenn er auch meist die Augen
geschlossen hatte u. Blasenbeschwerden
stellten sich ein. Ich sollte ihm von dem
starken Wein so viel als möglich anbieten,
außerdem alle zwei Stunden Pulver, alle
drei Stunden Arzenei so daß der liebe
Kranke zuletzt sagte: „ich will aber jetzt
mal meine Ruhe haben."
Gegen Morgen wurde er endlich ruhiger,
sodaß ich mich noch ein Stündchen zu
Bett legen konnte. Um $^1/_2$ 7 Uhr verlangte
Papa aufzustehen. Als ich an sein Bett trat
war ich überrascht ihn so viel kräftiger
und anscheinend wohler zu finden; er
richtete sich ohne weitere Hilfe selbst auf
u. ließ sich nur wenig beim Ankleiden helfen. Zum Frühstück ging er ohne viel
Anstrengung die Treppe hinunter u. war
dann voll Ungeduld mir so bald als möglich einen Brief an die Firma Eckstein zu
diktieren, um seine Photographie, die er
zum Zweck der Veröffentlichung eingesandt zurückzufordern.[2] Nur wenig verändert erschien mir Papa dabei, er saß in
dem Amerikanerstuhl am Fenster in seinem Zimmer u. machte seine Angaben für
den Brief klar und bestimmt. Als der Doktor gegen 10 Uhr kam, war er recht
zufrieden mit Papa's Befinden; auch die
nochmalige Untersuchung der Lunge
gab eher ein günstigeres Resultat als
gestern, u. so gab ich mich der Hoffnung
auf Besserung nur zu gern hin u. konnte
meiner beunruhigenden Karte an Georg
vom Dienstag Abend eine tröstlichere
Mittheilung nachsenden. Das Mittagessen wollte Papa wieder unten haben, wie
er überhaupt sein Leben ganz in der
gewohnten Weise wieder aufnehmen wollte. Schon des Morgens beim Ankleiden
hatte er gesagt: „Heute will ich aber
nicht wieder den Schlafrock, sondern
mich ordentlich anziehen, auch den Kra-
gen u. die Krawatte." Er ging dann sin-
nend, die Arme auf den Rücken gelegt im
Zimmer auf u. ab. Nachmittags las er die
Zeitung, wozu er sich auf den Bock am

*Stehpult setzte um besser sehen zu kön-
nen. Gegen 4 Uhr kam Georg u. Marei[3]
um sich nach Papa umzusehen; der liebe
Kranke freute sich sehr über ihr Kommen
u. ließ sich gleich von ihrer, kurz vorher
stattgefundenen Gesellschaft erzählen.
Georg u. seine Frau hatten beide durchaus nicht den Eindruck gewonnen, daß
Papa schwer krank sei, als sie bald darauf Abschied von dem teuern Kranken
nahmen. Nachdem die Geschwister
gegangen, ließ sich Papa die Lampe bringen um seine Zeitung fertig zu lesen u.
bedauerte, daß er vergessen hatte Marei
zu fragen was sie ihren Gästen vorgesetzt.
Dr. Hetzel hatte mich gebeten, ihm
Abends Mittheilung über etwa vorhande-
nes Fieber zu machen. Die Nachricht die
ich ihm um 8 Uhr zukommen ließ lautete:
Temperatur 38,4 – Allgemeinbefinden
leidlich. – Da Papa so viel frischer war,
entließ ich Grethel für die Nacht u. ließ
mein Bett ins Gastzimmer, dicht an die
Thür zu Papas Schlafzimmer stellen. In
beiden Zimmern brannte ein Nachtlicht;
Papa brauchte meine Hülfe diese Nacht
nur wenig, er schlief anscheinend so
ruhig, wenn ich mich seinem Bett näherte,
daß es mir schwer wurde ihn wegen der
Arzeneien zu stören. Gegen Morgen aber
wurde er sehr unruhig, sein Nachtlicht
war am verlöschen – da machte ich Licht
und erschrak als ich die heftige Röthe auf
seinem Gesicht sah. Mit Lina's Hülfe, die
ich rasch geweckt, versuchte ich dem lieben Kranken einen Umschlag zu machen,
doch er war von geringer Wirkung u. mit
banger Sorge erwartete ich den Tag. Um
¹/₂ 8 Uhr richtete sich Papa kräftig im Bett
auf um aufzustehen u. ließ sich rührend
geduldig von mir dann beim Ankleiden
helfen. Wir frühstückten wieder unten,
wobei er klagte, daß ihm das viele Einnehmen den Appetit verderbe. Dasselbe
wiederholte er dem Doktor u. meinte er
wolle nun gar nichts mehr einnehmen,*

*wovon der Doktor aber nichts hören woll-
te. Von einer Untersuchung stand Hetzel
diesmal ab, da ich ihn, in Übereinstimmung mit Georg, gebeten hatte am Nachmittag Prof. Strümpell[4] zu einer zweiten
Consultation mitzubringen. – Den Vormittag brachte der teure Kranke teils
lesend, teils ausruhend in sitzender Stellung auf dem Sopha zu. In sein Notizbuch
machte er keine Anmerkungen mehr, wie
er es noch den Tag vorher gethan. Zu Mittag ging er wie gewöhnlich zum Essen
hinunter, ich bemerkte keine besondere
Veränderung an ihm. Festen Schrittes
ging er dann auch die Treppe hinauf, eine
Führung überflüssig machend. Oben
angelangt wurde der Gang aber etwas
unsicher und ehe es mir noch möglich
war ihn bis zum Sopha zu geleiten brach
er kraftlos in sich zusammen. Ich ließ ihn
sanft auf die Erde gleiten u. holte rasch
Hülfe herbei; wir betteten ihn aufs Sopha
wo er nur noch schwach athmete; ich
dachte nicht anders als es ginge nun zu
Ende. Mit Wein u. Kampherpulver gelang
es mir, das entfliehende Leben noch einmal kurze Zeit zurückzurufen. Dr. Hetzel
nach dem ich sogleich gesandt machte
noch eine Kamphereinspritzung u. Prof.
Strümpell der von der plötzlichen Verschlimmerung benachrichtigt war
erschien bald darauf. Er erkannte
sogleich die eingetretene Lungenentzün-
dung, sprach aber Papa Trost zu, ihm ver-
sichernd, daß es bald wieder besser werden würde. Der liebe Kranke der nur mit
Mühe Athem holen konnte meinte zu
Strümpell gewandt: „wenn es nicht besser
damit wird dann führt es zu bösen Häusern", – kurze Zeit nachher wiederholte
er: „wenn es morgen nicht besser ist,
dann werde ich mein Testament machen."[5]*

*Er hatte den dringenden Wunsch zu inha-
lieren wohl in der Hoffnung dadurch
leichter athmen zu können, doch brachte*

ein Versuch damit ihm leider nicht die gewünschte Erleichterung; dagegen verordnete Strümpell feuchte heiße Schwämme ihm auf die Brust zu legen, was den teuren Kranken momentan etwas beruhigte. Im Nebenzimmer teilte mir Prof. Strümpell dann mit, daß keine Hoffnung mehr wäre Papas Leben noch zu erhalten u. rieth mir, Euch Ihr lieben fernen Geschwister, zu telegraphieren, in der Hoffnung daß es Euch doch möglich wäre den teuren Vater noch lebend anzutreffen. Beim aufsetzen der vielen Telegramme war mir Strümpell in der liebenswürdigsten Weise behülflich – ach ich konnte nur so schwer noch zusammenhängende Gedanken fassen neben dem einen den teuren Vater zu verlieren! – Nachdem sich Dr. Hetzel entfernt, legte ich unter Anleitung von Strümpell nochmals heiße Schwämme auf, während der liebe Kranke auf dem Sopha saß. Später als Prof. Strümpell wegging vertauschte Papa den Platz auf dem Sopha mit dem bequemen Lehnstuhl, den wir an den runden Tisch heranrückten. Um 5 Uhr kam Dr. Hetzel wieder, er bot mir die Hülfe der Gemeindediakonissin für die Nacht an; dann verlangte Papa die Zeitung woraus ich ihm noch vorlas u. sie dann nach seiner Angabe auf den gewöhnlichen Platz legen mußte. - 1/2 7 Uhr kamen die Geschwister von Bamberg, ein trauriges Wiedersehen, u. doch welche Beruhigung, nicht mehr so ganz allein bei dem lieben Vater zu sein. Ich führte sie gleich herauf u. bei ihrem Eintritt in das Studierzimmer sagte der liebe Kranke: „schön daß Ihr wiederkommt" u. reichte ihnen die Hand. Wir plauderten zusammen, meist erzählend, um Papa selbst nicht zum sprechen zu veranlassen. Um 7 Uhr kam Prof. Strümpell wieder, gegen die zunehmende Athemnot verordnete er Morphiumtropfen. Nachdem Papa um 8 Uhr noch einige Löffel Suppe genommen, wobei er nur

ungern die Hülfe von Marei u. mir annahm überfiel ihn eine merkwürdige Unruhe, er verlangte nach der Urkunde die ich suchen sollte u. es war mir sehr schmerzlich seinen nur halb angedeuteten Wunsch nicht mehr erfüllen zu können. Die Athemnot nahm zu u. der liebe Kranke verlangte mit versagender Stimme ins Bett. Als Dr. Hetzel um 9 Uhr kam teilte ich ihm Papa's Wunsch mit, zum Glück hatte sich unterdessen auch die Diakonissin eingefunden, mit deren sachkundiger Hülfe wir den teuren Kranken auf dem Lehnstuhl bis ins Schlafzimmer an sein Bett brachten. Ein ergreifender Anblick den teuren Vater gebrochen u. dem Sterben nah zu seiner gewohnten Ruhestätte getragen zu sehen! Als wir ihn leis u. sanft auf sein Lager gebettet ging der Atem nur schwer aus u. ein u. aus der Tiefe der Seele rang sich das Gebet: mach End' o Herr, mach Ende. – Dr. Hetzel erbot sich die Nacht zu bleiben, er meinte das Sterben könne noch länger währen; ich hielt Papa von Kissen unterstützt in meinem Arm u. sagte zu ihm: „nun wirst Du wohl bald heimgehen dürfen, wo auch so viele Lieben Dir schon vorausgegangen sind u. Deiner warten" – er nickte mit dem Kopf zum Zeichen daß er es verstanden. Da plötzlich hörte das schwere Röcheln auf, sein Ausdruck verklärte sich, leicht u. fast unhörbar ging der Atem u. ehe wir's noch dachten war das Ende auch schon eingetreten. Der teuere, alle Zeit so treu für uns besorgte Vater war sanft u. selig entschlafen, ohne langen Schmerz u. Todeskampf – das Zeichen der Vollendung und des ewigen Friedens lag auf seinem Angesicht; ein reiches schönes Leben hatte seinen Abschluß gefunden, ruhig u. friedlich wie sein Leben war auch sein Sterben. In seltener Pflichttreue u. unermüdlichem Streben nach Wahrheit wird er uns stets ein Vorbild bleiben u. die Erinnerung an seine schlichte Einfach-

heit, sein edles vornehmes Wesen u. seine reiche Liebe ist ein festes Band der Gemeinschaft für uns alle.

Mit treuem Gruß

Eure

Marie

Transkription unter Beibehaltung von Orthographie und Zeichensetzung der Handschrift aus dem Nachlaß Sigmund Hegels (1863-1945), des jüngsten Sohnes Karl Hegels. Ein weiteres Exemplar der Handschrift befindet sich ebenfalls in Familienbesitz.

[1] Dr. Hetzel war Sohn des behandelnden Hausarztes.

[2] Vermutlich handelt es sich um das Foto, das als Frontispiz in Karl Hegels *Leben und Erinnerungen* abgedruckt ist (Nr. VIII/36, 37).

[3] Georg war der älteste Sohn Karl Hegels und mit Marie von Rücker aus Hof verheiratet (Nachlaß Karl Hegel, Privatbesitz [1 Bd. „Familien-Chronik", 1 Bd. *Gedenkbuch*, S. 255 ff.]).

[4] Professor Dr. Adolf Strümpell (Nr. X/3) war seit 1886 Ordinarius für Innere Medizin in Erlangen, seit 1901 zugleich Vorstand des Universitätskrankenhauses.

[5] Anstelle eines Testamentes hat Karl Hegel verschiedene letztwillige Verfügungen hinterlassen; sie datieren u.a. vom 2. Januar 1888, 7. Juni 1890, 8. Januar 1893, 29. Mai 1898 sowie vom April 1899 und betreffen *Werthsachen, Bücher, Kunstgegenstände, Manuskripte, Briefe, Familienbesitz, Vermögen, Mobiliar* (Nachlaß Karl Hegel, Privatbesitz). H.N.

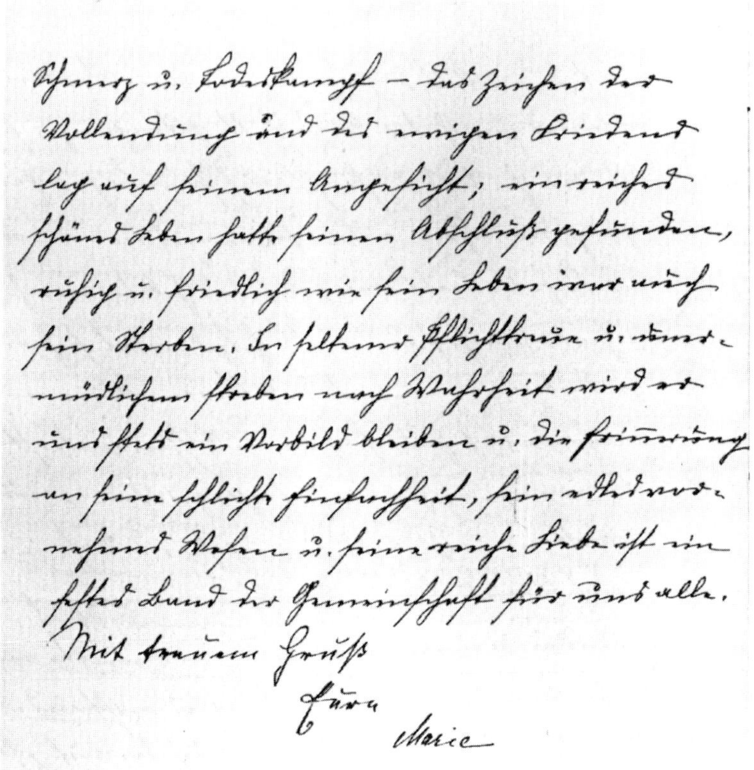

Abb. X/1.2

X/2 **5. Dezember 1901,
21.15 Uhr:
Tod Karl Hegels**

6. Dezember 1901, Erlangen
Todes-Anzeige
(Privatbesitz)

Im Juni 1898 hatte Karl Hegel in einer *Nachschrift* zu seinen *Letztwillige[n] Verfügungen über meinen Vermögensnachlaß* vom 29. Mai 1898 festgehalten: *Ich wünsche keine Leichenpredigt und keine speziellen Todesanzeigen noch Danksagungskarten und keine Trauergewänder der Töchter, so daß sie wie schwarze Nachtgestalten die Lebenden erschrecken*[1]. Aber diese Wünsche wurden nicht erfüllt.

Nachdem der *Bitte* des königlichen Hauptmanns und ältesten Sohnes Georg Hegel vom 6. Dezember 1901, *daß die Leiche meines verstorbenen Vaters bis morgen abend im Sterbehause aufgebahrt werden darf*, seitens des Stadtmagistrats Erlangen *der Consequenzen*

Abb. X/2

wegen nicht stattgegeben worden war[2], fand Karl Hegels Beerdigung am Sonntag, den 8. Dezember 1901, auf dem Neustädter Friedhof *nahe bei dem Wohnhäuschen des Friedhofaufsehers an der Westmauer* statt[3].

Zur Beerdigung eingeladen hatte für die Universität Prorektor Professor Dr. phil. Wilhelm Geiger (1856-1943) mit der Bekanntmachung von Hegels Ableben *an die sämtlichen Herren Professoren, Docenten, Beamten und Assistenten der K. Universität Erlangen* am 6. Dezember 1901. Das *Leichenbegängnis* fand *vom Neustädter Leichenhaus aus statt; der Trauerzug der Universitäts-Angehörigen* – so hieß es weiter – *wird vom Kollegiengebäude praecis 2 Uhr 40 Minuten Nachmittags abgehen; weshalb ich diejenigen Herren Kollegen, welchen Amtstracht zukommt, ersuche, sich zum Anlegen derselben schon von 1 ³/₄ Uhr Nachmittags an im Senatssaale einfinden zu wollen. Die übrigen Herren wollen sich vor 2 ¹/₂ Uhr ins Professorensprechzimmer des I Stockwerkes im Kollegien-Gebäude gefälligst begeben*[4]. Vom 7. Dezember 1901 datiert eine beim Prorektor der Universität getroffene Vereinbarung der Erlanger studentischen Korporationen über die Reihenfolge, in der sie am Trauerzug – und am für den am Montag, 9. Dezember 1901, geplanten, aber tatsächlich am folgenden Dienstag stattgefundenen Fackelzug – teilnehmen wollten. Für die Philosophische Fakultät sprach der Historiker Richard Fester (1860-1945) Gedenkworte bei der Beisetzung Karl Hegels[5].

Im „Erlanger Tagblatt" wurde der Tod Karl Hegels durch eine Traueranzeige der Familie, durch kurze Berichte unter „Lokalnachrichten aus Bayern" und eine Danksagung der Familie bekannt gemacht[6].

---

[1] Nachlaß Karl Hegel, Privatbesitz.
[2] StadtA Erlangen: III. 29. H. 1 „Hegel" (nicht foliiert/paginiert).

³ Neustädter Friedhofgänge, in: Erlanger Heimat-
  blätter, 7. Jg., Nr. 44, 1. November 1924, S. 225-
  227, hier S. 225; Karl Hegels Grab, heute neu
  belegt unter einem Baum, trug die Nummer 1652
  (Verzeichnis des Neustädter Friedhofs).
⁴ UA Erlangen-Nürnberg: T. II, Pos. 1 Nr. 41: Karl
  Hegel (unfol.).
⁵ Fester, Karl von Hegel.
⁶ Erlanger Tagblatt, 44. Jg., Nr. 287, 6. Dezember
  1901; Nr. 290, 9. Dezember 1901.   H.N.

X/3   ...wie ein alter Römer den Tod erwartete

25. November 1924, Erlangen
Zeitungsausschnitt, Erlanger Tag-
blatt
(UB Erlangen-Nürnberg)

Adolf Strümpell (1823-1925) wirkte in
den Jahren von 1886 bis 1903 als ordentlicher Professor für Innere Medizin in
Erlangen¹ und war – neben Dr. Hetzel –
Karl Hegels Arzt in der letzten Phase seines Lebens (Nr. X/1). In seinen Memoiren „Aus dem Leben eines deutschen Klinikers. Erinnerungen und Beobachtungen" (Leipzig 1925), die in Auszügen im
Erlanger Tagblatt in 13 Folgen zwischen
dem 15. November und 2. Dezember

Abb. X/3.1

1924 abgedruckt wurden, hat er Hegels
gedacht². Dieser gehörte für ihn zu *einer
beträchtlichen Anzahl bedeutender und
hervorragender Menschen*, zu denen er
im Laufe seines Lebens *in nähere Beziehung* gekommen war und *von denen ich
manches mitteilen kann, was zu ihrer
Charakterisierung und Beurteilung dienen wird*³.

¹ Die Professoren, Teil 2, S. 194 f.
² Strümpell, Aus dem Leben, S. 182 f.
³ Ebd., Vorwort, S. V.   B.K.

Abb. X/3.2

X/4 Bibliothek Karl Hegels

Juni 1902
Brief
(Privatbesitz)

In einem Rundschreiben der Firma B. G. Teubner in Leipzig vom Juni 1902 wurde Karl Hegels *nachgelassene Bibliothek im Auftrage der Erben zum Ankauf* angeboten. Interessenten konnten sie im Sommer 1902 in der Orangerie des Erlanger Schloßgartens einsehen.

Der dem hektographierten Rundschreiben beigefügte, offenbar von Karl Hegel selbst angelegte Katalog im Umfang von 69 Seiten (maschinenschriftlich) umfaßte nahezu 3000 Titel und war in 24 Kapitel gegliedert: *I) Eine Handschrift (Kaiserchronik). II) Klassische Literatur. III) Monumenta Germaniae. IV) Historische Commission. V) Zeitschriften. VI) Akademieschriften. VII) Literaturgeschichte. VIII) Geschichtsquellen. IX) Italien (insbes. Dante). X) Schöne Literatur und Literaturgeschichte. XI) Kleinere Schriften zur Geschichte der deutschen Städte. XII) Deutsches Städtewesen. XIII) Schriften von Karl Hegel. XIV) Kleine historische Schriften. XV) Historische Abhandlungen und Vorträge, meist in 4. XVI) Wörterbücher, Grammatiken. XVII) Philosophie. XVIII) Rechtsgeschichte und Rechtswissenschaft. XIX) Einzelne Werke: Geschichte. XX) Einzelne Werke: Politik und Geschichte unserer Zeit. XXI) Kunstgeschichte. XXII) Historische Hilfswissenschaften und Geographie. XXIII) Varia, meist in 4. Format. XXIV) Nachtrag.*

Die 27 Bände *Die Chroniken der deutschen Städte* (Nr. IX/10) besaß er in einem ungebundenen und einem gebundenen Exemplar *in meinem Gebrauch*. Die eigenen Schriften und die Werke seines Vaters galten als untrennbarer Bestand der Bibliothek. In einer handschriftlichen testamentarischen Verfügung vom April 1899 hatte Karl Hegel *einiges von meinem Nachlaß* benannt, das *sich nicht zur Verteilung [eignet] und [...] daher am besten als Familienbesitz beisammen bleiben [würde]*. Dazu gehörten *die sämtlichen Werke meines Vaters in Lederbänden, sowie die älteren Ausgaben einzelner seiner Werke (im Glasschrank), Briefe und kl[eine] Schriften, die sich auf die Philosophie meines Vaters beziehen* (im Glasschrank), sowie *meine Druckschriften*, die er einzeln aufführte. Was davon nicht aufbewahrt werden könnte – schrieb er –, *werdet Ihr mit der Bibliothek verkaufen*; diejenigen seiner Druckschriften, *die sie nicht schon besitzt*, vermachte er an die Erlanger Universitätsbibliothek. Der Verkauf der Hegelschen Bibliothek erfolgte über die Sortiments- und Antiquariatsbuchhandlung Gustav Fock G.m.b.H. Leipzig.

Nachlaß Karl Hegel, Privatbesitz (1 Mappe „Meine Bibliothek"). H.N.

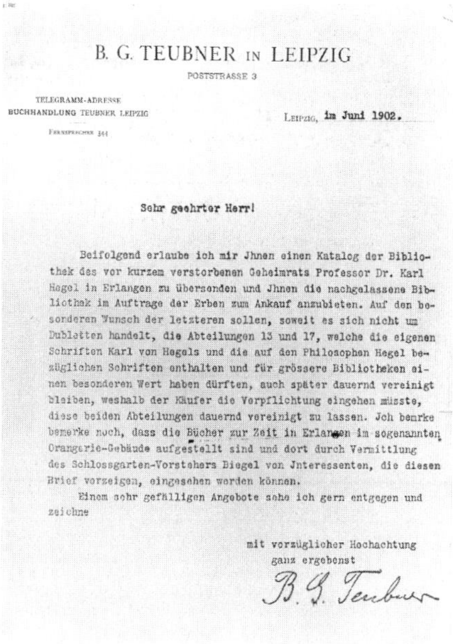

B. G. TEUBNER IN LEIPZIG
POSTSTRASSE 3

TELEGRAMM-ADRESSE
BUCHHANDLUNG TEUBNER LEIPZIG
FERNSPRECHER 344

LEIPZIG, im Juni 1902.

Sehr geehrter Herr!

Beifolgend erlaube ich mir Jhnen einen Katalog der Bibliothek des vor kurzem verstorbenen Geheimrats Professor Dr. Karl Hegel in Erlangen zu übersenden und Jhnen die nachgelassene Bibliothek im Auftrage der Erben zum Ankauf anzubieten. Auf den besonderen Wunsch der letzteren sollen, soweit es sich nicht um Dubletten handelt, die Abteilungen 13 und 17, welche die eigenen Schriften Karl von Hegels und die auf den Philosophen Hegel bezüglichen Schriften enthalten und für grössere Bibliotheken einen besonderen Wert haben dürften, auch später dauernd vereinigt bleiben, weshalb der Käufer die Verpflichtung eingehen müsste, diese beiden Abteilungen dauernd vereinigt zu lassen. Jch bemrke bemerke noch, dass die Bücher zur Zeit in Erlangen im sogenannten Orangerie-Gebäude aufgestellt sind und dort durch Vermittlung des Schlossgarten-Vorstehers Biegel von Jnteressenten, die diesen Brief vorzeigen, eingesehen werden können.

Einem sehr gefälligen Angebote sehe ich gern entgegen und zeichne

mit vorzüglicher Hochachtung
ganz ergebenst
B. G. Teubner

Abb. X/4

X/5 Nachlaß Karl Hegels

31. Juli 1902, Göttingen
Briefumschlag, Brief
(UB Erlangen-Nürnberg, Hand-
schriftenabteilung: Ms 2069, I)

Mit Schreiben vom 31. Juli 1902 an
Oberbibliothekar Dr. Markus Zucker
(1841-1915)[1], Universitätsbibliothek Erlangen, übersandte Sophie Hegel (1861-
1940) eine Liste von *wissenschaftlichen Manuscripten* – handschriftliche
Materialsammlungen, Aufzeichnungen
zu Publikationen, Vorlesungen, Zeitungsartikel, Rezensionen, Korrespondenz –
aus dem *Nachlaß unseres verstorbenen
Vaters, welche Herr Geh. Rath Frensdorff*
[Nr. IX/15] *in liebenswürdiger Weise für
uns geordnet u. durchgesehen hat.* Frensdorff hatte ihr eine umfangreichere Aufstellung am 20. Juli 1902 zugeschickt[2].
Diese Manuskripte finden sich heute in
der Handschriftenabteilung der Universitätsbibliothek Erlangen-Nürnberg[3], dazu
weitere Teile des Hegelschen Nachlasses,

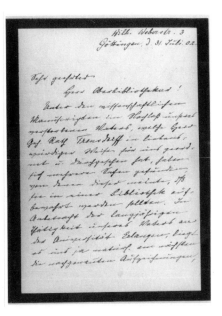

Abb. X/5.2

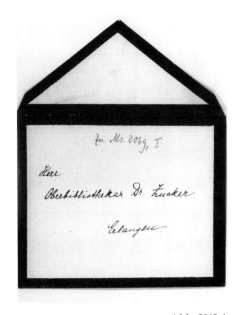

Abb. X/5.1

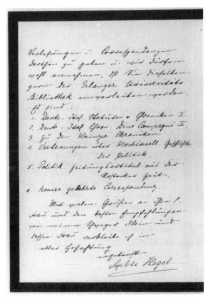

Abb. X/5.3

1909 von den Hegelschen Erben überge-ben[4]; insgesamt handelt es sich um 38 kleine, grob geordnete Faszikel.

[1] Lehmann, Geschichte der Universitätsbibliothek Erlangen, S. 69-77, 292 u.ö.

[2] Brief Frensdorffs vom 20. Juli 1902 aus Göttingen mit seiner Aufstellung von elf Paketen (Nachlaß Karl Hegel, Privatbesitz).

[3] Steinmeyer, Die jüngeren Handschriften, S. 112 f., Nr. 2069.

[4] Ebd., S. 102 f., Nr. 2053; siehe auch ebd., S. 79, Nr. 2007. H.N.

X/6 Bücher Karl Hegels in der Universitätsbibliothek Erlangen-Nürnberg

1902, Erlangen
Exlibris
(UB Erlangen-Nürnberg)

Von Karl Hegels Büchern im Bestand der Erlanger Universitätsbibliothek findet sich nur *Die Entstehung des Deutschen Städtewesens* (Nr. IX/17) (Signatur: Jur IV, 515[db]) mit einer handschriftlichen Dedikation: *Geschenk des Verfassers,*

Erlangen 23. Febr. 1898. Nach seinem Tod sind am 30. Juni 1902 *von den Hinterbliebenen des Herrn Geheimrat v. Hegel* sieben weitere Titel sowie Ausschnitte aus verschiedenen Zeitschriften als Geschenke in die Bibliothek gelangt. Anfang 1903 folgte als Geschenk der Königlichen Bayerischen Akademie der Wissenschaften Band 28 der „Chroniken der deutschen Städte vom 14. bis ins 16. Jahrhundert" (Leipzig 1902), der in der Reihe der „Chroniken der niedersächsischen Städte" der Reichsstadt Lübeck galt (Nr. XI). *Karl Hegels Andenken geweiht* – so schrieb Karl Koppmann in seinem Vorwort, Rostock, im November 1902 – *sei der achtundzwanzigste Band der Deutschen Städtechroniken, der erste, den der Begründer und langjährige Leiter dieses hochwichtigen, grundlegenden Unternehmens der Historischen Commission nicht mehr vollendet erblickt, der letzte, der ihm im Entwurf zur Begutachtung vorgelegen und seine Billigung gefunden hat!*

UB Erlangen-Nürnberg: Archiv, Bd. XXVI, 3, „Geschenkbuch 1902-1913", Nr. 178-209 (1902), Nr. 44 (1903). H.N.

Der Bibliothek
der Universität Erlangen
als Geschenk überwiesen

von

Den Hinterbliebenen des Hr.
Geheimrat v. Hegel.

Abb. X/6

X/7   Hegel-Haus wird Kinderklinik

1914, Erlangen
Photographie
(Sammlung Dr. Schamberger,
Coburg)

Das im Herbst 1861 von Karl Hegel und
seiner Familie bezogene neu erbaute Haus
(Nr. VIII/21), das er zusammen mit dem
Garten in einer seiner letztwilligen Verfügungen vom 29. Mai 1898 *auf 40 bis
50000 Mark* schätzte, wurde schon bald
nach seinem Tod *für die Kinderklinik in
Aussicht* genommen, wie es in einer Entschließung des Königlich bayerischen
Staatsministeriums des Innern für Kir-
chen- und Schulangelegenheiten vom 15.
Januar 1903 an den Senat der Erlanger
Universität heißt. Angesichts der großen
Raumnot in den Kliniken hatte das Ministerium bereits am 20. Dezember 1902
den *Ankauf* des *Hegel'sche[n] Anwesens*
genehmigt und forderte die Universität
nunmehr auf, *zu erheben und zu berich-*
ten, welchen Aufwand die Adaptur des
Hegel'schen Hauses für diesen Zweck
erfordert und wie hoch sich die Kosten für
die erste Einrichtung und für den Betrieb
einer Kinderklinik in diesem Hause
berechnen würden; ferner sollte *eine*
Planskizze vorgelegt werden, *aus welcher*
die Zweckbestimmung der einzelnen
Räume des Hegel'schen Hauses sich erse-
hen läßt. Auf der Grundlage des Berichtes der Medizinischen Fakultät und der
Universität vom 28. Februar bzw. 17.
März 1903 bewilligte das Ministerium
am 30. Juni 1904 insgesamt *eine Summe*
von 57500 M. zur Errichtung einer Kin-
derklinik an der Universität Erlangen,
wovon *43000 M. zum Rückersatz, der*
Ankaufskosten des Hegel'schen Hauses,
14500 M. zur Adaptierung und Einrich-
tung des Hegel'schen Hauses für Zwecke
der Kinderklinik bestimmt waren. Die
ersten Umbauarbeiten wurden im Juli
1904 an Erlanger Handwerker vergeben.

Nachlaß Karl Hegel, Privatbesitz; UA Erlangen-
Nürnberg: Teil IV, Pos. 7, Nr. 60, R, „Acta der

Abb. X/7

Königlichen Universität Erlangen. Die Errichtung einer Universitätskinderklinik betr. 1901"; Windorfer, Universitäts-Kinderklinik, S. 73 ff. H.N.

X/8 Karl Hegels 100. Geburtstag

6. Juni 1913, Erlangen
7. Juni 1913, Rostock
Zeitungsausschnitte, Erlanger Tagblatt, Rostocker Zeitung
(UB Erlangen-Nürnberg; StadtA Rostock: 1.1.22-136 [A])

Zwölf Jahre nach seinem Tod war Karl Hegel an seinen hauptsächlichen Wirkungsorten, den Universitätsstädten Rostock und Erlangen, noch nicht vergessen. Die Lokalzeitungen widmeten ihm anläßlich der Wiederkehr seines 100. Geburtstages umfangreiche Würdigungen. Die Rostocker Zeitung resümierte: *Als Karl Hegel nach Rostock berufen war, war sein wissenschaftliches Gepäck noch recht leicht und er nicht viel mehr als der Sohn eines großen Vaters gewesen. Als er 15 Jahre später von Rostock fortging, hatte er sich in seiner Wissenschaft, insbesondere durch seine „Geschichte der Städteverfassung von Italien" einen eigenen angesehenen Namen gemacht.* Und das Erlanger Tagblatt erinnerte sich *eines der hervorragendsten Mitglieder und eine[r] der Berühmtheiten unserer Universität,* der die *Begründung des Historischen Seminars im Jahre 1872* zu danken war. H.N.

Abb. X/8

X/9   Gedenktafel für Karl Hegel

19. November 1930, Erlangen
Entwurf des Stadtbauamtes
Erlangen
(StadtA Erlangen: III. 29. H. 1
„Hegel", S. 43)

Unter Bezugnahme auf ein Gespräch im Mai 1930 beantragte Fräulein Sophie Hegel (1861-1940) in einem Schreiben vom 26. Juni 1930 aus Göttingen an den Bürgermeister der Stadt Erlangen die Anbringung einer Gedenktafel für ihren Vater am ehemaligen Wohnhaus, Loschgestraße 15, seit 1905 Universitäts-Kinderklinik. Nach Abstimmung mit ihren Brüdern Georg (1856-1933) und Sigmund Hegel (1863-1945) sollte die Gedenktafel lauten: *Hier wohnte von 1861-1901 Dr. Karl Hegel, Professor der Geschichte.* Schon am 30. Juni 1930 wurde Fräulein Hegel mitgeteilt, daß *sich wohl mit Rücksicht auf die überall notwendige Ausgabenbeschränkung* die Anbringung einer solchen Gedenktafel *im Augenblicke nicht verwirklichen lasse*, aber das Stadtbauamt solle zu gegebener Zeit auf die Angelegenheit zurückkommen.

Nachdem 1934 ein Umbau der Universitäts-Kinderklinik eingeweiht worden war, erinnerte Sophie Hegel am 6. Juni 1934 den Erlanger Oberbürgermeister brieflich an ihren Antrag von 1930, fragte, ob *vielleicht die Universität geneigt sein [würde], die Anbringung einer solchen Gedenktafel ausführen zu lassen,* und ergänzte, *dass für eine Marmortafel, die hier am Haus meines Schwagers, des Mathematikers Felix Klein, angebracht wurde, M. 40 bezahlt worden sind, auf Kosten der mathematisch-naturwissenschaftlichen Fakultät.* Daraufhin gab die Stadt den Vorgang am 6. Juli 1934 *an das Rektorat der Universität Erlangen zur gefl. Kenntnis mit dem Ersuchen um Äußerung, ob die Kosten für die Herstellung und Abringung [sic!] einer Gedenktafel von der Universität übernommen werden können.* Am 28. Januar 1935 teilte das Universitäts-Bauamt dem Rektor der Friedrich-Alexander-Universität, Professor Dr. med. Johannes Reinmöller (1877-1955), mit: *Die Gedenktafel für den verstorbenen Professor Karl v. Hegel ist am Hause Loschgestraße 15 angebracht. Die Rechnung für die Lieferung der Tafel in Höhe von RM 40,- habe ich der philosophischen Fakultät mit dem Ersuchen um Begleichung zugestellt.* Offenbar mit dem Abbruch des Hegel-Hauses (Nr. X/7) ist die Gedenktafel verlorengegangen.

StadtA Erlangen: III. 29. H. 1 „Hegel"; UA Erlangen-Nürnberg: Teil IV, Pos. 7, Nr. 60, R; Jakob, Erlangen, S. 81, 93 f.   H.N.

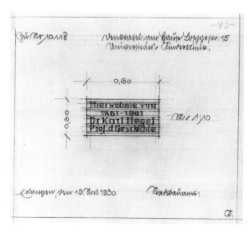

Abb. X/9

X/10 „Die Chroniken der deutschen Städte" in Erlangen

1976, Erlangen
Zeitschriftenbericht
(UB Erlangen-Nürnberg)

Karl Hegels Lebenswerk ist wesentlich geprägt von der Herausgabe und teilweisen Bearbeitung von 27 Bänden der „Chroniken der deutschen Städte", die ihn zum *Städtehegel* (Fester) werden ließen (Nr. IX/10). Im Jahre 1976 machte Frau Christa Hegel, Ehefrau Alfred Hegels (1903-1943), eines Enkels des Historikers, sie der Bibliothek des Instituts für Geschichte der Friedrich-Alexander-Universität in der Erstausgabe zum Geschenk (Signatur: F 120a)[1]. Damit kehrten die Editionen gleichsam in jenes Institut zurück, das Hegel 1872 gegründet hatte, und zugleich in die Universitätsbibliothek, zu der er stets intensive Beziehungen als Benutzer und Ratgeber pflegte[2].

[1] Unikurier. Zeitschrift der Friedrich-Alexander-Universität Erlangen-Nürnberg, 2. Jg., Nr. 10, Mai 1976, S. 26.
[2] Lehmann, Geschichte der Universitätsbibliothek Erlangen, S. 57, 60, 86, 152, 229; Thye, Elias von Steinmeyer, S. 92-94, 143, 193, 257.   H.N.

Zeitschrift der
Friedrich-Alexander-
Universität
Erlangen-Nürnberg

Sachgebiet für Pressefragen
und Öffentlichkeitsarbeit

Nr. 10
2. Jahrgang
Mai 1976

uni kurier

Institut für Geschichte erhielt wertvolle Stiftung

Städtechroniken — Dokumente alter Zeit

Dem Institut für Geschichte im Fachbereich Philosophie, Geschichte und Sozialwissenschaften der FAU ist unlängst eine ungewöhnliche Stiftung zuteil geworden. Frau Christa Hegel, eine Nachfahrin des Historikers Carl Hegel, hat dem Institut für Geschichte die Chroniken der deutschen Städte, zum Teil mit handschriftlichen Annotationen Carl Hegels, gestiftet. Der Dekan, Prof. Dr. Stürmer, hat mittlerweile die Bände von Frau Hegel für das Institut in Empfang genommen.

Carl Hegel, der älteste Sohn des Philosophen Georg Wilhelm Friedrich Hegel, promovierte 1837 mit einer althistorischen Dissertation. 1846 und 1847 schrieb er eine Geschichte der Städteverfassung von Italien und warf sich 1848 und 1849 in die liberalen Strömungen der Revolution, ein Kämpfer für die preussische Lösung der deutschen Frage in gemäßigt liberaler Form. Er war Mitglied des Erfurter Unionsparlaments, da nach Historiker in Rostock. Hier wurde er 1854 Rektor. 1856 folgte er einem Ruf an die Universität Erlangen, wo er bis zu seiner Emeritierung blieb. In seinen Memoiren schreibt er wenig enthusiastisch über der ersten Eindruck von der Stadt: "Die Stadt Erlangen macht von außen einen ärmlichen Eindruck. Man fährt auf der Eisenbahn an einer alten Stadtmauer vorüber und sieht dahinter nur unansehnliche Häuser und einige Kirchtürme. Freundlich dagegen ist die Umgebung ...." Die "Chroniken der deutschen Städte" wurden von der historischen Kommission bei der Bayerischen Akademie der Wissenschaften herausgegeben, die König Maximilian II. 1856 ins Leben rief. Bereits auf der ersten

Sitzung der Kommission wurde beschlossen, die Chroniken aller Städte des Alten Reiches zu sammeln und herauszugeben. Die Leitung der Edition wurde Carl Hegel übertragen.

In den Städtechroniken sah man damals Dokumente des Selbstverständnisses und des Selbstbewußtseins des Bürgertums der Zeit; unter den Chronikschreibern finden sich Geistliche, Gelehrte, Patrizier, aber auch zahlreiche Handwerker. Gleichzeitig verstand man die Chroniken mit Recht als Denkmale der deutschen Sprachentwicklung. Berücksichtigt werden sollte vor allem die Blütezeit des deutschen Städtewesens, mithin die Epoche vom 14. bis zum 16. Jahrhundert. Die gesammelten Chroniken, die in 27 Bänden bis 1899 erschienen, sind vorbildlich ediert und umfangreich kommentiert. Sie stellen auch heute noch eine unersetzliche Quelle für die Reichs-, Landes- und Lokalgeschichte des Spätmittelalters und der frühen Neuzeit dar, und zwar gleichermaßen für die politische Geschichte wie auch für die Wirtschafts-, Sozial-, Geistes- und Religionsgeschichte.

Abb. X/10

XI. SCHRIFTENVERZEICHNIS KARL HEGELS

Die Schriften Karl Hegels umfassen Monographien, Quelleneditionen, Aufsätze, Berichte, Miszellen und Rezensionen sowie eine große Zahl von Zeitungsbeiträgen. Der Autor hat sowohl in seinem *Gedenkbuch* (Nr. VIII/33) als auch in seinen Memoiren *Leben und Erinnerungen* (Nr. VIII/36) Verzeichnisse seiner *Druckschriften* angelegt, die sich aber als unvollständig erwiesen und eigene umfangreiche und zeitaufwendige bibliographische Recherchen erforderlich machten. Insbesondere die Historische Zeitschrift als das wichtigste geschichtswissenschaftliche Organ der zweiten Hälfte des 19. Jahrhunderts wurde für die Jahre 1859 bis 1901 einer gründlichen Durchsicht unterzogen. Ferner konnten die verschiedenen Nachlässe des Historikers mit vereinzelten Sammlungen von Manuskripten und Sonderdrucken herangezogen werden. Gleichwohl kann das folgende Schriftenverzeichnis Karl Hegels zwar hinsichtlich der Monographien und Editionen, nicht aber hinsichtlich der Aufsätze, Berichte und Miszellen und vor allem der Rezensionen den Anspruch auf Vollständigkeit erheben.

Gänzlich unberücksichtigt blieben seine Zeitungsartikel, die u.a. in einer Sammlung von Ausschnitten verschiedener Presseorgane und in einem Band der *Mecklenburgischen Zeitung* (Nr. VII/10) innerhalb seiner Nachlässe erhalten sind. Insgesamt ist von fast 100 Artikeln unterschiedlichen Umfangs auszugehen, die er für die *Mecklenburgischen Blätter*, die *Rostocker Zeitung*, die *Constitutionelle Zeitung* (Nr. VII/9) und vor allem als Chefredakteur der *Mecklenburgischen Zeitung* in den Jahren 1848-1850 geschrieben hat. Während des knappen Jahres vom 2. Oktober 1848 bis 4. September 1849 hat er für „seine" Zeitung mehr als 60 Leitartikel verfaßt und ungezählte eigene kleinere Beiträge und von ihm signierte Nachrichten zum Abdruck gebracht.

Karl Hegels wissenschaftliches Werk, insbesondere seine stadtgeschichtlichen Forschungen und vor allem die 27 von ihm zu verantwortenden Bände der *Chroniken der deutschen Städte* (Nr. IX/10), zu denen er jeweils das Vorwort und oft die Einleitung verfaßte, haben über eine lange Zeit hinweg große Aufmerksamkeit in der Fachwelt gefunden. Seine unter den Nummern 3, 4 und 12 genannten Monographien sind in den 1960er Jahren als Nachdrucke erneut publiziert worden, ebenso „seine" Städtechroniken-Bände zwischen 1961 und 1969. Sie haben seinen Ruf als „Städte-Hegel" begründet.

Monographien:

1. De Aristotele et Alexandro Magno. Dissertatio inauguralis, Berlin 1837.

2. Dante über Staat und Kirche. Antrittsprogramm, Rostock 1842.

3. Geschichte der Städteverfassung von Italien seit der Zeit der römischen Herrschaft bis zum Ausgang des zwölften Jahrhunderts, 2 Bde., Leipzig 1847 (ND Aalen 1964).

4. Geschichte der mecklenburgischen Landstände bis zum Jahr 1555 mit Urkunden-Anhang, Rectorats=Programm, Rostock 1856 (ND Aalen 1968).

5. Ueber die Einführung des Christenthums bei den Germanen. Ein Vortrag, auf Veranstaltung des Evangelischen Vereins für kirchliche Zwecke gehalten am 7. Januar 1856, Berlin 1856.

6. Die Ordnungen der Gerechtigkeit in der florentinischen Republik, Erlangen 1867.

7. Die deutsche Sache und die deutschen Hochschulen. Rede am 4. November 1870 gehalten, Erlangen 1870 (mehrere Ausgaben und Auflagen).

8. Die Chronik des Dino Compagni. Versuch einer Rettung, Leipzig 1875.

9. Verfassungsgeschichte von Cöln im Mittelalter (Separatabdruck aus den „Chroniken der deutschen Städte": Cöln, Bd. I und III), Leipzig 1877.

10. Über den historischen Werth der älteren Dante-Commentare. Mit einem Anhang zur Dino-Frage, Leipzig 1878.

11. Verfassungsgeschichte von Mainz im Mittelalter (Separatabdruck aus den „Chroniken der deutschen Städte": Mainz, Bd. II, Abth. 2), Leipzig 1882.

12. Städte und Gilden der germanischen Völker im Mittelalter, 2 Bde., Leipzig 1891 (ND Aalen 1962).

13. Die Entstehung des Deutschen Städtewesens, Leipzig 1898.

14. Leben und Erinnerungen. Mit einem Portrait in Heliogravüre, Leipzig 1900.

Quelleneditionen:

1. Die Chroniken der deutschen Städte vom 14. bis in's 16. Jahrhundert, hrsg. durch die Historische Commission bei der Königl. Academie der Wissenschaften von Karl Hegel, Bde. 1-27, Leipzig 1862-1899.

1.1. Die Chroniken der fränkischen Städte. Nürnberg, bearb. von Karl Hegel und Theodor von Kern, Bd. 1, Leipzig 1862.

1.2. Die Chroniken der fränkischen Städte. Nürnberg, bearb. von Theodor von Kern, Friedrich von Weech und Matthias Lexer, Bd. 2, Leipzig 1864.

1.3. Die Chroniken der fränkischen Städte. Nürnberg, bearb. von Dietrich Kerler, Matthias Lexer, Theodor von Kern und Karl Hegel, Bd. 3, Leipzig 1864.

1.4. Die Chroniken der schwäbischen Städte. Augsburg, bearb. von Ferdinand Frensdorff, Bd. 1, Leipzig 1865.

1.5. Die Chroniken der schwäbischen Städte. Augsburg, bearb. von Ferdinand Frensdorff, Bd. 2, Leipzig 1866.

1.6. Die Chroniken der niedersächsischen Städte. Braunschweig, bearb. von Ludwig Hänselmann, Bd. 1, Leipzig 1868.

1.7. Die Chroniken der niedersächsischen Städte. Magdeburg, bearb. von Karl Janicke, Bd. 1, Leipzig 1869.

1.8. Die Chroniken der oberrheinischen Städte. Straßburg, bearb. von Karl Hegel, Bd. 1, Leipzig 1870.

1.9. Die Chroniken der oberrheinischen Städte. Straßburg, bearb. von Karl Hegel, Bd. 2, Leipzig 1871.

1.10. Die Chroniken der fränkischen Städte. Nürnberg, bearb. von Theodor von Kern, Bd. 4, Leipzig 1872.

1.11. Die Chroniken der fränkischen Städte. Nürnberg, bearb. von Theodor von Kern, Bd. 5, Leipzig 1874.

1.12. Die Chroniken der niederrheinischen Städte. Cöln, bearb. von Hermann Cardauns, Bd. 1, Leipzig 1875.

1.13. Die Chroniken der niederrheinischen Städte. Cöln, bearb. von Hermann Cardauns, Bd. 2, Leipzig 1876.

1.14. Die Chroniken der niederrheinischen Städte. Cöln, bearb. von Hermann Cardauns, Bd. 3, Leipzig 1877.

1.15. Die Chroniken der baierischen Städte. Regensburg, Landshut, Mühldorf, München, bearb. von Edmund Frhr. von Oefele, Karl Theodor Heigel und Karl Muffat, Leipzig 1878.

1.16. Die Chroniken der niedersächsischen Städte. Braunschweig, bearb. von Ludwig Hänselmann, Bd. 2, Leipzig 1880.

1.17. Die Chroniken der mittelrheinischen Städte. Mainz, bearb. von Karl Hegel, Bd. 1, Leipzig 1881.

1.18. Die Chroniken der mittelrheinischen Städte. Mainz, bearb. von Karl Hegel, Bd. 2, Leipzig 1882.

1.19. Die Chroniken der niedersächsischen Städte. Lübeck, bearb. von Karl Koppmann, Bd. 1, Leipzig 1884.

1.20. Die Chroniken der westfälischen und niederrheinischen Städte. Dortmund, Neuß, hrsg. von Karl Lamprecht unter Mitarbeit von Johannes Franck, Joseph Hansen, Carl Nörrenberg und Adolf Ulrich, Bd. 1, Leipzig 1887.

1.21. Die Chroniken der westfälischen und niederrheinischen Städte. Soest, bearb. von Joseph Hansen und Franz Jostes, Bd. 2, Leipzig 1889.

1.22. Die Chroniken der schwäbischen Städte. Augsburg, bearb. von Friedrich Roth, Bd. 3, Leipzig 1892.

1.23. Die Chroniken der schwäbischen Städte. Augsburg, bearb. von Friedrich Roth, Bd. 4, Leipzig 1894.

1.24. Die Chroniken der westfälischen und niederrheinischen Städte. Soest und Duisburg, bearb. von Theodor Ilgen, Bd. 3, Leipzig 1895.

1.25. Die Chroniken der schwäbischen Städte. Augsburg, bearb. von Friedrich Roth, Bd. 5, Leipzig 1896.

1.26. Die Chroniken der niedersächsischen Städte. Lübeck, bearb. von Karl Koppmann, Bd. 2, Leipzig 1899.

1.27. Die Chroniken der niedersächsischen Städte. Magdeburg, bearb. von Max Dittmar und Georg Hertel, Bd. 2, Leipzig 1899.

2. Georg Wilhelm Friedrich Hegel's Vorlesungen über die Philosophie der Geschichte, hrsg. von Dr. Eduard Gans. Zweite Auflage besorgt von Dr. Karl Hegel (= Georg Wilhelm Friedrich Hegel's Werke. Vollständige Ausgabe durch einen Verein von Freunden des Verewigten, Bd. 11), Berlin 1840 (ND Berlin 1848).

3. Chronicon Moguntinum (= MGH, Scriptores Rerum Germanicarum in usum scholarum), Hannover 1885.

4. Briefe von und an Hegel, 2 Bde. (= Georg Wilhelm Friedrich Hegel's Werke. Vollständige Ausgabe durch einen Verein von Freunden des Verewigten, Bd. 19.1.2), Leipzig 1887.

Berichte über die Herausgabe der „Chroniken der deutschen Städte" in der Historischen Zeitschrift:

1. Bericht, betreffend die Herausgabe einer Sammlung von Chroniken deutscher Städte, der historischen Commission zu München vorgetragen am 2. September 1859, Bd. 2, 1. Stück (1859), S. 22-30.

2. Zweiter Bericht über die Chroniken deutscher Städte, Bd. 4, 2. Jg., 1. Stück (1860), S. 5-16.

3. Dritter Bericht über die Herausgabe einer Sammlung von Chroniken deutscher Städte, Bd. 7, 3. Stück (1862), S. 99-106.

Aufsätze:

1. Albert von Straßburg und Matthias von Neuenburg, in: Forschungen zur deutschen Geschichte 10 (1870), S. 237-245.

2. Köln in der letzten Zeit des Mittelalters, in: Historische Zeitschrift 23 (1870), S. 277-288.

3. Zur Geschichte der Städteverfassung im Mittelalter, in: Historische Zeitschrift 24 (1870), S. 1-21.

4. Über die Anfänge der florentinischen Geschichtsschreibung mit besonderer Beziehung auf Billani und den falschen Malespini, in: Historische Zeitschrift 35 (1876), S. 32-63.

5. Die Grafen von Rieneck und Looz als Burggrafen von Mainz, in: Forschungen zur deutschen Geschichte 19 (1879), S. 571-587.

6. Das an die Stadt Mainz von Erzbischof Adelbert I. ertheilte Privilegium, in: Forschungen zur deutschen Geschichte 20 (1880), S. 437-450.

7. Der Einzug Kaiser Karls V. in Antwerpen, von A. Dürer gesehen und von H. Makart gemalt, in: Historische Zeitschrift 8 (1880), S. 446-459.

8. Mainzer Chroniken Handschriften, in: Neues Archiv der Gesellschaft für ältere deutsche Geschichte 10 (1885), S. 361-368.

9. Städte und Gilden der germanischen Völker im Mittelalter. Eine Antikritik, in: Historische Zeitschrift 34 (1893), S. 442-459.

10. Das erste Stadtrecht von Freiburg im Breisgau, in: Zeitschrift für die Geschichte des Oberrheins NF 11 (1896), S. 277-287.

11. Niklas Muffels Leben und Ende, in: Mitteilungen des Vereins der Geschichte der Stadt Nürnberg 14 (1901), S. 227-236.

12. Vergrösserung und Sondergemeinden der deutschen Städte im Mittelalter, in: Festschrift Seiner Königlichen Hoheit dem Prinzregenten Luitpold von Bayern zum achtzigsten Geburtstage dargebracht von der Universität Erlangen, Bd. 4.1, Erlangen, Leipzig 1901, S. 1-16.

13. Lateinische Wörter und deutsche Begriffe, in: Preußische Jahrbücher 71 (1893), S. 225-238.

Miszellen:

1. Kritische Beiträge zur Geschichte der deutschen Städteverfassung, in: Allgemeine Monatsschrift für Wissenschaft und Litteratur, September 1854, S. 696-711.

2.   Nachtrag zur Geschichte der Stadtverfassung von Cöln im Mittelalter, in: Hansische Geschichtsblätter 7 (1877), S. 115-122.

3.   Über die Ausgabe der Mainzer Chroniken. Erwiderung von Professor C. Hegel in Erlangen, in: Westdeutsche Zeitschrift für Geschichte und Kunst 3 (1884), S. 398-417.

4.   Über die wiedergefundene Handschrift von Königshofens Chronik, in: Neues Archiv der Gesellschaft für ältere deutsche Geschichte 12 (1887), S. 207-208.

5.   Ein italienisches Stadtrecht des Mittelalters, in: Historische Zeitschrift NF 43 (1897), S. 284-292.

6.   Die Radolfzeller Urkunde, in: Neues Archiv der Gesellschaft für ältere deutsche Geschichtskunde 23 (1898), S. 743-744.

Rezensionen in der Historischen Zeitschrift:

1.   Billaut de Gérainville, A.E.: Histoire de Louis Philippe, Paris 1875. – Bd. 1, NF (1877), S. 221-224.

2.   Chiappelli, Luigi: Le dicerie volgari di Ser Matteo de „Libri da Bologna pubbl. dall" Avv., Pistoja 1900. – Bd. 51, NF (1901), S. 146-147.

3.   Dunger, H.: Die Sage vom trojanischen Kriege in den Bearbeitungen des Mittelalters und ihren antiken Quellen. – Bd. 22 (1869), S. 183-184.

4.   Egelhaaf, Gottl.: Deutsche Geschichte im Zeitalter der Reformation, Berlin 1885. – Bd. 18, NF (1885), S. 482-484.

5.   Einert, E.: Johann Jäger aus Dornheim, ein Jugendfreund Luther´s, Jena 1883. – Bd. 18, NF (1885), S. 486.

6.   Ennen, Leonhard: Geschichte der Stadt Köln, meist aus den Quellen des Kölner Stadtarchivs, Köln 1865. – Bd. 16 (1866), S. 436-448.

7.   Frensdorff, Ferd.: Dortmunder Statuten und Urtheile, Halle an der Saale 1882. – Bd. 13, NF (1883), S. 321-339.

8.   Haagen, Friedrich: Geschichte Aachens von seinen Anfängen bis zum Ausgange des sächsischen Kaiserhauses, Aachen 1868. – Bd. 22 (1869), S. 425-427.

9.   Hartmann, L.M.: Geschichte Italiens im Mittelalter. Römer und Langobarden bis zur Teilung Italiens, Bd. 2, Erste Hälfte, Leipzig 1900. – Bd. 51, NF (1901), S. 142-143.

10.   Hartmann, Ludwig Moritz: Geschichte Italiens im Mittelalter. Das italienische Königreich, Bd. 1, Leipzig 1897. – Bd. 45, NF (1898), S. 330-333.

11.   Herquet, Karl: Urkundenbuch der ehemals freien Reichsstadt Mühlhausen in Thüringen, Halle 1874. – Bd. 32 (1874), S. 166-173.

12.   Horawiz, Ad.: Erasmus von Rotterdam und Martinus Lipsius. Ein Beitrag zur
      Gelehrtengeschichte Belgiens, Wien 1882. – Bd. 14, NF (1883), S. 123-124.

13.   Horawiz, Ad.: Johann Heigerlin (genannt Faber), Bischof von Wien, bis zum
      Regensburger Konvent, Wien [o. J.] – Bd. 18, NF (1885), S. 484-485.

14.   Klipffel, H.: Metz, cité épiscopale et impériale, un épisode de l'histoire du régi-
      me municipale dans les villes Romanes de l'empire Germanique, Bruxelles
      1867. – Bd. 14 (1868), S. 374-377.

15.   Kriegk, G.L.: Deutsches Bürgerthum im Mittelalter, Frankfurt am Main 1868. –
      Bd. 20 (1868), S. 428-432.

16.   Kühne, A.: Das Herrscherideal des Mittelalters und Kaiser Friedrich I., Leipzig
      [o. J.] – Bd. 47, NF (1899), S. 169-170.

17.   Lambert, E.M.: Die Entwicklung der deutschen Städteverfassungen im Mittel-
      alter. Aus den Quellen dargelegt, Halle 1865. – Bd. 15 (1866), S. 197-207.

18.   Lau, Friedrich: Entwicklung der kommunalen Verfassung und Verwaltung der
      Stadt Köln bis zum Jahre 1396, Bonn 1898. – Bd. 46, NF (1899), S. 129-134.

19.   Mülverstedt, G.A. von: Die ältere Verfassung der Landstände in der Mark Bran-
      denburg, vornehmlich im 16. und 17. Jahrhundert, Berlin [o. J.] – Bd. 1 (1859),
      S. 510-512.

20.   Nizsch, K.W.: Vorarbeiten zur Geschichte der staufischen Periode. Ministeria-
      lität und Bürgerthum im 11. und 12. Jahrhundert. Ein Beitrag zur deutschen
      Städtegeschichte, Bd. 1, Leipzig 1859. – Bd. 2 (1859), S. 443-457.

21.   NN.: Mémoires posthumes de Odilon Barrot, Paris 1875. – Bd. 36 (1876), S.
      221-225.

22.   Rodolico, Nicolo: Dal Comune alla Signorina. Saggio sul governo di Taddeo
      Pepoli in Bologna con quattro tavole, Bologna 1898. – Bd. 47, NF (1898), S.
      530-536.

23.   Salzer, E.: Über die Anfänge der Signoria in Oberitalien. Ein Beitrag zur italie-
      nischen Verfassungsgeschichte, Berlin 1900. – Bd. 49, NF (1900), S. 145-148.

24.   Schirrmacher, Friedrich Wilhelm: Beiträge zur Geschichte Mecklenburgs vor-
      nehmlich im 13. Jahrhundert, Rostock 1872. – Bd. 30 (1873), S. 165-175.

25.   Schmidt, Osw. Gottl.: Luther's Bekanntschaft mit den alten Classikern, Leipzig
      1883. – Bd. 18, NF (1885), S. 490.

26.   Solmi, Arrigo: Le associazioni in Italia avanti le origini del Comune, Modena
      1898. – Bd. 47, NF (1898), S. 528-530.

27.   Villari, Pasquale: Le Invasioni barbariche in Italia. Edizione corredata di tre carte
      geografiche, Milano 1901. – Bd. 51, NF (1901), S. 143-146.

28.   Waitz, Georg: Deutsche Verfassungsgeschichte, Bd. 3, Kiel 1860. – Bd. 5 (1861),
      S. 224-231.

29. Weizsäcker, Julius (Hg.): Deutsche Reichstagsakten unter König Wenzel. Erste
     Abteilung 1376-1387, München 1867. – Bd. 22 (1869), S. 184-190.

Rezensionen in anderen fachhistorischen Zeitschriften:

1. Arnold, W.: Verfassungsgeschichte der deutschen Freistädte im Anschluß an die
    Verfassungsgeschichte der Stadt Worms, Bd. 1, Hamburg, Gotha 1854, in: All-
    gemeine Monatsschrift für Wissenschaft und Litteratur, März 1854, S. 155-185.
2. Gervinus, G.G.: Grundzüge der Historik, Leipzig 1837, in: Jahrbücher für Wis-
    senschaftliche Kritik, Bd. 2, Nr. 115 (1839), S. 913-920 (1. Teil), Bd. 2, Nr. 116
    (1839), S. 921-928 (2. Teil), Bd. 2, Nr. 117 (1839), S. 929-935 (3. Teil).
3. Heinemann, Lothar von: Zur Entstehung der Stadtverfassung in Italien, Leipzig
    1896, in: Deutsche Zeitschrift für Geschichtswissenschaft, Jg. 1, NF (1896/97),
    Monatsblatt 2, S. 51-57.
4. Jörg, Joh. Edmund: Deutschland in der Revolutions-Periode von 1522-1526, aus
    den diplomatischen Correspondenzen und Original-Akten bayrischer Archive,
    Freiburg im Breisgau 1851, in: Allgemeine Monatsschrift für Wissenschaft und
    Litteratur, Juli 1852, S. 564-576 (1. Teil); August 1852, S. 655-674 (2. Teil).

                                                                  K.D./T.J.

ABKÜRZUNGSVERZEICHNIS

Abb.	Abbildung(en)
Abt.	Abteilung
Bd., Bde.	Band, Bände
Ebd.	Ebenda
fasc.	Faszikel
fol.	Folio
GLA	Generallandesarchiv
GNM	Germanisches Nationalmuseum
GStA	Geheimes Staatsarchiv
HStA	Hauptstaatsarchiv
Jg.	Jahrgang
LHA	Landeshauptarchiv
LkAN	Landeskirchliches Archiv Nürnberg
MGH	Monumenta Germaniae Historica
ND	Nachdruck, Neudruck
NDB	Neue Deutsche Biographie
NF	Neue Folge
PK	Preußischer Kulturbesitz
r	recto
S.	Seite
Sp.	Spalte
StadtA	Stadtarchiv
StadtB	Stadtbibliothek
UA	Universitätsarchiv
UB	Universitätsbibliothek
unfol.	unfoliiert
u. ö.	und öfter
v	verso

ABBILDUNGSNACHWEISE

Archiv für Kunst und Geschichte, Berlin
Bayerische Akademie der Wissenschaften
Bildarchiv Preußischer Kulturbesitz, Berlin
GLA Karlsruhe
GNM, Nürnberg
Goethe-Museum, Düsseldorf
Historische Kommission bei der Bayerischen Akademie der Wissenschaften,
     München
Historisches Museum der Pfalz, Speyer
Historisches Museum Frankfurt am Main
Kurpfälzisches Museum Heidelberg
Landesbibliothek Mecklenburg-Vorpommern, Schwerin
Niedersächsische Staats- und UB Göttingen, Abt. für Handschriften und seltene
     Drucke
Otto-von-Bismarck-Stiftung, Friedrichsruh
Privatbesitz
Sammlung Dr. Schamberger, Coburg
Staatliches Museum Schwerin
StadtA Erfurt
StadtA Erlangen
StadtA Nürnberg
StadtA Rostock
StadtB Nürnberg
Städtisches Museum Braunschweig
Stadtmuseum Berlin
Stiftung Preußische Schlösser und Gärten Berlin-Brandenburg, Potsdam
UA Erlangen-Nürnberg
UA Göttingen
UA Rostock
UB Erlangen-Nürnberg, Handschriftenabteilung
Universität Bonn, Historisches Seminar

QUELLEN- UND LITERATURVERZEICHNIS

Archivalische Quellen

Nachlaß Karl Hegel, Privatbesitz.

Akademie der Wissenschaften zu Göttingen, Archiv: Pers 12, 20, 67; Chron 16, 4-6; Scient 205, 8, 10.

Archiv der Historischen Kommission bei der Bayerischen Akademie der Wissenschaften, München.

Archiv der MGH: MGH 30, 192, 338/2, 3, 42, 65.

Bayerische Akademie der Wissenschaften, München, Archiv: Wahlakten 1859, 1 Nr. 19 Hegel.

Berlin-Brandenburgische Akademie der Wissenschaften, Berlin, Archiv: PAW (1812-1945), II-III-121, 123; II-V-153, 77, 64, 53.

Bundesarchiv Koblenz: Nachlaß von Sybel.

GNM, Nürnberg: Archiv, GNM-Akten, K. 9-11, K. 13 Nr. 11; Nachlaß Frommann K. 2.

GStA PK, Berlin: I. HA Rep. 76 Kultusministerium, Va Sekt. 7 Tit. IV Nr. 22, Bd. 2; I. HA Rep. 92 Heinrich von Sybel B 1 XVII (Hegel); VI. HA Rep. 92 Nachlaß Schulze; IX. HA Bilder.

Hegel-Archiv, Ruhr-Universität Bochum: Briefe und Handschriften Karl Hegels.

HStA Dresden: Ministerium für Volksbildung, Nr. 10210/11.

HStA München: Abt. I, Allgemeines Staatsarchiv: MK 11495, 39932, 40058; Adelsmatrikel; Ordensakten; Abt. II, Geheimes Staatsarchiv: MA 73123; MK 19149; Abt. III, Geheimes Hausarchiv: Kabinettsakten König Maximilians II.; Nachlaß Theodor von Zwehl 87.

LHA Potsdam: Rep. 34, Provinzialschulkollegium, Nr. 1379.

LHA Schwerin: Ministerium für Unterricht, Kunst, geistliche und Medizinalangelegenheiten Nr. 578, 598, 1272.

LkAN: St. Egidien Nürnberg, J 1813; Heilig-Geist-Kirche Nürnberg, J 1850.

Österreichische Akademie der Wissenschaften, Wien, Archiv: Wahlvorschläge bis 1909, Karton 1; Sitzungsprotokoll der Gesamtakademie vom 25. Mai 1887 (A 415); Allg. Akten Nr. 786/1887, 1203/1901.

Schiller-Nationalmuseum, Deutsches Literaturarchiv, Marbach: A, Schwab-
    Noltenius 58.1576; A, Köstlin 46018; A, Hegel 69.9; Cotta-Archiv.

Staatsbibliothek zu Berlin PK: Nachlaß Hegel 15 VII.

StadtA Erlangen: 6. A. IV. d. 6; Nachlaß Ebrard; III. 29. H. 1 „Hegel"; IV. E. Nr. 431;
    241. BA. 3809 B.

StadtA Köln: Best. 1052, Verband Deutscher Historiker.

StadtA Nürnberg: E 29/II, Familienarchiv Tucher, Nr. 185, 372, 415, 436, 437, 489.

StadtA Rostock: 1.1.22-136 (A).

UA Erlangen-Nürnberg: A 1/4, Nr. 89, Nr. 93; A 2/1, Nr. H 25 (1816); T. I, Pos. 3,
    Nr. 174-192; Th. I, Pos. 4, R, Nr. 25; Th. I, Pos. 20, XI; T. II, Pos. 1, Nr. 41; T.
    II, Pos. 1 B Nr. 15; Th. II, Pos. 1 R Nr. 25; B I b 4a, Fasz. 557/558; Diarien und
    Protokollbücher der Philosophischen Fakultät 1860 ff.; Fakultäts- und Pro-
    motionsbuch 1818-1933; t 6-4, Nr. 38-40; 1163, Historisches Seminar 1887;
    Goldenes Buch der Universität.

UA Göttingen: Jur. Fak. 134; Phil. Fak. 173a.

UA Greifswald: Phil. Fak. 21, Historiker 1702-1856.

UA Halle: Rep. 23 Nr. 694.

UA Humboldt-Universität zu Berlin: AZ März 1834; Rektor und Senat, Matrikel
    1830; Philosophische Fakultät 216; Album Civium Universitatis Litterariae
    Berolinensis (1826-1834).

UA Leipzig: PA 1082.

UA Rostock: Personalakte Prof. Dr. Carl Hegel; Professorenalbum; Philosophische
    Fakultät Nr. 98.

UB Erlangen-Nürnberg: 4°Msc. 350; Erlanger Tagblatt 1901, 1913.

UB Erlangen-Nürnberg, Handschriftenabteilung: Ms 2053, 2069.

UB Heidelberg, Handschriftenabteilung: Heid. Hs. 2614, Nr. 7.

Gedruckte Quellen und Literatur

Allgemeines Historisches Porträtwerk. Neue Ausgabe nach Zeitaltern geordnet. Eine Sammlung von über 600 Porträts der berühmtesten Personen aller Nationen von c. 1300 bis c. 1840. Phototypien nach den besten gleichzeitigen Originalen nach Auswahl von Woldemar von Seidlitz. Das Zeitalter der Befreiungskriege (1810-1845), München 1897.

Amtliches Verzeichniß des Personals und der Studirenden auf der Königl. Friedrich=Wilhelms Universität zu Berlin. Auf das Winterhalbjahr von Michaelis 1830 bis Ostern 1831, Berlin 1831.

Behnen, Michael: Statistik, Politik und Staatengeschichte von Spittler bis Heeren, in: Geschichtswissenschaft in Göttingen, S. 76-101.

Bericht über die fünfte Versammlung deutscher Historiker zu Nürnberg 12. bis 15. April 1898, erstattet von der Leitung des Verbandes deutscher Historiker, Leipzig 1898.

Bericht über die Feier des 150jährigen Bestehens der Friedrich-Alexander-Universität zu Erlangen am 31. Juli und 1. August 1893 erstattet von Dr. Adolf Strümpell, o.ö. Professor der speciellen Pathologie und Therapie, Prorektor der Universität Erlangen während des Studienjahres 1892/93, Erlangen 1894.

Berthold, Werner: Die Konzeption der Weltgeschichte bei Hegel und Ranke, in: Wolfgang J. Mommsen (Hrsg.), Leopold von Ranke und die moderne Geschichtswissenschaft, Stuttgart 1988, S. 72-90.

Berühmte Nürnberger aus neun Jahrhunderten, hrsg. von Christoph von Imhoff, Nürnberg [2]1989.

Beyer, Wilhelm Raimund: Aus Hegels Familienleben. Die Briefe der Susanne von Tucher an ihre Tochter Marie Hegel, in: Beyer, Denken und Bedenken, S. 213-275.

Beyer, Wilhelm Raimund: Denken und Bedenken. Hegel-Aufsätze. Zum 75. Geburtstag von Wilhelm Raimund Beyer, hrsg. von Manfred Buhr, Berlin 1977.

Beyer, Wilhelm Raimund: Hegels Anhänglichkeit an Nürnberg, in: Georg Wilhelm Friedrich Hegel in Nürnberg 1808-1816, S. 5-16.

Beyer, Wilhelm Raimund: Hegels Verbindung zum Hause Tucher, in: Beyer, Denken und Bedenken, S. 165-172.

Beyer, Wilhelm Raimund: Wie die Hegelsche Freundesvereinsausgabe entstand (aus neu aufgefundenen Briefen der Witwe Hegels), in: Beyer, Denken und Bedenken, S. 277-286.

Bialas, Wolfgang: Das Geschichtsdenken der klassischen deutschen Philosophie: Hegels Geschichtsphilosophie zwischen historischem Erfahrungsraum und utopischem Erwartungshorizont, in: Geschichtsdiskurs, Bd. 3: Die Epoche der Historisierung, hrsg. von Wolfgang Küttler [u.a.], Frankfurt am Main 1997, S. 29-43.

Bildführer durch die Sammlungen des Kurpfälzischen Museums der Stadt Heidelberg, hrsg. von Jörn Bahns, Heidelberg 1991.

Bildnisse Göttinger Professoren aus zwei Jahrhunderten (1737-1937). Festgabe des Universitätsbundes zum Jubiläum der Georgia Augusta, hrsg. von Max Voit, Göttingen 1937.

Biographisches Lexikon für Mecklenburg, Bd. 2, hrsg. von Sabine Pettke, Rostock 1999.

Birus, Hendrik: Zwischen den Zeiten. Friedrich Schleiermacher als Klassiker der neuzeitlichen Hermeneutik, in: Ders. (Hrsg.), Hermeneutische Positionen. Schleiermacher – Dilthey – Heidegger – Gadamer, Göttingen 1982, S. 15-58.

Bismarck – Preußen, Deutschland und Europa, Berlin ²1990.

Bleek, Wilhelm: Geschichte der Politikwissenschaft in Deutschland, München 2001.

Boisserée-Tagebücher: Sulpiz Boisserée. Tagebücher 1808-1854, 5 Bde., hrsg. von Hans-J. Weitz, Darmstadt 1978-1995.

Brennecke, Hanns Christof: Zwischen Luthertum und Nationalismus. Kirchengeschichte in Erlangen, in: Geschichtswissenschaft, S. 227-268.

Briefe von und an Hegel, hrsg. von Johannes Hoffmeister, 4 Bde. [Bd. 4, Teile 1 und 2, hrsg. von Friedhelm Nicolin], Hamburg ³1969.

Briefwechsel zwischen Jacob und Wilhelm Grimm, Dahlmann und Gervinus, hrsg. von Eduard Ippel, Bd. 2, Berlin 1886.

Dannenbauer, Heinrich: Hegel, Karl, Professor der Geschichte, 1813-1901, in: Lebensläufe aus Franken, Bd. 5, hrsg. von Anton Chroust, Erlangen 1936, S. 142-150.

Das Germanische Nationalmuseum Nürnberg 1852-1977. Beiträge zu seiner Geschichte. Im Auftrag des Museums hrsg. von Bernward Deneke und Rainer Kahsnitz, München, Berlin 1978.

Demandt, Alexander: Natur- und Geschichtswissenschaft im 19. Jahrhundert, in: Historische Zeitschrift 237 (1983), S. 37-66.

Deuerlein, Ernst: Geschichte der Universität Erlangen in zeitlicher Übersicht. Auf Veranlassung der Direktion der Universitätsbibliothek, Erlangen 1927.

Dickerhof-Fröhlich, Hedwig: Das Fach Geschichte an der Universität München im 19. Jahrhundert. Vom Bildungsfach zum Berufsstudium, in: Laetitia Boehm, Johannes Spörl (Hrsg.), Die Ludwig-Maximilians-Universität in ihren Fakultäten, Bd. 2, Berlin 1980, S. 257-280.

Dickerhof-Fröhlich, Hedwig: Das historische Studium an der Universität München im 19. Jahrhundert. Vom Bildungsfach zum Berufsstudium, München 1979.

Die Chronik des Bamberger Immunitätenstreites von 1430-35, mit einem Urkundenanhang. Nach einem Manuskript von Theodor Knochenhauer, hrsg. von Anton Chroust (= Chroniken der Stadt Bamberg, Bd. 1, 1. Hälfte), Leipzig 1907.

Die Erfurter Union und das Erfurter Unionsparlament 1850, hrsg. von Gunther Mai, Köln, Weimar, Wien 2000.

Die Friedrich-Alexander-Universität Erlangen-Nürnberg 1743-1993. Geschichte einer deutschen Hochschule. [Katalog der] Ausstellung im Stadtmuseum Erlangen 24.10.1993-27.2.1994, hrsg. vom Stadtmuseum Erlangen, Christoph Friederich, Erlangen 1993.

Die Historische Kommission bei der Bayerischen Akademie der Wissenschaften 1858-1958, Göttingen 1958.

Die Matrikel der Universität Heidelberg, Teil 5: 1807-1846, bearb. von G. Toepke, hrsg. von P. Hintzelmann, Heidelberg 1904.

Die Professoren und Dozenten der Friedrich-Alexander-Universität Erlangen 1743-1960, hrsg. von Renate Wittern, Teil 1: Theologische Fakultät, Juristische Fakultät, bearb. von Eva Wedel-Schaper, Christoph Hafner und Astrid Ley, Erlangen 1993.

Die Professoren und Dozenten der Friedrich-Alexander-Universität Erlangen 1743-1960, hrsg. von Renate Wittern, Teil 2: Medizinische Fakultät, bearb. von Astrid Ley, Erlangen 1999.

Dilthey, Wilhelm: Der Aufbau der geschichtlichen Welt in den Geisteswissenschaften, Frankfurt am Main 1990.

Dotterweich, Volker: Heinrich von Sybel. Geschichtswissenschaft in politischer Absicht (1817-1861) (= Schriftenreihe der Historischen Kommission bei der Bayerischen Akademie der Wissenschaften, Bd. 16), Göttingen 1978.

Droysen, Johann Gustav: Historik. Vorlesungen über Enzyklopädie und Methodologie der Geschichte, hrsg. von Rudolf Hübner, München [6]1971.

Drüll, Dagmar: Heidelberger Gelehrtenlexikon 1803-1932, Berlin [u.a.] 1986.

Ebrard, Johann Heinrich August: Lebensführungen. In jungen Jahren. Gütersloh 1888.

Elert, Werner: Der Kampf um das Christentum. Geschichte der Beziehungen zwischen dem evangelischen Christentum in Deutschland und dem allgemeinen Denken seit Schleiermacher und Hegel, München 1921.

Engel, Josef: Die deutschen Universitäten und die Geschichtswissenschaft, in: Hundert Jahre, S. 223-378.

Erichsen, Johannes (Hrsg.): 1000 Jahre Mecklenburg. Geschichte und Kunst einer europäischen Region. Katalog zur Landesausstellung Mecklenburg-Vorpommern 1995, Rostock 1995.

Erlangen, Geschichte der Stadt in Darstellung und Bilddokumenten, hrsg. von Alfred Wendehorst, München 1984.

Erlangen. Von der Strumpfer- zur Siemens-Stadt. Beiträge zur Geschichte Erlangens vom 18. zum 20. Jahrhundert, hrsg. von Jürgen Sandweg, Erlangen 1982.

Fenske, Hans: Eduard Heinrich Flottwell (1786-1865), in: Persönlichkeiten der Verwaltung. Biographien zur deutschen Verwaltungsgeschichte 1648-1945, hrsg. von Kurt G.A. Jeserich und Helmut Neuhaus, Stuttgart [u.a.] 1990, S. 154-158.

Fester, Richard: Karl von Hegel. Gedenkworte im Auftrag der philosophischen Fakultät der Universität Erlangen am Grabe gesprochen, München 1901.

Fischer, Kuno: Hegels Leben, Werke und Lehre, 2 Teile (= Geschichte der neuern Philosophie, Bd. 8), Heidelberg 1901.

Frensdorff, Ferdinand: Karl Hegel, in: Nachrichten von der Königl. Gesellschaft der Wissenschaften zu Göttingen. Geschäftliche Mitteilungen, 1902, Heft 1, Göttingen 1902, S. 52-72.

Frensdorff, Ferdinand: Karl Hegel und die Geschichte des deutschen Städtewesens. Vortrag auf dem Hansetage zu Emden am 20. Mai 1902 gehalten, in: Hansische Geschichtsblätter, Jg. 1901 (1902), S. 139-156.

Fröschner, Günter: Georg Wilhelm Friedrich Hegel 1770-1970. Ausstellung Deutsche Staatsbibliothek Berlin, Ausstellungsführer, Berlin (Ost) 1970.

Fuhrmann, Horst: „Sind eben alles Menschen gewesen". Gelehrtenleben im 19. und 20. Jahrhundert, dargestellt am Beispiel der Monumenta Germaniae Historica, München 1996.

575 Jahre Universität Rostock. Mögen viele Lehrmeinungen um die eine Wahrheit ringen, hrsg. vom Rektor der Universität Rostock, Rostock 1994.

Gall, Lothar: Bismarck. Der weiße Revolutionär, Frankfurt am Main, Berlin, Wien 1980.

Gall, Lothar (Hrsg.): 1848. Aufbruch zur Freiheit. Eine Ausstellung des Deutschen Historischen Museums und der Schirn Kunsthalle Frankfurt zum 150jährigen Jubiläum der Revolution von 1848/49, Berlin 1998.

Geist und Gestalt. Biographische Beiträge zur Geschichte der Bayerischen Akademie der Wissenschaften vornehmlich im zweiten Jahrhundert ihres Bestehens, Bd. 3: Bilder, München 1959.

Georg Wilhelm Friedrich Hegel in Nürnberg 1808-1816. Mit Beiträgen von Wilhelm Raimund Beyer, Karl Lanig, Karlheinz Goldmann (= Beiträge zur Geschichte und Kultur der Stadt Nürnberg, Bd. 13), Nürnberg 1966.

Geschichte der Monumenta Germaniae historica, bearb. von Harry Bresslau (= Neues Archiv der Gesellschaft für ältere deutsche Geschichtskunde, Bd. 42), Hannover 1921.

Geschichte der Universität Rostock 1419-1969. Festschrift zur Fünfhundertfünfzig-Jahr-Feier der Universität, Bd. 1: Die Universität von 1419-1945, Berlin 1969.

Geschichtswissenschaft in Berlin im 19. und 20. Jahrhundert, hrsg. von Reiner Hansen und Wolfgang Ribbe (= Veröffentlichungen der Historischen Kommission zu Berlin, Bd. 82), Berlin, New York 1992.

Geschichtswissenschaft in Erlangen, hrsg. von Helmut Neuhaus (= Erlanger Studien zur Geschichte, Bd. 6), Erlangen, Jena 2000.

Geschichtswissenschaft in Göttingen. Eine Vorlesungsreihe, hrsg. von Hartmut Boockmann und Hermann Wellenreuther, Göttingen 1987.

G. G. Gervinus Leben. Von ihm selbst. 1860, Leipzig 1893.

Gölter, Georg: Die Geschichtsauffassung Friedrich Christoph Schlossers, Diss. phil. Heidelberg 1966.

Goetz, Walter: Historiker in meiner Zeit. Gesammelte Aufsätze. Mit einem Geleitwort von Theodor Heuss, Köln, Graz 1957.

Gotthard, Axel: Neue Geschichte 1870-1970, in: Geschichtswissenschaft, S. 103-133.

Grand Tour. The lure of Italy in the eighteenth century, hrsg. von Andrew Wilton und Ilaria Bignamini, London 1996.

Grewolls, Grete: Wer war wer in Mecklenburg-Vorpommern?, Bremen 1995.

Grundmann, Herbert: Monumenta Germaniae Historica 1819-1969, München 1969.

Grundmann, Herbert: Neue Aufgaben der Monumenta Germaniae Historica, in: Geschichte in Wissenschaft und Unterricht 2 (1951), S. 538-547.

Günter, Heinrich: Das Historische Seminar, in: Die wissenschaftlichen Anstalten der Ludwig-Maximilians-Universität zu München. Chronik zur Jahrhundertfeier, hrsg. von Karl Alexander von Müller, München 1926, S. 193-199.

Gulyga, Arsen: Georg Wilhelm Friedrich Hegel, Leipzig 1974.

Hambacher Fest 1832-1982. Freiheit und Einheit. Deutschland und Europa. Eine Ausstellung des Landes Rheinland-Pfalz zum 150jährigen Jubiläum des Hambacher Festes. Hambacher Schloß Neustadt an der Weinstraße. Katalog der Dauerausstellung, Neustadt an der Weinstraße 1983.

Hansen, Reimer: Die wissenschaftsgeschichtlichen Zusammenhänge der Entstehung und der Anfänge der modernen Geschichtswissenschaft, in: Geschichtswissenschaft in Berlin, S. 3-44.

Hegel, Georg Wilhelm Friedrich, in: Drüll, Heidelberger Gelehrtenlexikon, S. 104 f.

Hegel, Georg Wilhelm Friedrich, in: Stadtlexikon Nürnberg, S. 427 f.

Hegel, Immanuel: Erinnerungen aus meinem Leben, Berlin 1891.

Hegel in Berlin. Preußische Kulturpolitik und idealistische Ästhetik. Zum 150. Todestag des Philosophen. Ausstellung der Staatsbibliothek Preußischer Kulturbesitz Berlin in Verbindung mit dem Hegel-Archiv der Ruhr-Universität Bochum und dem Goethe-Museum Düsseldorf Anton-und-Katharina-Kippenberg-Stiftung, hrsg. von Otto Pöggeler, Wiesbaden 1981.

Hegel in Franken. Im Gedenken an seinen 150. Todestag. Ausstellung der Stadtbibliothek im Zusammenhang mit den Nürnberger Hegel-Tagen vom 30. Januar bis 1. Februar 1981, [Nürnberg 1981].

Hegel 1770-1970. Leben, Werk, Wirkung. Eine Ausstellung des Archivs der Stadt Stuttgart [Katalog von Friedhelm Nicolin], Stuttgart 1970.

Heimpel, Hermann: Über Organisationsformen historischer Forschung in Deutschland, in: Hundert Jahre, S. 139-222.

Henning, Hansjoachim: Sozialgeschichtliche Entwicklungen in Deutschland von 1815 bis 1860, Paderborn 1977.

Heyse, Paul: Jugenderinnerungen. II. König Max und das alte München, in: Deutsche Rundschau 101 (1899), S. 475-478.

Hirschfeld, Ludwig von: Friedrich Franz II., Großherzog von Mecklenburg-Schwerin, und seine Vorgänger, nach Staatsakten, Tagebüchern und Korrespondenzen, Leipzig 1891.

Hirschfelder, Heinrich: Dr. August Papellier. Ein engagierter Bürgermeister (1866-1872) in politisch bewegter Zeit, in: Erlangen. Von der Strumpfer- zur Siemens-Stadt. Beiträge zur Geschichte Erlangens vom 18. zum 20. Jahrhundert, Erlangen 1982, S. 219-258.

Historikerlexikon. Von der Antike bis zum 20. Jahrhundert, hrsg. von Rüdiger vom Bruch und Rainer A. Müller, München 1991.

Historische Kommission bei der Bayerischen Akademie der Wissenschaften 1858-1983, bearb. von Georg Kalmer, München 1984.

Hoeft, Bernhard: Rankes Berufung nach München, München 1940.

Horstmann, Axel: Wozu Geisteswissenschaften? Die Antwort August Boeckhs, in: Öffentliche Vorlesungen, hrsg. von der Humboldt-Universität zu Berlin, Berlin 1998, S. 23-48.

Hübinger, Gangolf: Georg Gottfried Gervinus. Historisches Urteil und politische Kritik (= Schriftenreihe der Historischen Kommission bei der Bayerischen Akademie der Wissenschaften, Bd. 23), Göttingen 1984.

Hübinger, Paul Egon: Das Historische Seminar der Rheinischen Friedrich-Wilhelms- Universität zu Bonn. Vorläufer – Gründung – Entwicklung. Ein Wegstück deutscher Universitätsgeschichte (= Bonner Historische Forschungen, Bd. 20), Bonn 1963.

Hundert Jahre Historische Zeitschrift 1859-1959. Beiträge zur Geschichte der Historiographie in den deutschsprachigen Ländern (= Historische Zeitschrift, Bd. 189), München 1959.

Iggers, Georg G.: Neue Geschichtswissenschaft. Vom Historismus zur Historischen Sozialwissenschaft. Ein internationaler Vergleich, München 1978.

Italienische Reise. Reisen nach Italien, hrsg. von Italo Michele Battafarano, Trient 1988.

Jaeger, Friedrich: Geschichtsphilosophie, Hermeneutik und Kontingenz in der Geschichte des Historismus, in: Wolfgang Küttler, Jörn Rüsen, Ernst Schulin (Hrsg.), Geschichtsdiskurs, Bd. 3: Die Epoche der Historisierung, Frankfurt am Main 1997, S. 45-66.

Jakob, Andreas: „...Erlangen aber ist eine Universität". Die bauliche Entwicklung der Friedrich-Alexander-Universität, in: 250 Jahre, S. 45-114.

Jendreik, Helmut: Hegel und Jacob Grimm. Ein Beitrag zur Geschichte der Wissenschaftstheorie, Berlin 1975.

Jensen, Johannes: Nordfriesland in den geistigen und politischen Strömungen des 19. Jahrhunderts (= Quellen und Forschungen zur Geschichte Schleswig-Holsteins, Bd. 44), Neumünster 1961.

Juristen. Ein biographisches Lexikon. Von der Antike bis ins 20. Jahrhundert, hrsg. von Michael Stolleis, München 1995.

Kern, Bernd-Rüdiger: Georg Beseler. Leben und Werk (= Schriften zur Rechtsgeschichte, Bd. 26), Berlin 1982.

Keunecke, Hans-Otto: Bibliographie zur Geschichte der Friedrich-Alexander-Universität Erlangen-Nürnberg, Erlangen 1993.

Kleinheyer, Gerd, Jan Schröder: Deutsche Juristen aus fünf Jahrhunderten. Eine biographische Einführung in die Geschichte der Rechtswissenschaft, Heidelberg [2]1983.

Klüßendorf, Niklot: Carl Hegel, Rektor 1854/55, 1855/56, in: Die Rektoren der Universität Rostock 1419-2000, hrsg. von Angela Hartwig und Tilmann Schmidt (= Beiträge zur Geschichte der Universität Rostock, Heft 23), Rostock 2000, S. 149 mit Abb. 39.

Klüßendorf, Niklot: Hegel, in: Biographisches Lexikon für Mecklenburg, Bd. 2, hrsg. von Sabine Pettke, Rostock 1999, S. 120-126.

Kolde, Theodor: Die Universität Erlangen unter dem Hause Wittelsbach 1810-1910. Festschrift zur Jahrhundertfeier der Verbindung der Friderico-Alexandrina mit der Krone Bayern, Erlangen, Leipzig 1910, ND Erlangen 1991.

Kress, Georg Frhr. v.: Karl von Hegel †, in: Mitteilungen des Vereins für Geschichte der Stadt Nürnberg 15 (1902), S. 175-183.

Lehmann, Carl-Matthias: Geschichte der Universitätsbibliothek Erlangen von 1844 bis 1924. Organisation, Bestand und Benutzung (= Schriften der Universitätsbibliothek Erlangen-Nürnberg, Bd. 30), Erlangen 1996.

Lengemann, Jochen: Das Deutsche Parlament (Erfurter Unionsparlament) von 1850. Ein Handbuch: Mitglieder, Amtsträger, Lebensdaten, Fraktionen. Mit 200 Abbildungen, München, Jena 2000.

Lenz, Max: Geschichte der Königlichen Friedrich-Wilhelms-Universität zu Berlin, 4 Bde., Halle 1910.

Liermann, Hans: Die Friedrich-Alexander-Universität Erlangen 1910-1920. Mit einem Vorwort von Gerhard Pfeiffer und einem Nachwort von Alfred Wendehorst (= Schriften des Zentralinstituts für fränkische Landeskunde und allgemeine Regionalforschung an der Universität Erlangen-Nürnberg, Bd. 16), Neustadt an der Aisch 1977.

Mai, Gunther: Erfurter Union und Erfurter Unionsparlament 1850, in: Die Erfurter Union, S. 9-52.

Mommsen, Wolfgang J.: 1848. Die ungewollte Revolution. Die revolutionären Bewegungen in Europa 1830-1849, Frankfurt am Main 1998.

Mummenhoff, Ernst: Die Bürgermeister Nürnbergs seit dem Übergang der Stadt an Bayern (1818-1927), in: Nürnberg, hrsg. vom Stadtrat, bearb. von Maximilian Meyer (= Monographien deutscher Städte, Bd. 23), Berlin-Friedenau 1927, S. 237-253.

Mummenhoff, Ernst: Seiler, Christoph von, in: Lebensläufe aus Franken, hrsg. von Anton Chroust, Bd. 2, Würzburg 1922, S. 406-417.

Mußner, Franz: Geschichte der Hermeneutik von Schleiermacher bis zur Gegenwart, Freiburg im Breisgau, Basel, Wien 1970.

Neuhaus, Helmut: Karl Hegel (1813-1901) – Ein (fast) vergessener Historiker des 19. Jahrhunderts, in: Zwischen Wissenschaft und Politik. Studien zur deutschen Universitätsgeschichte. Festschrift für Eike Wolgast zum 65. Geburtstag, Stuttgart 2001, S. 309-328.

Neuhaus, Helmut: Mit Gadendam fing alles an. Erlanger Geschichtswissenschaft von 1743 bis 1872, in: Geschichtswissenschaft in Erlangen, S. 9-44.

Nicolin, Friedhelm: Auf Hegels Spuren. Beiträge zur Hegel-Forschung, hrsg. von Lucia Sziborsky und Helmut Schneider (= Hegel-Deutungen, Bd. 1), Hamburg 1996.

Nipperdey, Thomas: Deutsche Geschichte 1800-1866. Bürgerwelt und starker Staat, München 1983.

Nippold, Friedrich: Richard Rothe, Doctor und Professor der Theologie und Großh[erzoglich] Bad[ischer] Geh[eimer] Kirchenrath zu Heidelberg. Ein christliches Lebensbild auf Grund der Briefe Rothe's, Bd. 1, Wittenberg 1873.

Pauli, Reinhold: Lebenserinnerungen nach Briefen und Tagebüchern zusammengestellt von Elisabeth Pauli, Halle 1895.

Paunel, E.: Die Staatsbibliothek zu Berlin. Ihre Geschichte und Organisation während der ersten zwei Jahrhunderte seit ihrer Eröffnung 1661-1871, Berlin 1965.

Petersohn, Jürgen: Franz Xaver Wegele und die Gründung des Würzburger Historischen Seminars (1857). Mit Quellenbeilagen, in: Vierhundert Jahre Universität Würzburg. Eine Festschrift, hrsg. von Peter Baumgart, Neustadt an der Aisch 1982, S. 483-537.

Quelleneditionen und kein Ende? Symposium der Monumenta Germaniae Historica und der Historischen Kommission bei der Bayerischen Akademie der Wissenschaften München, 22./23. Mai 1998, hrsg. von Lothar Gall und Rudolf Schieffer, München 1999.

Ranke, Leopold von: Das Briefwerk, eingeleitet und hrsg. von Walther Peter Fuchs, Hamburg 1949.

Ranke, Leopold von: Geschichten der romanischen und germanischen Völker von 1494 bis 1514 (= Leopold von Ranke's Sämmtliche Werke. Zweite Gesamtausgabe, Bd. 33/34), Leipzig ²1874.

Ranke, Leopold von: Neue Briefe, gesammelt und bearb. von Bernhard Hoeft. Nach seinem Tod hrsg. von Hans Herzfeld, Hamburg 1949.

Ranke, Leopold von: Über die Epochen der neueren Geschichte. Historisch-kritische Ausgabe, hrsg. von Theodor Schieder und Helmut Berding, München, Wien 1971.

Rechenberg, Helmut: Lommel, Eugen, Ritter v., Physiker, in: NDB, Bd. 15, Berlin 1987, S. 144 f.

Ribbe, Wolfgang: Berlin als Standort historischer Forschung, in: Geschichtswissenschaft in Berlin, S. 45-88.

Riesinger, Waltraud, Heidrun Marquardt-Rabiger: Die Vertretung des Faches Geschichte an der Universität Erlangen von deren Gründung (1743) bis zum Jahre 1933, in: Jahrbuch für fränkische Landesforschung 40 (1980), S. 177-259.

Ritter, Moriz: Über die Gründung, Leistungen und Aufgaben der Historischen Kommission. Rede, gehalten am 4. Juni 1909 in der Münchener Akademie zur Feier des 50jährigen Bestehens der Kommission, in: Historische Zeitschrift 103 (1909), S. 274-301.

Rosenkranz, Karl: Georg Wilhelm Friedrich Hegels Leben, Berlin 1844, ND Darmstadt 1963.

Rothacker, Erich: Einleitung in die Geisteswissenschaften, Tübingen 1920.

Rudi, Thomas: Christian Philipp Koester (1784-1851), Maler und Restaurator. Monographie mit kritischem Œuvreverzeichnis (= Europäische Hochschulschriften, Reihe XXVIII: Kunstgeschichte, Bd. 306), Frankfurt am Main [u.a.] 1999.

Rückert, Joachim: Idealismus, Jurisprudenz und Politik bei Friedrich Carl von Savigny, Ebelsbach 1984.

Schieder, Theodor: Die deutsche Geschichtswissenschaft im Spiegel der Historischen Zeitschrift, in: Hundert Jahre, S. 1-104.

Schloß Heidelberg im Zeitalter der Romantik, bearb. von Uwe Heckmann (= Schätze aus unseren Schlössern / Staatliche Schlösser und Gärten Baden-Württemberg, Bd. 3), Regensburg 1999.

Schieffer, Rudolf: Die Erschließung des Mittelalters am Beispiel der Monumenta Germaniae Historica, in: Quelleneditionen und kein Ende?, S. 1-15.

Schnabel, Franz: Die Idee und die Erscheinung, in: Die Historische Kommission, S. 7-69.

Schnitzler, E.: Die Universität Rostock im Jahre 1848, in: Modernisierung und Freiheit. Beitrag zur Demokratiegeschichte in Mecklenburg-Vorpommern, Schwerin 1995, S. 421-451.

Schudt, Ludwig: Italienreisen im 17. und 18. Jahrhundert (= Römische Forschungen der Bibliotheca Hertziana, Bd. 15), Wien, München 1959.

Schumann, Peter: Die deutschen Historikertage von 1893 bis 1937. Die Geschichte einer fachhistorischen Institution im Spiegel der Presse, Diss. phil. Marburg/Lahn 1974.

Seier, Hellmut: Die Staatsidee Heinrich von Sybels in den Wandlungen der Reichsgründungszeit 1862/71 (= Historische Studien, Heft 383), Lübeck, Hamburg 1961.

Sing, Achim: Die Wissenschaftspolitik Maximilians II. von Bayern (1848-1864). Nordlichterstreit und gelehrtes Leben in München (= Ludovico Maximilianea, Forschungen, Bd. 17), Berlin 1996.

Stadtlexikon Nürnberg, hrsg. von Michael Diefenbacher und Rudolf Endres, Nürnberg 1999.

Stammer, Martin: Die Anfänge des mecklenburgischen Liberalismus bis zum Jahr 1848 (= Schriften zur Mecklenburgischen Geschichte, Kultur und Landeskunde, Heft 3), Köln, Wien 1980.

Steinhoff, Peter: Die „Erbkaiserlichen" im Erfurter Parlament, in: Die Erfurter Union, S. 369-392.

Steinmeyer, Elias von: Die jüngeren Handschriften der Erlanger Universitätsbibliothek. Anlässlich der Einweihung des neuen Bibliotheksgebäudes verzeichnet, Erlangen 1913.

Stenographischer Bericht über die Verhandlungen des Deutschen Parlaments zu Erfurt, Bd. 1: Volkshaus, Bd. 2: Staatenhaus, neu hrsg. und ergänzt von Werner Schubert, Vaduz 1987 (zuerst 1850).

Strümpell, Adolf: Aus dem Leben eines deutschen Klinikers. Erinnerungen und Beobachtungen, Leipzig ²1925.

Stuloff, Nikolai: Klein, Felix, Mathematiker, in: NDB, Bd. 11, Berlin 1977, S. 736 f.

Stutz, Ulrich: Karl Hegel, in: Zeitschrift der Savigny-Stiftung für Rechtsgeschichte, Germanistische Abteilung, 23 (1902), S. XXXIII-XXXIX.

Thadden, Rudolf von: Die Göttinger Sieben, ihre Universität und der Verfassungs-konflikt von 1837, Hannover 1987.

Thye, Margot: Elias von Steinmeyer (1848-1922), Germanist und Vorstand der Bibliothekskommission in Erlangen (= Schriften der Universitätsbibliothek Erlangen-Nürnberg, Bd. 32), Erlangen 1997.

Thibaut und Savigny. Ihre programmatischen Schriften mit einer Einführung von Hans Hattenhauer, München 1973.

Timpanaro, Sebastiano: Die Entstehung der Lachmannschen Methode, Hamburg ²1971.

Unruh, Georg-Christoph von: Karl Siegmund Franz Freiherr vom Stein zum Altenstein (1770-1840), in: Persönlichkeiten der Verwaltung, hrsg. von Kurt G.A. Jeserich und Helmut Neuhaus, Stuttgart 1991, S. 93-97.

Vitense, Otto: Geschichte von Mecklenburg (= Deutsche Landesgeschichten, Bd. 11), Gotha 1920.

Weber, Georg: Friedrich Christoph Schlosser, der Historiker. Erinnerungsblätter aus seinem Leben und Wirken. Eine Festschrift zu seiner hundertjährigen Geburtstagsfeier am 17. November 1876, Leipzig 1876.

Weigel, Harald: „Nur was du nie gesehn wird ewig dauern". Carl Lachmann und die Entstehung der wissenschaftlichen Edition, Freiburg im Breisgau 1989.

Wendehorst, Alfred: Franz Xaver von Wegele, in: Fränkische Lebensbilder, Bd. 7, hrsg. von Gerhard Pfeiffer und Alfred Wendehorst, Neustadt/Aisch 1977, S. 222-240.

Wendehorst, Alfred: Geschichte der Friedrich-Alexander-Universität Erlangen-Nürnberg 1743-1993, München 1993.

Werner, Adolf: Die politischen Bewegungen in Mecklenburg und der außerordentliche Landtag im Frühjahr 1848, Berlin, Leipzig 1907.

Wesche, Markus: Die Monumenta Germaniae Historica zwischen antiquarischem Verein und Editionsunternehmen. – Goethe und der Freiherr vom Stein, in: Zur Geschichte und Arbeit an der Monumenta Germaniae Historica. Ausstellung anläßlich des 41. Historikertages, München, 17.-20. September 1996, München 1996, S. 9-16.

Willett, Olaf: Sozialgeschichte Erlanger Professoren 1743-1933 (= Kritische Studien zur Geschichtswissenschaft, Bd. 146), Göttingen 2001.

Windorfer, Adolf: Universität-Kinderklinik Erlangen von 1907 bis 1977, in: der kinderarzt 16 (1985), S. 73-80.

Wolgast, Eike: Die Universität Heidelberg 1386-1986, Berlin [u.a.] 1986.

Wolgast, Eike: Politische Geschichtsschreibung in Heidelberg. Schlosser, Gervinus, Häusser, Treitschke, in: Das Neunzehnte Jahrhundert 1803-1918, hrsg. von Walter Doerr (= Semper Apertus. Sechshundert Jahre Ruprecht-Karls-Universität Heidelberg 1386-1986, Bd. 2), Berlin, Heidelberg 1985, S. 158-196.

Wrobel, Hans: Die Kontroverse Thibaut-Savigny im Jahre 1814 und ihre Deutung in der Gegenwart, Diss. jur. Bremen 1975.

Wyss, Ulrich: Die wilde Philologie. Jacob Grimm und der Historismus, München 1979.

250 Jahre Friedrich-Alexander-Universität Erlangen-Nürnberg. Festschrift, hrsg. von Henning Kössler, Erlangen 1993.

LEIHGEBER

Friedrich-Alexander-Universität: Institut für Geschichte, Erlangen

Hegel-Archiv der Ruhr-Universität, Bochum

Privatbesitz

StadtA Erlangen

UA Erlangen-Nürnberg

UB Erlangen-Nürnberg

(Für Photographien wird auf die Abbildungsnachweise verwiesen.)

AUTOREN UND MITARBEITER
(UNIVERSITÄT ERLANGEN-NÜRNBERG)

K.D. Katja Dotzler, geb. 1971, Studentin der Neueren deutschen Literaturgeschichte, Neueren und Neuesten Geschichte sowie der Sinologie

C.H. Christoph Hübner, geb. 1974, Doktorand im Fach Neuere und Neueste Geschichte

T.J. Thomas Joswiak, geb. 1977, Student der Geschichte und Germanistik

M.K. Marion Kreis, geb. 1977, Studentin der Geschichte und Germanistik

B.K. Bruno Kuntke, geb. 1974, Doktorand im Fach Neuere und Neueste Geschichte

H.N. Helmut Neuhaus, Dr. phil., geb. 1944, Universitätsprofessor, Inhaber des Lehrstuhls für Neuere Geschichte I

J.S. Jörg Sandreuther, geb. 1971, Student der Geschichte und Germanistik

C.S. Christian Schöffel, geb. 1971, Dr. phil., Studienreferendar in den Fächern Englisch, Latein und Geschichte

PERSONENREGISTER

Bis auf *Karl Hegel* wurden sämtliche Personennamen aufgenommen, ausgenommen die in den Literaturangaben der Fußnoten und die auf den Seiten 249 ff. vorkommenden. Die Ziffern bezeichnen Seitenzahlen.